Geschichte und Geschehen

Umschlagbild oben: Tanz um den Freiheitsbaum, vermutlich während der französischen Besatzung des Rheinlandes Oktober 1792 bis März 1793, zeitgen. Gemälde, deutsch, AKG, Berlin
Umschlagbild unten: Eisenbahn von Liverpool nach Manchester, 1831, anonyme Zeichnung, Ullstein Bild GmbH (KPA), Berlin

1. Auflage 1 5 4 3 2 1 | 20 19 18 17 16

Alle Drucke dieser Auflage sind unverändert und können im Unterricht nebeneinander verwendet werden. Die letzte Zahl bezeichnet das Jahr des Druckes.

Herausgeber: Prof. Dr. Michael Sauer

Autoren: Asmut Brückmann (S. 10–25; 37); Dr. Tobias Dietrich (S. 126–127; 145–146; 169–170); Prof. Dr. Michael Epkenhans (S. 26–52); Dr. Ursula Fries/Dr. Heinz Niggemann (S. 82–120; 191–193; 199–200); Georg Langen (S. 53–78; 189–190; 198); Prof. Dr. Michael Sauer (S. 6–9, 78–81; 185–188); Dr. Helge Schröder (S. 121–125; 128–144; 147–154); Dr. Susanne Thimann-Verhey (S. 96–101); Martin Thunich (S. 155–168; 171–184; 194–197; 201–202)

Redaktion: form & inhalt verlagsservice Martin H. Bredol, Marburg; Jana Schumann
Herstellung: Kerstin Heisch

Gestaltung: kognito Visuelle Gestaltung, Berlin
Umschlaggestaltung: kognito Visuelle Gestaltung, Berlin
Satz: Köhler & Köhler GbR, Taucha
Reproduktion: Meyle + Müller GmbH & Co. KG, Pforzheim
Druck: Digitaldruck Tebben GmbH, Biessenhofen

Printed in Germany
ISBN 978-3-12-443321-3

Geschichte und Geschehen

Lehrerband 2

Herausgeber:
Michael Sauer

Autorinnen und Autoren:

Asmut Brückmann
Tobias Dietrich
Michael Epkenhans
Ursula Fries
Georg Langen
Heinz Niggemann
Michael Sauer
Helge Schröder
Susanne Thimann-Verhey
Martin Thunich

Ernst Klett Verlag
Stuttgart · Leipzig

Inhaltsverzeichnis

Konzeption und Aufbau von Schülerband und Lehrermaterialien

Die Konzeption des Lehrwerks

„Geschichte und Geschehen" ist ein Unterrichtswerk für den Geschichtsunterricht an Gymnasien in der Sekundarstufe I. Es entspricht den konzeptionellen und inhaltlichen Vorgaben des rheinland-pfälzischen Lehrplans aus dem Jahr 2015. Behandelt werden alle dort vorgeschriebenen Themen. „Geschichte und Geschehen" orientiert sich an den im Curriculum vorgegebenen Kompetenzbereichen „Fachkompetenz", „Methodenkompetenz", „Kommunikationskompetenz" und „Urteilskompetenz". Die Entwicklung dieser Kompetenzen wird in allen Bausteinen der Schülerbände aufgegriffen und fortschreitend vertieft. Die im Curriculum benannten, leitenden Kategorien „Gesellschaft", „Herrschaft", „Wirtschaft" und „Weltdeutungen" werden an mehreren Stellen abgebildet: in einem kategorienbezogenen Inhaltsverzeichnis am Ende der Schülerbände, durch Ausweisung der jeweiligen Schwerpunkte in den einzelnen Kapiteln sowie auf den speziellen Kategorienseiten „Vertiefen und Vernetzen".
Das Lehrwerk kann in unterschiedlicher Weise genutzt werden. Darstellungs- und Arbeitsteil bilden ein integriertes Angebot. Sie können aber auch getrennt voneinander eingesetzt werden. Die Schülerbände müssen nicht von der ersten bis zur letzten Seite im Unterricht durchgearbeitet werden. Vielmehr können Lehrkräfte aus dem vorhandenen Angebot eine Auswahl treffen und eigene inhaltliche Akzente setzen. Der Lehrerband gibt gezielte Hinweise zur Bearbeitung der Themeneinheiten im Unterricht und weist immer einen sogenannten „Minimalfahrplan" aus. Erweiterungsmöglichkeiten eröffnen die durch ein entsprechendes Signet als fakultativ gekennzeichneten Seiten. Bei den Arbeitsaufträgen wird mit den durch einen Fond markierten Aufgaben eine Differenzierungsmöglichkeit angeboten. Hinzu kommt das umfangreiche Online-Angebot mit Selbstevaluationsbögen, Übungsmodulen und zusätzlichen Materialien. „Geschichte und Geschehen" bietet damit ein unterrichtsbezogenes Grundangebot und ermöglicht es zugleich, individuelle Planungen im Hinblick auf spezifische Lernbedingungen vor Ort flexibel zu realisieren.

Der Aufbau der Schülerbände

Alle Schülerbände folgen einem einheitlichen Gliederungsprinzip, das sich in seiner Grundsubstanz im Unterricht über Jahre hinweg bewährt hat. Neben bewährten Strukturelementen finden sich neue, die allesamt die Kompetenzentwicklung der Schülerinnen und Schüler in besonderer Weise unterstützen.

Zeitleiste

Zur Fachkompetenz gehört auch eine weiträumige Orientierung in der Geschichte. Deshalb befindet sich hinter der Titelseite der Schülerbände jeweils eine ausklappbare Zeitleiste. Sie gibt einen Überblick über den gesamten im Buch behandelten Zeitraum. Die dort angegebenen Daten empfehlen sich als Lernzahlen. Die Abbildungen sind in entsprechenden Kapiteln im Buch entnommen und bewirken einen Wiedererkennungseffekt.

Epochale Schwerpunkte, Themeneinheiten und Kapitel

Die Schülerbände sind nach den im Lehrplan ausgewiesenen Epochalen Schwerpunkten gegliedert. Zu jedem Epochalen Schwerpunkt gibt es eine oder mehrere Themeneinheiten. Die Themeneinheiten sind wiederum in Kapitel mit einem Umfang von zwei bis sechs Buchseiten unterteilt. Diese Kapitel können im Unterricht in zwei Unterrichtsstunden umgesetzt werden; eine ausführlichere Behandlung ist ebenfalls möglich. Innerhalb jedes Epochenschwerpunktes dient (mindestens) ein Kapitel im Sinne des Curriculums der Orientierung und Einführung.

Orientierungsseiten

Jede Themeneinheit wird mit einer Orientierungsseite eröffnet. Sie hat eine dreifache Orientierungsfunktion:

- Die Zeitleiste ermöglicht eine chronologische Einordnung des Themas und einzelner Ereignisse; abgedruckt sind auch Daten aus anderen Themeneinheiten, die zum historischen Kontext gehören.
- Die Karte bietet eine räumliche Orientierung, die für das Fach Geschichte gleichfalls elementar ist.
- Der Einleitungstext entwickelt die zentralen Fragestellungen, unter denen die Einheit steht. Sie sind explizit als Leitfragen ausformuliert. Auf den Abschlussseiten „Wiederholen und Anwenden" werden sie wieder aufgegriffen.

Darstellungsteil

Der Verfassertext (VT) liefert die Grundinformationen, die Schülerinnen und Schüler benötigen, um sich mit dem Thema auseinanderzusetzen. Er ist in einer altersgemäßen Sprache verfasst. Soweit möglich, werden unterschiedliche Positionen und Perspektiven in der Geschichte, aber auch bei der rückblickenden Deutung der Geschichte (offene Fragen, Kontroversen) angesprochen. Auf den Verfassertext bezogene Arbeitsaufträge helfen den Schülerinnen und Schülern, Informationen aus dem Text zu entnehmen und ihr Textverständnis zu überprüfen. Erläuterungen zu wichtigen Begriffen und Personen werden in der Marginalienspalte gegeben. Dort finden sich auch Vor- und Rückverweise auf andere Passagen im Schülerbuch.

Arbeitsteil

Die Materialien im Arbeitsteil dienen dazu, historische Fragen für die Schülerinnen und Schüler diskutierbar und beantwortbar zu machen. Gegenüber dem Verfassertext bieten sie thematische Vertiefungen oder eigene Akzentsetzungen. Die Materialien schöpfen das gesamte Spektrum historischer Quellen aus (Text- und Bildquellen, Abbildungen von Sachquellen, Bauwerken und Denkmälern). Hinzu kommen informierende Darstellungsformen (Karten, Tabellen, Grafiken) und bisweilen Darstellungstexte. Quellen sind mit einem „Q", Darstellungen mit einem „D" ausgewiesen. Bei jedem Material informiert ein kurzer Vorspanntext über den Entstehungszusammenhang (Wer hat sich wann und wo wem gegenüber so geäußert?). Textmaterialien sind in der originalen Schreibung des nachgewiesenen Fundortes abgedruckt, also (in aller Regel) nicht in die neue Rechtschreibung übertragen.

Arbeitsaufträge

Alle Materialien sind mit Arbeitsaufträgen versehen. Die Lösungsmöglichkeiten für die Arbeitsaufträge werden im vorliegenden Lehrerband erläutert. Die erwünschten Schüleraktivitäten sind mithilfe einschlägiger Operatoren beschrieben. Diese werden außerdem den drei üblichen Anforderungsbereichen zugeordnet. Zum besseren Verständnis sind die Operatoren im Anhang des Schülerbuchs erläutert. Wo es um Einzelarbeit geht, sind die Arbeitsaufträge im Singular formuliert; im Plural stehen sie bei Partner-, Gruppen- oder Klassenarbeit. Besonderer Wert ist auf handlungsorientierte Arbeitsaufträge gelegt, die dazu dienen können, Schülerinnen und Schüler einen historischen Sachverhalt aus unterschiedlichen damaligen und heutigen Perspektiven wahrnehmen zu lassen. Ein Angebot zur Differenzierung und Erweiterung bilden die entsprechend markierten Differenzierungsaufgaben.

Methodentraining

Das Methodentraining dient der Schulung einer fachspezifischen Methodenkompetenz. Schülerinnen und Schüler sollen exemplarisch den Umgang mit den wichtigsten Gattungen von Quellen und Darstellungen erlernen (verschiedene Arten von Textquellen, verschiedene Arten von Bildquellen, Sachquellen, Zeitzeugenaussagen, Lieder, Symbole und Embleme, Karten, Rekonstruktionszeichnungen, Statistiken, Schaubilder/Strukturskizzen, Jugendliteratur, Filme, Internet). Das „Methodentraining" ist jeweils in solche Themeneinheiten eingebunden, für die das betreffende Medium bzw. die betreffende Darstellungsform besonders typisch oder die Beschäftigung mit ihnen besonders ertragreich ist. Jedes Methodentraining ist konsequent nach drei „Methodischen Arbeitsschritten" aufgebaut. Diese können sich die Schülerinnen und Schüler gut als regulatives Prinzip aneignen. Das Vorgehen nach diesen drei Schritten wird anhand eines Beispiels mit einer Musterlösung demonstriert.

Geschichte erinnert und gedeutet

Diese Seiten dienen der gezielten Beschäftigung mit Deutungen von Geschichte. Dabei kann es um unterschiedliche Formen des deutenden Umgangs mit Geschichte gehen: die Rezeptionsgeschichte eines historischen Ereignisses, kontroverse Geschichtsdeutungen von Historikern, öffentliche Debatten über Geschichte, Argumentationen mit Geschichte. In der Regel enthalten diese Seiten ein multiperspektivisches Arrangement von Materialien.

Wiederholen und Anwenden

Diese Rubrik bietet am Ende jeder Themeneinheit Aufgaben zur Verständnissicherung und Lernerfolgskontrolle für die Schülerinnen und Schüler. Sie beziehen sich auf alle Kompetenzbereiche; diese sind bei den einzelnen Aufgabenstellungen angegeben. Angeboten werden unterschiedliche Formen von Aufgaben:

- einfache geschlossene Testformate (Richtig-falsch-Aufgaben, Multiple-Choice-Aufgaben, Ergänzungsaufgaben z. B. als Lückentext, Zuordnungsaufgaben). Dafür werden meist spielerische Präsentationsformen verwendet (Quizaufgaben, Kreuzworträtsel, Kreuzzahlrätsel, Silbenrätsel, Memory usw.);
- mit neuen Materialien verknüpfte Aufgaben, die Impulse für eine Anwendung und Übertragung von erlerntem Wissen oder methodischen Fähigkeiten geben;
- Aufgaben, die gezielt Urteilskompetenzen wie Fremdverstehen oder historische Perspektivenübernahme ansprechen (z. B. anhand von multiperspektivischen Betrachtungsweisen oder Entscheidungsszenarios).

Kategorienseiten „Vertiefen und Vernetzen"

Die Kategorienseiten stehen jeweils am Ende eines Epochenschwerpunktes. Sie beleuchten seinen gesamten Inhalt noch einmal unter dem besonderen Blickwinkel einer Kategorie und ermöglichen Schülerinnen und Schülern auf diese Weise großräumig strukturierende Einsichten, die die epochenorientierten Darstellungen ergänzen und vertiefen. Jeder der vier Kategorien („Gesellschaft", „Herrschaft", „Wirtschaft", „Weltdeutungen") ist eine Doppelseite gewidmet.

Auf der linken Seite charakterisiert ein Verfassertext die wichtigsten kategorialen Merkmale des behandelten Zeitraums; dabei finden auch die im Curriculum formulierten Leitfragen Berücksichtigung. Außerdem erfolgt in der Marginalienspalte für die im Curriculum vorgeschriebenen Grundbegriffe ein Seitenverweis in die entsprechenden Unterkapitel. Auf der rechten Seite werden ergänzende Materialien angeboten, die noch einmal eine gezielte Beschäftigung mit dem jeweiligen kategorialen Zugriff ermöglichen. Die Arbeitsaufträge stellen zusätzlich eine Verbindung mit den Verfassertexten und Materialien der vorhergehenden Kapitel her.

Anhang

Der Anhang jedes Schülerbandes enthält ein nach Kategorien strukturiertes Inhaltsverzeichnis, das die Möglichkeit eröffnet, die Epochenschwerpunkte an diesen orientiert zu erarbeiten. Darüber hinaus finden sich im Anhang ein Methodenglossar, Erläuterungen zu den Operatoren, methodische Hinweise zu Schülerpräsentationen, ein Verzeichnis der Namen, Sachen und Begriffe sowie der Bildnachweis. Das Methodenglossar der Bände 2 und 3/4 enthält jeweils auch die Methoden der vorhergehenden Bände und lässt so den Rückbezug auf früheres Methodenlernen zu.

Die Arbeit mit den Lehrerbänden

Die Lehrerbände bieten didaktisch-methodische Hinweise und Informationen für den Einsatz der Schülerbände im Unterricht. Sie machen einerseits Vorschläge, wie sich Unterricht zu einem Thema in einer zeitökonomischen, aber inhaltlich adäquaten Minimalvariante realisieren lässt, die sich nur auf einige der im Buch angebotenen Materialien stützt. Andererseits bieten sie Anregungen für die Nutzung des breiteren, im Schülerbuch vorhandenen Materialarrangements und weisen darüber hinaus auf weitere Materialien außerhalb des Buches hin. Damit bietet der Lehrerband eine variable Hilfestellung für einen von Kapitel zu Kapitel flexibel umgesetzten, sowohl dem Lehrplan als auch den spezifischen Bedingungen der Klasse gerecht werdenden Unterricht.

Kapitel

Die Hinweise zu den Kapiteln beginnen mit einer *Einstiegsgrafik*.

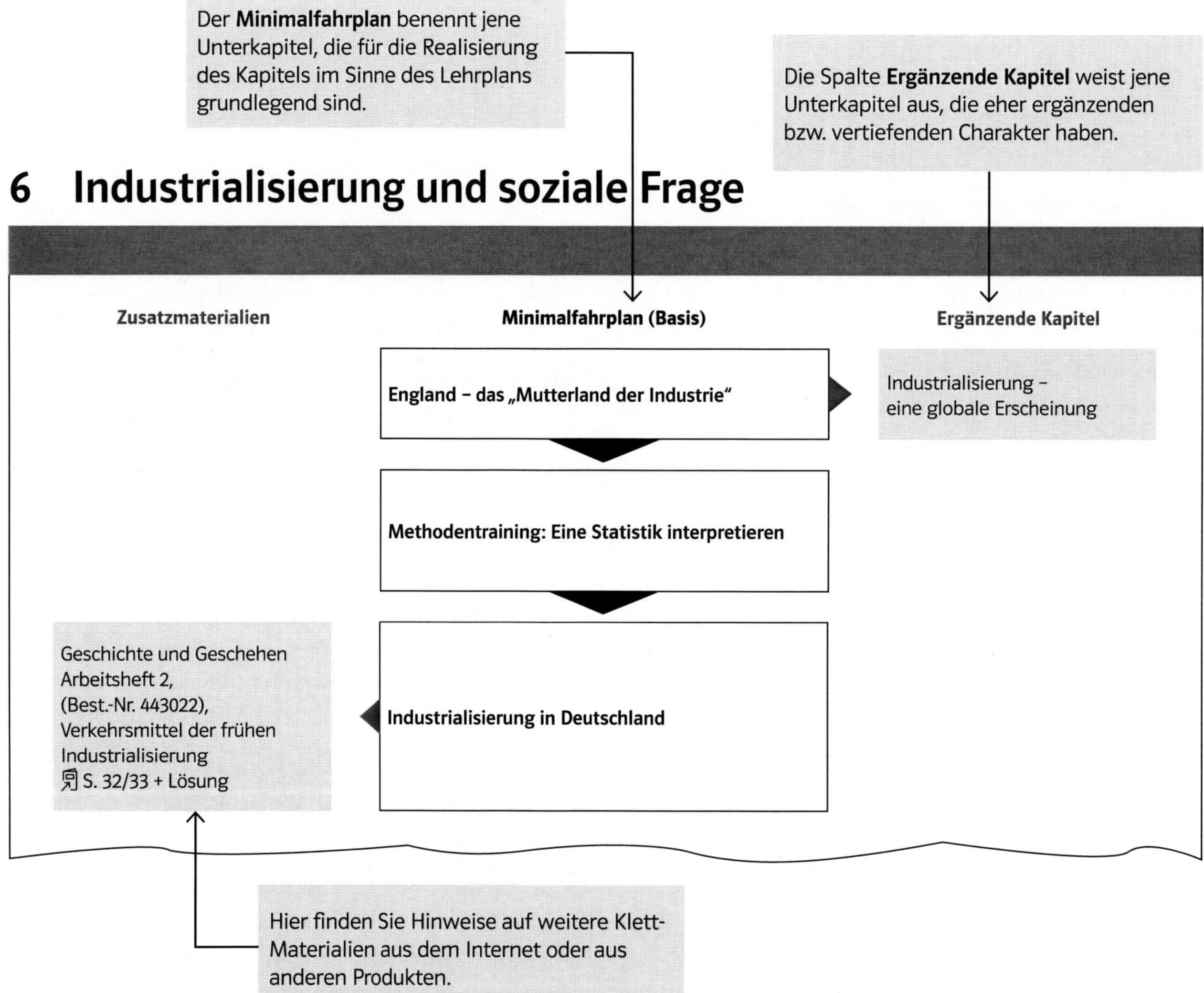
Der **Minimalfahrplan** benennt jene Unterkapitel, die für die Realisierung des Kapitels im Sinne des Lehrplans grundlegend sind.
Die Spalte **Ergänzende Kapitel** weist jene Unterkapitel aus, die eher ergänzenden bzw. vertiefenden Charakter haben.
6 Industrialisierung und soziale Frage
Zusatzmaterialien
Minimalfahrplan (Basis)
Ergänzende Kapitel
England – das „Mutterland der Industrie"
Industrialisierung – eine globale Erscheinung
Methodentraining: Eine Statistik interpretieren
Geschichte und Geschehen Arbeitsheft 2, (Best.-Nr. 443022), Verkehrsmittel der frühen Industrialisierung S. 32/33 + Lösung
Industrialisierung in Deutschland
Hier finden Sie Hinweise auf weitere Klett-Materialien aus dem Internet oder aus anderen Produkten.

Im Anschluss an die Einstiegsgrafik werden die *Kompetenzen* benannt, die die Schülerinnen und Schüler innerhalb der Themeneinheit erwerben. Dabei finden alle im Lehrplan vorgesehenen Kompetenzbereiche Berücksichtigung. Es folgen Anregungen zur Arbeit mit der *Orientierungsseite*.

Unterkapitel
Für jedes Unterkapitel bieten die Lehrerbände konzentrierte Hinweise zur Unterrichtsgestaltung. Am Anfang steht ein *Stundenvorschlag.* Er enthält in der Mitte einen empfohlenen *Minimalfahrplan*, rechts Hinweise auf *ergänzende und/oder differenzierende Materialien* und links *unterrichtsmethodische Anregungen.*

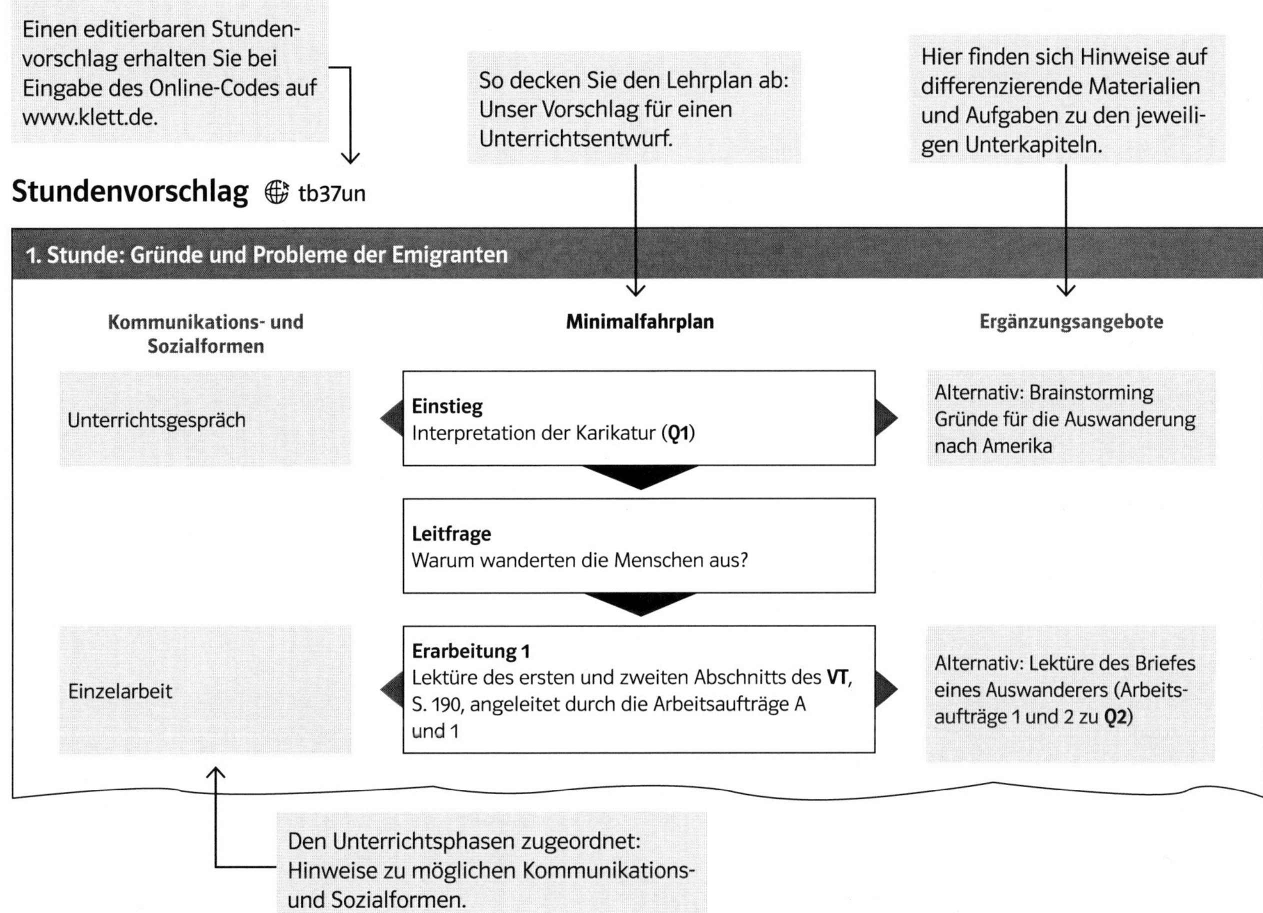
Einen editierbaren Stundenvorschlag erhalten Sie bei Eingabe des Online-Codes auf www.klett.de.
So decken Sie den Lehrplan ab: Unser Vorschlag für einen Unterrichtsentwurf.
Hier finden sich Hinweise auf differenzierende Materialien und Aufgaben zu den jeweiligen Unterkapiteln.
Stundenvorschlag tb37un
1. Stunde: Gründe und Probleme der Emigranten
Kommunikations- und Sozialformen
Minimalfahrplan
Ergänzungsangebote
Unterrichtsgespräch
Einstieg
Interpretation der Karikatur (Q1)
Alternativ: Brainstorming Gründe für die Auswanderung nach Amerika
Leitfrage
Warum wanderten die Menschen aus?
Einzelarbeit
Erarbeitung 1
Lektüre des ersten und zweiten Abschnitts des VT, S. 190, angeleitet durch die Arbeitsaufträge A und 1
Alternativ: Lektüre des Briefes eines Auswanderers (Arbeitsaufträge 1 und 2 zu Q2)
Den Unterrichtsphasen zugeordnet: Hinweise zu möglichen Kommunikations- und Sozialformen.

Es folgen kurze *Informationen zum Verfassertext und zu den Materialien.* Sie können direkt in den Unterricht eingebracht werden oder vertiefen das Hintergrundwissen der Lehrkraft.
In den *Erläuterungen zu den Arbeitsaufträgen* wird ein Erwartungshorizont zu den Aufgaben aus den Schülerbänden skizziert. Die Hinweise zu den Unterkapiteln schließen mit einem Vorschlag für ein *Tafelbild.* Über einen Online-Code ansteuerbar sind neben den *Sequenzvorschlägen* auch die Tafelbilder im PowerPoint-Format.

Vorschläge für 10-Stunden-Tests
Zur Überprüfung bieten die Lehrerbände ganz am Ende zu ausgewählten Kapiteln 10-Stunden-Tests als Kopiervorlagen; es versteht sich von selbst, dass diese Vorlagen auf den tatsächlich stattgefundenen Unterricht abgestimmt werden müssen. Damit sollen die zentralen Kompetenzziele der behandelten Themeneinheiten überprüfbar gemacht werden. Lösungsmöglichkeiten bzw. ein Erwartungshorizont für den jeweiligen Test werden im Anschluss knapp umrissen.

10–41

1 Zeit des Aufbruchs

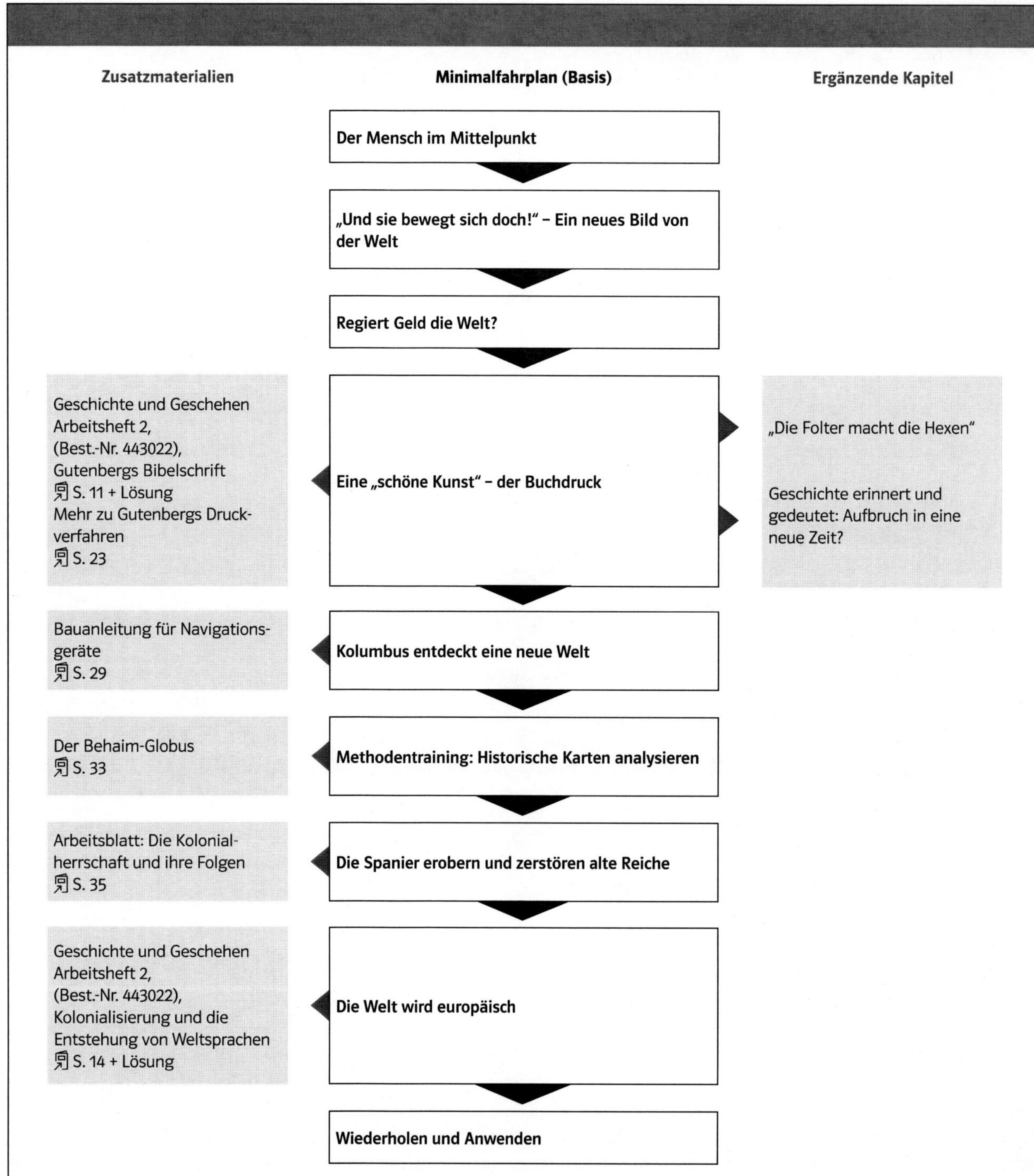

Zusatzmaterialien
Minimalfahrplan (Basis)
Ergänzende Kapitel
Der Mensch im Mittelpunkt
„Und sie bewegt sich doch!" – Ein neues Bild von der Welt
Regiert Geld die Welt?
Geschichte und Geschehen Arbeitsheft 2, (Best.-Nr. 443022), Gutenbergs Bibelschrift S. 11 + Lösung
Mehr zu Gutenbergs Druckverfahren S. 23
Eine „schöne Kunst" – der Buchdruck
„Die Folter macht die Hexen"
Geschichte erinnert und gedeutet: Aufbruch in eine neue Zeit?
Bauanleitung für Navigationsgeräte S. 29
Kolumbus entdeckt eine neue Welt
Der Behaim-Globus S. 33
Methodentraining: Historische Karten analysieren
Arbeitsblatt: Die Kolonialherrschaft und ihre Folgen S. 35
Die Spanier erobern und zerstören alte Reiche
Geschichte und Geschehen Arbeitsheft 2, (Best.-Nr. 443022), Kolonialisierung und die Entstehung von Weltsprachen S. 14 + Lösung
Die Welt wird europäisch
Wiederholen und Anwenden

Kompetenzziele

Fachkompetenz

Die Schülerinnen und Schüler

- kennen bedeutende Persönlichkeiten wie Leonardo da Vinci, Michelangelo, Kopernikus, Galileo Galilei, Jakob Fugger, Gutenberg und ihre Bedeutung und ordnen sie räumlich und zeitlich korrekt ein;
- können das neue Menschenbild beschreiben und die Bedeutung der Wiederentdeckung der Antike erläutern;
- beschreiben den Wandel vom Mittelalter zur Frühen Neuzeit;
- analysieren die historischen Ursachen für gesellschaftliche Veränderungen;
- können die Unterschiede zwischen dem alten und dem neuen Weltbild erläutern;
- können die Reaktion der Kirche und der Umwelt auf das neue Weltbild erklären;
- können die Grundzüge des Handels und der Geldwirtschaft im 14. – 16. Jh. beschreiben;
- können die Zusammenhänge von Wirtschaft und Politik am Beispiel der deutschen Kaiserwahl 1519 erklären;
- beschreiben das von Gutenberg erfundene neue Druckverfahren und erläutern seine Konsequenzen;
- kennen die geografische Ausdehnung der den Europäern im 14., 15. und 16. Jahrhundert bekannten Welt und die wichtigsten Handelswege;
- können Gründe für die Suche nach neuen Handelswegen erklären;
- kennen die wichtigsten Akteure im Zeitalter der Entdeckungen (Christoph Kolumbus, Vasco da Gama, Hernán Cortés, Francisco Pizarro);
- können die wichtigsten Stationen der Eroberung neuer Welten und deren Folgen erläutern.

Methodenkompetenz

Die Schülerinnen und Schüler

- analysieren einfache Textquellen und ordnen ihre Aussagen in den historischen Zusammenhang ein;
- recherchieren in historischen Karten und stellen Veränderungen des Weltbildes fest;
- können historische und moderne Karten lesen und interpretieren;
- können historische Abläufe in einer Tabelle systematisch erfassen;
- können den Inhalt von Text- und Bildquellen miteinander verknüpfen und deuten.

Kommunikationskompetenz

Die Schülerinnen und Schüler

- kennen wichtige Fachbegriffe, u. a. Humanismus, Renaissance, Zentralperspektive, geozentrisches und heliozentrisches Weltbild, Konquistador, Astrolabium, Kompass, Karavelle, Inka, Azteken und verwenden sie korrekt;
- können ein themenbezogenes Interview führen;
- versprachlichen Kernaussagen von Karten zur Frühen Neuzeit.

Urteilskompetenz

Die Schülerinnen und Schüler

- bewerten die Unterschiede zwischen religiös und naturwissenschaftlich begründeten Weltbildern;
- schätzen die Bedeutung von Humanismus und Renaissance für die abendländische Kultur ein;
- nehmen Stellung zur Modernität von Humanismus und Renaissance;
- problematisieren das Verhältnis von Glaubensüberzeugungen und wissenschaftlichen Erkenntnissen;
- beurteilen die positiven und negativen Folgen der wirtschaftlichen Neuerungen der Zeit;
- schätzen die Bedeutung des Buchdrucks ein;
- können Motive und Folgen der Entdeckung der „neuen" Welt beurteilen;
- können Ausbeutung und Unterdrückung als wesentliches Element von Kolonialherrschaft beurteilen;
- können die europäische Expansion als Teil der Globalisierung der Welt in der Frühen Neuzeit deuten, erklären, einordnen und im Hinblick auf deren Folgewirkungen bis heute beurteilen.

Zur Orientierungsseite

- Eine noch ungezielte Betrachtung der Orientierungsseite führt zu spontanen Beiträgen (Einbringen von Vorkenntnissen, Fragen usw.);
- nach der Lektüre der Einleitung werden Vermutungen zu den Fragen geäußert;
  bei der Betrachtung der Karte ist es möglich, auf die Standorte und den zeitlichen Ablauf von Universitätsgründungen einzugehen;
- die Zeitleiste verschafft einen Überblick über den Zeitraum und wichtige Ereignisse der Themeneinheit (TE);
- ein Vergleich der Abbildungen mit Bezug auf die Überschrift der TE erlaubt eine erste vorläufige Deutung ihrer Aussage;
- möglich ist eine kurze schriftliche Zusammenfassung, in der jeder seine Erwartungen an die TE skizziert.

12–15

Der Mensch im Mittelpunkt

Stundenvorschlag x2im33

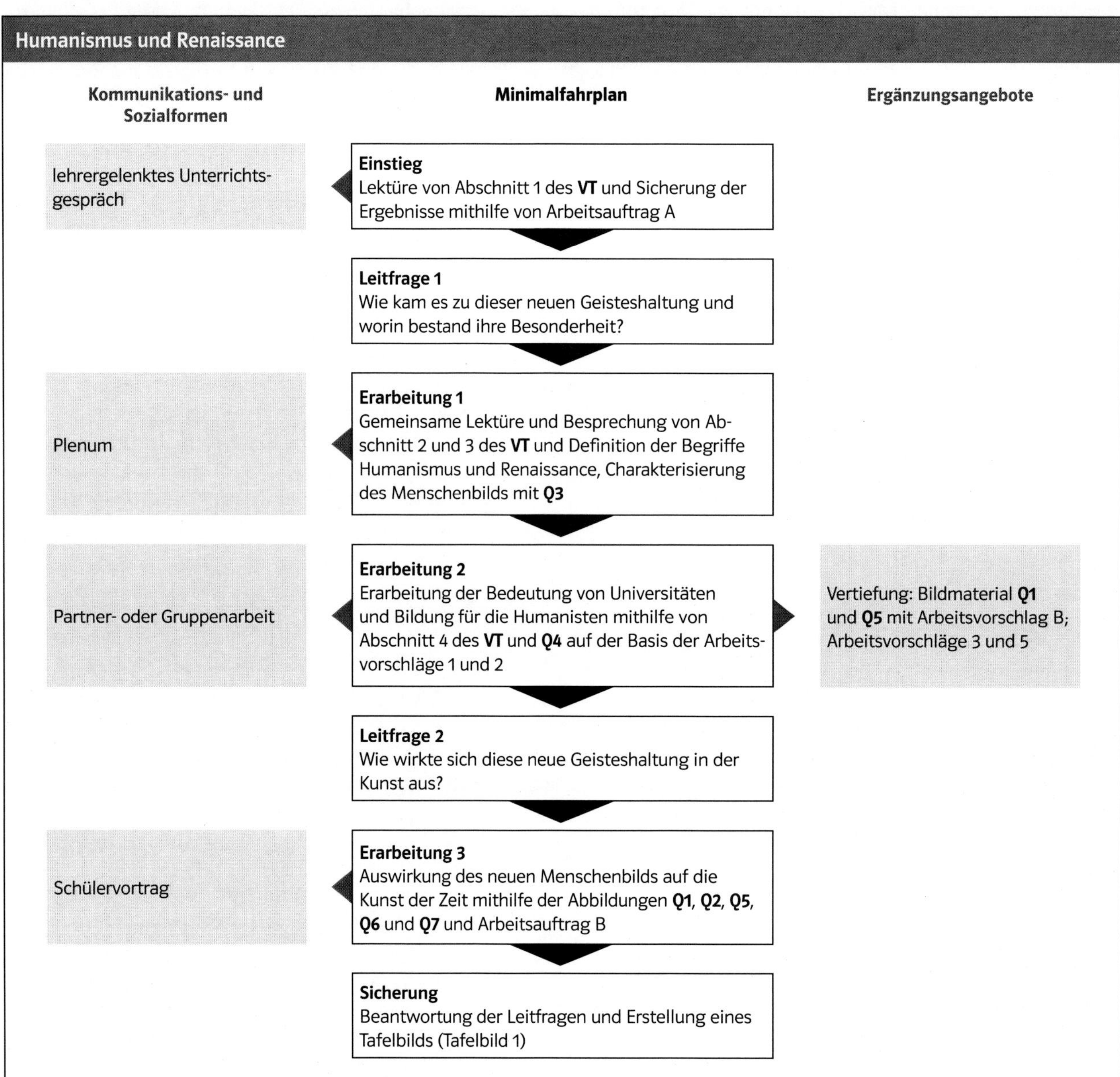

Humanismus und Renaissance
Kommunikations- und Sozialformen
Minimalfahrplan
Ergänzungsangebote
lehrergelenktes Unterrichtsgespräch
Einstieg
Lektüre von Abschnitt 1 des VT und Sicherung der Ergebnisse mithilfe von Arbeitsauftrag A
Leitfrage 1
Wie kam es zu dieser neuen Geisteshaltung und worin bestand ihre Besonderheit?
Plenum
Erarbeitung 1
Gemeinsame Lektüre und Besprechung von Abschnitt 2 und 3 des VT und Definition der Begriffe Humanismus und Renaissance, Charakterisierung des Menschenbilds mit Q3
Partner- oder Gruppenarbeit
Erarbeitung 2
Erarbeitung der Bedeutung von Universitäten und Bildung für die Humanisten mithilfe von Abschnitt 4 des VT und Q4 auf der Basis der Arbeitsvorschläge 1 und 2
Vertiefung: Bildmaterial Q1 und Q5 mit Arbeitsvorschlag B; Arbeitsvorschläge 3 und 5
Leitfrage 2
Wie wirkte sich diese neue Geisteshaltung in der Kunst aus?
Schülervortrag
Erarbeitung 3
Auswirkung des neuen Menschenbilds auf die Kunst der Zeit mithilfe der Abbildungen Q1, Q2, Q5, Q6 und Q7 und Arbeitsauftrag B
Sicherung
Beantwortung der Leitfragen und Erstellung eines Tafelbilds (Tafelbild 1)

12–15

Zum Verfassertext und zu den Materialien

VT Der Abschnitt „Ein neuer Geist aus Italien“ bezieht sich auf die vor allem durch den Handel reich und selbstbewusst gewordenen italienischen Städte. Eine herausragende Rolle spielten dabei zunächst Venedig und Genua, seit dem 15. Jahrhundert kam Florenz hinzu, das mit Mailand auch ein wichtiges gewerbliches Zentrum bildete (u. a. Tuchproduktion). Im Laufe des Mittelalters hatte sich aus diesen Handelsmetropolen und zahlreichen anderen Städten in Nord- und Mittelitalien wegen des Fehlens einer starken Zentralgewalt eine Reihe von mehr oder weniger mächtigen und unabhängigen Stadtstaaten herausgebildet. Diese wurden meist von den reichen Kaufleuten und Bankiers regiert und besaßen eine republikanische Verfassung. Einzelne Städte wie z. B. Mailand standen dagegen unter der Herrschaft von Adelsgeschlechtern. Venedig, Mailand, Florenz und Genua entwickelten sich mit wachsendem wirtschaftlichen Wohlstand zu geistigen und kulturellen Zentren und bildeten zusammen mit dem Kirchenstaat eine Art „Pentarchie“.

Die antiken Schriften gelangten auf unterschiedlichen Wegen in die Hand der humanistischen Gelehrten. Das klassische Erbe war auch von gebildeten Muslimen bewahrt worden und erreichte über Spanien die Studierstuben der Humanisten; nach dem Fall Konstantinopels 1453 brachten viele oströmische Flüchtlinge ihre Textsammlungen mit ins Abendland. Außerdem lagerten viele Texte unbekannt in den europäischen Klosterbibliotheken und harrten ihrer Entdeckung.

Q1 Vincenzo Foppa (um 1427–1516) arbeitete hauptsächlich in Pavia und Mailand. Das Fresko ist in mehrfacher Hinsicht aufschlussreich: Zum einen zeigt es den römischen Schriftsteller und Politiker Cicero, dessen Schriften von den Humanisten besonders geschätzt wurden. Zum anderen wird hier der junge Cicero als bildungsbeflissener Mensch gezeigt, der sich bereits in jungen Jahren den Studien widmet, um sich umfassend zu bilden. Außerdem ist das Fresko ein Beispiel der neuen perspektivischen Maltechnik, die im 15. Jahrhundert entwickelt wurde. Schließlich lässt sich zeigen, dass die Renaissancekunst ohne Fürsten und reiche Bürger als Auftraggeber kaum möglich gewesen wäre.

Q2 Michelangelo Buonarroti (1475–1564) erwarb sich schon in jungen Jahren einen hervorragenden Ruf als Bildhauer. Sein vollendetes Können demonstrierte er Anfang des 16. Jahrhunderts in Florenz, wo er im Auftrag der Stadtregierung aus einem riesigen Marmorblock, an dem 40 Jahre zuvor ein anderer Bildhauer gescheitert war, die vier Meter hohe Statue des David herausmeißelte. Die nackte Figur offenbart genaueste Kenntnisse über die menschliche Anatomie und verwirklicht dabei das ästhetische Ideal der Antike. Gleichzeitig kommt in der Haltung und dem Gesichtsausdruck eine moderne vorwärtsstrebende Energie zum Ausdruck. So verkörpert Michelangelos „David" auf vollkommene Weise das humanistische Ideal des Einklangs von ästhetischer Schönheit und geistiger Dynamik. Die Skulptur wurde 1504 vor dem Palast der Signoria in Florenz aufgestellt und symbolisierte das Selbstbewusstsein der Stadt am Arno. Michelangelo war Bildhauer, Maler (vor allem die Ausmalung der Sixtinischen Kapelle im Vatikan) und Architekt (u.a. Bau des Petersdoms).

Q3 Pico della Mirandola entstammte einer italienischen Adelsfamilie und kam während seiner Studien in Florenz, Padua und Paris mit dem Humanismus in Berührung. Er beherrschte Griechisch, Hebräisch und Arabisch und entwickelte philosophische Vorstellungen, die ihn mit der Kirche in Konflikt brachten. 1489 fand er Zuflucht bei Lorenzo di Medici in Florenz, wo er auch 1494 starb. Er betont seine Idee vom Menschen als einem herausragenden Wesen, das aus eigener Kraft Vollkommenheit erreichen kann.

Q4 Der französische Schriftsteller François Rabelais (ca. 1494–1553) war zunächst Mönch, dann Spitalarzt in Lyon. Dort begann er seine schriftstellerische Tätigkeit. Das heute unter dem Namen „Gargantua und Pantagruel" bekannte Werk erschien ab 1532 in mehreren Etappen. In satirischer Form kritisiert der Autor als überzeugter Humanist religiöse Askese und Heuchelei und offenbart eine diesseits gewandte Vorstellung von der Welt und dem Leben. In humorvoller Weise zeichnet er ein plastisches Bild der französischen Gesellschaft seiner Zeit. Rabelais' Werk wurde zwar als ketzerisch verurteilt, trotzdem gewann es viele Leser und beeinflusste manchen französischen Schriftsteller nach ihm.

Q5 Albrecht Dürer (1471–1528) blieb zwar bis zu seinem Tode katholisch, stand aber humanistischem und reformatorischem Gedankengut aufgeschlossen gegenüber. Er besuchte bei einem längeren Aufenthalt in den Niederlanden 1520/21 mehrmals Erasmus von Rotterdam. In seinem Kupferstich von 1526 stellt er ihn als Sprachgelehrten mit Feder und Tintenfass dar, der die lateinische und griechische Sprache beherrscht, die alten Schriften studiert und dadurch den Leitsatz „Zurück zu den Quellen" befolgen kann.

Q6 Die Abbildung ist Teil des Deckenfreskos der Sixtinischen Kapelle, das Michelangelo zwischen 1508 und 1512 gemalt hat. Er malte die Decke im Auftrag von Papst Julius II. (1443–1513) vornehmlich mit Szenen aus dem Alten Testament aus. Die Gesamtfläche der Decke beträgt ca. 520 Quadratmeter und diese enthält 105 meist überlebensgroße Figuren, die in raffinierter Perspektive dargestellt sind. Michelangelo arbeitete jahrelang auf einem Gerüst in Rückenlage und nahm nur die Hilfe der Farbmischer in Anspruch. Die „Erschaffung Adams" malte Michelangelo wohl um 1511.

Q7 Über jüdische und muslimische Ärzte fand das anatomische Wissen der Antike auch im christlichen Abendland Eingang. Zunächst orientierte sich die mittelalterliche Anatomie an den Erkenntnissen des griechischen Arztes Galen (2. Jh. n. Chr.). Der Professor auf dem Katheder referierte in der Regel aus den Büchern des Galen, während gleichzeitig seine Gehilfen zur Demonstration des Gesagten auf die geöffneten Leichen von hingerichteten Verbrechern wiesen – ohne Rücksicht auf den tatsächlichen Sachverhalt. Erst in der Renaissance erwachte bei Künstlern und Ärzten echtes anatomisches Interesse. Leonardo hinterließ über 100 Hefte mit anatomischen Skizzen und Studien; Bildhauer und Maler wie Michelangelo und Albrecht Dürer trieben genaue anatomische Studien. Zum Begründer der modernen Anatomie wurde der Flame Andreas Vesalius (1514–1564), der 1537 den Lehrstuhl für Anatomie in Padua einnahm.

Erläuterungen zu den Arbeitsaufträgen

→ 12–15

A: Nach einer Vorlesung von Peter Luder unterhalten sich zwei Studenten. Der eine ist begeistert von der Vorlesung, der andere ist davon verunsichert. Tauscht euch über die beiden unterschiedlichen Haltungen aus. [II]

In Partner- oder Gruppenarbeit sollen Argumente für und gegen die beiden im Verfassertext skizzierten unterschiedlichen Positionen zusammengestellt und dann in der Klasse vorgetragen werden.

B: Cicero lebte von 106 v. Chr. bis 43 v. Chr. Er war ein römischer Politiker, Schriftsteller und Gelehrter, der auch philosophische Schriften der Griechen ins Lateinische übersetzte. Versetze dich in die Lage des Malers Foppa und erläutere der Familie Medici, warum du die Wand mit diesem Bild geschmückt hast. [II]
Mögliche Aspekte: Vorbildcharakter der Antike, Bedeutung des Studiums für die Heranbildung des Menschen, Wichtigkeit einer an den Wissenschaften orientierten Kindererziehung.

C: Finde heraus, aus welchem Jahr der Kupferstich stammt. Erkläre mithilfe des Verfassertextes, mit welchen Darstellungsmitteln Dürer Erasmus als Humanisten gekennzeichnet hat. [II]
Der Stich stammt aus dem Jahr 1526. Schreibpult, Bücher, Feder und Tintenfass als Kennzeichen von Gelehrten; Hinweis auf die Antike durch Inschrift in lateinischer und griechischer Sprache.

D: Weise nach, dass das neue Menschenbild in der Darstellung des Adam bei Michelangelo zum Ausdruck kommt. Nimm auch Q2 und Q3 zu Hilfe. [II]
Gott und Mensch erscheinen als fast gleichberechtigte Partner. Über die Fingerspitzen springt gleichsam der göttliche Funke auf den Menschen über. Die kleine Distanz, die die beiden Finger trennt, symbolisiert den relativ geringen Abstand zwischen den Menschen und Gott. Mit diesem Werk apostrophiert der Künstler die besondere Stellung des Menschen, wie sie auch Pico della Mirandola (Q3) formuliert.

E: Erkläre die Bedeutung der Skizzen Leonardos für die Malerei und Bildhauerei. [II]
Leonardo zeichnet die unter der Haut liegenden Knochen, Bänder und Muskeln der Schulterpartie aus unterschiedlichen Perspektiven. Er will damit die Voraussetzung für eine möglichst naturgetreue Darstellung des menschlichen Körpers in der Malerei bzw. Bildhauerei schaffen.

1. Beschreibe das Bildungsprogramm, das Gargantua seinem Sohn Pantagruel empfiehlt (Q4). [I]
Bildungsprogramm mit sowohl sprachlich-literarischen als auch geografischen, historischen und naturkundlichen Elementen.

2. Erkläre, welche Rolle die Bildung bei der Erziehung eines Menschen spielt. [II]
Notwendigkeit einer umfassenden Bildung für einen gelehrten und tugendhaften humanistischen Menschen.

3. Schreibe ein aus der Perspektive eines christlichen Theologen formuliertes Flugblatt gegen das neue humanistische Menschenbild (VT, Q3, Q4). [II]
Mögliche Aspekte: Widerspruch gegen die göttliche hierarchisch gegliederte Schöpfungsordnung; Widerspruch zur christlichen Erlösungslehre, wonach der sündige Mensch nur durch die von der Kirche vermittelte göttliche Gnade gerettet werden kann; Widerspruch zu den christlichen Autoritäten der alten Kirche und der Scholastik.

4. Heute bezeichnen viele Historiker die Zeit der Renaissance als den Beginn der Neuzeit. Erörtere diese These kritisch (VT). [III]
Pro-Argumente: neues Menschenbild eines autonomen Menschen, Anfänge wissenschaftlicher Forschung, die der eigenen Vernunft und der eigenen Anschauung verpflichtet ist, Hinwendung zur Natur.
Kontra-Argumente: Beschränkung der neuen Erkenntnisse auf eine schmale gesellschaftliche Schicht, Weiterleben überkommener Glaubensüberzeugungen bis ins 18. Jh. hinein.

5 Überprüfe, welche Fächer des Bildungsprogramms Gargantuas aus heutiger Sicht überflüssig erscheinen, welche beibehalten werden sollten und welche fehlen. Begründe deine Meinung. [III]
Nicht unbedingt notwendig: Griechisch, Hebräisch und (mit Abstrichen) Astronomie; fehlend: gesellschafts- und wirtschaftswissenschaftliche Fächer. Die anderen genannten Fächer haben heute weiter Berechtigung.

Tafelbild 1 6q79vh

Wandel des Menschenbilds

Der mittelalterliche Mensch	→ Rückgriff auf die Antike →	Der Mensch der Renaissance
- lebt in gottgewollter Ordnung;		- kann seinen Platz in der Welt selbst bestimmen;
- lebt in unterschiedlichen Ständen mit unterschiedlichen Rechten und Pflichten;		- erkennt, dass sein Platz in der Gesellschaft von ihm selbst abhängt, seinen Fähigkeiten und Leistungen;
- sieht sein Schicksal als vom göttlichen Willen bestimmt an;		- gestaltet sein Schicksal selbst;
- schätzt das Diesseits gering, das Jenseits dagegen hoch;		- hegt Wertschätzung für die Welt, die er bewundert und erforscht;
- ist als Sünder von der Kirche und der göttlichen Gnade abhängig.		- ist für sein Wohlergehen selbst verantwortlich.

„Und sie bewegt sich doch!" – Ein neues Bild von der Welt

16–18

Stundenvorschlag 🌐 s67k2k

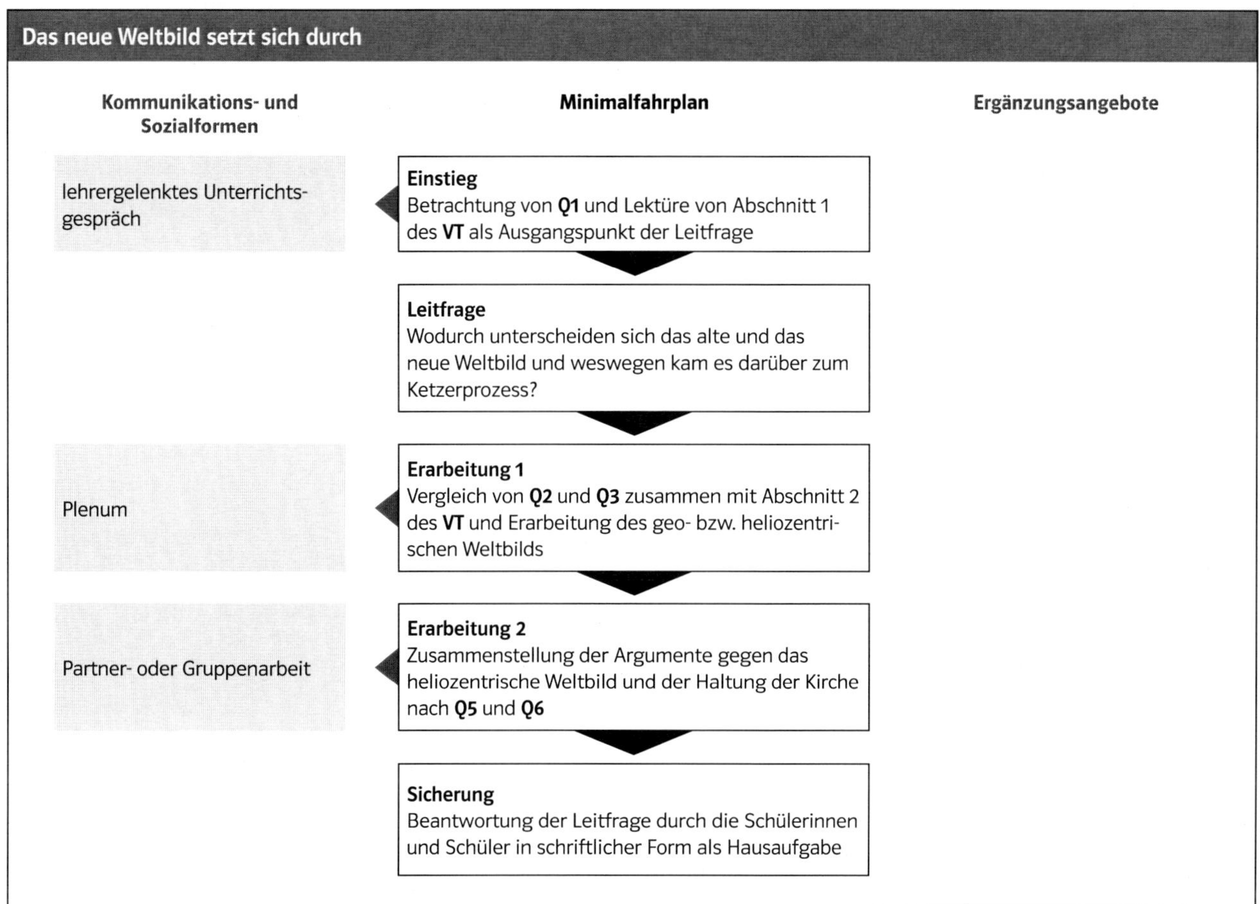

Das neue Weltbild setzt sich durch

Kommunikations- und Sozialformen	Minimalfahrplan	Ergänzungsangebote
lehrergelenktes Unterrichtsgespräch	**Einstieg** Betrachtung von **Q1** und Lektüre von Abschnitt 1 des **VT** als Ausgangspunkt der Leitfrage	
	Leitfrage Wodurch unterscheiden sich das alte und das neue Weltbild und weswegen kam es darüber zum Ketzerprozess?	
Plenum	**Erarbeitung 1** Vergleich von **Q2** und **Q3** zusammen mit Abschnitt 2 des **VT** und Erarbeitung des geo- bzw. heliozentrischen Weltbilds	
Partner- oder Gruppenarbeit	**Erarbeitung 2** Zusammenstellung der Argumente gegen das heliozentrische Weltbild und der Haltung der Kirche nach **Q5** und **Q6**	
	Sicherung Beantwortung der Leitfrage durch die Schülerinnen und Schüler in schriftlicher Form als Hausaufgabe	

Zum Verfassertext und zu den Materialien

16–18

VT Die klassischen kosmologischen Vorstellungen beruhten auf Aristoteles und Ptolemäus: Aristoteles unterteilte die Welt in zwei grundlegend verschiedene Bereiche, die durch die Sphäre des Mondes getrennt werden: den irdischen, sublunaren und den himmlischen Bereich. Die Erde ist der Bereich des Veränderlichen, in dem die vier Elemente ihren natürlichen Bewegungen folgen: Die schweren Elemente Wasser und Erde streben nach unten zum Erdmittelpunkt und die leichten Elemente Feuer und Luft nach oben zu den Sphären. Oberhalb der Mondsphäre herrschte für Aristoteles göttliche Vollkommenheit und Unveränderlichkeit. Dort stellte er sich eine Art fünftes Element von durchsichtiger und schwereloser Beschaffenheit vor, die „quinta essentia", die Quintessenz. In diesem göttlichen Bereich gab es zwar auch Bewegungen, aber nicht die irdischen Auf- und Abbewegungen, sondern göttlich vollkommene kreisförmige Bahnen, die sich daher grundlegend von den sublunaren Bewegungen unterschieden. Den Aufbau des gesamten Kosmos stellte sich Aristoteles dementsprechend so vor, dass die im Mittelpunkt stehende Erde von konzentrischen, durchsichtigen und festen Schalen (Sphären) umgeben ist, an denen sich die Planeten und die Fixsterne in vollkommenen Kreisen bewegen. Ein alles umfassender göttlicher erster Beweger hielt dieses ganze Räderwerk in Gang.

Ptolemäus modifizierte die Vorstellungen des Aristoteles, indem er die genauen Beobachtungen der Fixsterne des griechischen Astronomen Hipparchos aus dem zweiten vorchristlichen Jahrhundert in sein Modell miteinbezog. Er versuchte, ein mathematisch-geometrisches Modell zu erstellen, das die Stellung der Planeten vor dem Fixsternhimmel zu erklären vermochte. Da die beobachteten Planetenbahnen nicht exakt kreisförmig verliefen und die Geschwindigkeiten der Gestirne unregelmäßig waren, er aber an der konstanten Kreisbewegung der Gestirne festhielt, musste Ptolemäus ein kompliziertes System ersinnen, um die beobachteten Phänomene im Rahmen der aristotelischen kosmologischen Vorstellungen zu erklären. An diesem System störte sich später Kopernikus, was ihn bewog, eine völlig neue Rechenmethode zu suchen.
Der Widerspruch zwischen der Vorstellung einer sich rasend schnell drehenden Erde und den alltäglichen Erfahrungen (Flug von Vögeln oder Geschossen, Fahrtwind, fallende Steine u. Ä.) konnte erst durch Galileo Galilei gelöst werden, indem er den Begriff der Trägheit in die Bewegungslehre einführte. Danach benötigte ein bewegter Körper keine ständig auf ihn einwirkende, bewegende Kraft, wie noch Aristoteles und alle Wissenschaftler nach ihm geglaubt hatten, sondern blieb, einmal in Gang gesetzt und ohne auf ihn einwirkende Kräfte oder Widerstände, ständig in einer gleichförmigen

geraden oder kreisförmigen Bewegung. Darum konnte man auf einer rotierenden Erde als Bewohner dieser Erde nichts davon merken; und ein ständig auf das kosmische Räderwerk einwirkender Gott wurde unnötig.

Q3 Die Skizze zeigt das kopernikanische System: von innen nach außen Sonne, Merkur, Venus, Erde Mars, Jupiter, Saturn, Fixsternhimmel. In zwei Punkten blieb Kopernikus noch der alten Sichtweise verpflichtet: Er hielt an der Existenz von unsichtbaren, aber festen kristallinen Sphären fest. Außerdem lag ihm die Vorstellung eines unendlichen Universums und des leeren Raums völlig fern. Diese Vorstellungen entwickelte erst Giordano Bruno (1548–1600, Tod auf dem Scheiterhaufen) rund 50 Jahre nach ihm.

Q4 Der aus München stammende Nicolaus Kratzer arbeitete seit 1524 bis zu seinem Tode in London als Astronom und Uhrmacher im Dienst Heinrichs VIII. von England, der sehr an Kosmografie und überseeischen Unternehmungen interessiert war. Kratzer lehrte auch Astronomie in Oxford. Mit dem Bau der Sonnenuhr stellt Kratzer seine Fähigkeiten als Astronom und Uhrmacher unter Beweis.

Q5 Der Italiener Roberto Bellarmino trat war Jesuit und wurde Theologieprofessor, Bischof und Kardinal. Er war ein strenger Verteidiger des katholischen Glaubens gegenüber dem Protestantismus und ein Vertreter der Macht des Papsttums gegenüber weltlichen Gewalten. Er gehörte dem Kardinalskollegium des für die Inquisition zuständigen Heiligen Offiziums an. Bellarmino war astronomisch interessiert und hatte auch schon einmal Blicke durch ein Fernrohr geworfen. Trotzdem vertrat er energisch die kirchliche Position, als das Heilige Offizium Galilei nach der Veröffentlichung seines Buchs über die Sonnenflecken und seinem Eintreten für das heliozentrische System vorlud und ihn im Jahr 1516 wegen seiner angeblich ketzerischen Ideen verwarnte.

Q6 Jean Bodin war ein französischer Staatstheoretiker. Im Dienst des Königs stehend formulierte er auf dem Hintergrund der Hugenottenkriege in seinen „Sechs Büchern über die Republik" die Idee einer umfassenden absoluten Staatsgewalt (Souveränität) mit dem Ziel von Gerechtigkeit und Gemeinwohl.

16–18

Erläuterungen zu den Arbeitsaufträgen

A: Beschreibe die Szene vor dem Ketzergericht. Achte dabei auf die Kleidung und Haltung der Beteiligten. Welche Wirkung will der Maler erzielen? [I]
Auffällig ist die imposante Drohkulisse aus hohen Geistlichen, Mönchen und anderen kirchlichen Würdenträgern, der sich Galilei – nicht zufällig unter dem Kreuz sitzend – ausgesetzt sieht. Die wenigen weltlichen Zuschauer scheinen das Ganze eher als interessantes Spektakel zu betrachten. Der Künstler will offensichtlich Galilei als einsamen Kämpfer gegen die Übermacht der Kirche darstellen.

B: Suche die Stellung der Sonne im Weltbild des Ptolemäus. [I]
Die Erde steht fest im Mittelpunkt des Weltalls und wird (von innen nach außen) von Mond, Merkur, Venus, Sonne, Mars, Jupiter und Saturn umkreist. Außerdem erkennt man den Ring der Tierkreiszeichen (Zodiacus), die Himmelsachse (Axis zodiaci), die Polarkreise und die Wendekreise, die Erdachse (Axis mundi), die Großkreise (Kolure) der Himmelskugel (der Tag- und Nachtgleiche [aequinoctiorum] bzw. der Sonnenwendepunkte [solstitiorum]).

C: Schreibe einen Dialog des Verhörs von Galilei durch einen Richter des Ketzergerichts. [II]
In dem Verhör sollten einerseits die in Q5 und Q6 zusammengestellten Argumente gegen das kopernikanische Weltbild genannt werden (Widerspruch zur kirchlichen Lehre und zur Erfahrung), andererseits die von Kopernikus und Galilei laut VT angestellten Überlegungen (Unstimmigkeiten im bisherigen System, mathematische Berechnungen).

1. Fasse mit eigenen Worten die Kennzeichen des alten und neuen Weltbilds zusammen. [I]
Weltbild des Ptolemäus: Die Erde steht im Mittelpunkt des Weltalls und wird (von innen nach außen) von Mond, Merkur, Venus, Sonne, Mars, Jupiter und Saturn umkreist.
Weltbild des Kopernikus: Von innen nach außen erkennt man Sonne, Merkur, Venus, Erde, Mars, Jupiter, Saturn und den Fixsternhimmel.

2. Verteidige Galilei vor der Inquisition. Stelle Argumente zusammen, die für das neue Weltbild sprechen. [II]
Zu nennende Punkte, die für das neue Weltbild sprechen: Unterschiedliche Entfernungen der Planeten von der Erde; Unbeweglichkeit der Sonne im Zentrum; einjährige Kreisbahn der Erde um die Sonne; tägliche Erdumdrehung als Ursache für Tag und Nacht.

3. Stelle die Argumente Bodins und Bellarminos gegen das neue Weltbild zusammen (Q5, Q6). [I]
Widerspruch zur Bibel und zur Auslegung der Kirchenväter; Widerspruch zur sinnlichen Alltagserfahrung und zu Aristoteles.

4. Die katholische Kirche hat Ende des 20. Jahrhunderts ihr Fehlurteil zum Weltbild Galileis eingeräumt. Begründe, warum sie so lange daran festhielt. [II]
Mögliche Gründe: Widerspruch zu Bibel und kirchlicher Lehre, Relativierung der Vorstellung von der Schöpfung und der Stellung der Erde und des Menschen in ihr, Gefährdung der kirchlichen Autorität.

5. Holbein malte vor allem berühmte und reiche Leute. Suche nach einer Erklärung, warum er einen Astronomen porträtierte. [II]
Holbein war von humanistischem Geist beeinflusst und hatte Hochachtung vor Forschern und Gelehrten, die Wert auf eigene Beobachtungen und genaue Messungen legten. Außerdem stand Kratzer im Dienst des englischen Königs.

Regiert Geld die Welt?

19–21

Stundenvorschlag 43f9wk

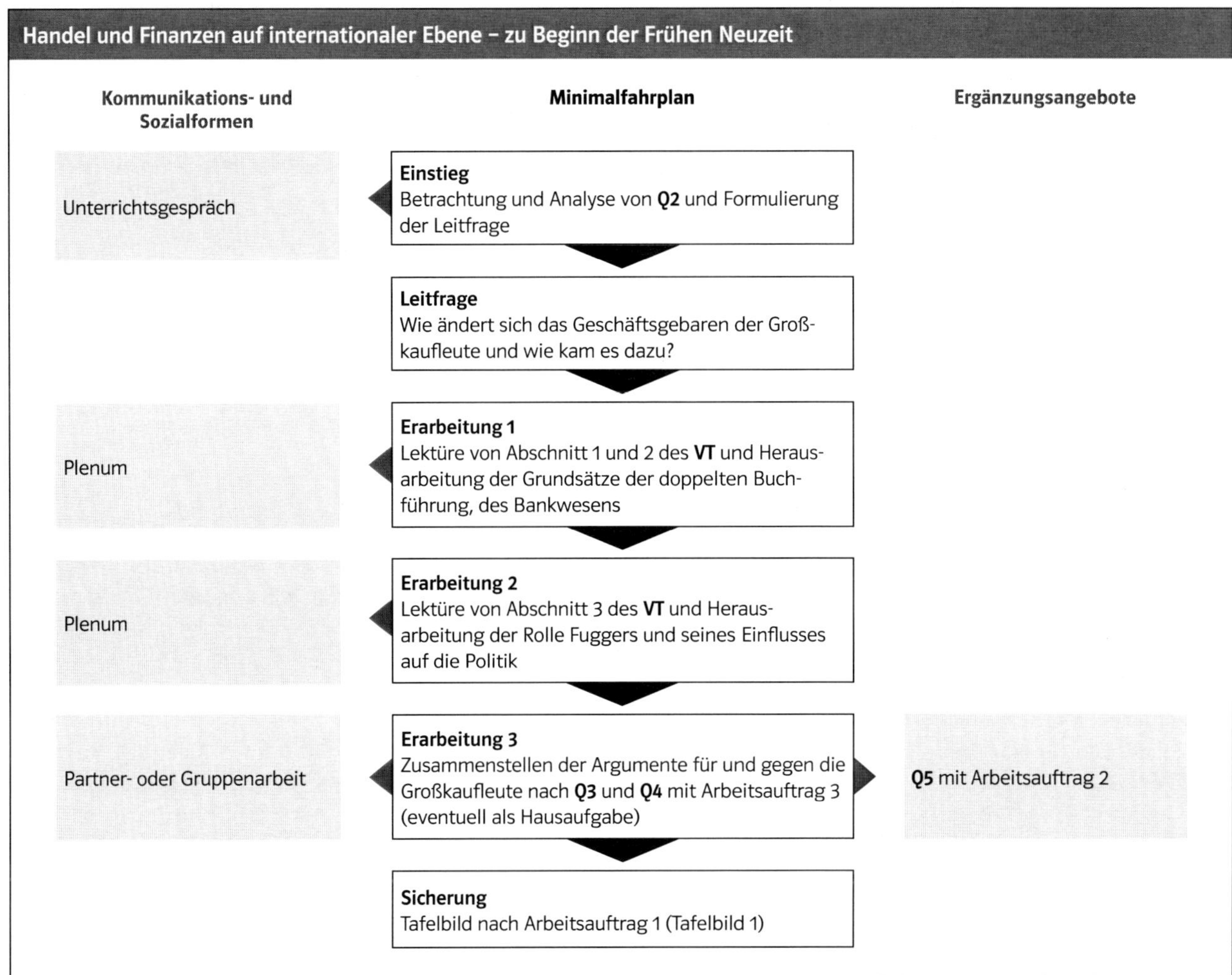

Handel und Finanzen auf internationaler Ebene – zu Beginn der Frühen Neuzeit
Kommunikations- und Sozialformen
Minimalfahrplan
Ergänzungsangebote
Unterrichtsgespräch
Einstieg
Betrachtung und Analyse von Q2 und Formulierung der Leitfrage
Leitfrage
Wie ändert sich das Geschäftsgebaren der Großkaufleute und wie kam es dazu?
Plenum
Erarbeitung 1
Lektüre von Abschnitt 1 und 2 des VT und Herausarbeitung der Grundsätze der doppelten Buchführung, des Bankwesens
Plenum
Erarbeitung 2
Lektüre von Abschnitt 3 des VT und Herausarbeitung der Rolle Fuggers und seines Einflusses auf die Politik
Partner- oder Gruppenarbeit
Erarbeitung 3
Zusammenstellen der Argumente für und gegen die Großkaufleute nach Q3 und Q4 mit Arbeitsauftrag 3 (eventuell als Hausaufgabe)
Q5 mit Arbeitsauftrag 2
Sicherung
Tafelbild nach Arbeitsauftrag 1 (Tafelbild 1)

Zum Verfassertext und zu den Materialien

19–21

VT Dieses Kapitel beschäftigt sich sozusagen mit der „ökonomischen Basis" der in den vorangehenden Abschnitten dargestellten Neuerungen und Veränderungen, die in den wirtschaftlich wohlhabenden italienischen Stadtstaaten ihren Ursprung hatten. Die Behandlung der ökonomischen Aspekte hat aber auch eine für die weitere Zukunft große Bedeutung. In der damaligen Zeit entwickelten sich nämlich Wirtschaftsstandorte, Handelsbeziehungen und Strukturen des Geld- und Bankwesens, die lange, zum Teil bis in die heutige Zeit Bestand hatten. Die wichtigsten Begriffe von Geld- und Bankgeschäften sind damals entstanden und italienischen Ursprungs.
Am Beispiel des Bankhauses Fugger lässt sich exemplarisch der Aufstieg einer Familie von einfachen Dorfwebern über den städtischen Kaufmannsstand bis hin zur Stellung als Bergbauunternehmer, Großbankiers und Geldgeber für Adel und Geistlichkeit nachvollziehen. Gleichzeitig zeigen sich hier enge Verbindungen von Großkapital und politischer Macht (Kaiserwahl Karls V.). Und schließlich kann man am Geschäftsgebaren der Fugger und anderer Großkaufleute einen neuen Geist des Wirtschaftsdenken erkennen, der sich grundsätzlich vom mittelalterlichen Wirtschaftsdenken unterscheidet: früher gemeiner Nutzen und angemessener Preis, jetzt individuelles Gewinninteresse, wirtschaftliche Konkurrenz und Erzielung des höchstmöglichen Preises. Das Aufeinanderprallen dieser beiden Denkweisen spiegelt sich in der zeitgenössischen Diskussion um die Monopole.

Q1 Rechts erkennt man einen Kaufmann, der offensichtlich Geld wechselt, was damals im Bankwesen angesichts unterschiedlichster Münzen und Währungen noch von großer Bedeutung war. Links geht es vermutlich um die Ausstellung oder Einlösung eines Wechselbriefs.

Q2 Die aus dem Trachtenbuch des Buchhalters Matthäus Schwarz (1497–1574) stammende Miniatur (Künstler: Narziss Renner, um 1502–1536) zeigt ihn selbst mit seinem Chef Jakob Fugger im Kontor. Das in jüngster Zeit gefundene Kaufmannsnotizbuch des Matthäus Schwarz bietet eine Fülle von Informationen zu Handel und Geschäftsführung des Hauses Fugger, über Münzen, Maße und Gewichte und ihre Wechsel- bzw. Tauschverhältnisse, über Zinssätze, Transportverbindungen und das Hüttenwesen.

Q3/Q4 Bereits 1512 gab es auf dem Köln-Trierer Reichstag von Seiten des kleinen und mittleren Adels und der Städte der Hanse und aus dem fränkischen Raum Versuche, die großen Handelsgesellschaften zu beschränken. Man warf ihnen Zinswucher vor sowie Monopolmissbrauch vor allem bei Gewürzen und Metallen und Fürkauf (Preistreiberei durch Warenspekulation; auf diese Praxis geht auch Luther ein). In den folgenden Jahren wurden diese Anklagen wiederholt aufgegriffen: 1523 beim Reichsregiment in Nürnberg und 1530 beim Reichstag in Augsburg. Es gab Anträge, das Geschäftskapital und die Anzahl der Niederlassungen der Handelshäuser zu begrenzen, Geldanlage im Handel gegen festen Zins, Fürkauf und Monopolbildung zu verbieten sowie Höchstpreise für Fernhandelsgüter festzusetzen. Mit diesen Bestrebungen setzte sich der humanistisch gebildete Augsburger Stadtsyndikus Conrad Peutinger auseinander und lieferte ein Plädoyer für eine Art „freie Marktwirtschaft".

19 – 21 Erläuterungen zu den Arbeitsaufträgen

A: Erstelle eine Bilanz über deine persönliche finanzielle Lage, indem du deine Guthaben und Schulden einander gegenüberstellst. [I]
Hier sollen die Schülerinnen und Schüler eine einfache Bilanz mit den beiden Spalten „Soll" und „Haben" erstellen, um den Vorteil dieser Form der Buchführung am konkreten Beispiel der eigenen finanziellen Situation zu erfassen.

B: Finde heraus, was folgende Begriffe bedeuten und woher sie stammen: Bank, Kredit, Giro, Lombard, Agio, Disagio, Diskont. [I]
Alle Begriffe stammen aus dem Italienischen. *Bank*: Unternehmen, das Geld- und Kreditgeschäfte betreibt (von it. Banco = Tisch [des Geldwechslers]); *Kredit*: Darlehen; *Giro*: bargeldloser Zahlungsverkehr; *Lombard*: Bankdarlehen gegen Pfand und Gebühr (Lombardsatz); *Agio*: Aufgeld, z. B. der über den Nennwert einer Geldsorte oder eines Wertpapiers hinausgehende Betrag; *Disagio*: Abgeld, z. B. der unter dem Nennwert eines Wertpapiers liegende Betrag; *Diskont*: Betrag, um den ein gewährtes Darlehen im Voraus bei der Auszahlung verringert wird, vor allem beim Ankauf von Wechseln durch Banken ziehen diese gleich den sogenannten Diskontsatz von dem Wechselbetrag ab.

C: Schau dir das Bild genau an und beschreibe, wie sich der Betrieb am Bankschalter heute im Vergleich zu früher geändert hat. [I]
Heutzutage findet fast nur noch bargeldloser Zahlungsverkehr statt; das Abheben von Bargeld und weitere Bankgeschäfte erledigen die Kunden weitgehend per Selbstbedienung am Automaten oder per Internetbanking. Am Bankschalter werden Vorgänge abgewickelt, die eher seltener vorkommen (z. B. der Einkauf von Fremdwährungen), oder Beratungen durchgeführt.

D: Nenne die Beweggründe, die den Kaiser veranlasst haben könnten, sich für Jakob Fugger einzusetzen. [I]
Genannt werden könnten: Dank für den Kredit zur Kaiserwahl, Hoffnung auf weitere finanzielle Unterstützung in der Zukunft.

E: In dem Regal an der Wand befinden sich Ordner mit den Niederlassungen der Fugger. Versuche herauszufinden, um welche Orte es sich dabei handelt. Suche sie in einem Atlas auf. Was sagen die Orte über das Geschäft der Fugger aus? [II]
Auf dem Kontorschrank links im Bild sieht man die Namen einiger Städte, mit denen Fugger Geschäftsverbindungen unterhielt (Rom, Venedig, Ofen [Budapest], Krakau, Mailand, Innsbruck, Nürnberg, Antwerpen und Lissabon). Interessant ist, dass drei dieser Orte, nämlich Innsbruck, Ofen und Krakau, in unmittelbarer Nähe von wichtigen Montanrevieren lagen. Diese Orte waren seinerzeit auf europäischer Ebene wichtige Finanz- und Handelszentren und belegen die Bedeutung der Fugger.

F: Schlage die Bibelstelle nach und übertrage den Bibelspruch in heutiges Deutsch. Beschreibe das Bild genau. [I]
Der Text in der Bibel lautet: Unrecht Gut hilft nicht; aber Gerechtigkeit errettet vom Tode. In heutiger Sprache: Durch Unrecht Erworbenes ist zu nichts nütze; Gerechtigkeit rettet vorm Tod.
Zur Beschreibung des Bildes kann der Schüler/die Schülerin die Bildlegende in eigenen Worten paraphrasieren.

1. Stelle in einer Übersicht die Neuerungen in der Geldwirtschaft und im Zahlungsverkehr zusammen und erläutere ihre Vorzüge (VT, Q1, Q2). [I]
Siehe Tafelbild 1 auf S. 19.

2. Erläutere Absicht und Zielgruppe des Kupferstichs (Q5). [II]
Der Kupferstich ist ein Beispiel des traditionellen Wirtschaftsdenkens, wie es auch in Luthers Streitschrift „Von Kaufshandlung und Wucher" (Q3) zum Ausdruck kommt. Der Augsburger Radierer und Holzschneider Daniel Hopfer war ein Sympathisant Luthers und der Reformation und schuf auch eine Reihe von sozialkritischen Radierungen, die sich am Geist der Bibel orientierten. Auf der vorliegenden Abbildung, die unter einem biblischen Motto steht, weist der Tod als mahnende Figur neben der göttlichen Gerechtigkeit auf den Kaufmann, den der Teufel in seinem Nacken mit Schätzen lockt: ein Hinweis auf die Sterblichkeit und Vergänglichkeit des Menschen und die Notwendigkeit, sich nach dem Tod vor Gott für seine Taten bzw. seinen Lebenswandel verantworten zu müssen.

3. Vergleiche die Argumente für und gegen Großkaufleute und Monopole und fälle dazu ein eigenes Urteil (Q3, Q4). [III]
Mögliche Bewertungspunkte: Luther argumentiert von einem traditionellen Standpunkt aus, wonach Geld nur durch Arbeit erworben werden kann und jede Ware ihren gerechten Preis hat. Künstliche Verteuerungen nur um des Profits willen oder Gewinnstreben durch finanzielle Manipulationen lehnt er aus ethischen Gründen ab.
Peutinger dagegen vertritt seine Position mit Argumenten, die auf eine freie Marktwirtschaft hinauslaufen. Der Wirtschaft und dem Gewinnstreben dürften keine Zügel angelegt werden, denn das sei für die Volkswirtschaft eines Landes und damit auch für jeden Einzelnen nur von Nachteil, weil die großen Handelsgesellschaften dann ins Ausland abwanderten oder ausländische Rivalen die Geschäfte machten.
Die Diskussion des 16. Jh. erscheint nach wie vor aktuell; weltweite Finanzkrisen sind Beispiele für die Folgen ungehemmten Gewinnstrebens. Andererseits fördert die Aussicht auf Profit Innovationen, Kapitalakkumulationen und Investitionen und kann damit das Allgemeinwohl voranbringen. Das von Luther vertretene Wirtschaftsmodell hat dagegen eher statischen Charakter und ist innovationsfeindlich.

Tafelbild 1 3g4fk7

Neuerungen im Wirtschaftsleben und ihre Folgen

Geldwirtschaft statt Tauschhandel	→	flexiblere und universellere Handelsmöglichkeiten
Entstehung von Banken	→	Verzinsung der Einlagen, Anfänge des bargeldlosen Zahlungsverkehrs, geringeres Verlustrisiko
Einführung von Wechseln	→	Ausweitung des bargeldlosen Zahlungsverkehrs
doppelte Buchführung	→	genauer Überblick über Soll und Haben und über die finanzielle Situation der Firma

22–23

Eine „schöne Kunst“ – der Buchdruck

Stundenvorschlag b5zq8s

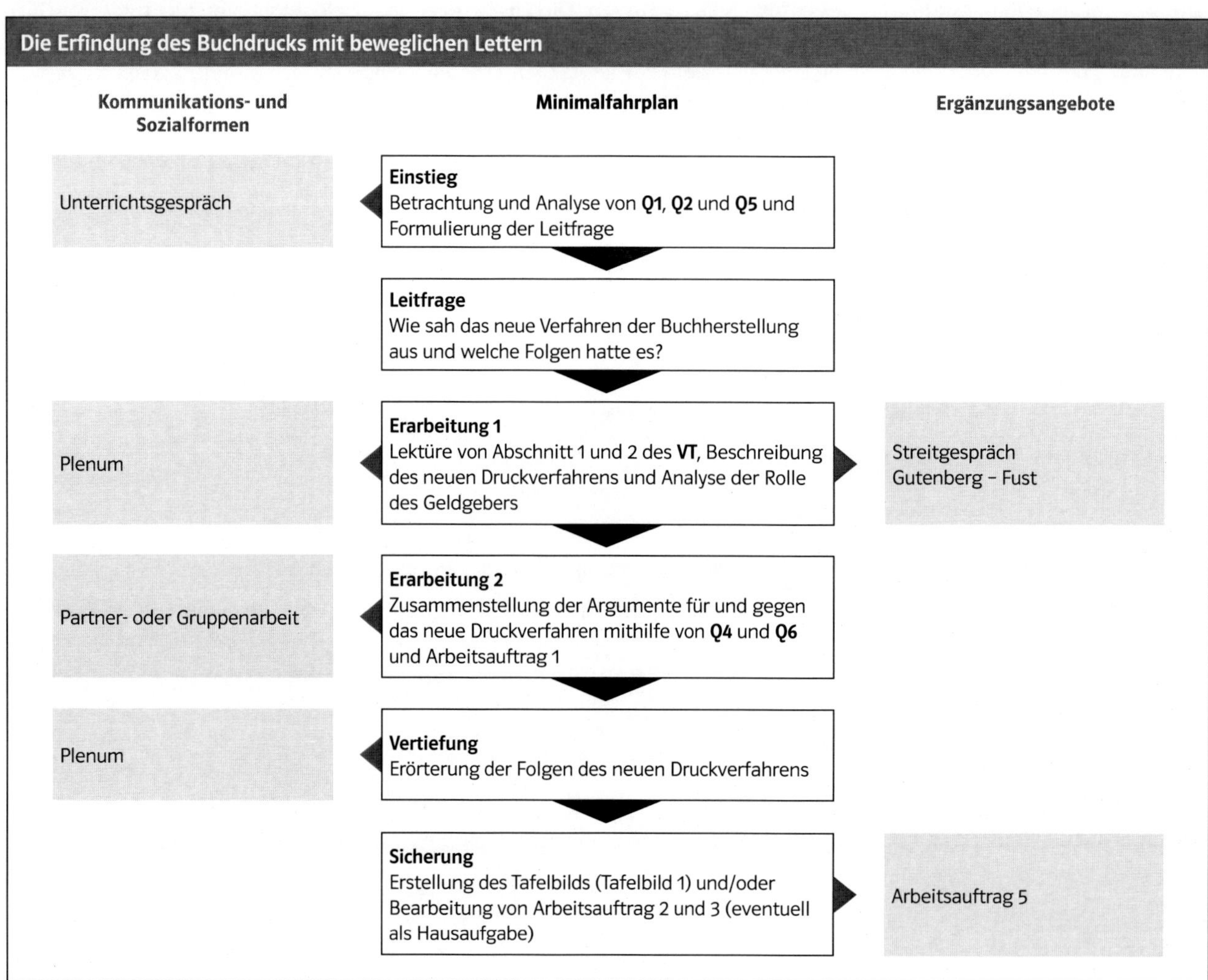

Die Erfindung des Buchdrucks mit beweglichen Lettern
Kommunikations- und Sozialformen
Minimalfahrplan
Ergänzungsangebote
Unterrichtsgespräch
Einstieg
Betrachtung und Analyse von Q1, Q2 und Q5 und Formulierung der Leitfrage
Leitfrage
Wie sah das neue Verfahren der Buchherstellung aus und welche Folgen hatte es?
Plenum
Erarbeitung 1
Lektüre von Abschnitt 1 und 2 des VT, Beschreibung des neuen Druckverfahrens und Analyse der Rolle des Geldgebers
Streitgespräch Gutenberg – Fust
Partner- oder Gruppenarbeit
Erarbeitung 2
Zusammenstellung der Argumente für und gegen das neue Druckverfahren mithilfe von Q4 und Q6 und Arbeitsauftrag 1
Plenum
Vertiefung
Erörterung der Folgen des neuen Druckverfahrens
Sicherung
Erstellung des Tafelbilds (Tafelbild 1) und/oder Bearbeitung von Arbeitsauftrag 2 und 3 (eventuell als Hausaufgabe)
Arbeitsauftrag 5

22–23

Zum Verfassertext und zu den Materialien

VT Über die ersten Jahrzehnte des Lebens von Johannes Gutenberg gibt es keine sicheren Daten. Er ist um 1400 als Sohn eines Patriziers namens Friele Gensfleisch geboren, der mit seiner Familie im Hofe Gutenberg bei Mainz wohnte. Den Namen seines Wohnorts hat der junge Johannes später angenommen. Er hat wohl die Universität in Erfurt besucht und dann auch das Goldschmiedehandwerk erlernt. Nach einem Aufenthalt in Straßburg kehrte er 1448 nach Mainz zurück und begann mit seinen Versuchen, ein verbessertes Druckverfahren herauszufinden. Da Gutenberg selber nicht über genügend Kapital verfügte, lieh ihm Johannes Fust zweimal je 800 Gulden – eine gewaltige Summe, die etwa 20 Stadthäusern oder sieben bis acht Landgütern entsprach. Da Gutenberg nicht in der Lage war, die Schuld mit Zinsen rechtzeitig zurückzuzahlen, kam es 1455 zum Prozess, den er verlor. Die Akten sind erhalten. Man schätzt, dass der Verkauf der von Gutenberg gedruckten Bibeln einen Gesamtgewinn von 4500 bis 6000 Gulden abgeworfen hat.

Q1 Die berühmte Gutenbergbibel gibt den Text der Vulgata in der lateinischen Übersetzung des Hieronymus wieder. Jede Seite enthält nach dem Vorbild zeitgenössischer Handschriften zwei Kolumnen mit je 42 Zeilen. Die Schrifttypen sind in Anlehnung an die gotische Minuskel gestaltet und bilden ein geschlossenes Druckbild. Das Satzbild ist sehr harmonisch, da Gutenberg mithilfe von verschieden breiten Buchstaben, Kürzungszeichen (Abbreviaturen) und Buchstabenverbindungen (Ligaturen) darauf geachtet hat, dass alle Zeilen und die Zwischenräume zwischen den Wörtern gleich lang sind. Um das zu erreichen, enthielt sein Setzkasten 290 verschiedene Drucktypen, davon allein 250 Buchstabentypen (u. a. zehn verschiedene Varianten des kleinen e). Der Satz einer Seite dauerte etwa 10 – 12 Stunden. Die Initialen und die Schmuckfiguren wurden nach dem Druck entsprechend dem Wunsch des Käufers eingemalt.

Q2 Jan Stradanus (van der Straet, 1523 – 1605) war ein aus Flandern gebürtiger Maler und Zeichner, der lange Zeit in Florenz gearbeitet hat.

Q4 Bonus Accursius war ein aus Pisa stammender Humanist und Drucker aus der 2. Hälfte des 15. Jahrhunderts.

Q6 Johannes von Trithemius (von Trittenheim, 1462–1516) wurde schon früh Abt im Kloster Sponheim. Er vergrößerte die Klosterbibliothek, verkehrte in Humanistenkreisen und verfasste zahlreiche theologische, historische und bibliografische Werke.

Erläuterungen zu den Arbeitsaufträgen

22–23

A: Erkläre die einzelnen Szenen des Bildes mithilfe des VT. [II]
Der Stich zeigt die Arbeitsschritte des Buchdrucks: (nicht dargestellt sind Herstellung der Gussform und Guss der einzelnen Buchstaben) Setzen mit Winkelhaken und in Setzkästen, Einreiben mit Druckerschwärze, Auflegen des Papiers, Druck in der Presse, Abnehmen der gedruckten Seiten und Aufhängen zum Trocknen, Korrekturlesen, Ablegen und Bündeln der einzelnen Druckseiten.

B: Beschreibe genau, was du in der Schreibstube erkennen kannst. [I]
Einzelner Mönch am Schreibpult mit Tintenfässern beim Abschreiben eines handgeschriebenen Buches, weitere Bücher auf Ständern und Regalen

1. Erkläre die Vorteile des von Gutenberg erfundenen Druckverfahrens (VT, Q2, Q4–Q6, Online-Material). [II]
Hohe Auflagen, Verbilligung der Bücher, weniger Fehler als beim Abschreiben, Schönheit des Schriftbildes.

2. Verfasse eine Werbeschrift für die Arbeit eines mittelalterlichen Schreibers (Q6). [II]
Folgende Aspekte sollten genannt werden: Individualität der Arbeit; künstlerischer Wert des Buches; jedes Buch ein Unikat; Eingehen auf Wünsche des Auftraggebers; Buch als langfristige Wertanlage.

3. Schreibe eine Kritik zu den Überlegungen von Trithemius (Q6). [II]
In der Kritik sollten die folgenden Argumente genannt werden: hohe Auflagen, Verbilligung der Bücher, weniger Fehler als beim Abschreiben, Schönheit des Schriftbildes. Ergänzend kann ein Argument gegen die befürchtete kurze Lebenszeit der gedruckten Bücher angeführt werden: zerschlissene Papierbücher können jederzeit auf neuem Papier nachgedruckt werden.

4. Computer und Internet machen es möglich, Bücher elektronisch zu verbreiten und zu lesen. Diskutiert, ob das gedruckte Buch dadurch auf lange Sicht überflüssig wird. [II]
Diese Aufgabe ist problem- und handlungsorientiert angelegt. Es wird kein genau definiertes Ergebnis erwartet. Die Schülerinnen und Schüler sollen Argumente für und wider das gedruckte Buch finden und vortragen.

❺ Im 18. Jahrhundert schrieb der Göttinger Physiker und Philosoph Georg Christoph Lichtenberg: „Mehr als das Blei in den Kugeln [habe] das Blei in den Setzkästen die Welt verändert“. Erörtere seine Behauptung in der Klasse. [III]
Auch bei dieser Aufgabe wird kein genau definiertes Ergebnis erwartet. Die Schülerinnen und Schüler sollen in einem Redebeitrag die Bedeutung von Gutenbergs Erfindung abschätzen und die davon ausgegangenen Veränderungen mit den durch Kriege erfolgten Veränderungen in eine Relation bringen.

Tafelbild 1 yi3h9j

Vor- und Nachteile des Buchdrucks

Vorteile	Nachteile
- hohe Auflagen - billigere Bücher - weniger Fehler - künstlerische Schönheit - bessere Verbreitung des Wissens	- (angeblich) keine lange Lebensdauer

24–25

„Die Folter macht die Hexen"

Stundenvorschlag p72i33

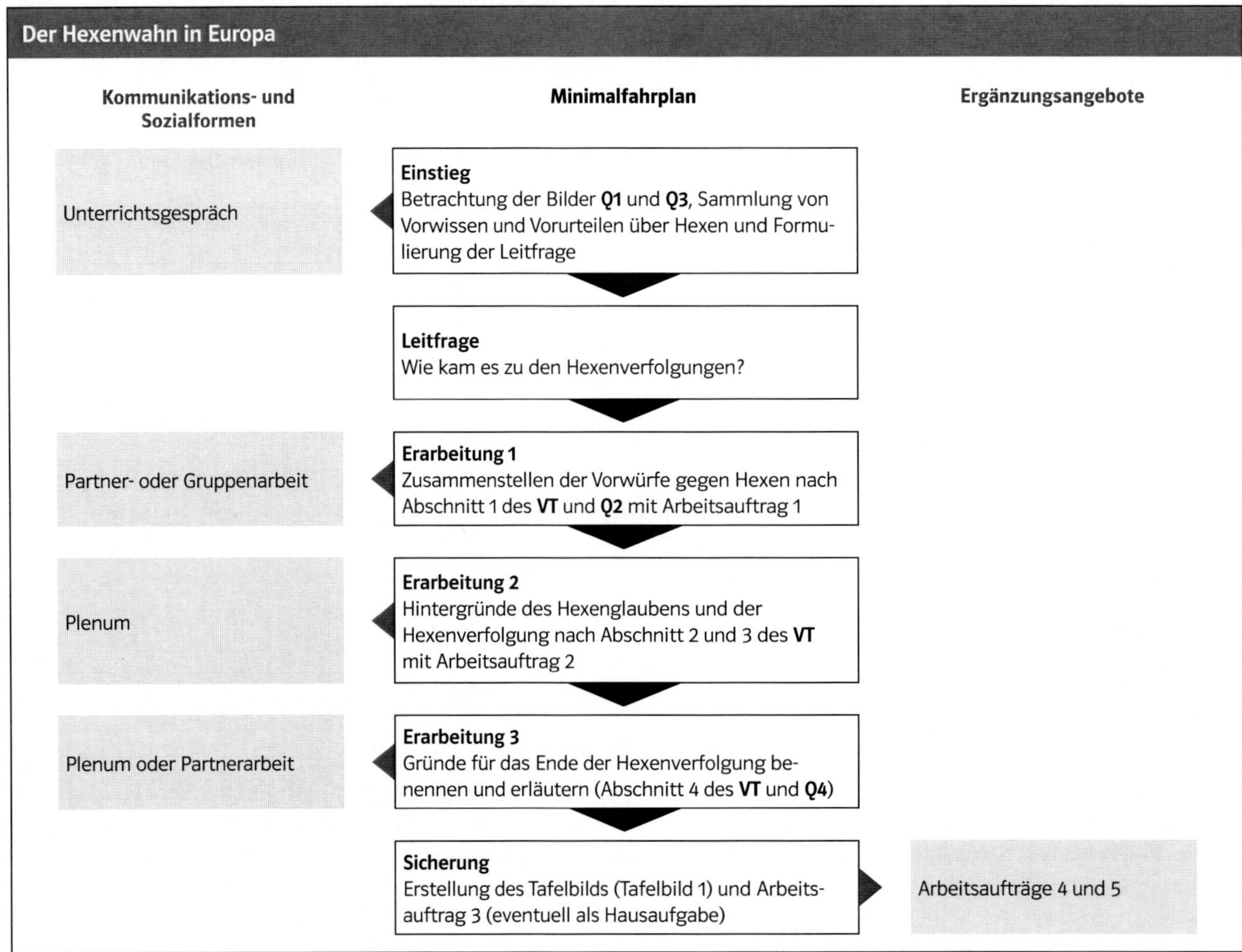

Der Hexenwahn in Europa
Kommunikations- und Sozialformen
Minimalfahrplan
Ergänzungsangebote
Unterrichtsgespräch
Einstieg
Betrachtung der Bilder Q1 und Q3, Sammlung von Vorwissen und Vorurteilen über Hexen und Formulierung der Leitfrage
Leitfrage
Wie kam es zu den Hexenverfolgungen?
Partner- oder Gruppenarbeit
Erarbeitung 1
Zusammenstellen der Vorwürfe gegen Hexen nach Abschnitt 1 des VT und Q2 mit Arbeitsauftrag 1
Plenum
Erarbeitung 2
Hintergründe des Hexenglaubens und der Hexenverfolgung nach Abschnitt 2 und 3 des VT mit Arbeitsauftrag 2
Plenum oder Partnerarbeit
Erarbeitung 3
Gründe für das Ende der Hexenverfolgung benennen und erläutern (Abschnitt 4 des VT und Q4)
Sicherung
Erstellung des Tafelbilds (Tafelbild 1) und Arbeitsauftrag 3 (eventuell als Hausaufgabe)
Arbeitsaufträge 4 und 5

24–25

Zum Verfassertext und zu den Materialien

VT Obwohl erste Prozesse gegen Hexen bereits im 14. Jahrhundert stattfanden, begannen die theoretische Auseinandersetzung mit dem Phänomen der Hexerei und die systematische Verfolgung erst Ende des 15. Jahrhunderts. Die Grundlage dazu bildeten die sogenannte „Hexenbulle" und der „Hexenhammer". Auf dem Hintergrund massiver Kritik an der Kirche und zunehmender Ketzerbewegungen veröffentlichte Papst Innozenz VIII. am 5. Dezember 1484 die Bulle „Summis desiderantes affectibus", die als „Hexenbulle" traurige Berühmtheit erlangen sollte. Hier wurden die angeblichen Vergehen der Hexen erstmals genau spezifiziert und wurde eine Verbindung zwischen Hexerei und Zauberei hergestellt. Diese Bulle wurde zur grundlegenden Schrift der Hexenjagden. Außerdem ernannte der Papst die beiden Dominikaner Heinrich Institoris (um 1430 bis um 1505) und Jakob Sprenger (1435–1495) zu Inquisitoren gegen das Hexenwesen. Heinrich Institoris aus Schlettstadt im Elsass war ein fanatischer Jäger von Häretikern und Hexen. Er war vermutlich der Hauptautor des „Hexenhammers". Der aus der Gegend von Basel stammende Jakob Sprenger war Theologieprofessor in Köln.

Drei Jahre nach Erscheinen der „Hexenbulle" veröffentlichten die beiden Inquisitoren in Straßburg ihren berühmt-berüchtigten „Hexenhammer" („Malleus maleficarum"). Es war das erste Handbuch der Dämonologie und des Hexenglaubens und enthielt genaue Anweisungen zum Verhör, zur Folter und zum Prozess. Das Buch wurde ins Lateinische, Englische, Spanische und Französische übersetzt und entwickelte sich – durch Gutenbergs Erfindung – zu einem internationalen Bestseller. Es blieb das Standardwerk der Hexenverfolgung im 16. und 17. Jahrhundert in allen katholischen und protestantischen Ländern Europas.

Q1 Dieser Holzschnitt stammt aus einem „Tractatus von den bösen Weibern, die man nennet die Hexen". Auf ihm erkennt man den sogenannten Hagelzauber. Hagelschlag galt als schlimmste Heimsuchung durch Wetterdämonen. Die Fähigkeit, diese Dämonen herbeizuzaubern, schrieb man vor allem Frauen, aber auch Ärzten, Geistlichen und Studenten zu. Auf der Abbildung erkennt man die Methode des Hagelzaubers: Man mischte allerlei ekliges Getier, Exkremente, Blut usw. und stampfte und kochte sie in einem Gefäß zu einem Gebräu, das dann unter Murmeln von Zauberformeln über die Felder ausgegossen wurde.

Q2 Hintergründe zur Hexenverfolgung in Kurmainz finden sich im Internet:
http://www.hexenprozesse-kurmainz.de/; Verhörprotokoll von Anna Pädt: http://www.hexenprozesse-kurmainz.de/quellen/stadtarchiv-mainz/die-verhoerprotokolle/anna-paedt.html

Q3 Mithilfe dieser Abbildung lässt sich gut der öffentliche und damit abschreckende Charakter der Hexenverbrennungen zeigen. Der Geistliche im Vordergrund und die Kirche im Hintergrund weisen auf die Beteiligung der (hier protestantisch-calvinistischen) Kirche hin.

Q4 Die berühmte „Cautio criminalis" erschien 1631 anonym; deutsche und französische Übersetzungen kamen 1648 bzw. 1660 heraus. Der Autor Friedrich von Spee (von Langenfeld, 1591–1635) stammte aus einem rheinischen Adelsgeschlecht und wirkte als Jesuit und Professor für Philosophie und Moral und als eifriger Verfechter der Gegenreformation in Köln, Paderborn, Bamberg und Würzburg. Im Fränkischen wurde von Spee mit einer Welle grausamer Hexenverfolgungen konfrontiert, da er oft als Beichtvater für verurteilte Hexen fungierte. Seine dort gesammelten Erfahrungen veranlassten ihn zu seiner Schrift, die sich nicht grundsätzlich gegen den Hexenglauben, sondern nur gegen die Prozess- und Folterpraxis richtete.

Erläuterungen zu den Arbeitsaufträgen

24–25

A: Stelle zusammen, aus welchen Gründen die Menschen an Hexen glaubten. [I]
Siehe Tafelbild 1 auf S. 23.

B: Finde heraus, welche Bedeutung die politische Situation der Zeit um 1627 für die Zunahme von Hexenprozessen gehabt haben könnte. [II]
Hier sollten die Schülerinnen und Schüler erkennen, dass zu der Zeit der Dreißigjährige Krieg mit Verheerungen, Hungersnöten usw. in Mitteleuropa wütete.

C: Schreibe auf, was die verschiedenen an der Szene beteiligten Personen wohl gedacht oder empfunden haben könnten. [II]
Hier sind keine eindeutigen Antworten gefordert, sondern Phantasie und Einfühlungsvermögen. Die einzelnen Personen können folgende Reaktionen gezeigt haben: Mitleid, Genugtuung, Wut, Trauer, Sensationslust usw.

1. Stelle in einer Liste die Vorwürfe zusammen, die man den Hexen macht. [II]
Bündnis und Unzucht mit dem Teufel; Besitz von Zauberkräften zum Schaden der Menschen; verantwortlich für Fehlgeburten und Unfruchtbarkeit bei Mensch und Tier, für Missernten durch Schädlinge oder Wetterunbilden, für Krankheiten bei Mensch und Tier; Abfall vom Glauben.

2. Erkläre, warum die Kirche die angeblichen Hexen als Ketzer verfolgte und warum vor allem Frauen betroffen waren. [II]
Für überirdische Kräfte beanspruchte die Kirche das Monopol; Zauber und Hexerei bedrohten die Allmacht der Kirche; der Teufel stellte die Gegenmacht zu Gott dar, den es zu bekämpfen galt; heilkundige Frauen und Hebammen standen im Verdacht, über magische Kräfte zu verfügen oder gar mit dem Teufel im Bunde zu sein, da sich die Menschen die Wirkung von Heilkräutern bzw. die Vorgänge um Zeugung und Geburt nicht anders erklären konnten.

3. Verfasse als Anhänger von Friedrich von Spee einen Vortrag gegen die Folter. [II]
Die Argumentation sollte folgende zentrale Argumente enthalten: Unter der Folter gesteht man alles, was die Inquisitoren hören wollen, und beschuldigt auch andere unschuldige Menschen, nur um den unerträglichen Schmerzen zu entgehen.

4. Diskutiert in der Klasse, warum viele Menschen – zum Teil auch heute noch – zur Erklärung von Unheil und Krankheiten einen sogenannten Sündenbock brauchen. [II]
Hier geht es um eine offene Diskussion und um die Entwicklung von Problembewusstsein für die Erklärung unbekannter oder unverständlicher Phänomene.

5. Stelle Argumente für und gegen die Anwendung von Folter als Instrument der Wahrheitsfindung zusammen. [II]
Gegen: Unter der Folter gesteht man alles, was die Inquisitoren hören wollen, und beschuldigt auch andere unschuldige Menschen, nur um den unerträglichen Schmerzen zu entgehen.
Für: Folter ist allenfalls in Extremsituationen vorstellbar, um schlimmere Schäden abzuwenden (moralisch sehr bedenklich und in Deutschland und anderen Rechtsstaaten verboten).

Tafelbild 1 h5aa3w

Ursachen der Hexenverfolgung

- weitverbreiteter Glaube an den Teufel, an Dämonen und magische Kräfte
- Existenz heilkundiger Frauen (Kenntnis von Heilpflanzen, Hebammen)
- Wunsch nach Erklärungen für Naturkatastrophen, Krankheiten, Seuchen usw.
- Suche nach einem „Sündenbock" in Krisenzeiten
- Hexenbulle von Papst Innozenz VIII. und Vorwurf der Ketzerei
- angebliche „Geständnisse" von Hexen unter der Folter

26–27

Geschichte erinnert und gedeutet: Aufbruch in eine neue Zeit?

Stundenvorschlag 2ps6vx

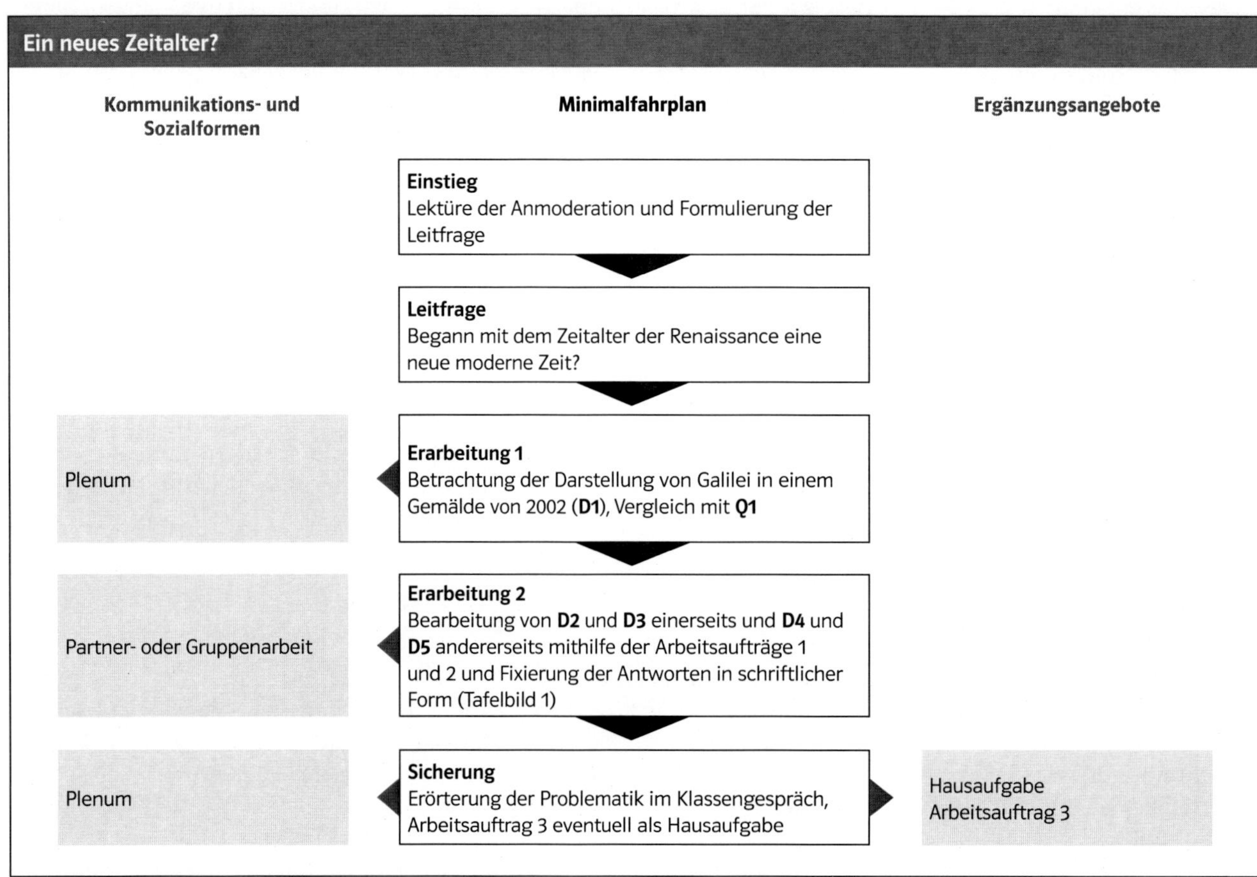

Ein neues Zeitalter?
Kommunikations- und Sozialformen
Minimalfahrplan
Ergänzungsangebote
Einstieg
Lektüre der Anmoderation und Formulierung der Leitfrage
Leitfrage
Begann mit dem Zeitalter der Renaissance eine neue moderne Zeit?
Plenum
Erarbeitung 1
Betrachtung der Darstellung von Galilei in einem Gemälde von 2002 (D1), Vergleich mit Q1
Partner- oder Gruppenarbeit
Erarbeitung 2
Bearbeitung von D2 und D3 einerseits und D4 und D5 andererseits mithilfe der Arbeitsaufträge 1 und 2 und Fixierung der Antworten in schriftlicher Form (Tafelbild 1)
Plenum
Sicherung
Erörterung der Problematik im Klassengespräch, Arbeitsauftrag 3 eventuell als Hausaufgabe
Hausaufgabe
Arbeitsauftrag 3

26–27

Zum Verfassertext und zu den Materialien

VT Lange Zeit wurde die Renaissance als eine leuchtende Epoche ausgemalt, die auf das „finstere" Mittelalter folgte. Der „moderne Mensch" habe das Licht der Welt erblickt und in relativ kurzer Zeit Unwissen, Aberglauben und Rückständigkeit des Mittelalters hinweggefegt. Dieses Geschichtsbild geht vor allem auf Jacob Burckhardts epochemachendes Werk „Die Kultur der Renaissance in Italien" zurück, das erstmals 1860 erschienen ist. Dieses glänzende Gemälde eines Zeitalters des Aufbruchs und der überragenden Individuen ist in den letzten Jahrzehnten von immer mehr Historikern infrage gestellt worden. Wissenschaftler wie der Engländer Peter Burke sprechen sogar von einem nachträglich konstruierten Mythos, der der geschichtlichen Wirklichkeit allenfalls in Teilbereichen gerecht wird. Die kritischen Forscher betonen demgegenüber zunächst, dass nur eine hauchdünne Elite Träger der neuen Ideen war, an denen die große Bevölkerungsmehrheit keinen Anteil nahm. Zudem verweisen sie auf die Kontinuitäten zwischen Mittelalter und Renaissance. Viele Errungenschaften des 15. Jahrhunderts hätten sich bereits im Mittelalter angebahnt, schon vorher habe es geistige und kulturelle Erneuerungsbewegungen gegeben (z. B. zur Zeit Karls des Großen oder im 12. Jahrhundert). Außerdem blieben die Menschen der Renaissance in manchen Bereichen durchaus mittelalterlichen Idealen und Wertvorstellungen verpflichtet. Gleichzeitig stelle die Renaissance auch nicht den grundlegenden Umbruch in die Moderne dar. Vielmehr existierten mittelalterliche Denk- und Verhaltensweisen – zumindest bei großen Teilen der Bevölkerung – noch bis ins 19. Jahrhundert hinein weiter. Die vorgelegten Materialien spiegeln die unterschiedliche Bewertung der Renaissance wider.

D1 Das Aquarell stammt von dem 1959 in Süddeutschland geborenen Künstler Johann Brandstetter, der sich vor allem durch Illustrationen zu Kinder- und Jugendbüchern hervorgetan hat.
Das erste Fernrohr wurde wahrscheinlich von dem Holländer Johann Lippershey aus Middelburg im Jahre 1608 konstruiert. In kurzer Zeit verbreitete sich die Erfindung in ganz Europa. Schon 1609 baute Galilei sie in Padua nach und verbesserte diese so weit, dass sein Fernrohr zu dreißigfacher Vergrößerung in der Lage war. Mit diesem Hilfsmittel entdeckte der Forscher die Berge und Täler auf dem Mond, die Jupitermonde und zahlreiche neue Sterne.

D2/D3 Beide Texte repräsentieren die klassische Sichtweise der Renaissance als Geburtsstunde des modernen autonomen Menschen.

Q1 Ein Astrolabium ist ein schon von griechischen Wissenschaftlern im dritten vorchristlichen Jahrhundert entwickeltes Messgerät zur Winkelmessung am Himmel. Hipparchos (2. Jh. v. Chr.) und Ptolemäus erstellten mit seiner Hilfe ihre Sternenkataloge. Durch die Bestimmung der Höhe der Gestirne über dem Horizont konnte auch die geografische Breite ermittelt werden. Daher dienten Astrolabien auch zur Navigation.

Erläuterungen zu den Arbeitsaufträgen

26–27

A: Erläutere, wie Galilei auf diesem Aquarell dargestellt wird. Belege deine Einschätzung anhand von Bilddetails. [II]
Der Künstler stellt Galilei als einen modernen Wissenschaftler dar, der durch ein Fernrohr den Sternenhimmel betrachtet. Außerdem verweisen ein Globus, ein Modell des Sonnensystems, ein weiteres kleines Fernrohr, Bücher, Tinte und Feder auf seine wissenschaftliche Tätigkeit. Die Flaschen (vermutlich mit Chemikalien gefüllt) wirken dagegen fehl am Platz.

B: Liste Unterschiede und Gemeinsamkeiten bei der Himmelsbeobachtung durch Galilei und den Astronomen des 13. Jahrhunderts auf. [I]
Gemeinsam sind die Beobachtung des Sternenhimmels und die Notizbücher zum Festhalten der Beobachtungen. Unterschiedlich ist das Messinstrument. Mithilfe des Fernrohrs ist Galilei zu wesentlich genaueren Beobachtungen in der Lage, die ihn dazu bringen, die Richtigkeit des kopernikanischen Systems anzuerkennen.

1. Stelle in einer Liste zusammen, worin die Autoren von D2 und D3 die Modernität des Menschen der Renaissance sehen. [I]
Individualismus – Erkennen der eigenen Persönlichkeit – Selbstbestimmung und Autonomie des Menschen – Vertrauen auf die eigene Tatkraft, den eigenen Willen und das eigene Urteil – Betonung des Verstands – Bedeutung umfassenden Wissens.

2. Fasse Haltung und Argumente der Wissenschaftler in D4 und D5 zu diesem Thema zusammen. [I]
Die Texte betonen vorhandene Kontinuitäten zum Mittelalter. Peter Burke versteht das Selbstverständnis der Intellektuellen der Renaissance als Jugendrevolte gegen die Alten. In Wirklichkeit dagegen waren die sog. Renaissancemenschen traditioneller, als sie es von sich behaupteten. Fidora und Niederberger wiederum verweisen darauf, dass die Hinwendung zur Natur und ihrer Erforschung bereits im 12. und nicht erst im 15. Jahrhundert begonnen habe.

3. Nimm Stellung zur Frage dieser Doppelseite. [II]
Hier sollen die Schülerinnen und Schüler ihre Fähigkeit unter Beweis stellen, den Charakter der Renaissance zusammenfassend zu beschreiben und zu bewerten.
Zu nennende zukunftsweisende Aspekte:
- Vertrauen auf den eigenen Verstand statt „blindem" Glauben,
- Schaffung hervorragender, an der Natur orientierter Kunstwerke,
- Begründung des modernen Weltbilds,
- Verbreitung des neuen Gedankenguts durch Buchdruck,
- Einführung neuer Methoden der Geldwirtschaft.

Zu nennende Einschränkungen dieses positiven Bilds:
- Nur eine winzig kleine gesellschaftliche Elite als Träger und Basis der Neuerungen,
- weiterhin Verbreitung von Irrationalität und Aberglauben (Hexenverfolgung) bis ins 19. Jh.,
- Unterschätzung oder gar Ignorierung der Leistungen mittelalterlicher Wissenschaftler.

Tafelbild 1 yv38t5

Der Renaissancemensch im Urteil der Historiker

Der Renaissancemensch nach Burckhardt und Gombrich	Beurteilung der Renaissancemenschen durch neuere Historiker
– Individualismus – Erkennen der eigenen Persönlichkeit – Selbstbestimmung und Autonomie des Menschen – Vertrauen auf die eigene Tatkraft, den eigenen Willen und das eigene Urteil – Betonung des Verstands – Bedeutung umfassenden Wissens	– starke Kontinuität zum Mittelalter – Jugendrevolte gegen die Älteren – traditionsverbundener, als sie es selbst wahrhaben wollten – Naturbeobachtung und Erforschung bereits im Mittelalter

28–31

Kolumbus entdeckt eine neue Welt

Stundenvorschlag i9wq6z

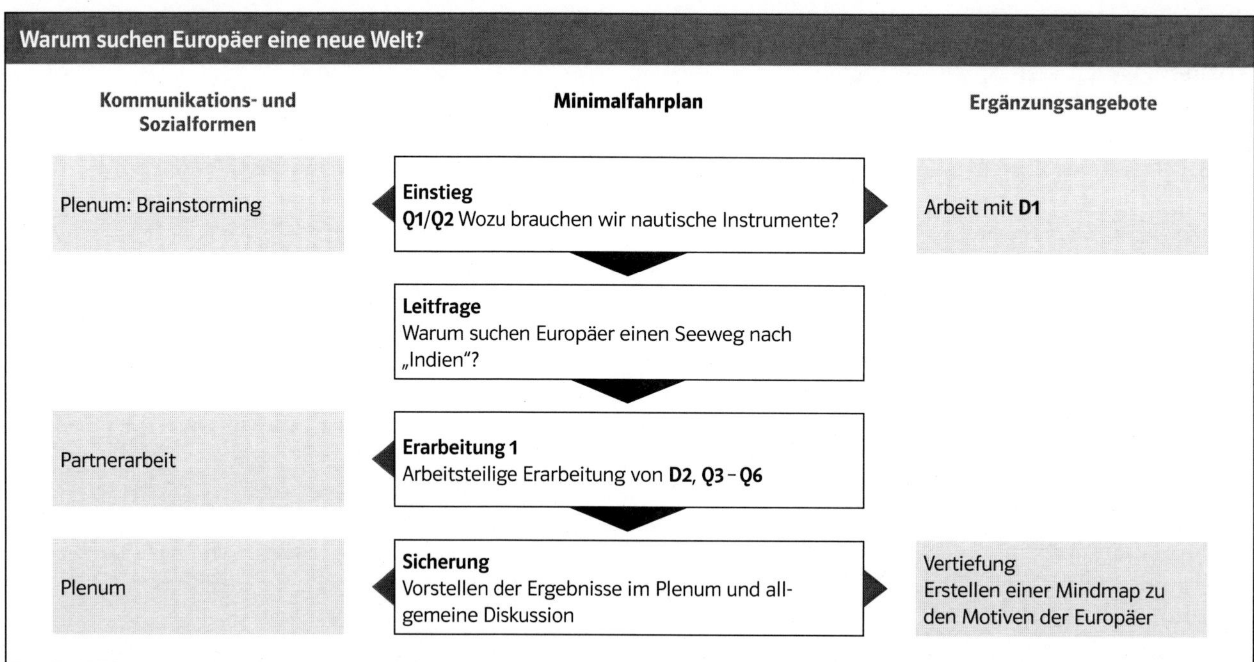

Warum suchen Europäer eine neue Welt?
Kommunikations- und Sozialformen
Minimalfahrplan
Ergänzungsangebote
Plenum: Brainstorming
Einstieg
Q1/Q2 Wozu brauchen wir nautische Instrumente?
Arbeit mit D1
Leitfrage
Warum suchen Europäer einen Seeweg nach „Indien"?
Partnerarbeit
Erarbeitung 1
Arbeitsteilige Erarbeitung von D2, Q3 - Q6
Plenum
Sicherung
Vorstellen der Ergebnisse im Plenum und allgemeine Diskussion
Vertiefung
Erstellen einer Mindmap zu den Motiven der Europäer

28–31

Zum Verfassertext und zu den Materialien

VT Die Entdeckungsfahrten sind zweifellos zu einem erheblichen Teil auf den Wagemut einzelner Persönlichkeiten zurückzuführen. Dafür ist auch das gewählte Beispiel Kolumbus' ein Beleg. Dennoch muss diese personengeschichtliche Betrachtungsweise in einen Wirkungszusammenhang gestellt werden, der das komplexe Bedingungsgefüge in altersgemäßer Reduktion vorstellt. Erst auf diese Weise wird erkennbar, dass die europäische Expansion nicht Zufall, sondern Ergebnis einer einmaligen Konstellation gewesen ist, die individuelle Motive (materielle Interessen, Wagemut), staatliche Interessen (Konkurrenz, Finanznot, politische Konstellation 1492), religiöse Elemente (Mission, Fortsetzung der Reconquista mit neuen Zielen), ökonomische Bedürfnisse (Gewürze etc.), entwickelte Schifffahrtstechnik und -erfahrung (Kompass, Astrolabium, seetüchtige Schiffe) und ein verändertes Weltbild (Kugelgestalt, Entfernungsberechnungen) miteinander verbindet. Neben diesem ersten Komplex wird als zweites das Problem der Kulturbegegnung eingeführt: Die Darstellung zielt auf die Erkenntnis, dass eine gelingende interkulturelle Begegnung die gegenseitige Anerkennung als gleichberechtigte Partner voraussetzt.
Die Entdeckungsfahrt des Kolumbus ist im Kontext der Bemühungen zunächst der portugiesischen (Heinrich der Seefahrer) und dann auch der spanischen Krone zu sehen, Gold aus Afrika (Finanznot wegen der Kriege, Edelmetallknappheit) zu beschaffen und die durch das Vorrücken der Türken immer schwieriger werdenden Ostverbindungen durch Umfahrung Afrikas zu überwinden. Kolumbus war einer unter vielen Kapitänen, die auf Erkundungsfahrten im Atlantik entsprechende nautische Erfahrungen sammelten und nachweislich theoretische Studien betrieben. Nach Ablehnung seiner Pläne am portugiesischen Hof wandte er sich dem spanischen Königspaar zu, das nach der Rückeroberung Granadas und der zeitgleichen Vertreibung der Juden 1492 das Ziel eines einheitlichen Spaniens erreicht sah und neue Aufgaben auch für die bisher materiell und ideell zufriedengestellte Ritterschicht suchte. Für sie boten die Entdeckungen dann neue Aufstiegs- und Verdienstmöglichkeiten.
Im Gegensatz zur verbreiteten Vorstellung, dass das Mittelalter von der Scheibengestalt der Erde beherrscht war, ist festzuhalten, dass – zumindest in Gelehrtenkreisen – die antike Tradition der Kugelform geläufig war.

Q1/Q2 Mit dem beweglich gelagerten Seekompass und dem Astrolabium (durch Anvisieren des Polarsterns konnte die geografische Breite bestimmt werden) war eine verbesserte Orientierung auf See möglich; der geografische Längengrad (Ost-West-Richtung) konnte noch nicht bestimmt werden, Kolumbus schätzte dazu die jeweils zurückgelegte Entfernung.

D2 Die Rekonstruktionszeichnung lässt die beengten Verhältnisse an Bord erkennen: Lediglich für den Kapitän und den Steuermann war eine Koje vorhanden; zur Bedienung der Segel war eine große Mannschaft (rund 40 Mann) notwendig, sie schlief auf oder unter Deck; die im Wesentlichen getrockneten oder eingesalzenen Nahrungsvorräte waren zwar ausreichend, aber bald durchfeuchtet, von Maden und Ratten verunreinigt, das Wasser faulig.

Q3 Der „klassische" Text zeigt deutlich die Mischung von Kolumbus' Pragmatismus (Betrachtung der Landschaft und Menschen unter utilitaristischen Aspekten; Rechtsakt) und Missionseifer.

Q5 Der nachträglich kolorierte Holzschnitt ist die erste europäische Darstellung der „Indianer" und diente als Titelillustration der ältesten Druckausgabe des 1. Briefes des Kolumbus über seine Fahrt 1492. Typische Klischeedarstellung der „nackten Wilden", die teils ängstlich, teils neugierig die mit Geschenken nahenden Fremden empfangen.

Q6 Die Zeichnung entstammt einer aztekischen Darstellung – die wiederum in dem von dem Dominikanermönch Diego Durán um 1581 verfassten, sogenannten Kodex Duran enthalten ist; sie vermittelt ein weitaus weniger pathetisches Bild von der Landung des Kolumbus, macht allerdings auch deutlich, dass die Azteken – hier als friedliche Fischer dargestellt – die Europäer als groß und mächtig empfunden haben müssen.

Erläuterungen zu den Arbeitsaufträgen

28–31

A: Gestaltet mithilfe des Textes und der Abbildungen folgende Szene: Kolumbus möchte den König und die Königin von seinem Plan überzeugen, damit sie ihm Geld für seine Reise geben. Das Königspaar ist aber anfangs skeptisch, ob die Expedition gelingen könnte. [I]
Die Schülerinnen und Schüler sollen dabei u.a. die ökonomischen Argumente nennen und die aus dem Reichtum resultierende Steigerung von Macht und Ansehen der Krone. Beides rechtfertigt die Risiken, die die Monarchen zunächst scheuen.

B: Erstelle mithilfe des Textes und D1 eine Zeittafel der Entdeckungsreisen der Europäer. [I]

Jahr	Reisender	Ziel
1492	Kolumbus	„Indien"/Amerika
1497	Caboto	Nordamerika
1498	Vasco da Gama	Indien
1501	Vespucci	Südamerika
1519–1521	Magellan	Weltumsegelung

C: Versetze dich in die Lage des Kapitäns und begründe, wozu du diese Ladung benötigst. [II]
Die Waffen dienen der Verteidigung auf See bzw. auch auf Land, die Lebensmittelvorräte sollen die Besatzung auch auf längeren Reisen ernähren und mit Wasser versorgen. Besonders wichtig ist deren Haltbarkeit; daher das Pökelfleisch, der Schiffszwieback und die Ölvorräte. Zwiebeln und Knoblauch sollen notwendige Vitamine liefern bzw. das Essen schmackhafter machen. Segel und Taue sind notwendig für Reparaturen bei Stürmen usw.

1. Fasse die Informationen über die erste Reise des Kolumbus zusammen (VT, D1, Q3, Q4). [I]
Die Schülerinnen und Schüler sollen in ihrem Beitrag folgende Aspekte berücksichtigen:
- Voraussetzungen der Reise (u.a. Vertrag von Santa Fé = Q4);
- Beschreibung der Reiseroute anhand von D1;
- Schilderung der wichtigsten Ereignisse aus dem Bordbuch (Q3);
- den Irrtum des Kolumbus hinsichtlich seiner Entdeckungsfahrten;
- Bewertung der Reise aus heutiger Sicht (Verhältnis der Europäer zur indigenen Bevölkerung).

2. Schreibe einen Zeitungsbericht über die Ankunft des Kolumbus in der neuen Welt (Q3, Q5). [II]
Dieser Bericht sollte u.a. auf die Sichtung von Land, die Landung, das erste Treffen mit den Indianern („nackt"), die Beschreibung der Landschaft, die förmliche Inbesitznahme der Insel, das Verteilen von Geschenken, den Willen, diese zum christlichen Glauben zu bekehren, aber auch die Hoffnung auf unermesslichen Reichtum eingehen.

3. Untersuche, welche Gründe Kolumbus hatte, seine gefährliche Reise zu unternehmen, und warum ihn die spanischen Könige unterstützten (Q3, Q4). [II]
Kolumbus' Motive: Materieller Gewinn (Gold, Edelsteine, Gewürze), Ansehen und Macht (Admiral, Vizekönig), Mission, Abenteuerlust, Wagemut, nautische Erfahrung, feste Überzeugung von der Erdgestalt.
Motive des spanischen Königspaars: Konkurrenz Spanien – Portugal, Finanznot/Edelmetallmangel, neue Aufgaben nach Eroberung Granadas; religiöse Motive: Mission, Fortsetzung der Reconquista, Priesterkönig Johannes; wirtschaftliche Motive: Blockade der Indienroute; Bedarf an Gewürzen, Seide etc.

❹ Nimm aus der Sicht eines Indios Stellung zum Urteil des Kolumbus über die entdeckten Völker (Q3). [II]
Hier wäre vor allem auf den Hochmut und die Gier nach Reichtümern hinzuweisen, die die Indios erstaunt, wenn nicht abgeschreckt haben müssen.

Tafelbild 1 🌐 7d64nv

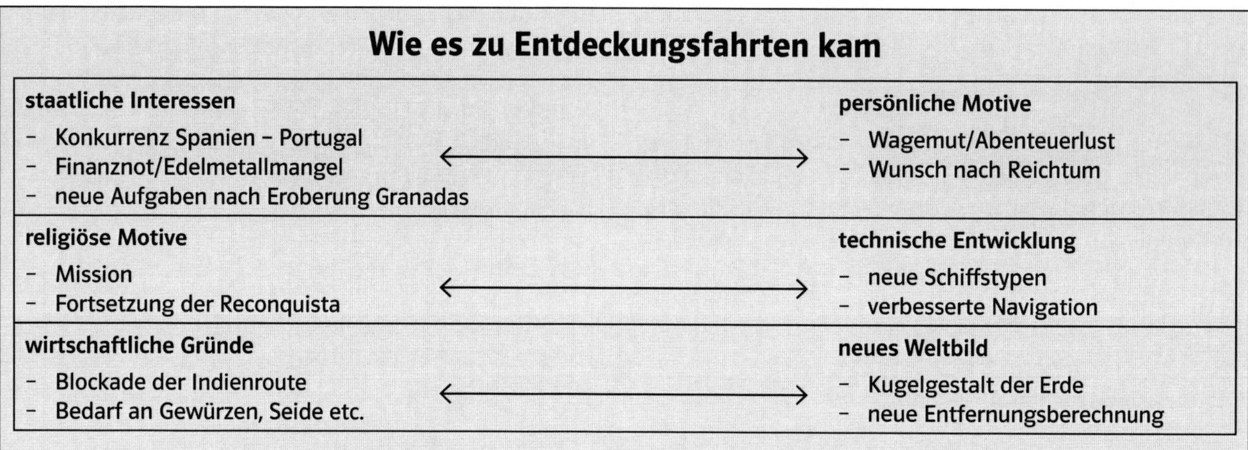

Wie es zu Entdeckungsfahrten kam

staatliche Interessen - Konkurrenz Spanien - Portugal - Finanznot/Edelmetallmangel - neue Aufgaben nach Eroberung Granadas	⟷	**persönliche Motive** - Wagemut/Abenteuerlust - Wunsch nach Reichtum
religiöse Motive - Mission - Fortsetzung der Reconquista	⟷	**technische Entwicklung** - neue Schiffstypen - verbesserte Navigation
wirtschaftliche Gründe - Blockade der Indienroute - Bedarf an Gewürzen, Seide etc.	⟷	**neues Weltbild** - Kugelgestalt der Erde - neue Entfernungsberechnung

Methodentraining: Historische Karten analysieren

32–33

Zum Verfassertext und zu den Materialien

Q1 Die hier sichtbaren Kartenteile ergeben den ersten Globus. Diesen hat der Nürnberger Kaufmann Martin Behaim in den Jahren 1492/93 für den Rat der Stadt Nürnberg angefertigt. Grundlagen seiner Darstellung der Welt waren antike und mittelalterliche Quellen sowie eigene Reisen, die er als Kaufmann auf portugiesischen Schiffen in den 1480er-Jahren unternommen hatte. Die Detailgenauigkeit schwankt je nach Kenntnis des Gebietes und der Beschreibung in den von ihm herangezogenen Quellen. Ob Behaim mit diesem Globus Kolumbus auf die Idee gebracht hat, nach Westen zu segeln, ist ungeachtet vieler Behauptungen nicht bewiesen.

Die hier gezeigten aufgeschnittenen Abschnitte des Globus entstammen der Rekonstruktion des Geografen Ernst Ravenstein aus dem Jahre 1908.

Erläuterungen zu den Arbeitsaufträgen

32–33

1. Finde heraus, welche Erdteile und Länder Martin Behaim richtig beschrieb. Benutze dazu eine Karte aus deinem Geschichtsatlas und fertige eine entsprechende Liste an. [I]

Richtige Beschreibung
Portugal, Spanien, Frankreich, England, Italien und Irland
westliche Umrisse des Mittelmeers sowie Teile des östlichen Mittelmeers samt der Ägäischen Inseln
Kanarische Inseln, Madeira, Azoren, Kapverden

2. Notiere, wo Behaim irrte. [II]

Falsche Beschreibung
Malaysia Indonesien Japan Indien Sri Lanka Arabische Halbinsel Amerika und Australien fehlen ebenso wie Nord- und Südpol

3 Informiere dich in einem Lexikon über Behaim und seine Beziehungen zu Seefahrern seiner Zeit. Halte ein Kurzreferat. [III]

Bereits in seiner Lehrzeit als Tuchhändler dürfte Martin Behaim in der großen Handelsstadt Antwerpen in Flandern (heute Belgien) in Kontakt mit Seefahrern gekommen sein. 1484/85 hielt er sich erstmals in Portugal auf. Dabei nahm er an einer Expedition entlang der afrikanischen Küste teil, die ihn bis ins heutige Namibia führte.

Anschließend lebte er noch eine Weile in Portugal, wo er am Hofe des Königs, der eine der treibenden Kräfte bei der Erkundung der Welt war, sicherlich weitere Seefahrer kennengelernt haben dürfte. Eine Begegnung mit Kolumbus, der in dieser Zeit den portugiesischen König für seinen Plan einer Fahrt nach Westen zu gewinnen versuchte, ist nicht belegt. Nach Rückkehr nach Nürnberg lebte er dort noch eine Weile, fertigte dabei den Globus an, ging später aber wieder nach Portugal zurück, wo er schließlich 1507 starb.

34–37

Die Spanier erobern und zerstören alte Reiche

Stundenvorschlag 99ek2g

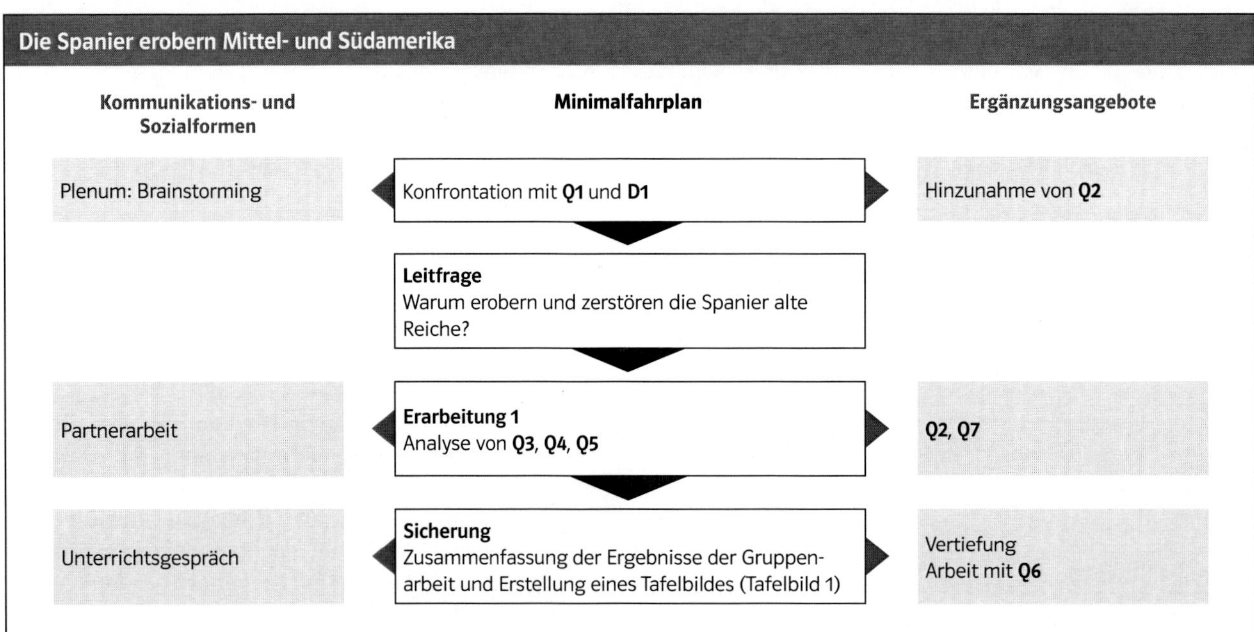

Die Spanier erobern Mittel- und Südamerika
Kommunikations- und Sozialformen
Minimalfahrplan
Ergänzungsangebote
Plenum: Brainstorming
Konfrontation mit Q1 und D1
Hinzunahme von Q2
Leitfrage
Warum erobern und zerstören die Spanier alte Reiche?
Partnerarbeit
Erarbeitung 1
Analyse von Q3, Q4, Q5
Q2, Q7
Unterrichtsgespräch
Sicherung
Zusammenfassung der Ergebnisse der Gruppenarbeit und Erstellung eines Tafelbildes (Tafelbild 1)
Vertiefung
Arbeit mit Q6

34–37

Zum Verfassertext und zu den Materialien

VT Neben den bekannten Reichen der Azteken, Maya und Inka gab es eine Vielzahl von präkolumbischen Kulturen (z. B. Olmeken, Tolteken, Chichimeken, Tepaneken), die seit ca. 1500 v. Chr. als Hochkulturen anzusprechen sind. Die Azteken gehören in diesem Kontext zu den „jungen" Gesellschaften, die in vielfältiger Weise das Erbe der vorangegangenen Epochen übernahmen. Die Struktur des Aztekenreichs ist am besten als ein Geflecht von abhängigen Stadtstaaten zu beschreiben, die im Laufe der rund zweihundertjährigen Geschichte (ca. 1325–1521) vom zentralen Bund der drei Städte Tenochtitlan, Tetzcoco und Tlacopa durch kriegerische Expansion zum Zwecke der Tributleistung erobert wurden. Dieses „Tributimperium" besaß deshalb weder feste Grenzen noch ein einheitliches Staatsvolk oder ein stehendes Heer, war aber kulturell weitgehend homogen (Religion, Menschenopfer, Sprache Nahuatl). Es erstreckte sich vom Pazifik bis zum Golf von Mexiko bei einer Nordsüdausdehnung von ca. 600 km, allerdings gab es nicht eroberte Enklaven. Der kriegerische Charakter der aztekischen Gesellschaft wird daran deutlich, dass allein militärischer Erfolg den Aufstieg in den Adel ermöglichte.
Das Reich der Inka war gleichermaßen eine Hochkultur. Mit seiner Struktur und Gesellschaftsordnung schien es mächtig genug, allen Angriffen widerstehen zu können. Doch in gleicher Weise wie das Aztekenreich unterlag es innerhalb weniger dem Ansturm eines kleinen Heeres spanischer Konquistadoren.
Hernán Cortés (1485–1547) entstammte dem niederen Adel, war nach abgebrochenem Jurastudium 1504 nach Haiti gegangen und bald zu Reichtum gelangt. 1519 nutzte er den Gouverneursauftrag zum friedlichen Gold-Tauschhandel zur eigenmächtigen Militärexpedition. Sein geschickter Umgang mit den eigenen Soldaten, die kluge Ausnutzung der von den Azteken unterdrückten Völker als Hilfstruppen, das militärische Können und die rücksichtslose Brutalität führten nach verschiedenen Rückschlägen zur endgültigen Eroberung Tenochtitlans am 13. August 1521. Welche Rolle dabei der Glaube der Azteken an die (aus dem Osten erwartete!) Wiederkehr des (hellfarbigen und Menschenopfer verabscheuenden!) Gottes Quetzalcoatl spielte, muss wegen der unbefriedigenden Quellenlage offenbleiben. Vieles spricht dafür, dass Cortés diesen Mythos zu seinen Zwecken instrumentalisierte.
Francisco Pizarro (1478–1541) verkörpert noch stärker als Cortés den Typus des Konquistadors. Zuhause ein Schweinehirt gehörte er zu jenen, die schon früh versuchten, in der „neuen Welt" ihr „Glück" zu machen. Nach einer erfolgreichen Karriere eroberte er auf der Suche nach Ruhm und Reichtum mit wenigen Gefährten nach 1531/1532 das Inkareich. Dessen Herrscher Atahualpa (um 1500–1533) nahm er gefangen, ließ ihn dann aber trotz der Zahlung eines immensen Lösegelds umbringen. Pizarro selbst wurde 1541 das Opfer von Gegnern aus den eigenen Reihen, die ihn in Lima umbrachten.

Q1/D1 Die aztekische Skulptur und das Bild von Tenochtitlan ermöglichen den Schülerinnen und Schülern einen Einblick in den hohen Stand der aztekischen Kultur. Das Bild der Hauptstadt der Azteken zeigt die später von den Spaniern zerstörte Stadt inmitten des Sees von Mexiko, der sich in einem Hochtal (ca. 2200 m Höhe!) befindet und von bis zu 5 000 m hohen Bergen umgeben ist (links der Vulkan Popocatepetl). Die Darstellung der Stadt (bis zu 50 m aufragende Tempelpyramiden, dazwischen Wohnquartiere, Straßen- und Kanalachsen) entspricht den historischen Fakten.

Q2 Das Bild entstammt der „Historia de Tlaxcala" (um 1590) und zeigt die Begegnung zwischen Cortés und Montezuma, im Vordergrund Geschenke bzw. Versorgungsgüter. Die zentrale Bedeutung von Malinche (ursprünglicher Name: Malinali, getauft: Marina), ein „Geschenk" an Cortés, bestand darin, dass sie die Mayasprache und Aztekisch beherrschte und so (über den das Maya sprechenden de Aguilar) die Verständigung zwischen Spaniern und Azteken ermöglichte.

Q3 Der Bericht entstammt dem Codex Florentino, einer Handschrift der „Historia general" (um 1550) des Franziskaners Bernardino de Sahagún, der als Missionar aztekische Überlebende befragte und so die wichtigste Informationsquelle zum Aztekenreich schuf. Er zeigt die Wirkung der den Azteken unbekannten Kanonen und Pferde und die von den Spaniern bei der Belagerung eingesetzten Schiffe. Diese Schilderung lässt erahnen, mit welchen Gefühlen die Azteken die fremden Spanier erwarteten.

Q4 Bernal Diaz verfasste seinen Bericht um 1555; die genaue Beschreibung geschieht unter militärischen Aspekten: Zugangswege, Versorgung, Befestigungen, die Bebauung (überragende Tempel, flache Wohnhäuser).

Q5 Dieser Text ist ein zeitgenössischer Bericht über die Begegnung des Dominikanerbischofs Vincente de Valverde (1490–1543) mit dem Inkakönig Atahualpa. Diese Begegnung macht die Bedeutung des Missionierungsauftrags im Rahmen der Eroberungszüge der spanischen Konquistadoren deutlich.

Q6 Die Berichte des Dominikanermönchs Bartolomé de las Casas (1484–1566) zeichneten ein ungeschöntes Bild der Realität des Lebens der Einheimischen, blieben aber trotz zeitweiliger Unterstützung Kaiser Karls V. im Ergebnis erfolglos. Las Casas berichtete er über Unterdrückung und rücksichtslose Ausbeutung der indianischen Bevölkerung zum Zwecke der Ausnutzung ihrer Arbeitskraft, um so relativ mühelos materiellen Gewinn zu erzielen. Dieses Kolonisteninteresse ließ sich leicht realisieren, da eine staatliche Kontrolle praktisch nicht bestand. Ideologische Rechtfertigung ist die Überzeugung christlicher Überlegenheit gegenüber den „Heiden". Las Casas und auch die spanische Regierung forderten die Behandlung der Indios als Menschen, denen der christliche Glaube zur Errettung ihrer Seelen zu vermitteln sei; dieser Forderung liegt der Missionsgedanke zugrunde.

Q7 Das Bild ist ein Ausschnitt aus einer Serie von Kupferstichen Theodor de Brys (1561–1623). Diese schildern die spanischen Eroberungszüge in Südamerika. Dieser Stich macht deutlich, warum es den Spaniern trotz zahlenmäßiger Unterlegenheit gelang, das Heer der Inkas zu besiegen: moderne Waffen (Kanonen, Musketen, Rüstungen auf Pferden usw.) gegen zu Fuß kämpfende und ungenügend ausgerüstete Inkakrieger.

Erläuterungen zu den Arbeitsaufträgen

34–37

A: Kommentiere das Verhalten der Spanier wie ein Radioreporter. Du hast dafür nur drei Minuten Zeit. [III]
In dem Kommentar sollten vor allem das Sensationelle des schnellen Sieges, der Zusammenprall zweier unterschiedlicher Kulturen, die hohe Kultur des Aztekenreiches und dessen Reichtum betont werden.

B: Erkläre, welche Auskunft die Abbildungen Q1 und Q2 über den Stand der aztekischen Kultur geben. [II]
Q1 lässt ebenso wie Q2 die Fähigkeit zu sehr feiner, detailgetreuer Arbeit im Bereich der Bildhauerei bzw. der Malerei erkennen. Gleichzeitig wird am Beispiel von Q2 erkennbar, wie wichtig es offenbar den Azteken war, auch wichtige Ereignisse im Bild festzuhalten und damit auch anderen zu vermitteln.

C: Vergleiche D2 mit einer Karte in deinem Atlas und stelle fest, welche heutigen Länder die indianischen und die europäischen Reiche in Lateinamerika umfassten. [III]
Indianische Reiche: Mexiko, Guatemala, Kolumbien, Ecuador, Peru, Chile, Bolivien, Argentinien.
Spanischer Besitz: alle Staaten Mittelamerikas, Kuba, Haiti sowie die anderen Antilleninseln, Teile der USA, Mexiko, Guatemala, Kolumbien, Ecuador, Peru, Venezuela, Chile, Bolivien, Paraguay, Argentinien.
Portugiesischer Besitz: Brasilien.

D: Erläutere, wie die Eroberungen dazu beitrugen, sowohl in Lateinamerika als auch in Europa die Natur zu verändern. [II]
Hier können die Schülerinnen und Schüler die Bedeutung der der jeweils importierten fremden Tiere und Pflanzen mithilfe der entsprechenden Informationen in der Karte hervorheben.

E: Beschreibe diese Szene und gestalte das Gespräch mit deinen Klassenkameradinnen und Klassenkameraden nach. Versetzt euch dabei in die Lage der beteiligten Personen. [II]
Das Bild zeigt auf der einen Seite Montezuma II., Herrscher der Azteken, mit wichtigen Würdenträgern, auf der anderen Seite Cortés, hinter dem seine Dolmetscherin Malinche steht. Darüber hinaus sind ein weiterer aztekischer Würdenträger sowie einige Tiere in Käfigen – möglicherweise Geschenke der Azteken an die Neuankömmlinge – sowie Körner oder auch Kartoffeln zu sehen.
Das Gespräch könnte Fragen nach Herkunft der jeweils Beteiligten, deren Stellung im Staate, deren Aufgaben und deren Wünschen beinhalten.

F: Beschreibe die Szene und vergleiche die Waffen der Spanier mit denen der Inkas. [I]
Im Zentrum des Bildes ist Atahualpa abgebildet, der von seinem Thron aufgestanden ist, der seinerseits von vier Trägern gehalten wird. Unmittelbar vor Atahualpa steht links Pizarro mit gezücktem Schwert und rechts ein spanischer Mönch mit einem erhobenen Kreuz. Ganz im Vordergrund sind schwer bewaffnete Spanier zu erkennen, die ihre Kanonen in Richtung der zahlenmäßig weit überlegenen Inka abfeuern. Andere Spanier im Vordergrund töten zu Pferde und mit ihren überlegenen Waffen Inkas. Das Bild zeigt, dass die vergleichsweise kleine Streitmacht der Spanier aufgrund ihrer Waffen und Ausrüstung der riesigen Anzahl an Inka überlegen war. Folgende Waffen/Ausrüstungsgegenstände sind erkennbar:

Spanier	Inka
Kanonen	Speere
Pferde	Pfeil und Bogen
Gewehre	
metallene Rüstungen zum Schutz gegen Angriffe	
Schwerter	

1. Beschreibe die Begegnung der Spanier mit den Eingeborenen (VT, Q3 – Q6). [II]
Der Bericht könnte nach einer Einleitung, welche die Fahrt über den See bzw. den Zugang per Damm beschreibt, drei Abschnitte enthalten: Anlage der Stadt (Kanäle, Brücken, Straßen, Plätze), Gebäude (Tempelanlagen, Wohnhäuser, Befestigungsbauten), Markt (Waren, Menschenmassen, Versorgung), die Versuche, die Einheimischen zu missionieren, und deren brutale Ausbeutung.

2. Stell dir vor, du könntest Montezuma und Atahualpa über ihre Meinung zu den Spaniern befragen. Schreibe jeweils drei Fragen auf und formuliere dazu mögliche Antworten (VT, D1, Q1 – Q5, Q7). [II]
Beispielfragen und -antworten:
Frage (F): Woher kommen sie?
Antwort (A): Sie kommen aus einem Land jenseits des Ozeans, das Spanien heißt.
F: Warum kommen sie hierher?
A: Sie wollen uns ihren Glauben aufzwingen, unser Land in Besitz nehmen, unsere Bevölkerung für sich arbeiten lassen und unsere Schätze rauben.
F: Warum behandeln sie uns so?
A: Weil sie glauben, sie stünden höher in der Kultur als wir.
F: Warum wollen sie uns missionieren?
A: Weil sie überzeugt sind, dass nur ihr Glaube der richtige, unserer aber heidnischer Natur ist.
F: Warum fahren sie nicht wieder nach Hause?
A: Weil sie hier reich werden können.
F: Was sagt ihr Herrscher zu ihrem Verhalten hier?
A: Das weiß ich nicht. Aber offenbar ist er damit einverstanden, weil er von den Schätzen, die sie hier rauben, etwas abbekommt. Zudem ist auch er offenbar überzeugt, dass wir einen anderen Glauben annehmen sollten.

3. Gestalte eine kleine Wandzeitung über den Staat der Inkas. Informiere dich dazu im Internet. Berücksichtige auch Q5 und Q7. [II]
Folgende Informationen sollten in der Wandzeitung enthalten sein:
Das Reich der Inka erstreckte sich vom Norden des heutigen Ecuadors über Peru und Chile bis nach Argentinien. Vermutlich aus dem Amazonastiefland stammend, hatten diese zwischen ca. 200 n. Chr. bis um 1200 andere Stämme unterworfen und ein hochmodernes Reich gegründet. Hauptstadt war das heutige Cuzco in Peru. Daneben gab es weitere planmäßig angelegte Städte in anderen Teilen des Reiches. Die bekannteste ist die Stadt Machu Picchu in den Anden.
An der Spitze des Reiches stand der Inka, der seine Legitimität vom Sonnengott ableitete (Q5). Er hatte die absolute Macht. Der Sonnenkult war auch der wichtigste Bestandteil des religiösen Lebens. Daneben beteten die Inka aber auch andere Götter an. Zu den religiösen Kulten gehörten auch Menschenopfer, wenngleich nicht in der gleich hohen Zahl wie bei den Azteken.
Sein Reich verwaltete der Inka mithilfe einer schlagkräftigen Armee, die in allen Teilen des Reiches stationiert war. Den europäischen Armeen, so klein diese auch anfänglich waren, war diese mit ihren vormodernen Waffen jedoch trotz ihrer zahlenmäßigen Überlegenheit unterlegen (Q7). Wichtigste Säule neben der Armee war eine sehr effiziente Bürokratie.
Diese organisierte das Leben der Menschen, die in Kollektiven lebten und in denen es eine Pflicht zur Arbeit gab: Ein Drittel ihrer Zeit verbrachten diese mit Arbeit für den Sonnenkult, ein weiteres für den Inka bzw. die führende Adelsschicht und das restliche Drittel mit der Versorgung der eigenen Familie. Ein ausgeklügeltes Vorratssystem sicherte die Ernährung der Bevölkerung in Krisenzeiten sowie die Versorgung jener, die für öffentliche Aufträge – Terrassen-, Straßen- und Kanalbau, den Bau von Festungen, Palästen und Tempeln eingesetzt waren.
Auch wenn die Landwirtschaft der wichtigste Wirtschaftsteil war, gab es auch ein blühendes Handwerk: In Manufakturen stellten Handwerker in Massen Keramik, Textilien und Metallwaren her.
Bildung besaß ebenfalls einen hohen Stellenwert, auch wenn nur Angehörige des Adels – Männer und Frauen – dazu Zugang hatten. Auch die Naturwissenschaften, darunter die Astronomie, waren hoch entwickelt.
Ein System von Straßen von insgesamt ca. 40 000 km Länge durchzog das ganze Reich. Stafettenläufer hielten die Kommunikation zwischen den weit auseinander liegenden Teilen des Reiches aufrecht. Innerhalb eines Tages konnten Nachrichten so bis zu 400 km weit überbracht werden. Ob die Inka eine Schrift im modernen Sinne besaßen, ist umstritten; auf jeden Fall verständigten sie sich aber über eine Knotenschrift. Bewässerungskanäle und Terrassenbau an den steilen Hängen dienten dazu, den landwirtschaftlichen Ertrag zu steigern.

4. Vergleiche Tenochtitlan mit europäischen Städten des Mittelalters (D1, Q4). [III]
Die Schülerinnen und Schüler können bei dem Vergleich herausfinden, dass im 14. Jh. in Deutschland Köln mit 40 000 Einwohnern die größte Stadt war. In Europa hatte Venedig 90 000, Paris und Florenz hatten je 80 000 Einwohner. In Geschichtsatlanten finden sich Grundrisse europäischer Städte des Mittelalters, die mit D1 verglichen werden können.

5. Versetze dich in die Lage Karls V. und nimm Stellung zu dem Bericht von Las Casas (Q6). [II]
Eine Antwort könnte folgendermaßen lauten: Ich verstehe Dein Anliegen, halte die Behandlung auch für ungerecht, bin aber auch auf die Reichtümer angewiesen, da ich davon einen Anteil für den Staat bekomme.

Tafelbild 1 8x7x8t

Warum den Spaniern die Eroberung des Aztekenreiches gelang

Motive der Konquistadoren ⟷	**Reaktion der Azteken**
- Gold - Mission - Abenteuer	- freundliche Aufnahme
Ursachen für den Erfolg der Spanier bei der Eroberung ⟷	**Ursachen für die Niederlage der Azteken**
- eingeschleppte Krankheiten - Waffen, Pferde - Unterstützung durch Völker, die den Azteken tributpflichtig waren	- Überraschung, Furcht - Sage von der Rückkehr des Quetzalcoatl - Weltbild und Schicksalsglaube

38–39

Die Welt wird europäisch

Stundenvorschlag 2xk253

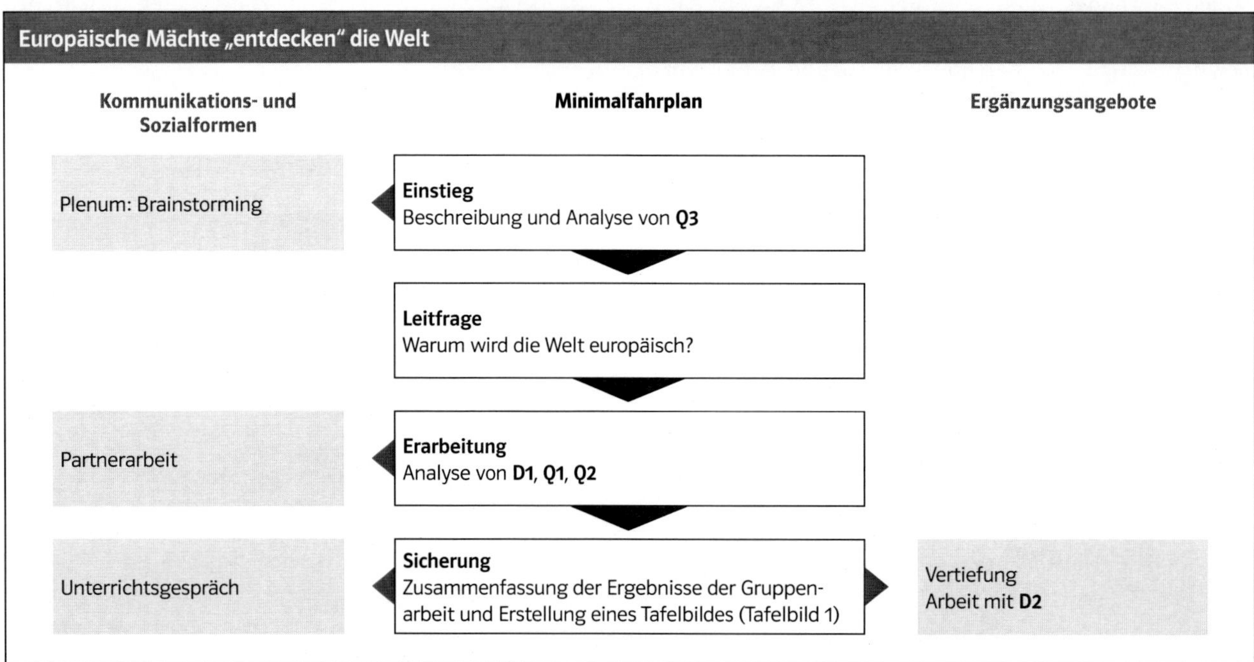

38–39

Zum Verfassertext und zu den Materialien

VT Die Darstellung der spanischen Kolonialherrschaft rechtfertigt sich nicht nur durch den thematischen Zusammenhang mit den vorangehenden Kapiteln, sondern auch durch die Tatsache, dass Spanien (und in Brasilien auch Portugal) bis um 1600 eine unangefochtene und beispielgebende Vormachtstellung besaß. Erst mit dem niederländisch-habsburgischen Gegensatz ab 1580 verändern sich die Verhältnisse, sodass am Ende dieser Epoche um 1750 England zur maßgeblichen Kolonialmacht aufgestiegen ist. Spaniens (und auch Portugals) Rückfall ist wesentlich dadurch bestimmt, dass es den Strom der Edelmetalle nur unzureichend für Investitionen nutzte, dagegen europäische Bankiers (Genua, dann v.a. Amsterdam) mit dem amerikanischen Silber die aufsteigenden Handelsmächte förderten. Bei der Entstehung des Welthandelssystems bis in das 18. Jahrhundert ist deutlich zu unterscheiden zwischen dem atlantischen und dem asiatischen Bereich. Während ersterer von Europa beherrscht wurde und der Dreieckshandel die traditionellen ökonomischen und sozialen Strukturen der Kolonien zerstörte, indem die Europäer diesen Handel ganz an ihren Bedürfnissen ausrichteten, besaßen die Europäer im asiatischen Bereich v. a. Handelsstützpunkte und waren als Kaufleute am Handel mit Gewürzen, Textilien und Tee interessiert, ohne die riesigen Binnenmärkte entscheidend zu beeinflussen. Die Dimension des Sklavenhandels (zwischen 10 und 15 Mio. Menschen) lässt sich nur schätzen; die durchschnittlichen Gewinne bei diesem Menschenhandel beliefen sich auf ca. 9%, eine Zahl, die auch für den gesamten Dreieckshandel errechnet wurde und damit den damals üblichen Margen entsprach. Die unmenschlichen Arbeits- und Lebensbedingungen führten zu zahlreichen Aufständen. 1807 verbot England den Sklavenhandel, erst 1888 schaffte Brasilien als letztes Land die Sklaverei ab.

D1 Durch die „Nachfrage" entwickelte sich ein innerafrikanischer Sklavenhandel, der mit den europäischen Manufakturprodukten, aber auch indischen Stoffen bedient wurde. Der Verkauf (Versteigerung) erbrachte meist mehr als die Schiffe an Waren aus der Karibik transportieren konnten.

D2 macht deutlich, welche anderen Mächte sich an dem frühen Wettrennen um lukrative Kolonien beteiligten.

Q1 1596 erreichte die erste niederländische Flotte auf der Suche nach Gewürzen Bantam auf Java. Neben diesem wichtigsten Handelsplatz gründeten die Niederländer in rascher Folge weitere Kontore mit dem Ziel, die englische Konkurrenz der East India Company und die zu diesem Zeitpunkt dort noch aktiven Portugiesen auszuschalten.

Q2 Der Text ist der Bericht eines portugiesischen Geistlichen, der in der Mitte des 17. Jahrhunderts nach Indien reiste und dessen Reichtümer bewunderte. Der Text belegt, welche Bedeutung Surat schon zu dieser Zeit für England, Frankreich, Portugal und die Niederlande hatte.

Q3 Das Gemälde lässt – im Gegensatz zum Typ der spanischen Plantagenwirtschaft – deutlich den Charakter der Handelsniederlassung erkennen: Repräsentative Gebäude und Gärten, Höfe und Lager. Im Hintergrund ein europäisches Segelschiff, rechts ein Zelt zum Handel mit einheimischen Kaufleuten und eine heranziehende Prozession, vorne links eine Werft. – Die VOC handelte wie ihr englisches Gegenstück mit Gewürzen, Reis, Seide, Zucker und Salpeter und beherrschte im 17. Jahrhundert den Handel im Gebiet des Indischen Ozeans.

Erläuterungen zu den Arbeitsaufträgen

38–39

A: Stelle in einer kurzen Übersicht dar, welche Folgen die Entdeckungen für Europa und welche sie für die entdeckten Länder hatten. [III]
Positive Folgen für Europa: Edelmetallzufluss, Wirtschaftsförderung, Pflanzen, Tiere, Aufstiegs- und Erfolgschancen; negative Folgen: Wachsende Konkurrenz zwischen den Mächten, Abhängigkeit von Rohstoffen, Gefahr globaler Wirtschaftskrisen aufgrund der Verflechtung der Weltwirtschaft.
Positive Folgen für die spanischen Kolonien: Anschluss an die europäische Entwicklung (?), technische Entwicklung (Rad), Tiere und Pflanzen; negative Folgen: Vernichtung der indigenen Bevölkerung und Zerstörung ihrer Kultur, Abhängigkeit von der europäischen Wirtschaft und ihren Bedürfnissen.

B: Beschreibe, wie der Dreieckshandel funktionierte. [I]
Sklaven aus Afrika halfen, Rohstoffe in der neuen Welt herzustellen; diese wurden nach Europa exportiert. Die Gewinne aus diesem Handel wiederum halfen, den Kauf von Sklaven und deren Transport nach Amerika zu finanzieren und somit den eigenen Reichtum zu vergrößern.

C: Liste die Gebiete auf, in denen die Europäer bis Mitte des 18. Jahrhunderts Kolonien und Handelsstützpunkte gründeten. [I]
Nord-, Mittel- und Südamerika, Küstenstreifen in Nord-, West-, Ost- und Südafrika, in Teilen Indiens, Ostasiens und Australiens.

1. Liste die Ziele auf, die Niederländer und Engländer mit ihrer Expansion verfolgten (VT, Q1, Q2). [I]
Handel mit gewinnbringenden Waren mit einheimischen Herrschern, Gewährung einer Niederlassung, aber (zunächst) kein Territorialbesitz – im Gegensatz zu den Spaniern –, Verdrängung von Konkurrenten.

2. Versetze dich in die Lage eines Einwohners oder einer Einwohnerin von Surat und schreibe auf, was du Godinho sagen möchtest (Q2). [II]
Die Einheimische bzw. der Einheimische würde sicherlich ihre/seine Überraschung zum Ausdruck bringen, auch ihre/seine Freude über den Reichtum – vorausgesetzt, sie/er verdient an diesem Handel, aber auch ihre/seine Verwunderung darüber, dass die Europäer so weit reisen, um Handel zu treiben, und dies zugleich mit der demonstrativen Errichtung von Kontoren zu verbinden.

3. Informiere dich in Lexika und anderen Nachschlagewerken über die Geschichte einer Kolonie und halte ein Kurzreferat darüber. [II]
Ein Beispiel für eine Kolonie ist das heutige Indien. Ein Kurzreferat darüber könnte folgendermaßen angelegt sein: Nach der Entdeckung des Seeweges um Afrika herum begannen um 1500 die Portugiesen, erste Stützpunkte an den Küsten zu erobern. Ihnen folgten Franzosen, Holländer und schließlich Engländer.
Diese waren seit Gründung der East India Company im Jahre 1600 die wichtigste Kolonialmacht im heutigen Indien. Von Orten an der Küste aus eroberten sie, teilweise im Wettlauf mit den Franzosen, immer größere Teile des Landes.
Nach verschiedenen Aufständen und Misswirtschaft musste die East India Company 1857 ihre Rechte an die englische Krone übergeben. Seit 1877 war die englische Königin auch Kaiserin von Indien.
Diese herrschte nun teilweise direkt über jene Teile, die als Kronkolonie Bestandteil des Empire waren, bzw. die Gebiete der Fürsten, die sich im Gegenzug für die Bewahrung ihrer Herrschaft im Innern in allen anderen wichtigen Bereichen (Militär, Außenpolitik) unterworfen hatten.
Aufstände wurden brutal niedergeschlagen. Zwar wurden nach 1900 Inder auch an der Verwaltung des Landes beteiligt, an der englischen Herrschaft änderte sich dadurch jedoch nur wenig. Erst 1947, nach jahrzehntelangem, weitgehend gewaltlosem Widerstand wird Indien unabhängig.

Tafelbild 1 g9u8c9

Die europäische Expansion bis ca. 1750*

Kolonialmacht	Ausbreitung	Organisationsform	Art der Kolonialisierung
Spanien (15./16. Jh.)	- Süd- und Mittelamerika - Philippinen	staatliche Verwaltung	Siedlungskolonien (Plantagen, Bergbau)
Portugal (15./16. Jh.)	- Südamerika (Brasilien) - afrikanische Küste (Angola, Mosambik) - indische Küste, Ceylon	staatliche Verwaltung	Siedlungskolonien, Handelsstützpunkte
Niederlande (16./18. Jh.)	- Indonesien (Java, Celebes, Borneo etc.) - Südafrika	staatlich unterstützte private Handelsgesellschaften; später: staatliche Verwaltung	Handelsstützpunkte
England (16./18. Jh.)	- Nordamerika (Ostküste) - Karibik - westafrik. Küste - Indien	staatlich unterstützte private Handelsgesellschaften; später: staatliche Verwaltung	Siedlungskolonien, Handelsstützpunkte
Frankreich (16./18. Jh.)	- Nordamerika (Kanada, Louisiana) - westafrikan. Küste - Indien	staatlich unterstützte private Handelsgesellschaften; später: staatliche Verwaltung	Siedlungskolonien, Handelsstützpunkte
Russland (17./18. Jh.)	- Sibirien	staatliche Verwaltung	Siedlungen
Dänemark (16./18. Jh.)	- westafrikan. Küste - Island, Grönland	staatliche Verwaltung	Handelsstützpunkte

* es werden nur die wichtigsten Eroberungen genannt

40–41

Wiederholen und Anwenden

1. Eine Quelle in den historischen Zusammenhang einordnen (Sachkompetenz, Methodenkompetenz)
Ordne Q1 in den Zusammenhang dieses Kapitels ein und erläutere den Text. Welche Absicht verfolgt der Fugger mit seinem Brief?
Zu nennende Punkte: die Rolle Fuggers bei der Kaiserwahl, seine marktbeherrschende Stellung (Monopol), die Anklage gegen ihn auf dem Reichstag. Zweck des Schreibens: Fugger erwartet angesichts seines finanziellen Engagements bei der Kaiserwahl indirekt ein Einschreiten des Kaisers gegen die gegen ihn erhobene Anklage.

2. Eine Kritik schreiben: Stellungnahme zu einem Text des deutschen Humanisten und Reformators Philipp Melanchthon (Sachkompetenz, Urteilskompetenz, Kommunikationskompetenz)
Lies den Text sorgfältig durch. Stelle Melanchthons Argumente zusammen und verfasse anschließend eine kritische Stellungnahme dazu.
Argumente Melanchthons für das geozentrische Weltbild: eigener Augenschein, göttliche Wahrheit, Zeugnis der Bibel, Begrenztheit des menschlichen Verstands. Kritische Stellungnahme: verbesserte Beobachtungen mit dem Fernglas; unterschiedliche Entfernungen der Planeten von der Erde lassen sich am ehesten durch die Vorstellung der Unbeweglichkeit der Sonne im Zentrum, einjährigen Kreisbahn der Erde um die Sonne und der täglichen Erdumdrehung als Ursache für Tag und Nacht erklären. Außerdem sollte das Vernunftsprinzip gegenüber dem Glaubensprinzip betont werden.

3. Sachzusammenhänge herstellen: Begriffe zuordnen (Sachkompetenz)
Finde heraus, welche zwei Begriffe oder Namen jeweils inhaltlich zusammengehören. Erkläre dann in wenigen Sätzen ihren Zusammenhang.
Wiedergeburt – Renaissance (Wiederentdeckung der Antike); Kopernikus – heliozentrisches Weltbild (Sonne im Mittelpunkt des Planetensystems); Michelangelo – David (am antiken Schönheitsideal orientierte Statue in Florenz); Friedrich von Spee – Hexenprozesse (Kritik an unter der Folter erpressten Geständnissen bei Hexenprozessen); Universität Heidelberg – Peter Luder (Einführung humanistischen Denkens in Deutschland); Buchdruck – Gutenberg (Gutenbergs Mainzer Erfindung); Geldwirtschaft – Fugger (Fugger als Beispiel eines Großkaufmanns und Frühkapitalisten); Zentralperspektive – Malerei (räumliche Darstellung, Naturtreue); Humanismus – Mensch im Mittelpunkt (neues Selbstbewusstsein des Menschen, Kritik an alten Autoritäten); Galilei – Ketzerprozess (Ketzeranklage wegen Eintreten für das kopernikanische System).

4. Ein Referat halten zu dem Thema: „Kolumbus – ein verehrungswürdiger Entdecker oder ein Verbrecher?" (Sachkompetenz, Kommunikations- und Urteilskompetenz)
Bereite dich auf ein Referat vor und halte es vor der Klasse. Verwende als Einstieg in dein Referat die Bildquelle Q4. Benutze zudem Stichwortkarten mit den Überschriften – Beispiele sind unten für dich zusammengestellt.
Die methodischen Arbeitsschritte „Ein Referat halten" auf S. 235 geben dir weitere Tipps und Anregungen.
Warum begab Kolumbus sich auf die Reise nach „Indien"?
Aus Abenteuerlust, aber auch, um reich zu werden, suchte Kolumbus den Weg nach „Indien".

Von wem wurde Kolumbus unterstützt?
Unterstützung erhielt Kolumbus vom spanischen Königspaar.

Wie gingen Kolumbus und andere Entdecker mit den fremden Kulturen um?
Aus Sicht der Entdecker standen die „Entdeckten" auf einer kulturell niedrigeren Stufe. Die Europäer hatten daher aus ihrer Sicht das Recht und die Pflicht, sie zu missionieren. Damit einher ging der Wille, sich diese Menschen untertan zu machen, um persönlich reich zu werden, aber auch die Macht des Königs von Spanien zu mehren.

Welche Folgen hatten die Entdeckungen für die Europäer?
Edelmetallzufluss, Wirtschaftsförderung, Pflanzen, Tiere, Aufstiegs- und Erfolgschancen; negative Folgen: wachsende Konkurrenz zwischen den Mächten, Abhängigkeit von Rohstoffen, Gefahr globaler Wirtschaftskrisen aufgrund der Verflechtung der Weltwirtschaft.

Welche Folgen hatten die Entdecker für die „Entdeckten"?
Positive Folgen für die spanischen Kolonien: Anschluss an die europäische Entwicklung, technische Entwicklung (Rad), Tiere und Pflanzen; negative Folgen: Vernichtung der indigenen Bevölkerung und Zerstörung ihrer Kultur, Abhängigkeit von der europäischen Wirtschaft und ihren Bedürfnissen.

Welche Kulturen fanden die Entdecker in Übersee vor?
In der „neuen" Welt gab es viele Hochkulturen. Zu diesen gehörten die der Inkas und der Azteken.

Wie und warum beurteilen viele Nachfahren von „Entdeckten" Kolumbus heute kritisch?
Die Folgen der Entdeckung waren für die Einheimischen fatal: Ihre Kulturen wurden weitgehend zerstört, viele Menschen starben aufgrund brutaler Unterdrückung oder eingeschleppter Krankheiten. Hinzu kam eine jahrhundertelange Ausbeutung der Rohstoffe und der Natur.

42–63

2 Reformation, Bauernaufstände und Glaubenskriege

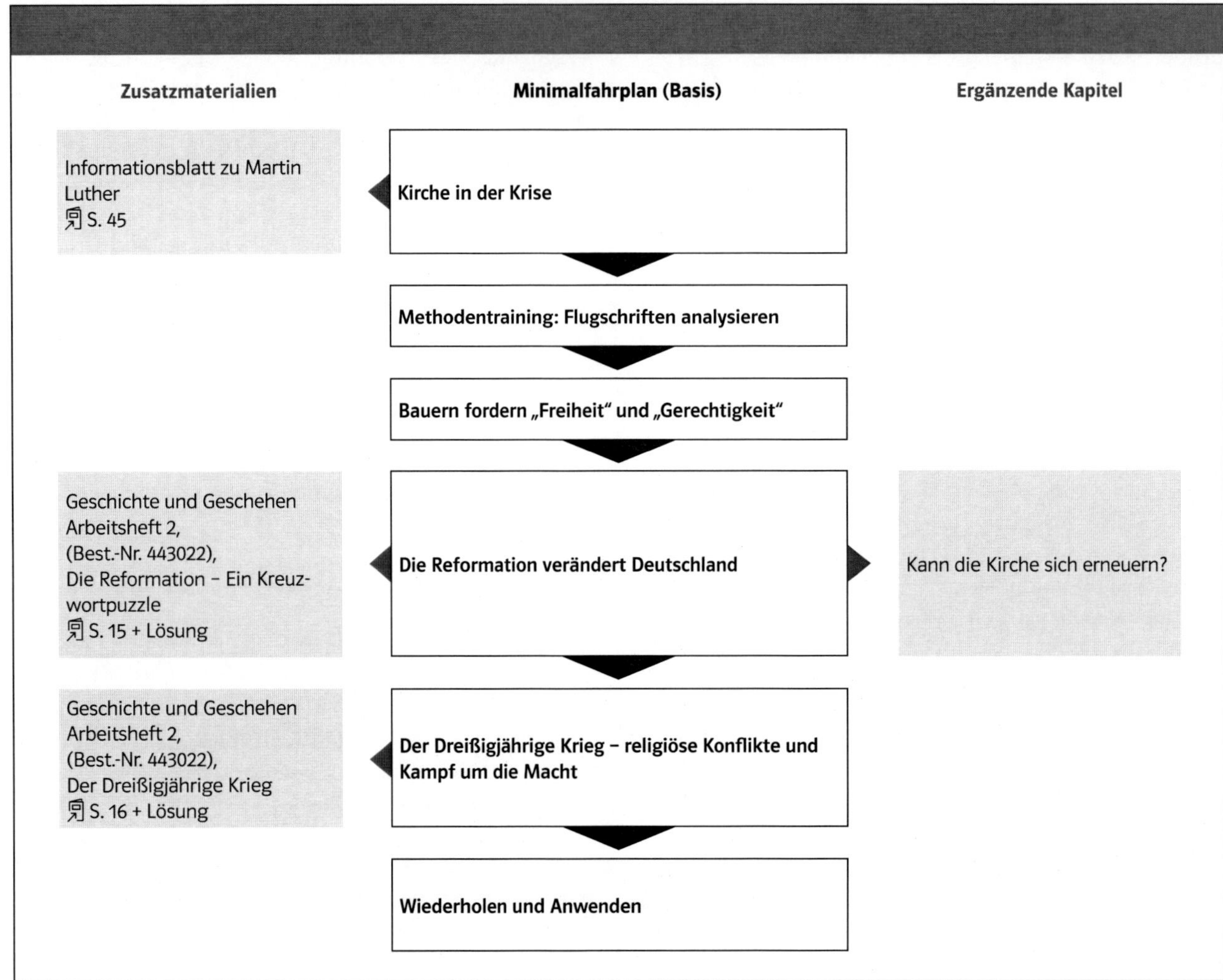

Zusatzmaterialien
Minimalfahrplan (Basis)
Ergänzende Kapitel
Informationsblatt zu Martin Luther S. 45
Kirche in der Krise
Methodentraining: Flugschriften analysieren
Bauern fordern „Freiheit" und „Gerechtigkeit"
Geschichte und Geschehen Arbeitsheft 2, (Best.-Nr. 443022), Die Reformation – Ein Kreuz-wortpuzzle S. 15 + Lösung
Die Reformation verändert Deutschland
Kann die Kirche sich erneuern?
Geschichte und Geschehen Arbeitsheft 2, (Best.-Nr. 443022), Der Dreißigjährige Krieg S. 16 + Lösung
Der Dreißigjährige Krieg – religiöse Konflikte und Kampf um die Macht
Wiederholen und Anwenden

Kompetenzziele

Fachkompetenz
Die Schülerinnen und Schüler
- kennen die Ursachen der Krise der Kirche;
- kennen die Motive der Bauern, die sich 1525 erheben;
- können die Durchsetzung der Reformation erklären;
- kennen die Gründe für den Ausbruch des Dreißigjährigen Krieges;
- können erklären, warum es der Kirche nicht gelang, sich zu erneuern.

Methodenkompetenz
Die Schülerinnen und Schüler
- können Flugschriften untersuchen, entschlüsseln und beurteilen;
- können zeitgenössische Gemälde deuten;
- können Karten auswerten.

Kommunikationskompetenz
Die Schülerinnen und Schüler
- verstehen und verwenden die folgenden Grundbegriffe fachlich korrekt: Protestantismus, Ablasshandel, Prager Fenstersturz, Bauernaufstand;
- können einen Zeitungsartikel über ein historisches Ereignis schreiben;
- können ein Referat über zeitgenössische Ereignisse und Entwicklungen halten;
- können eine sachgerechte Diskussion über religiöse und politische Streitfragen führen.

Urteilskompetenz
Die Schülerinnen und Schüler
- können säkulare Wandlungsprozesse nachvollziehen und beurteilen;
- können vor dem Hintergrund der Interessen der Beteiligten den Zusammenhang von Religion, vom Ausbau der Territorialherrschaft und von europäischer Machtpolitik nachvollziehen und beurteilen;
- können Religion als wichtiges Element zeitgenössischer Politik beurteilen;
- können die Bedeutung der Forderungen nach „Freiheit“ und „Gerechtigkeit“ einordnen und beurteilen.

Zur Orientierungsseite

Die Konfrontation der Schülerinnen und Schüler mit den Elementen dieser Doppelseite kann folgende Fragen provozieren:
- Warum versammeln sich Bauern und schwören auf eine Fahne?
- Warum zerstören kaiserliche Truppen 1631 die Stadt Magdeburg?
- Warum verändert sich die religiöse „Landschaft“ in Europa im 16. Jahrhundert?
- Warum malt Lucas Cranach einen einfachen Mönch?

44–45 Kirche in der Krise

Stundenvorschlag 8e59pf

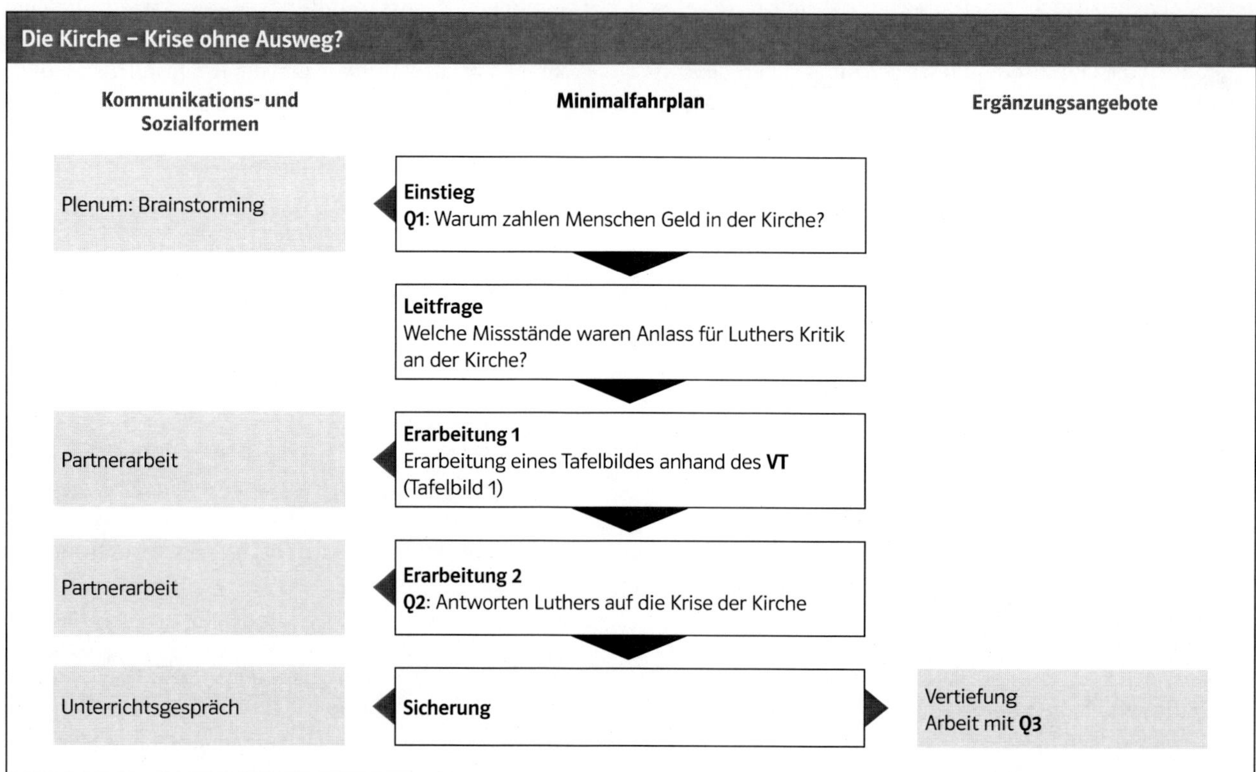

Die Kirche – Krise ohne Ausweg?
Kommunikations- und Sozialformen
Minimalfahrplan
Ergänzungsangebote
Plenum: Brainstorming
Einstieg
Q1: Warum zahlen Menschen Geld in der Kirche?
Leitfrage
Welche Missstände waren Anlass für Luthers Kritik an der Kirche?
Partnerarbeit
Erarbeitung 1
Erarbeitung eines Tafelbildes anhand des VT (Tafelbild 1)
Partnerarbeit
Erarbeitung 2
Q2: Antworten Luthers auf die Krise der Kirche
Unterrichtsgespräch
Sicherung
Vertiefung
Arbeit mit Q3

26–27 Zum Verfassertext und zu den Materialien

VT Die Situation der Kirche im Spätmittelalter war gespalten. Die Machtentfaltung und die aufwendige Hofhaltung der Renaissancepäpste provozierten ebenso Kritik wie die Vernachlässigung der Amtspflichten vieler Priester in den Gemeinden. Andererseits war der christliche Glaube für die Menschen des Spätmittelalters von zentraler Bedeutung; die Frage nach dem eigenen Seelenheil stand im Mittelpunkt des irdischen Lebens, was dann auch den „Erfolg“ der Ablassbriefe erklärt. Vor diesem Hintergrund können die Schülerinnen und Schüler verstehen, warum Luthers Wirken und seine neue Lehre auf große Resonanz stießen.

Q1 Das Foto zeigt eine Ablasskiste, wie sie in der Zeit der Reformation verwendet wurde, um zusätzliches Geld in die Kasse der Kirche zu bringen. Nach der Lehre der mittelalterlichen Kirche haben Christus und die Heiligen gegenüber Gott einen „Überschuss“ an Verdiensten um die Menschen erworben, gleichsam einen Schatz der Gnade Gottes gegenüber den sündigen Menschen. Die Kirche verwaltet und verteilt diesen Schatz, denn die Gläubigen können durch Gebete und „gute Werke“ Teile des Schatzes erwerben und dadurch die zeitlichen Strafen für die eigene Sündenlast verringern, insbesondere die Qualen des Fegefeuers verkürzen (Ablass = Erlass zeitlicher Sündenstrafen).

Q3 Er sei nur durch die Verkettung der Umstände, nicht aus freien Stücken und mit Vorbedacht in diesen Sturm hineingeraten – so reduzierte Luther selbst im Nachhinein seine Rolle als „weltbewegender“ Reformator. Dass Luther seine 95 Thesen an die Pforte der Schlosskirche zu Wittenberg genagelt habe, ist zwar vermutlich eine historische Legende, dennoch fanden die Thesen dank des neuen Mediums des Buchdrucks rasch Verbreitung in der deutschen Öffentlichkeit.

Erläuterungen zu den Arbeitsaufträgen

44–45

A: Fasse den VT thesenförmig zusammen. [I]
Der Ablasshandel, die aufwendige Hofhaltung der Kirchenoberen, der Verkauf von Kirchenämtern sowie der oft unmoralische Lebenswandel vieler Angehöriger der Amtskirche einerseits, die Frömmigkeit vieler Menschen und deren Streben nach dem Seelenheil andererseits waren nicht mehr miteinander in Einklang zu bringen.

B: Beschreibe Q1 und vergleiche diese mit dem in Q3 dargestellten Ereignis. [III]
Bei Q1 handelt es sich um eine Ablasskiste. Die vielen Schlösser machen deutlich, dass darin offenkundig viel Geld aufbewahrt wurde. Dieses Geld sammelten die Ablasshändler von Gläubigen ein, denen sie im Gegenzug für den Kauf eines Ablassbriefes ewiges Seelenheil versprachen. Eine solche Szene zeigt Q3 in der rechten unteren Hälfte des Bildes.

C: Beschreibe die Szene. Überlege, warum Cranach seinem Bild diesen Titel gab und wen er damit wohl meinte. [III]
Q3 zeigt den Papst, der Ablasshändler ermächtigt, Ablassbriefe an Gläubige zu verkaufen. Im Gegenzug erhalten diese dafür ewiges Seelenheil. Dafür geben die Menschen, die der Kleidung nach aus einfachen Verhältnissen kommen, offenbar ihr letztes Geld. Der Titel Antichrist bezeichnet nach der Bibel (Briefe des Apostels Johannes) einen Gegenspieler Jesu, der falsche Lehren verbreitet. Die Gleichstellung des Papstes mit dem Antichrist ist insofern die schärfste denkbare Kritik an diesem.

1. Untersuche mithilfe von Q2, warum sich Luther entschloss, gegen den Ablasshandel zu protestieren. [II]
Luther verstand die Praxis des Ablassverkaufs als einen Irrweg der Kirche. Scharf verurteilt er sowohl Ablasshändler als auch Ablasskäufer, denen er die damals stark beeindruckende ewige Verdammnis androht. Luther bezieht den Papst als geistigen Drahtzieher des Ablassverkaufs in seine scharfe Verurteilung mit ein. Er rät den Christen nicht zum Abfall von der Kirche, sondern nur zur Orientierung am Evangelium, also zur Einhaltung christlichen Lebenswandels. Seine Thesen sind nicht kritisch gegenüber der Institution Kirche, sondern verurteilen lediglich eine vom Evangelium abweichende Praxis.

2. Stell dir vor, du kommst als Bittsteller in die in Q3 dargestellte Kirche, um einen Ablassbrief zu schreiben. Schreibe einen Bericht über dieses Erlebnis. [II]
Zu nennen wäre hier vor allem das rein geschäftliche, nicht religiöse Auftreten des Papstes, der die Menschen offenbar so unter Druck setzt, dass sie keine andere Möglichkeit sehen, als für ihr Heil sowie das der Vorfahren im Jenseits alles, was sie haben, herzugeben.

3. Beurteilt und diskutiert anhand von VT, Q2 und Q3 das Verhalten Luthers. [III]
Diese Diskussion sollte vor allem folgende Aspekte thematisieren:
- Volksfrömmigkeit,
- Missstände in der Kirche,
- Rückkehr zu den Ursprüngen der Bibel.

Besonders wichtig ist hierbei das Herausarbeiten des Denkens und Handels der Menschen – Volk, Priester, Bischöfe, Papst und Luthers in der damaligen Zeit.

Tafelbild 1 mh2tm3

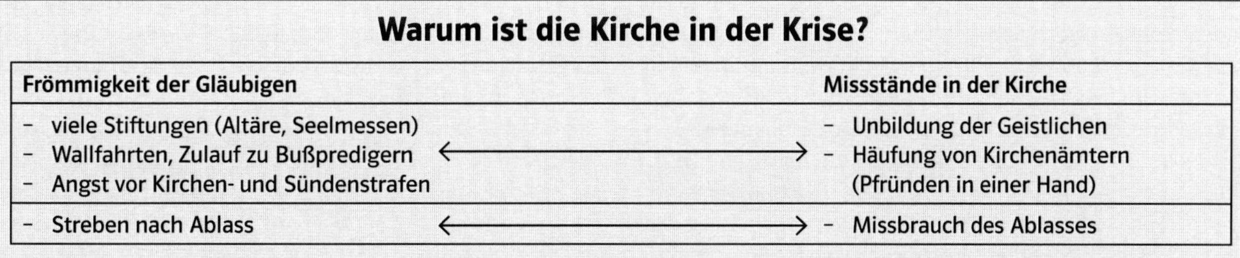

Warum ist die Kirche in der Krise?

Frömmigkeit der Gläubigen		Missstände in der Kirche
– viele Stiftungen (Altäre, Seelmessen) – Wallfahrten, Zulauf zu Bußpredigern – Angst vor Kirchen- und Sündenstrafen	←→	– Unbildung der Geistlichen – Häufung von Kirchenämtern (Pfründen in einer Hand)
– Streben nach Ablass	←→	– Missbrauch des Ablasses

Methodentraining: Flugschriften analysieren

46–47

Zum Verfassertext und zu den Materialien

Q1 „Lutherus Triumphans" ist eine der bekanntesten Flugschriften aus der Reformationszeit. Entstanden um 1568, also nach Luthers Tod, versucht diese, die Berechtigung von dessen Kritik an der Amtskirche bildhaft darzustellen. Ziel ist hier jedoch nicht in erster Linie der Papst, sondern sind die Jesuiten, die dessen Niedergang aufhalten. Anlass für diese Flugschrift war die mit Gründung des Jesuitenordens im späten 16. Jahrhundert einhergehende Verbesserung des Ansehens des Papstes und der katholischen Kirche. Umso wichtiger erschien es aus protestantischer Sicht, die Anhänger der eigenen Glaubensrichtung vor der Verführungskraft der Jesuiten und damit einem späten Sieg des Papsttums zu warnen.

48–51

Bauern fordern „Freiheit“ und „Gerechtigkeit“

Stundenvorschlag 9sv4yn

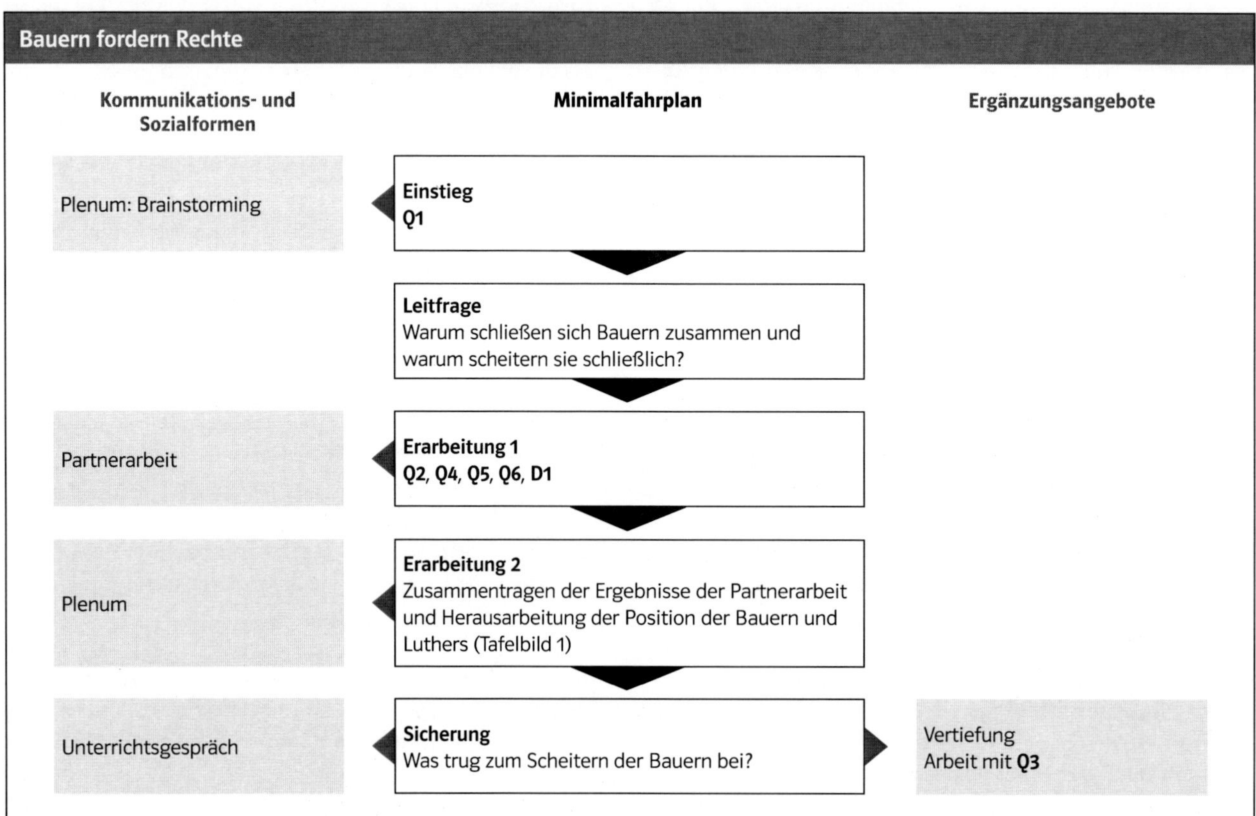

Bauern fordern Rechte
Kommunikations- und Sozialformen
Minimalfahrplan
Ergänzungsangebote
Plenum: Brainstorming
Einstieg
Q1
Leitfrage
Warum schließen sich Bauern zusammen und warum scheitern sie schließlich?
Partnerarbeit
Erarbeitung 1
Q2, Q4, Q5, Q6, D1
Plenum
Erarbeitung 2
Zusammentragen der Ergebnisse der Partnerarbeit und Herausarbeitung der Position der Bauern und Luthers (Tafelbild 1)
Unterrichtsgespräch
Sicherung
Was trug zum Scheitern der Bauern bei?
Vertiefung
Arbeit mit Q3

48–51

Zum Verfassertext und zu den Materialien

VT Die Darstellung konzentriert sich auf die Aspekte Ursachen, Verlauf und Folgen der bäuerlichen Erhebung. Den Anstoß zur gewaltsamen Empörung bildete die sich rasch ausbreitende Reformation. Der Mut und die Unnachgiebigkeit Luthers schufen den Bauern ein Vorbild und weckten deren Widerstandsgeist. Die allgemeine Unzufriedenheit der Bauern mit der rechtlichen und wirtschaftlichen Verschlechterung ihrer Lage trat neben die politische Interpretation von Luthers Bibelauslegung und bildete so ein Ursachengeflecht, das im Frühjahr 1525 zu einem Aufstand ungeahnter Größe führte. Trotz der verheerenden Niederlage der Bauern war der Aufstand nicht völlig vergebens. Fast überall wurden Abgaben und Dienste festgeschrieben und wurde der Willkür damit ein Riegel vorgeschoben. Das Streben der Bauern nach politischer Mitwirkung in der Gesellschaft der frühen Neuzeit wurde allerdings verhindert. Auch auf die Reformation hatte die Niederlage der Bauern folgenschwere Auswirkungen: Aus einer Volksbewegung wurde allmählich eine Angelegenheit der Territorialherren.

Q1 Der Holzstich stammt von dem sogenannten Petrarca-Meister, einem im ersten Viertel des 16. Jahrhunderts tätigen Holzschneider. Insgesamt 258 Trostzeichnungen gehen auf ihn zurück.

Q2 Viele der regionalen Beschwerdeschriften oder „Vorartikel“, aus denen in Memmingen die „Zwölf Artikel“ zusammengestellt wurden, beriefen sich bereits auf das göttliche Recht, d.h. auf die radikale Rückbindung der individuellen und gesellschaftlichen Lebensordnung an das Evangelium, das die Bauern „zur Lehre und zum Leben“ begehrten. Damit hatte der bislang regional und zeitlich zersplitterte bäuerliche Protest einen programmatischen Kristallisationspunkt erhalten. Mit der Einführung des reformatorisch vorgegebenen göttlichen Rechts als einheitlicher Legitimationsbasis für alle konkreten Forderungen hatte der Bauernprotest eine neue Qualität erhalten – der Bauernkrieg als nationale Bewegung war möglich.

Q3 Rohrbach war ein wohlhabender Bauer aus dem Dorf Böckingen bei Heilbronn und als Bauernführer für die Ermordung des Grafen Ludwig von Helfenstein verantwortlich. Als er während der Schlacht von Böblingen in Gefangenschaft geriet, nutzte Georg Truchsess von Waldburg die Gelegenheit, Rache zu nehmen und ein Exempel zu statuieren.

Q5/Q6 Luther, der zunächst die Fürsten gemahnt hatte, Verständnis für die Forderungen der Bauern zu haben, wehrte sich nun gegen die Vermischung der Freiheit des Evangeliums mit sozialer und politischer Freiheit. Indem Luther die christliche Existenz als eine individuelle Beziehung zwischen Gott und Mensch begriff, befreite er dieses Verhältnis radikal von politischen oder gesellschaftlichen Einmischungen. Der Zwang zu politischer Aktivität ist damit für den lutherischen Christen nicht die Regel, sondern die Ausnahme (Handeln als Christ in totalitären Systemen). Die Distanzierung des Christen vom Politischen, d.h. 1525 die Distanzierung Luthers von den Forderungen der Bauern, bedeutete einen großen Ansehensverlust bei den Aufständischen.

Erläuterungen zu den Arbeitsaufträgen

48–51

A: Schreibe einen Bericht über diese Szene, so als ob du dabei gewesen wärest. [II]
Zu nennen wäre hier insbesondere das Gefühl der im Gegensatz zum Ritter, der von seiner Burg kommt, einfach gekleideten Bauern, gemeinsam stark zu sein – dafür steht die Fahne als Zeichen für einen Verein usw. Der Bundschuh war eine Anspielung auf einen typischen Schnürschuh der Bauern; er drückte auch den Gegensatz zu den Rittern aus, die in der Regel Stiefel mit Sporen trugen.

B: Beschreibe mithilfe des VT und der Karte den Verlauf des Bauernkrieges. [II]
Die Karte in Verbindung mit dem VT zeigt, dass die Bewegung vom Schwarzwald ausging, sich nach Franken, Thüringen und in die Pfalz sowie in das Elsass und nach Tirol ausbreitete. Bei der Aufzählung der Schlachtorte sollten die Schülerinnen und Schüler darauf hinweisen, dass nur eine von den Bauern gewonnene Schlacht eingezeichnet ist.

C: Kommentiere diese Szene und den dazugehörigen zeitgenössischen Text. [II]
Am 21. Mai 1525 wurde Rohrbach in Neckargartach an einen Pfahl (eine Weide) gekettet und bei lebendigem Leib verbrannt. Die Schülerinnen und Schüler sollen in ihrem Kommentar darauf hinweisen, dass Rache – erkennbar am besonders grausamen Tod – das Motiv der Fürsten war.

D: Untersucht das Bild in Gruppenarbeit. Haltet eure Ergebnisse an der Tafel fest. [II]
Das Flugblatt „Kampf der Gänse gegen die Füchse“ ist ein Beispiel für die Zukunftsvision der Bauern. Die Gänse = Bauern übernehmen nun die Herrschaft von den Füchsen = den Fürsten und Rittern und behandeln diese so, wie sie selbst einst von ihnen behandelt worden sind. Die Schülerinnen und Schüler sollten anmerken, dass viele Menschen nicht lesen konnten, wohl aber Geschichten kannten und „Bilder lesen“ konnten. Daran anlehnend konnten sie die dahinterstehende Botschaft leicht entschlüsseln.

1. Fasse die Forderungen der Bauern in Q2 zusammen. Arbeite heraus, wo sie sich gegen die bestehende Herrschaftsordnung richten. [II]
Die Forderungen lassen sich übersichtlich in einem Tafelbild zusammenfassen.
(siehe Tafelbild 2 auf S. 44)

2. Schreibe mithilfe von Q1, D1 und Q3 einen Zeitungsbericht über den Bauernkrieg. [II]
Dieser Bericht sollte über
- von den Bauern empfundenen Ungerechtigkeiten,
- deren Forderungen,
- die regionale Ausbreitung der Unruhen und
- die brutale Niederschlagung des Aufstands durch die Fürsten, beispielhaft an der Hinrichtung von Jakob Rohrbach, berichten.

3. Schreibe einen Bericht darüber, wie Luther die Forderungen der Bauern beurteilt. (Q6). [II]
Hier sollten die Schülerinnen und Schüler herausarbeiten, dass Luther der Ansicht ist, dass
- wenn die Fürsten die Predigt über das Evangelium verbieten, diese im Unrecht seien,
- dass aber die Bauern Unrecht hätten, da sie zuerst das Schwert ergriffen hätten,
- ihre wirtschaftlichen Forderungen „Raub“ und „Strauchdieberei“ seien,
- „Gleichmacherei“ gegen Gottes Ordnung verstoße.

❹ Analysiere und bewerte die Haltung Luthers (Q5, Q6). Setze dich mit dieser aus der Sicht eines Bauern auseinander (Q2). [III]
Hier wäre zu betonen, dass Luther die Forderungen zwar zunächst als gerecht anerkannt hat, sich dann aber aufgrund der Grausamkeit der Bauern von diesen abgewandt hat. Gemäß seiner Zwei-Reiche-Lehre trat Luther gegen eine Vermischung des Evangeliums mit sozialer und politischer Freiheit ein. Auch wenn er für das Anliegen der Bauern Verständnis zeigt, so sind sie der Obrigkeit Gehorsam schuldig. Hier muss die Frage beantwortet werden, ob der blutige Bauernkrieg die Antwort auf die Predigt von der christlichen Freiheit war, wie es viele Fürsten Luther vorwarfen. Andererseits muss Luther sich die Frage stellen und beantworten, ob das maßlose Hinschlachten Tausender Bauern, was mit seiner Billigung geschah, nicht auch von ihm zu verantworten ist. Hat er für die Reinheit seines religiösen Anliegens die Bauern geopfert?

Tafelbild 1 89w792

Luther und die Bauern

Was wollen die Bauern?		Luthers Haltung
politische Forderungen Art.2, 3, 6	⟷	Ordnung ist von Gott gegeben
wirtschaftliche Forderungen Art. 4, 7, 8	⟷	wirtschaftliche Forderungen „Raub“ und „Strauchdieberei“
religiöse Forderungen Art. 1	⟷	Fürsten, die Predigt des Evangeliums verbieten, dürfen gestürzt werden

Tafelbild 2 u8v2rh

Die Forderungen der Bauern in den „12 Artikeln“

Politische Forderungen	Wirtschaftliche Forderungen	Religiöse Forderungen
Art. 2 Art. 3 Art. 6	Art. 4 Art. 7 Art. 8	Art. 1

Die Reformation verändert Deutschland

52–55

Stundenvorschlag x7k7x8

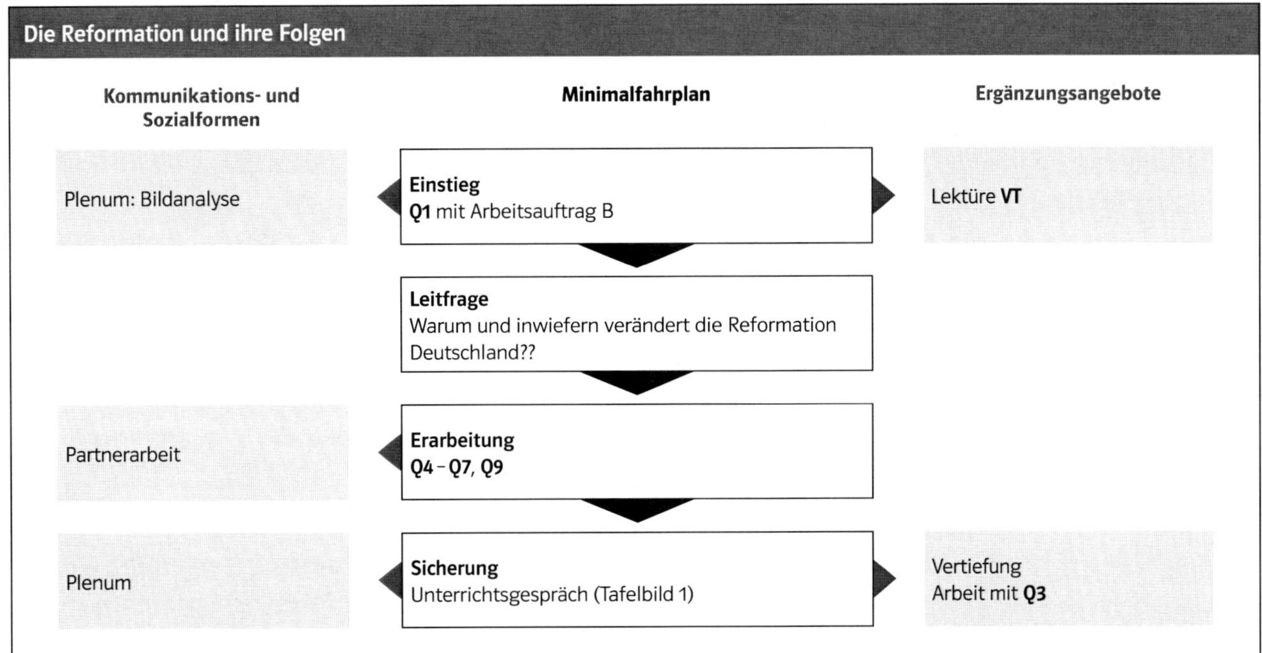

Die Reformation und ihre Folgen
Kommunikations- und Sozialformen
Minimalfahrplan
Ergänzungsangebote
Plenum: Bildanalyse
Einstieg
Q1 mit Arbeitsauftrag B
Lektüre VT
Leitfrage
Warum und inwiefern verändert die Reformation Deutschland??
Partnerarbeit
Erarbeitung
Q4–Q7, Q9
Plenum
Sicherung
Unterrichtsgespräch (Tafelbild 1)
Vertiefung
Arbeit mit Q3

Zum Verfassertext und zu den Materialien

52–55

Q1 Hans Sebald Beham (1500–1550) gehörte zu jenen Künstlern, die sich auf die Seite der Reformation schlugen und deren Anliegen künstlerisch verbreiteten. Ein Beispiel ist dieser Holzschnitt, der Luthers Auftritt auf dem Wormser Reichstag von 1521 zeigt.

Q3 Das als Zitat Luthers schon 1557 im Umlauf befindliche „Hier stehe ich ...“ taucht im vorliegenden Quellentext nicht auf. Mit diesem „Zitat“ soll das Bild des standhaften, heldenhaften Luther suggeriert werden. Mit der Realität auf dem Reichstag zu Worms hat dies nichts zu tun. Vielmehr erwähnen die Quellen ein insgesamt schüchternes und ängstliches Auftreten Luthers.

Q4 Karl V. verstand sich als Bewahrer der Einheit der Kirche. Mit Rücksicht auf die dem Protestantismus zuneigenden Fürsten hatte er zunächst eine zurückhaltende Position eingenommen, diese Entscheidung alsbald jedoch bereut. Der Versuch, das Rad zurückzudrehen, scheiterte aber am Widerstand des sächsischen Kurfürsten. Luther beauftragte die evangelischen Landesherren, mit Hilfe von Visitationen für eine Neuordnung der Landeskirchen zu sorgen. Auf diese Weise wurde die oberste Kirchengewalt den evangelischen Landesfürsten übertragen und das System evangelischer Landeskirchen in Deutschland begründet.

Q5 Dieser Holzschnitt ist ein typisches Beispiel für zeitgenössische Flugblätter. Es zeigt den Gegensatz zwischen protestantischer und katholischer Kirche, dargestellt an den unterschiedlichen Formen, die heilige Messe zur Erbauung aller abzuhalten. Links Bescheidenheit und Demut, rechts Reichtum und autoritäres Auftreten.

Q6 1521 war auf dem Wormser Reichstag gegen Luther und seine Anhänger die Reichsacht verhängt worden. Auf dem Reichstag von Speyer, 1526, hatte es jedoch eine Revision gegeben. Danach sollte jeder Fürst es in seinem Territorium so halten, wie er es glaubte, gegenüber Gott und dem Kaiser verantworten zu können. Diesen Beschluss wollte Karl V., der sich durch seinen Bruder Ferdinand vertreten ließ, 1529 auf dem erneuten Reichstag von Speyer rückgängig machen. Als einzige Konzession stimmte die Mehrheit übergangsweise dem Erhalt des religiösen Status quo zu. Diese Konzession galt jedoch nicht für religiöse Sekten wie die Wiedertäufer. Gegen diesen von der Mehrheit angenommenen Beschluss protestierten die Fürsten, die inzwischen zu Luthers Lehre übergetreten waren. Diese „Protestation“ gilt als Geburtsstunde des Protestantismus. Zu deren Unterzeichnern gehört u. a. Herzog Ernst von Braunschweig-Lüneburg.

Q7 „Kirchenordnungen“ umfassten sowohl das geistliche als auch das soziale Leben, regelten die kirchlichen und die kommunalen Verhältnisse.

Q8 Der Holzschnitt ist ein Beispiel für katholische Propaganda. Er zeigt Luther, an dessen Ohr ein Skorpion zu sehen ist, einträchtig mit dem Teufel. Der Bevölkerung sollte damit suggeriert werden, dass Luther und das Böse, symbolisiert durch den Teufel, identisch sind.

Q9 Mit dem Augsburger Religionsfrieden wurde die konfessionelle Spaltung des Reichs besiegelt, aber auch die Konfessionseinheit in den Territorien gewährleistet. Demgemäß kann von einem obrigkeitlichen Zwang zu einem Bekenntnis gesprochen werden. Auswandern war bei einer fast ausschließlich bäuerlichen Bevölkerung praktisch ausgeschlossen. Grund und Boden und die Hofstelle als Existenzgrundlage können nicht mitgenommen werden.

52–55

Erläuterungen zu den Arbeitsaufträgen

A: Trage in eine Tabelle die wichtigsten Schritte der Reformation ein und kommentiere deren Bedeutung. [II]

Schritt der Reformation	Bedeutung
Thesenanschlag	Grundlegende Kritik an den Teilen der Lehre der katholischen Kirche, insbesondere dem Ablass und der Sakramentslehre. Entscheidend sei allein das Wort Gottes.
Ketzerprozess	Abweichler vom Glauben wurden in der Kirche von jeher als „Ketzer" (= Irrgläubiger. Der Name ist abgeleitet von „Katharos" = der „Reine", den sich eine religiöse Gruppe in Südwestfrankreich und Italien im 13. Jahrhundert gegeben hatte und die unnachsichtig verfolgt worden waren.) verurteilt.
Auftreten vor dem Reichstag	Der Reichstag war im ausgehenden Mittelalter/der beginnenden Neuzeit die wichtigste Institution, auf der Kaiser und Reichsfürsten sich trafen, um über wichtige Fragen zu beraten. Luthers Vorladung vor den Reichstag diente aus der Sicht des Kaisers dazu, diesen zum Abschwören von den aus seiner Sicht ketzerischen Lehren zu veranlassen. Luther hingegen blieb standhaft. Der Rückhalt einiger Fürsten, die seine Lehren teilten, half ihm dabei maßgeblich und schützte ihn vor Verfolgung.
Ausbreitung der Reformation	Luthers Lehren stießen angesichts der Suche vieler Zeitgenossen auf Antworten auf Krisen bzw. der Kritik vieler Menschen an unübersehbaren Missständen in der Kirche auf großen Widerhall. Zahlreiche Fürsten teilten Luthers Meinung, nutzten dessen Lehre jedoch auch, um ihre eigene Macht – Säkularisierung der Klöster usw. – zu vergrößern. Mit dem Religionsfrieden von Augsburg 1555 kam diese Bewegung zu einem vorläufigen Abschluss.

B: Beschreibe das Ereignis, so, als wärst du dabei gewesen. [II]
Wichtig wäre zu betonen, dass viele Fürsten anwesend sind, als Luther auftritt. Auf dem Thron sitzt der Kaiser, um ihn – links die geistlichen, rechts die weltlichen – Kurfürsten, dahinter alle anderen. Ein Teil hört zu, andere unterhalten sich.

C: Erläutere, wie dieses Titelbild auf Protestanten und auf Katholiken wirken konnte. [II]
Katholiken dürften dies als Gotteslästerung, Protestanten als Beispiel für die neue Einheit zwischen Fürst und protestantischem Glauben im Zeichen des Kreuzes verstanden haben.

D: Vergleiche die Bilder Q5 und Q8 miteinander. Welches Bild stammt von Katholiken, welches von Protestanten? Was werfen sich Protestanten und Katholiken darin vor? Wende die Arbeitsschritte zur Entschlüsselung von Flugschriften an. [III]
Q5 dürfte von einem Protestanten stammen, weil die katholische Kirche damit kritisiert wird; Reichtum und autoritäres Auftreten werden den Katholiken unterstellt. Q8 wird von einem Katholiken stammen, weil Luther darin im Bund mit dem Teufel dargestellt wird.

1. Fasse mithilfe der Karte auf der Orientierungsseite das Ergebnis der Auseinandersetzungen zwischen Katholiken und den Anhängern Luthers zusammen. [I]
Die Schülerinnen und Schüler sollten grob die geografische Verteilung der Konfessionen erläutern, und dabei vor allem auf Katholiken einerseits, Lutheraner/Reformierte andererseits eingehen.

2. Verfasse ein Flugblatt über die „Protestation" der Anhänger Luthers 1529 zur Information der Bevölkerung über die bisherigen Ereignisse (VT, Q1, Q3, Q4, Q6). [II]
Dieses Flugblatt sollte u. a. auf folgende Aspekte hinweisen:
Unter Berufung auf Gott
- protestieren wir gegen Rücknahme des Reichstagsbeschlusses von 1526,
- fordern wir Rückbesinnung auf die Bibel,
- fordern wir Ende der Missstände in der Kirche,
- fordern wir eine grundlegende Reform der Kirche,
- fordern wir Freiheit der Religion in unseren Territorien.

3. Veranstaltet ein Rollenspiel zwischen einem Anhänger des Kaisers und einem Vertreter der Protestanten (Q6). [II]
Dieses Rollenspiel sollte den Anspruch des Kaisers thematisieren, als Schutzherr der Kirche für deren unveränderte Existenz in allen weltlichen und religiösen Fragen einzutreten, andererseits das Bestreben der Protestanten, diese Kirche aufgrund unübersehbarer Missstände endlich zu reformieren und zugleich auch in Kirchenfragen die uneingeschränkte Hoheit des Landesherrn zu verteidigen.

4. Erläutere, welche Aufgaben die Hamburger Kirchen übernahmen und beurteile die Maßnahmen (Q7). [II]
Die Kirchenordnung versteht sich als umfassender Versuch zur Klärung der kirchlichen und der kommunalen Aufgaben. Sie greift in diesem Zusammenhang in den Bildungsbereich, den im engeren Sinn kirchlichen Bereich und den familiären Bereich ein. Auch regelt sie Aufgaben, die im heutigen Verständnis als polizeiliche zu definieren sind. Zudem regelt sie die Zuständigkeit für – im heutigen Wortlaut – Sozialhilfeempfänger und die Bezieher von Arbeitslosengeld. Alle, die Hilfsangebote nicht annahmen, wurden mit Ausschluss aus der christlichen Gemeinschaft bestraft, was gleichbedeutend mit Ausschluss aus der Gesellschaft war. Für die Obrigkeit bedeutete dies eine Zunahme an Macht, da sie die Untertanen zwar „umsorgten", sie damit aber auch kontrollierten.

5. Du bist Berichterstatter in Augsburg. Schreibe einen Kommentar zu den Verhandlungsergebnissen (Q9). [II]
Hier sollen die Schülerinnen und Schüler eine eigene Position formulieren. Dabei sollten sie den Augsburger Religionsfrieden als einen Kompromiss würdigen, der allerdings heutigen Ansprüchen nicht gerecht wird: Statt des obrigkeitlichen Zwangs zu einem Bekenntnis sieht das Grundgesetz die staatliche Garantie der Glaubens- und Gewissensfreiheit (Art. 3 und 4) vor. Außerdem schloss der Religionsfriede Anhänger anderer Konfessionen aus. Die Bedeutung des „Geistlichen Vorbehaltes" könnte ebenfalls angesprochen werden. Weil Bischöfe und Äbte häufig noch über ein weltliches Territorium herrschten, sollte durch diese Bestimmung das Kräftegleichgewicht zwischen den beiden Konfessionen im Reich gewahrt bleiben.

Tafelbild 1 s2ka3g

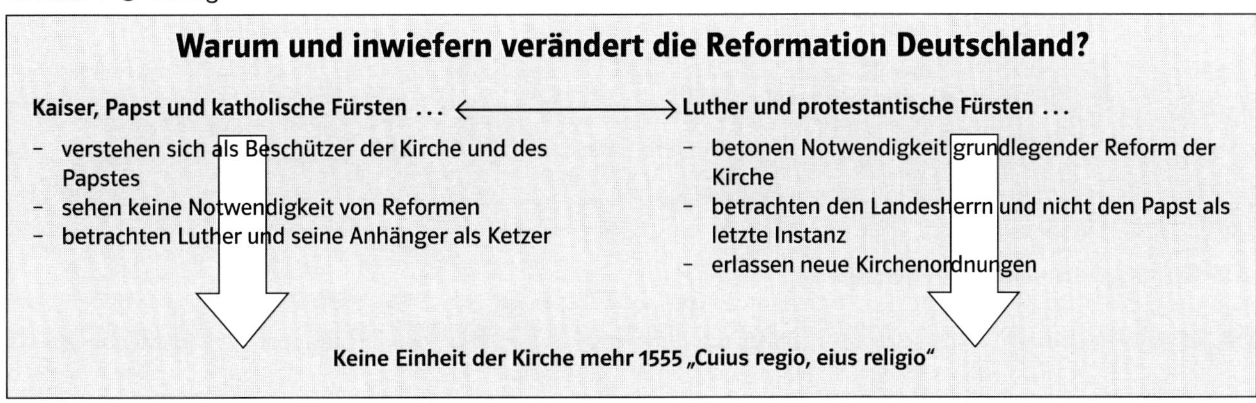

Warum und inwiefern verändert die Reformation Deutschland?
Kaiser, Papst und katholische Fürsten ...
- verstehen sich als Beschützer der Kirche und des Papstes
- sehen keine Notwendigkeit von Reformen
- betrachten Luther und seine Anhänger als Ketzer
Luther und protestantische Fürsten ...
- betonen Notwendigkeit grundlegender Reform der Kirche
- betrachten den Landesherrn und nicht den Papst als letzte Instanz
- erlassen neue Kirchenordnungen
Keine Einheit der Kirche mehr 1555 „Cuius regio, eius religio"

56–57

Kann die Kirche sich erneuern?

Stundenvorschlag n8bv7c

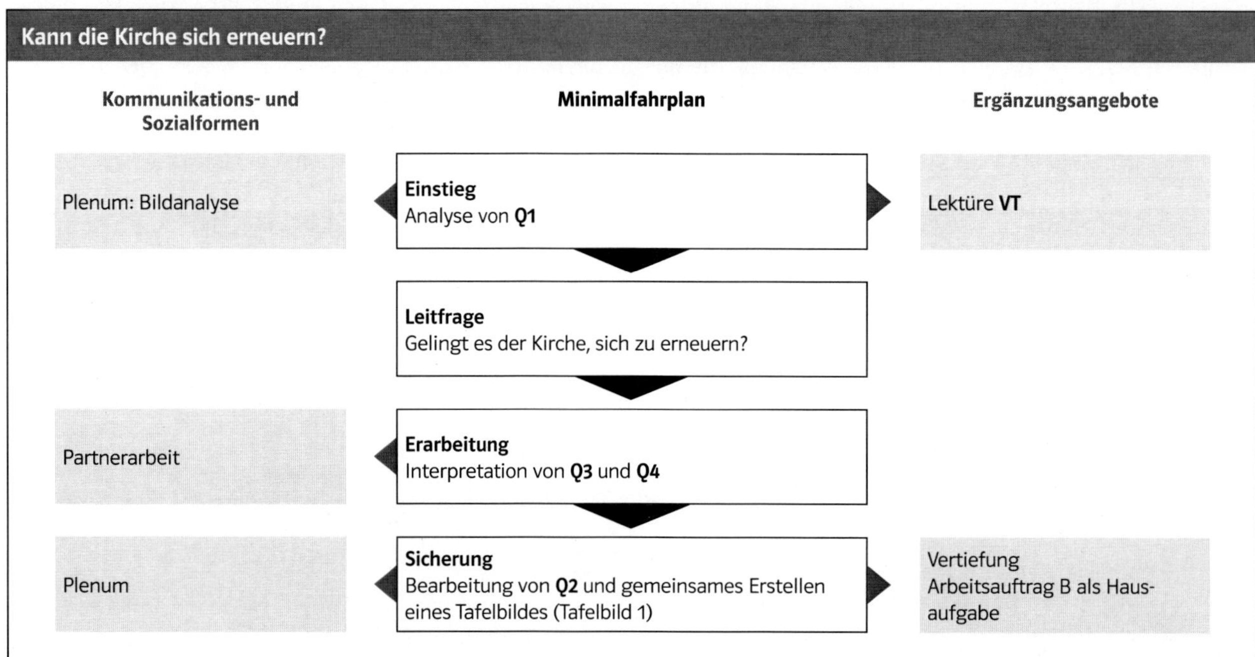

56–57

Zum Verfassertext und zu den Materialien

Q2 Das Bild zeigt das Bemühen der Konzilsväter um die rechte Auslegung nicht nur der Bibel, sondern auch der Tradition (auf dem Boden liegende Schriften). Unterstützt werden die Väter von nicht stimmberechtigten Theologen (links im Bild). Deutlich wird auch die überragende Stellung des Papstes, der von einem erhöhten Sitz am Rande aus (Mitte links) das Konzilsgeschehen lenkt. – Das Bild soll als Auftragsarbeit die Leistung Alessandro Farneses würdigen, der von 1534–1549 als Papst Paul III. auf dem Stuhl Petri saß.

Q3 Das Konzil wurde 1544 einberufen und tagte in drei Perioden: 1545–1547, 1551/1552, 1562/1563. Das Konzil sollte die religiösen Streitigkeiten durch eine eindeutige Lehrentscheidung beseitigen und die Missstände in der Kirche abschaffen. Die Absicht des Papstes und des Kaisers war es, die Protestanten zum Erscheinen zu zwingen.

Q4 Seit 1541 legten die Mitglieder des Jesuitenordens ein fünffaches Gelübde ab, das zu den bisherigen Mönchsgelübden (Armut, Keuschheit, Gehorsam) noch die Verpflichtung gegenüber dem Papst enthält. Dieser Gehorsam ergibt sich aus der Stellvertreterfunktion des Papstes. Im Gegensatz zu den bisherigen Orden sind die Jesuiten nicht ortsgebunden. Dadurch wird die äußere Mission, von der Q4 spricht, erleichtert. Ursprüngliches Ziel des Ordens war die Mission der Mohammedaner im „Heiligen Land". Die äußere Mission wurde besonders wirksam in Indien, China, Japan, Lateinamerika und Kanada durchgeführt. Zu der äußeren Mission trat ab 1538 auch die innere Mission (Bekämpfung der Ketzer und Stärkung der Gläubigen).

Erläuterungen zu den Arbeitsaufträgen

56–57

A: Der Künstler hat die beiden Glaubensrichtungen gleichnishaft dargestellt. Überlege, wie er die beiden Konfessionen bewertet. [III]
Das Gemälde zeigt aus zeitgenössischer Sicht den Gegensatz zwischen Protestanten und Katholiken: links der einfach lebende Protestant, der sich mit einem Esel begnügt, rechts der prunkvoll gekleidete Papst auf einem Schimmel, einem Symbol von Reichtum. Titel und Aufmachung machen den Anspruch von Über- und Unterordnung deutlich.

B: Schreibe einen Pressebericht von der dargestellten Versammlung. Nimm auch den VT zu Hilfe. [II]
Musterlösung:
Ein Konzil soll die Kirche erneuern – ein Bericht aus dem Jahre 1565
Seit 1545 tagt nunmehr das von Papst Paul III. einberufene Konzil im italienischen Trient. Ziel dieses Konzils war es, sich mit der Kritik an der Amtskirche von protestantischer Seite auseinanderzusetzen. Reformen sollen diese aufhalten und die Gläubigen zurück in den Schoß der Mutter Kirche führen. Ob dieses gelingen kann, ist fraglich. Trotz jahrelanger Diskussionen erscheinen die verabschiedeten Beschlüsse unbefriedigend. Als unabhängiger Beobachter hat man den Eindruck, dass mit allen Mitteln versucht werden soll, das Rad der Geschichte zurückzudrehen. So bleibt die Rolle des Papstes unangetastet. Ebenso ist er allein derjenige, der die Bibel auslegt. Auch die Sakramentslehre bleibt bestehen. Gleichermaßen gilt es hervorzuheben, dass die katholische Kirche Messen in den Volkssprachen weiterhin nicht zulassen will. Viele Gläubige wird sie damit nicht erreichen. Um die eigene Position wieder stärker in den Vordergrund zu bringen, will man sich nach Jahren in der Defensive auch moderner Mittel bedienen. Wichtigstes Mittel dazu ist die Zulassung eines neuen Ordens, des Jesuitenordens. Gleichsam als „Schwert Gottes“ soll dieser der Gegenreformation den Weg bereiten. Ob dies gelingen wird, bleibt abzuwarten.

1. Kommentiere aus der Sicht eines protestantischen Geistlichen den Erlass vom April 1546 (Q3). [II]
Hier wäre u. a. anzuführen, dass die katholische Kirche offenkundig nicht reformbereit ist, da sie weder die Übersetzung der Bibel, die diese ja für das Volk verständlicher macht, duldet noch deren Auslegung durch die Pfarrer. Stattdessen betont sie einmal mehr das alleinige Recht des Papstes, in allen religiösen Fragen zu entscheiden.

2. Versetze dich in die Lage eines Protestanten und diskutiere mit einem Mitglied des Jesuitenordens über dessen Regeln (Q4). [III]
Diese Diskussion sollte u.a. beinhalten:
- die Namensgebung des Ordens (Gesellschaft Jesu), die bereits einen programmatischen Charakter hat,
- dessen Banner – das Kreuz – gleichsam als „Kampfansage“ gegen alle Gegner,
- dessen Auftrag (Z. 11–21),
- dessen vollständige Unterordnung unter den Papst.

❸ Auch heute wird zwischen Katholiken und Protestanten über Möglichkeiten und Grenzen der Annäherung diskutiert. Erkundige dich danach und berichte darüber. [II]
Hier sollte u.a. auf das gemeinsame Vaterunser, ökumenische Gottesdienste, aber auch getrennte Kirchentage und Differenzen zwischen den Landeskirchen und dem Papst hingewiesen werden.

Tafelbild 1 🌐 3ap85w

Kann die Kirche sich erneuern?

Das Konzil von Trient

Glaubensbeschlüsse ⟷ **Reformbeschlüsse**

Glaubensbeschlüsse:
- Grundlage des Glaubens: Heilige Schrift und Tradition, deshalb z. B. sieben Sakramente
- Nur die Kirche darf die Bibel auslegen (kein allgemeines Priestertum der Gläubigen)
- Auch gute Werke sind zur Erlösung notwendig (nicht allein der Glaube und die Gnade Gottes)

Reformbeschlüsse:
- Ausbildung der Priester in Seminaren
- Residenzpflicht der Bischöfe
- Maßnahmen gegen Konkubinat

58–61

Der Dreißigjährige Krieg – religiöse Konflikte und Kampf um die Macht

Stundenvorschlag

36x24f

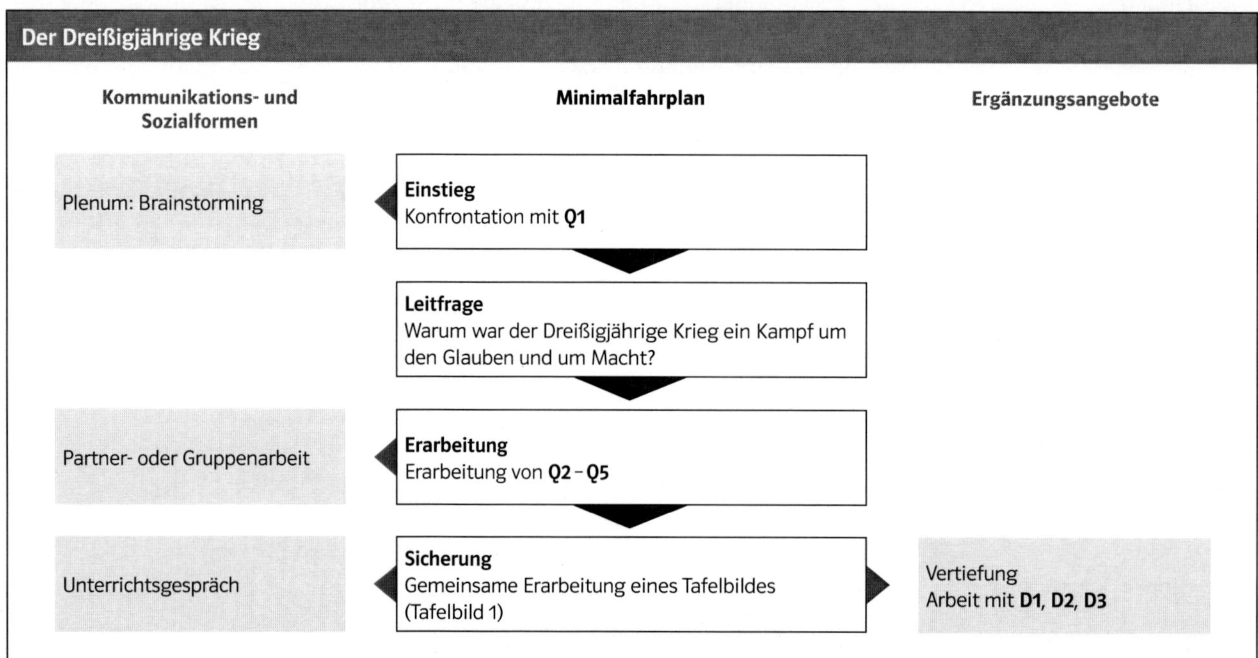

Der Dreißigjährige Krieg
Kommunikations- und Sozialformen
Minimalfahrplan
Ergänzungsangebote
Plenum: Brainstorming
Einstieg
Konfrontation mit Q1
Leitfrage
Warum war der Dreißigjährige Krieg ein Kampf um den Glauben und um Macht?
Partner- oder Gruppenarbeit
Erarbeitung
Erarbeitung von Q2–Q5
Unterrichtsgespräch
Sicherung
Gemeinsame Erarbeitung eines Tafelbildes (Tafelbild 1)
Vertiefung
Arbeit mit D1, D2, D3

58–61

Zum Verfassertext und zu den Materialien

VT Der VT umreißt die wichtigsten Ereignisse und Entwicklungen während des Dreißigjährigen Krieges. Zugleich thematisiert er dessen Ergebnis sowohl aus der Sicht der Mächte als auch im Hinblick auf die weitere Geschichte des Reiches.

Q1 Der flämische Maler Sebastian Vrancx (1573–1647) war Augenzeuge der Schrecken des Dreißigjährigen Krieges. Sein Bild, das in eine Reihe von ihm gemalter ähnlicher Bilder gehört, kann als Dokument des Grundsatzes „Der Krieg ernährt den Krieg" gelesen werden.

Q2/Q3 Die beiden Texte machen das Interesse ausländischer Mächte am Schicksal des Protestantismus, vor allem aber auch an den Verhältnissen in Deutschland deutlich. Als der Sieg des katholischen Kaisers drohte, traten beide, obwohl konfessionell verschieden, in den Krieg ein, um ihre Interessen zu wahren.

Q4 Die Quelle zeigt die unmittelbaren und mittelbaren Kriegsfolgen: Tod durch die Soldaten, Zerstörung von Städten und Dörfern, Bevölkerungsverluste. Allerdings ist anzumerken, dass es nicht überall in Deutschland so ausgesehen hat.

Q5 Mit den großen Armeen bildete sich neben der städtischen und höfischen eine dritte Gesellschaftsform aus: die militärische Gesellschaft mit eigener Geistlichkeit, Gerichtsbarkeit und eigenem Verhaltenskodex. Vor allem die Aufstiegschancen über alle Standesschranken hinweg machten das Militär für viele attraktiv. Allen gemeinsam war die Erfahrung als Opfer. In diesem Klima von Brutalität und Grausamkeit wurden nicht nur die Bauern unmenschlich behandelt, sondern auch die Täter entmenschlicht.

58–61

Erläuterungen zu den Arbeitsaufträgen

A: Belege mithilfe des Textes, dass der Dreißigjährige Krieg sowohl um den Glauben als auch um Macht geführt wurde. [II]
Zu nennen wäre hier u. a. der Wille, die jeweiligen Gebiete zu vergrößern – und damit auch den Geltungsbereich der eigenen Religion. Insbesondere der Kaiser verfolgte diese Strategie, um seine Macht zu stärken. Dies wiederum rief den Widerstand anderer Großmächte hervor, die aus unterschiedlichen Gründen – Schweden: Vormachtstellung in der Ostsee, Frankreich: Angst vor der endgültigen Einkreisung durch das Haus Habsburg – in den Krieg eintraten.

B: Versetze dich in die Lage eines Kriegsreporters, der diese Szene beobachtet und berichte darüber. [II]
Die Schülerinnen und Schüler sollten in der Rolle als Kriegsreporter auf die erkennbaren Grausamkeiten eingehen: Plünderung, Vergewaltigung, Mord und Brandschatzung.

C: Beurteile mithilfe der beiden Karten D1 und D2, in welcher politischen Situation sich Deutschland nach dem Dreißigjährigen Krieg befand. [III]
Große Teile des Reichsgebiets sind stark zersplittert in kleine Herrschaften. Teile des Reichsgebietes mussten abgetreten werden (Schweden, Frankreich). Zugleich stiegen einige Fürsten – Bayern, Brandenburg, Sachsen – auf.

1. Diskutiert in der Klasse die Haltungen Schwedens und Frankreichs zum Krieg. Bildet vier Gruppen: eine französische, eine schwedische, eine katholische und eine protestantische (VT, Q2, Q3). [III]
Die Schülerinnen und Schüler sollten in der Diskussion folgende Positionen vertreten:
Schweden: Schutz der Protestanten, Sicherung des Einflusses in der Ostsee;
Frankreich: Schutz der Protestanten, Inbesitznahme von Gebieten am Rhein;
Katholiken: Auswärtige Mächte haben auf deutschem Boden nichts verloren, Protestantismus muss aus religiösen Gründen zurückgedrängt werden;
Protestanten: Ohne ausländische Unterstützung sind wir verloren.

2. „Der Krieg muss den Krieg ernähren.“ – Erläutere anhand von Q4 und Q5, was diese Aussage für die Söldner und die Bevölkerung bedeutete. [II]
Eine Söldnerarmee setzte sich aus Angehörigen verschiedener Nationen zusammen, die sich ihrem jeweiligen „Dienstherrn“ verpflichtet fühlten. Oftmals schlecht bezahlt, „besserten“ die Söldner ihren Lohn durch Straßenraub und Erpressung sowie Plünderung auf. Das Kriegsgeschehen führte bei vielen Söldnern zu einer völligen Verrohung. An den unmittelbaren Kriegseinwirkungen starben vor allem Soldaten (z.B. durch brutale Rekrutierungspraktiken, hygienische Probleme in den Soldatenlagern, Schlachtentod). Die Zivilbevölkerung hatte weniger unter dem direkten Kriegsgeschehen zu leiden als unter den Folgen des zitierten Satzes. Es kam zu teilweise hohen Bevölkerungsverlusten. Folgende Gründe waren dafür ausschlaggebend:
Die durchziehenden Armeen versorgten sich auf Kosten der Bevölkerung mit Lebensmitteln. Höfe wurden geplündert, Tiere und Ernteerträge geraubt, die Bewohner misshandelt und ermordet. Felder konnten nicht bestellt werden. Dies alles führte zu Hungersnöten.
Mit den Armeen verbreiteten sich Seuchen, z.B. die Pest, die ebenfalls viele Opfer forderten.
Am stärksten wurden die Gebiete betroffen, die an den Durchzugsstraßen der Heere lagen.

3. Versetze dich in das Jahr 1648 und schreibe einen Zeitungskommentar zu den Bestimmungen des Westfälischen Friedens (D1, D2, D3). [II]
Der Kommentar sollte auf folgende Punkte eingehen:
Zwar bestimmte weiterhin der Landesherr die Konfession, jedoch durfte die Bevölkerung die Konfession, die sie am 1. Januar 1624 besessen hatte, weiterhin öffentlich und privat ausüben. Ausgenommen war die Oberpfalz. Der Calvinismus wurde als dritte Konfession akzeptiert. – Verfassungsrechtlich bedeutete der Friede den Sieg der Reichsstände, die jetzt volle Souveränität erhalten. Durch die Kontrolle der Schweden über die Weser-, Elbe- und Odermündung bekommt das nordische Königreich politische und ökonomische Macht in Nord- und Ostdeutschland. Frankreich gewinnt einen Zugang nach Deutschland. Das Kriegsziel, sich präventiv gegen die Umklammerung durch die Habsburger zu wehren, ist erreicht.

❹ Halte ein Referat über den Wandel der politischen, gesellschaftlichen und religiösen Verhältnisse im Zeitalter der Glaubenskriege. [II]
Dieses Referat sollte verweisen auf
- die Veränderung der religiösen „Landschaft“ in Deutschland und Europa,
- die Stärkung der Rolle der Landesherrn im Rahmen dieses Prozesses,
- die Rolle auswärtiger Mächte in den Glaubenskriegen,
- die Verrohung des Krieges durch Kriegsunternehmer sowie
- die fatalen Folgen für alle Menschen.

Tafelbild 1 x9uw25

Ursachen, Anlass und Verlauf des Dreißigjährigen Krieges

Ursachen	Anlass	Verlauf/Phasen	Folgen des Krieges für die Bevölkerung
Reich: - Veränderung der „Religionslandschaft“ nach 1555 - Gründung von „Union“ und „Liga“ Gesamteuropäisch: - konfessionelle Konflikte in Frankreich und den Niederlanden	der Prager Fenstersturz	1618–1623: Im böhmisch-pfälzischen Krieg siegt die katholische „Liga“ 1625–1630: Die „Liga“ siegt im niedersächsisch-dänischen Krieg 1630–1635: Schwedischer Krieg 1635–1648: Schweden und Franzosen führen Krieg gegen den Kaiser	- Plünderung - Mord - Misshandlung - Seuchen - Bevölkerungsrückgang

62–63

Wiederholen und Anwenden

1. Ein Suchrätsel: Wichtige Namen und Begriffe kennen (Sachkompetenz)
Hier sind 13 Namen und Begriffe versteckt, die in diese Themeneinheit gehören. Finde sie heraus, übertrage sie in dein Heft und schreibe jeweils eine kurze Erklärung dahinter (ö = oe).
Tipp: Nicht alle Wörter, die hier versteckt sind, gehören in diese Themeneinheit. Du musst richtig auswählen.
Waagerecht:
Hugenotten
Ablass
Luther
Inquisition
Konzil

Senkrecht:
Zwingli
Wallenstein
Jesuiten
Protestant
Ketzer
Soeldner
Reformation
Gustav Adolf

2. Einen Lückentext füllen: Wichtige Ereignisse der Reformation zuordnen (Sachkompetenz)
Übertrage den Text in dein Heft und fülle dabei die Lücken.
Zu ergänzen sind: Luther, Ablasshandel, Hugenotten, katholischen Kirche, Konzil, 1555, Kompromiss, Glauben, Dreißigjährigen, 1618–1648.

3. Eine Quelle auswerten: Die Auswirkungen des Dreißigjährigen Krieges auf die Bevölkerung (Sachkompetenz, Methodenkompetenz, Urteilskompetenz)
Werte die Quelle mithilfe der methodischen Arbeitsschritte aus (siehe S. 226).
Ordne die Aussage der Tagebuchaufzeichnungen in dein Wissen über den Dreißigjährigen Krieg ein. Gehe besonders auf die Art und Weise der Kriegführung und die Ereignisse des Krieges für Deutschland ein.
Wichtig ist zu erkennen, dass hier die Plünderung eines Dorfes während des Dreißigjährigen Krieges geschildert wird. Die Söldner gehen äußerst brutal vor. Die Folge des Krieges ist der Rückgang der Bevölkerung, sei es durch dessen direkte Auswirkungen, sei es durch Krankheiten und Seuchen.

4. Eine Flugschrift auswerten: Die Reformation (Sachkompetenz, Methodenkompetenz, Urteilskompetenz)
Entschlüssele die Abbildung mithilfe der methodischen Arbeitsschritte auf Seite 47. Schreibe zum Schluss mindestens fünf Sätze in dein Heft, die Antwort geben auf die Fragen: Was ist die Botschaft der Flugschrift? Wer hat sie vermutlich angefertigt oder in Auftrag gegeben? Wie könnten die Menschen darauf reagiert haben?
Gott „handelt" direkt mit den Gläubigen, die hier bescheiden und als Menschen dargestellt werden, der Papst hingegen verhandelt mit den Gläubigen, die hier bewusst klein dargestellt werden, hingegen nur über Zwischenträger, die als Tiere (Schwein, Ziege) dargestellt werden. Gottes Wort und sein Ablass sind jedoch gewichtiger; der Papst stürzt daher.

5. Ein Streitgespräch führen: Die Reformation (Kommunikationskompetenz, Urteilskompetenz)
In der Reformationszeit kam es mehrfach zu Streitgesprächen zwischen Reformatoren und katholischen Geistlichen. Führt ein solches Gespräch zum Thema „Wie soll ein guter Christ leben?" Bestimmt vorher eure Rolle; rechts sind einige Beispiele. Die Zuschauer werten am Ende das Streitgespräch aus: Wer hat besonders überzeugend argumentiert? Was hat euch nicht so gut gefallen? Die Gesprächsteilnehmer werten aus: Wie hat sich jeder in seiner Rolle gefühlt? Was fiel ihm leicht, was eher schwer?
Argumentationseinstiege für dieses Gespräch sind in den Textkästen beim Arbeitsauftrag im SB angegeben. Im Übrigen sollte das Gespräch frei geführt werden.

3 Der Absolutismus in Europa

64–69

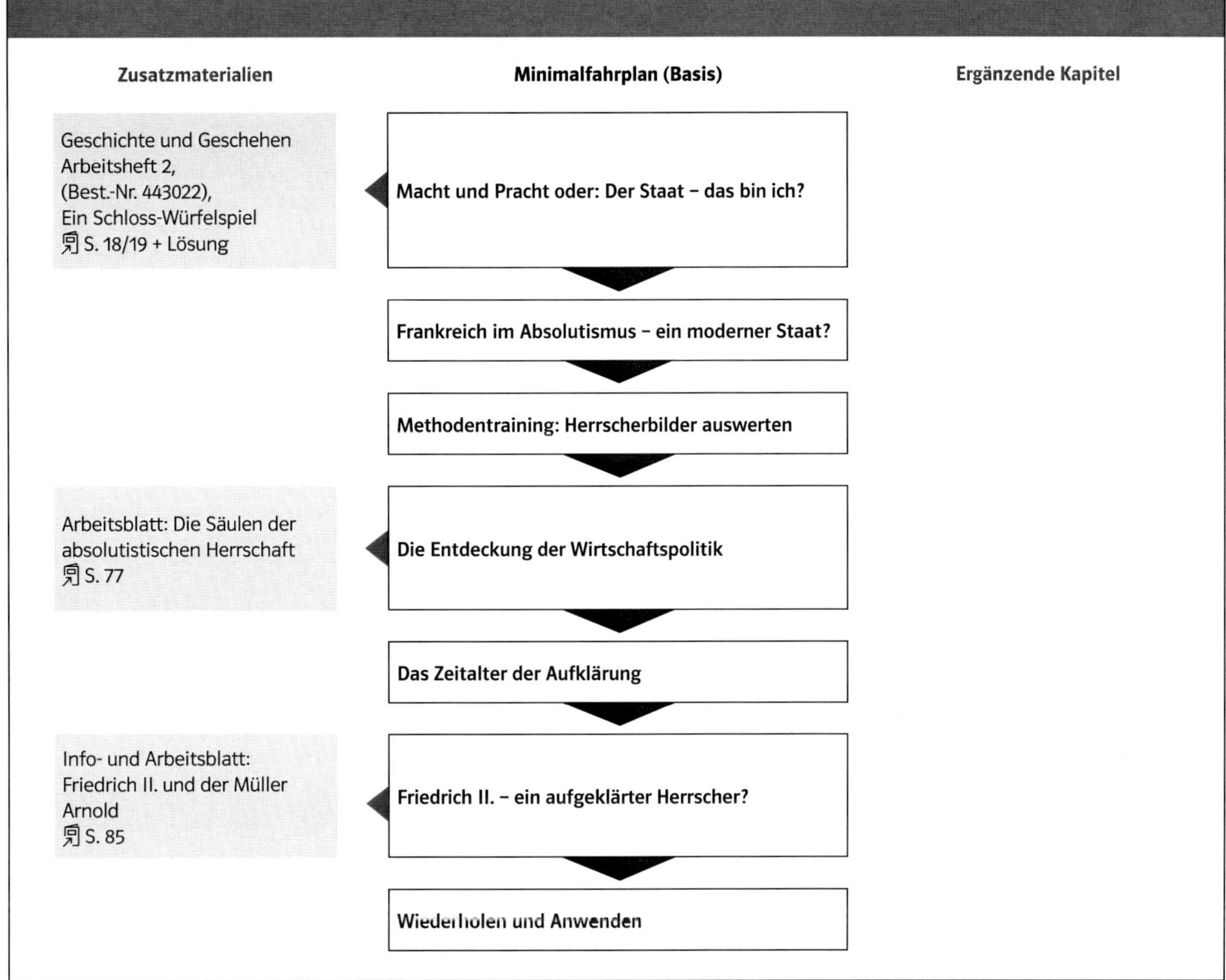

Zusatzmaterialien
Minimalfahrplan (Basis)
Ergänzende Kapitel
Geschichte und Geschehen Arbeitsheft 2, (Best.-Nr. 443022), Ein Schloss-Würfelspiel S. 18/19 + Lösung
Macht und Pracht oder: Der Staat – das bin ich?
Frankreich im Absolutismus – ein moderner Staat?
Methodentraining: Herrscherbilder auswerten
Arbeitsblatt: Die Säulen der absolutistischen Herrschaft S. 77
Die Entdeckung der Wirtschaftspolitik
Das Zeitalter der Aufklärung
Info- und Arbeitsblatt: Friedrich II. und der Müller Arnold S. 85
Friedrich II. – ein aufgeklärter Herrscher?
Wiederholen und Anwenden

Kompetenzziele

Fachkompetenz

Die Schülerinnen und Schüler
- erforschen am Beispiel des absolutistisch regierten Frankreichs die handelnden Personengruppen, deren Ziele und ihre Handlungsstrategien in Bezug auf Umgang mit Herrschaft;
- benennen am Beispiel der Politik Colberts die Bereiche, in denen die Verflechtung von wirtschaftlicher und territorialer Entwicklung deutlich wird;
- ordnen die religiösen Konflikte zwischen Katholiken und Protestanten in den historischen Kontext der Herrschaft Ludwigs XIV. ein;
- verstehen die Denkrichtung der Aufklärung in Grundzügen und geben diese angemessen wieder.

Methodenkompetenz

Die Schülerinnen und Schüler
- können am Beispiel der Innen- und Außenpolitik des absolutistisch regierten Frankreichs die Veränderungen von Herrschaftsräumen und -formen vergleichen;
- können zeitgenössische Gemälde deuten;
- können Karten auswerten.

Kommunikationskompetenz

Die Schülerinnen und Schüler
- verstehen und verwenden die folgenden Grundbegriffe fachlich korrekt: Merkantilismus, Staat, Absolutismus, Verwaltung, Bürgertum, Souverän;
- verbalisieren am Beispiel der französischen Außenpolitik, der merkantilistischen Wirtschaftspolitik und der Entwicklung Brandenburg-Preußens Karten, um die territoriale Entwicklung und Ausdehnung von Herrschaft nachzuvollziehen;
- verbalisieren am Beispiel der französischen Ständeordnung Schaubilder und entwickeln ein Grundverständnis wirtschaftlicher Zusammenhänge.

Urteilskompetenz

Die Schülerinnen und Schüler
- gelangen im Kontext der französischen (Aufhebung Toleranzedikt) und der preußischen Politik (Aufnahme von Glaubensflüchtlingen, Toleranzpolitik gegenüber Konfessionen) zu Sachurteilen über Ursachen, Verlauf und Folgen der weltlich-religiösen Konflikte;
- begründen Werturteile über die Bedingungen wirtschaftlichen Wachstums;
- können die Entstehung von Konflikten nachvollziehen;
- können auf der Basis beispielhafter schriftlicher Quellen unterschiedliche ideologische Positionen dem absolutistischen bzw. dem aufgeklärten Denken zuordnen.

Zur Orientierungsseite

- Die Schülerinnen und Schüler setzen sich mit den Abbildungen auseinander und bringen Fragen, Vermutungen und hoffentlich auch Vorkenntnisse ein.
- Die Einleitung und die formulierten Fragen schlagen die Brücke zu den zeitlichen und räumlichen Gegebenheiten, die anhand von Karte und Zeitleiste erschlossen werden.
- Abschließend können erste Aussagen zur Relevanz der Thematik getroffen und (weitere) Fragen für den Unterricht formuliert werden.

Macht und Pracht oder: Der Staat – das bin ich?

66–69

Stundenvorschlag p39jc5

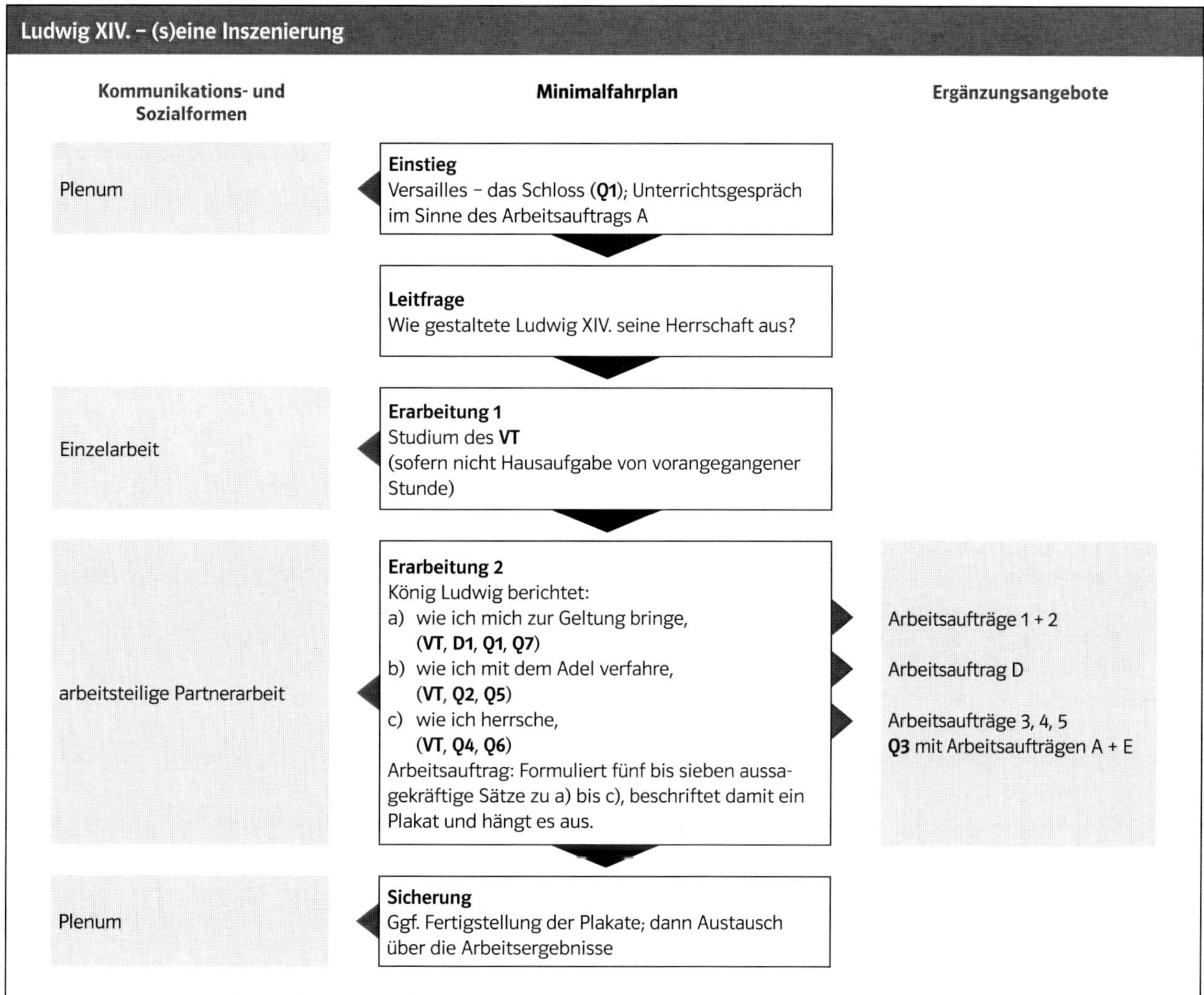

Ludwig XIV. – (s)eine Inszenierung
Kommunikations- und Sozialformen
Minimalfahrplan
Ergänzungsangebote
Plenum
Einstieg
Versailles – das Schloss (Q1); Unterrichtsgespräch im Sinne des Arbeitsauftrags A
Leitfrage
Wie gestaltete Ludwig XIV. seine Herrschaft aus?
Einzelarbeit
Erarbeitung 1
Studium des VT
(sofern nicht Hausaufgabe von vorangegangener Stunde)
arbeitsteilige Partnerarbeit
Erarbeitung 2
König Ludwig berichtet:
a) wie ich mich zur Geltung bringe, (VT, D1, Q1, Q7)
b) wie ich mit dem Adel verfahre, (VT, Q2, Q5)
c) wie ich herrsche, (VT, Q4, Q6)
Arbeitsauftrag: Formuliert fünf bis sieben aussagekräftige Sätze zu a) bis c), beschriftet damit ein Plakat und hängt es aus.
Arbeitsaufträge 1 + 2
Arbeitsauftrag D
Arbeitsaufträge 3, 4, 5
Q3 mit Arbeitsaufträgen A + E
Plenum
Sicherung
Ggf. Fertigstellung der Plakate; dann Austausch über die Arbeitsergebnisse

Zum Verfassertext und zu den Materialien

66–69

Q1 Das Gemälde von Pierre-Denis Martin zeigt die Schlossanlage, wie sie sich kurz nach dem Tod Ludwigs XIV. darstellte. Es wurde 1722 gefertigt. In diesem Jahr bezog der 1710 geborene und 1715 als junges Kind König gewordene Ludwig XV. – ein Urenkel seines Vorgängers – das Schloss, das er bis zu seinem Tod 1774 bewohnte.
Man erkennt deutlich den streng geometrischen Aufbau der Schlossanlage mit den drei gestaffelten Innenhöfen, die – immer enger werdend – zum Zentrum des Schlosses hinführen.
Der äußerste Hof „Cour des Ministres“ wird von den sogen. „Ministerflügeln“ flankiert. Dem zweiten Hof, „Cour Royale“ (dt. „Königshof“), folgt der ursprünglich etwas erhöht angelegte innerste Hof, „Cour de Marbre“ (dt. „Marmorhof“). Dort befindet sich das Hauptgebäude des Schlosses mit den Räumlichkeiten des Königs und seiner Familie.

Q2 Das 1710 entstandene Gemälde von François Marot (1666–1719) zeigt die Verleihung des Ritterordens von St. Michel durch den König, der soeben einen Ritterschlag ausführt. Dieser Orden war ursprünglich der Abtei vom Mont St. Michel zugeordnet, dann 1496 der Kapelle Saint-Michel du Palais in Paris und bekam schließlich seinen Sitz in Vincennes. Zunächst war der Orden dem Hochadel vorbehalten, später wurden auch Mitglieder des niederen Adels und Bürger aufgenommen.

Q3 Die Darstellung zeigt einen Besuch des Königs in der von ihm 1666 gegründeten Akademie der Wissenschaften. Man erkennt Skelette an den Wänden, Teleskop, Armillarsphäre und andere astronomische Geräte; dem König wird gerade ein Befestigungsplan à la Vauban demonstriert.
Der Künstler Henri Testelin (1616–1695) war zeitweise Sekretär der Académie Royale de Peinture et de Sculpture, musste als Protestant aber Frankreich verlassen. Seinen Lebensabend verbrachte er in Den Haag.

D1 In kurzen Ausschnitten aus dem viele Details würdigenden Werk von Peter Burke (auf Deutsch veröffentlicht 1993) werden einige Aspekte der Inszenierung von Herrschaft am Beispiel Ludwigs XIV. aufgezeigt.

Q4 Jacques Bénigne Bossuet (1627–1704) hatte sich als junger Priester einen Ruf als Prediger erarbeitet und predigte 1662 erstmals am königlichen Hof. Seit 1670 wirkte er zehn Jahre als Lehrer des Kronprinzen (der aber 1711 vor seinem Vater starb und nie König wurde). In dieser Zeit verfasste er eine Reihe von Traktaten. Später wirkte er als Bischof. Aus einer dieser Aufzeichnungen des Prinzenerziehers Bossuet mit dem Titel „Fürstenspiegel" ist hier eine Auswahl getroffen, in der dieser die Grundzüge der Legitimation des Absolutismus zum Ausdruck bringt.

Q5 Die Auszüge aus dem umfangreichen Schriftwechsel Colberts in der Angelegenheit der Kriegsfinanzierung (für den Krieg gegen die Vereinigten Niederlande) sollen aufzeigen, mit welchen Mitteln in strittigen Fällen dem königlichen Willen Geltung verliehen wird.

Q6 Der Wandteppich zeigt die Sonne (Ludwig), die Licht gibt und alles überstrahlt. Die lateinische Inschrift „Nec pluribus impar" wird hier übersetzt mit „Alles andere überragend".

Q7 Die Darstellung zeigt den jungen Ludwig, der die aufgehende Sonne tänzerisch darstellt. Neben der Darstellung der Sonnensymbolik ist das Bild hier auch zur Illustration von Ludwigs Vorliebe fürs Tanzen und des „Tanzmeisterschritts" im Herrscherporträt aufgenommen worden.

66–69 Erläuterungen zu den Arbeitsaufträgen

A: Ein junger Adliger aus Deutschland kommt auf einer Reise nach Versailles. In einem Brief nach Hause hält er seine ersten Eindrücke von der Schlossanlage fest. Schreibe einen solchen Brief. [II]
Der junge Adlige zeigt sich in dem Brief tief beeindruckt, weil er Vergleichbares noch nicht gesehen hat. Erwähnen wird er die Großzügigkeit der Anlage, deren bewunderungswürdige Symmetrie sowie den (barocken) Baustil.

B: Stell dir vor, du möchtest mit deiner Familie das Schloss Versailles besuchen und bereitest dich darauf vor. Erzähle, was du über den Bauherrn und seine Absichten weißt. [II]
(Es empfiehlt sich ggf. die Lerngruppe darauf aufmerksam zu machen, dass sie den gesamten Verfassertext sowie die Angaben in der Zeitleiste auf der Orientierungsseite mitberücksichtigen möge.)
Bauherr:
Ludwig XIV., schon als Kind französischer König, übernahm 1661 Regierung, herrschte als König „von Gottes Gnaden" und betrachtete sich als über den Gesetzen stehend bzw. „von den Gesetzen losgelöst". Er bewohnte mit seinem Hof ab 1682 Versailles; das Schloss war jedoch noch unvollendet, als er 1715 verstarb.
Absichten:
Er will
- die eigene herausragende Bedeutung durch Architektur veranschaulichen;
- mittels der Parkanlage zeigen, dass auch die Natur seiner königlichen Majestät untertan ist;
- den (Hoch-)Adel mit Feiern beschäftigen und – auch durch die hohen Kosten – in Abhängigkeit von sich bringen, wobei politische Aufgaben, Mitbestimmungsrechte und Einflussmöglichkeiten der Adligen gleichzeitig verringert werden.

C: Ein Adliger traut sich, seine Unzufriedenheit gegenüber dem König anzusprechen. Schreibe das Streitgespräch zwischen beiden auf. [II]
Folgende Argumente können die Schülerinnen und Schüler in ihrem Text anführen:
Der Adlige
- beklagt teures Leben „ohne Sinn";
- prangert Verlust der traditionellen Aufgaben, des politischen Einflusses und althergebrachter Mitbestimmungsrechte an.

Der König
- betont seine Stellung und Würde;
- betrachtet Kritik als Respektlosigkeit und Beleidigung;
- stellt das Leben am Hof als Zeichen seines Entgegenkommens/seiner Gnade dar;
- verweist ggf. auf die dem Adel verbliebenen Privilegien und auf seine Großzügigkeit, wie z. B. die Vergabe bezahlter Ämter.

D: Erläutere mithilfe des Bildes aus der Sicht Ludwigs XIV., warum du neue Orden und Auszeichnungen einführen möchtest, wie du diese überreichen willst und was du damit bezweckst. [II]
Der König verleiht den Ritterorden in Anlehnung an mittelalterliche Zeremonien: die auszuzeichnenden Adligen knien vor dem König, der den Ritterschlag an ihnen vornimmt.
Absicht des Königs:
- Die Adligen sollen sich geschmeichelt fühlen, der König in seiner übergeordneten Stellung bestärkt werden.
- Es ist naheliegend, dass derartige Auszeichnungen begehrt waren und Wohlverhalten die Voraussetzung dafür gewesen ist (Disziplinierungseffekt).
- Da die Zahl der Ordensträger überschaubar bleiben sollte, gewährten neue Orden dem König Spielräume, was auch die Option interner Abstufungen beinhaltete.

E: Versetze dich in die Rolle des Akademieleiters und erläutere dem König, womit sich die Wissenschaftler gerade beschäftigen. [II]
Der Akademieleiter erläutert dem König, dass man z. B. im Bereich von Biologie und Medizin (Skelette an der Wand) und der Astronomie (verschiedene Geräte) tätig sei und sich ebenfalls mit militärisch-strategischen Fragen (Befestigungsplan) beschäftige.

F: Ludwig ließ sich so häufig mit der Sonne in Verbindung bringen, dass er auch als „Sonnenkönig" bezeichnet wird. Erkläre mithilfe der beiden Bilder, was damit zum Ausdruck gebracht werden soll. [II]
Die Sonne spendet Licht und Wärme und ermöglicht dadurch das Leben auf dem Planeten Erde. (Der Vergleich von Tag und Nacht verdeutlicht dies.)
Ludwig XIV. nimmt mithin für sich eine vergleichbare Stellung in Anspruch. Besonders aussagekräftig dazu ist die Überschrift bei Q6: „Alles andere überragend".

1. Erläutere, warum Burke von der „Inszenierung" des Königs spricht (D1). [II]
Burke spricht in seinem Text davon, dass es sich um „Aufführungen vor einem Publikum" (Z. 8/9) handelte, wenn der König aß, am Gottesdienst teilnahm oder auf die Jagd ging. Burke benutzt auch den Begriff des „Schauspielers" (Z. 25), der „fast sein ganzes Leben lang" (Z. 28/29) auf der Bühne gestanden habe. Dies ging so weit, dass man sich sogar gegenüber Gegenständen und Örtlichkeiten, die mit dem König in Verbindung gebracht wurden, zu verhalten hatte, als ob es sich um den König selbst handele.

2. Erörtere die Bedeutung der Inszenierung für das Leben am Hof von Versailles (D1). [III]
Der König will mittels des Schlosses Versailles seine eigene Bedeutung für jedermann sichtbar veranschaulichen. Dem tragen die Architektur des Bauwerks und die Gestaltung der Gartenanlage Rechnung. Das Hofzeremoniell, das ebenfalls mit vielerlei Symbolik agiert, verfolgt die gleiche Absicht. Dabei geht es auch um die Umsetzung des Ziels, den Hochadel zu binden und gleichzeitig zu blenden – und ihn in Abhängigkeit zu bringen.

3. Nenne die Argumente, mit denen Bossuet die absolutistische Herrschaft begründet. Gehe auch auf die Rolle ein, die er den Untertanen zuweist (Q4). [I]
Bossuet äußert über die absolutistische Herrschaft:
- Sinn der Staatsgründung sei eine Vereinigung, die optimal unter einem einzigen Oberhaupt vollzogen werde (Z. 1–4).
- Die königliche Gewalt leite sich aus der Gewalt des einen einzigen Gottes ab, der die Erbmonarchie beim Volk Israel begründet habe und als dessen Statthalter der Herrscher fungiere. (Z. 5–15).
- Der königliche Thron sei deshalb nicht der Thron eines Menschen, sondern der Thron Gottes, weshalb die Person der Könige „geheiligt" sei (Z. 15–22).
- Die Könige seien jedoch Gott Rechenschaft über den zurückhaltenden Umgang mit der anvertrauten Gewalt schuldig (Z. 23–31).
- Nur der Herrscher verfüge dank des „höheren Standorts" über den großen Überblick; daraus ergebe sich für die Untertanen die Verpflichtung zum Gehorsam ohne Murren (Z. 32–37).

Bossuet schlussfolgert zu den Untertanen: Die Untertanen seien zu völligem Gehorsam verpflichtet, da dies göttlicher Wille sei und ihnen der für Formen von Mitbestimmung notwendige Überblick fehle.

4. Erkläre die Haltung der Ständeversammlung der Provence (Q5). [II]
Die Ständeversammlung verweist auf wirtschaftliche Zwänge und darauf, dass die Höhe der Steuer, nicht aber die Tatsache strittig sei (Z. 38–43). Damit würde die königliche Herrschaftsgewalt keineswegs infrage gestellt!

5. Vergleiche die Haltung der Ständeversammlung der Provence mit Bossuets Position. Welche Argumente Bossuets könnte Colbert benutzen, um sein Vorgehen abzusichern (Q4, Q5)? [III]
Während die Ständevertretung also Mitbestimmungsrechte in den sie betreffenden Fragen einfordert (Q5, Sonderbesteuerung), erwartet Bossuet (Q4) absoluten Gehorsam. Er würde die Anmaßung der Mitglieder der Ständeversammlung anprangern, die sich mit ihrer ablehnenden Haltung gegenüber dem König und gleichzeitig Gott versündigten (weitere Argumente siehe Lösung zu Arbeitsauftrag 3).
Insgesamt geht es also um die Durchsetzung des königlichen Anspruchs, ohne Mitwirkung der Ständevertreter, Entscheidungen aller und gerade auch finanzieller Art – also in einem Bereich, in dem traditionell am ehesten Mitwirkungsrechte bestanden – treffen zu können. Dazu werden – wie im vorliegenden Beispiel – die Vertreter der Stände massiv unter Druck gesetzt, z. B. mit dem Mittel der Lettres de cachet (geheime königliche Verhaftungsbefehle).

❻ Begründe im Auftrag von Colbert mit Argumenten von Bossuet dein Vorgehen (Q4, Q5). [II]
Da der König durch Gott in sein Amt eingesetzt wurde und im Namen Gottes handelt, regiert er mit einer Weitsicht, die anderen Menschen fehlt. Deshalb darf, kann und muss der König von jedem Gehorsam erwarten, „denn das Murren ist schon so viel wie eine Neigung zur Empörung" (Bossuet).

70–73

Frankreich im Absolutismus – ein moderner Staat?

Stundenvorschlag 94s2if

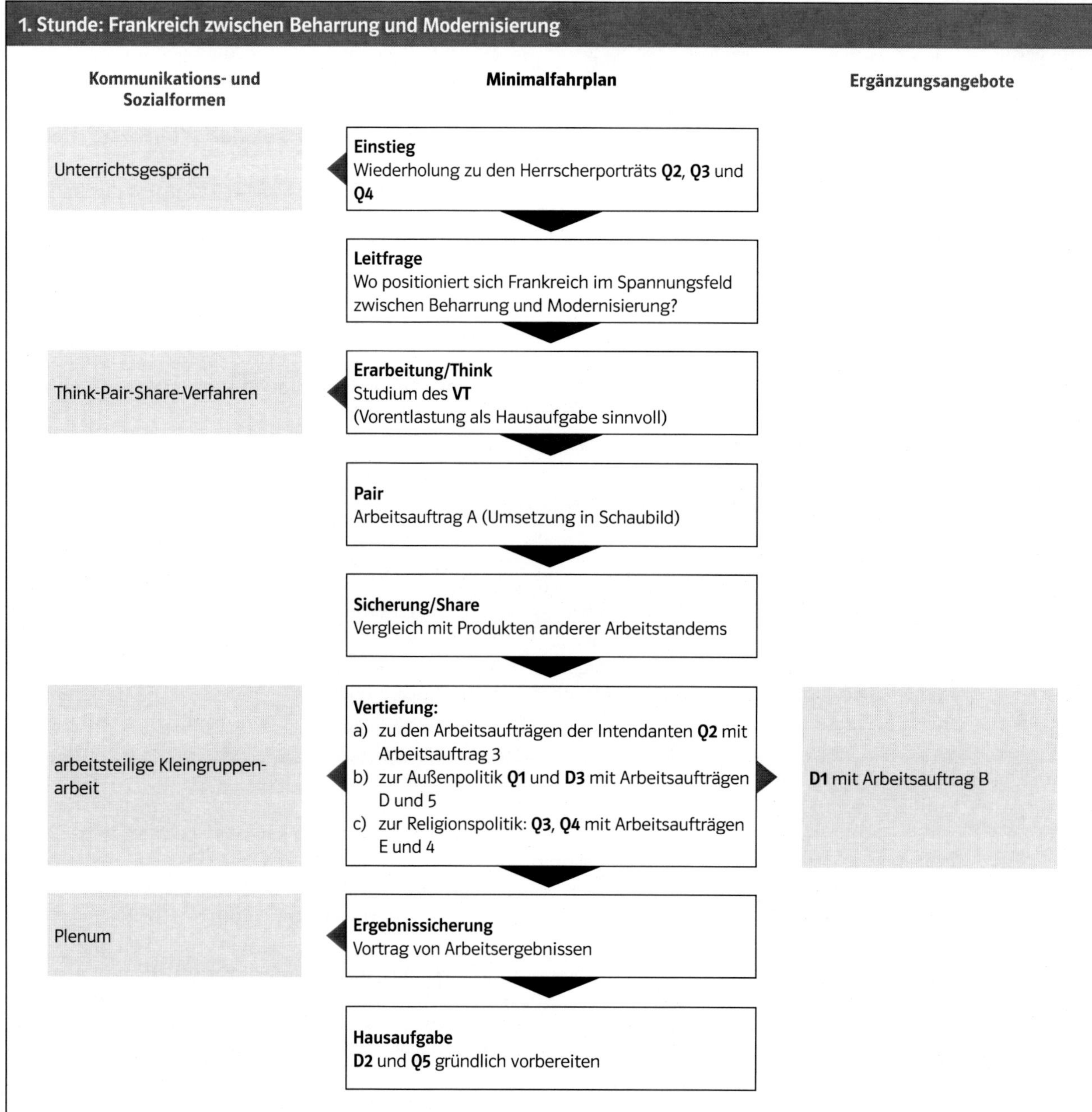

1. Stunde: Frankreich zwischen Beharrung und Modernisierung
Kommunikations- und Sozialformen
Minimalfahrplan
Ergänzungsangebote
Unterrichtsgespräch
Einstieg
Wiederholung zu den Herrscherporträts Q2, Q3 und Q4
Leitfrage
Wo positioniert sich Frankreich im Spannungsfeld zwischen Beharrung und Modernisierung?
Think-Pair-Share-Verfahren
Erarbeitung/Think
Studium des VT
(Vorentlastung als Hausaufgabe sinnvoll)
Pair
Arbeitsauftrag A (Umsetzung in Schaubild)
Sicherung/Share
Vergleich mit Produkten anderer Arbeitstandems
arbeitsteilige Kleingruppen-arbeit
Vertiefung:
a) zu den Arbeitsaufträgen der Intendanten Q2 mit Arbeitsauftrag 3
b) zur Außenpolitik Q1 und D3 mit Arbeitsaufträgen D und 5
c) zur Religionspolitik: Q3, Q4 mit Arbeitsaufträgen E und 4
D1 mit Arbeitsauftrag B
Plenum
Ergebnissicherung
Vortrag von Arbeitsergebnissen
Hausaufgabe
D2 und Q5 gründlich vorbereiten

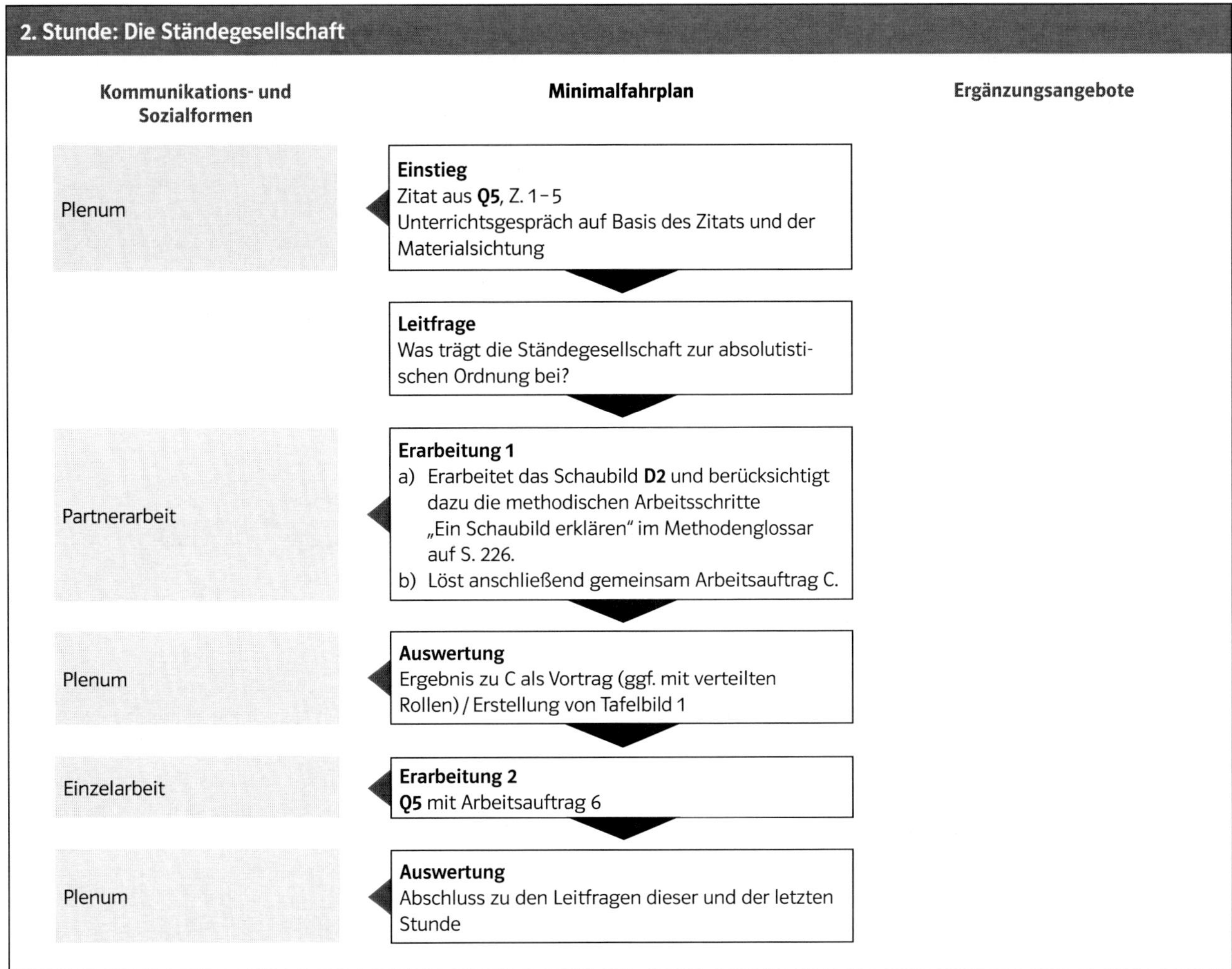

2. Stunde: Die Ständegesellschaft
Kommunikations- und Sozialformen
Minimalfahrplan
Ergänzungsangebote
Plenum
Einstieg
Zitat aus Q5, Z. 1–5
Unterrichtsgespräch auf Basis des Zitats und der Materialsichtung
Leitfrage
Was trägt die Ständegesellschaft zur absolutistischen Ordnung bei?
Partnerarbeit
Erarbeitung 1
a) Erarbeitet das Schaubild D2 und berücksichtigt dazu die methodischen Arbeitsschritte „Ein Schaubild erklären" im Methodenglossar auf S. 226.
b) Löst anschließend gemeinsam Arbeitsauftrag C.
Plenum
Auswertung
Ergebnis zu C als Vortrag (ggf. mit verteilten Rollen) / Erstellung von Tafelbild 1
Einzelarbeit
Erarbeitung 2
Q5 mit Arbeitsauftrag 6
Plenum
Auswertung
Abschluss zu den Leitfragen dieser und der letzten Stunde

Zum Verfassertext und zu den Materialien

70–73

D1 Neubreisach ist zum einen dargestellt in einem Luftbild, zum anderen in einem Grundriss mit den wichtigsten Einrichtungen der Gründungszeit ab 1698. Es steht stellvertretend für zahlreiche Festungsanlagen im barocken Stil, für deren Errichtung vor allem Ludwigs Festungsbaumeister Sébastien de Prestre de Vauban (1633–1707) verantwortlich zeichnete.

D2 Die Ständegesellschaft ist in Form einer Zwiebelgrafik dargestellt: Erster (Klerus) und Zweiter Stand (Adel) bilden die Spitze, ihre innere Gliederung ist in der vertikalen Anordnung aufgezeigt, einige der Privilegien sind außen angeführt.
Den Körper bildet der Dritte Stand; er ist sowohl vertikal (Land-/Stadtbevölkerung) als auch horizontal gegliedert, um so die Heterogenität innerhalb des Standes zu visualisieren. Anstelle nicht vorhandener Privilegien sind hier die Pflichten in die Darstellung aufgenommen worden.
Die Farbtönungen sollen auf die Inhomogenität der Stände hinweisen.
Insgesamt wird aus der Darstellung deutlich, als wie stark prägend sich das Hineingeborenwerden in einen Stand erweist. Dabei nimmt der katholische Klerus naturgemäß eine Sonderrolle ein, denn aufgrund des Zölibats „speiste" er sich aus den beiden anderen Ständen. Eine zeitweise geöffnete Aufstiegsmöglichkeit für wohlhabende Bürger bot der Amtsadel.

D3 Die Karte zeigt die zeitweise bestehenden und die dauerhaften Gebietszuwächse Frankreichs zulasten des Hl. Römischen Reichs auf. Die eingetragene Sprachgrenze verdeutlicht, dass nicht die argumentativ vorgeschobenen Reunionen, sondern das strategische Ziel des Erreichens der Rheingrenze bestimmend für Ludwigs und seiner Minister Handeln gewesen ist.
Die zahlreichen Festungen (vgl. D1) verweisen auf die Absicht, das gewonnene Gebiet militärisch verteidigen und absichern zu können.

Q1 Das 1681 – während der Kaiser von den Türken vor Wien bedrängt wurde – nach dem Aufmarsch von 35 000 Soldaten geschlossene Kapitulationsabkommen Straßburgs ist in Auszügen wiedergegeben. Es zeigt, dass Louvois sich in Ludwigs Namen sehr wohl kompromissbereit gibt, um die Integration der neuen Untertanen in das französische Königreich zu erleichtern. Das galt auch in der im 3. Punkt angesprochenen Religionsfrage, auch wenn die vom Stadtrat 1524 den Protestanten zugesprochene Hauptkirche, das Münster, wieder katholisch werden musste.

Q2 In dem zitierten Teil der Ernennungsurkunde werden die Aufgaben der Intendanten und die Absichten des Monarchen erkennbar.

Q3 Der niederländische Dichter, Illustrator und Kupferstecher Jan Luyken (1649–1712) zeigt auf, wie intensiv hugenottische Personen (im Vordergrund) und Gebäude (im Hintergrund) den Schikanen und Gewaltexzessen der sog. Dragonaden ausgesetzt waren.
Als solche bezeichnet man die Strafmaßnahmen Ludwigs XIV. gegen die protestantischen Hugenotten mit dem Ziel, deren Konversion zum katholischen Glauben zu erzwingen. In den Dörfern wurden auf königlichen Befehl hin Dragoner einquartiert, die die Hugenotten in ihren Häusern dulden und für deren Verpflegung sie sogar aufkommen mussten. Übergriffe wie Erpressungen und auch Vergewaltigungen waren nicht selten. Als auch diese Maßnahmen nicht den gewünschten Erfolg erbrachten, wurden auf Befehl des Königs Hunderte protestantischer Dörfer zerstört.Einen didaktischen Brückenschlag zu ziehen, erlaubt ein Vergleich mit Q5, S. 87. Darin kommentiert Friedrich der Große, es solle in religiöser Hinsicht „jeder nach seiner Fasson selich" werden.

Q4 Der Augenzeugenbericht schildert die Folgen der Aufhebung des Toleranzedikts von Nantes am Beispiel der Ereignisse in Metz: Zerstörung protestantischer Kirchen samt Nebengebäuden, Flucht von Hugenotten, Bestrafung flüchtiger Hugenotten (Männer wurden zum Dienst auf Galeeren gezwungen, Frauen mussten zwangsweise in Kloster eintreten).

70–73 Erläuterungen zu den Arbeitsaufträgen

A: Setze die Informationen des Verfassertextes in ein Schaubild zum Thema „Der Staat Ludwigs XIV." um. [I]
(Eine Musterlösung widerspricht dem hier gewählten offenen Ansatz, der bewusst auf die traditionsreiche, aber didaktisch umstrittene Darstellung der „Säulen des Absolutismus" verzichtet. Infrage kommen v. a. ein Strukturdiagramm oder eine Mindmap.)
Die Lösung sollte folgende Elemente enthalten:
- Heer: Machtmittel, neue Organisationsform „stehend", Adlige eingebunden in Organisationsstruktur, hohe Anzahl von Soldaten
- Außenpolitik: verfolgt Ziel des Ausbaus königlicher Macht, zahlreiche Kriege gegen Nachbarn, letztlich wenig Zugewinne, diplomatische Vertretungen
- Verwaltung: eigene Leitung der Regierungsgeschäfte, Fachleute aus Bürgertum, weniger „Würdenträger", Entstehung des „Amtsadels".

B: Erkläre als Stadtführer bei einem Rundgang durch Neubreisach die Entstehung des heutigen Stadtbildes. Beginne deine Tour an der Brücke über dem Graben ganz vorn. [II]
Die klare geometrische Form zeigt den Charakter der Planstadt auf. Außen erkennt man in der – bis heute gut erhaltenen – Anlage die sternförmig angelegten Bastionen, auf denen fest stationierte Kanonen zum Beschuss des Feindes im Umland installiert waren.
Vom Festungsgraben gelangt man durch Wohnbereiche zum zentralen ehemaligen Exerzierplatz, der von Bauwerken umstanden ist, die von der einstigen Funktion der grenznahen Festung zeugen: der zentrale Exerzierplatz, Zeughaus und Offiziersunterkünfte, Garnisonskirche und Rathaus.
Nach deren Erläuterung kann die Führung hier enden oder durch einen Gang zur Brücke am oberen Bildrand die streng symmetrische Ordnung erneut aufzeigen.

C: Angehörige der drei Stände diskutieren über ihre Rechte und Pflichten. Formuliere ihre Forderungen und begründe sie. Lasse alle Bevölkerungsgruppen zu Wort kommen. [II]
Die Rechte und Pflichten der verschiedenen Bevölkerungsgruppen können aus dem Schaubild abgelesen werden. Prinzipiell stehen viele Rechte (Privilegien) und wenig Pflichten der ersten beiden Stände vielen Pflichten und fehlenden Rechte des Dritten Standes gegenüber.
Die Angehörigen der beiden oberen Stände artikulieren kaum Verhandlungs- und Veränderungsbedarf, da sie mit ihrer Situation zufrieden sind.
Die Angehörigen des Dritten Standes werden – entsprechend der innereren Differenzierung – gemeinsame Klagen und unterschiedliche Forderungen erheben: Alle werden die Ungerechtigkeit des Systems ebenso anprangern und die Ungerechtigkeit der hohen Lasten betonen, die sie zu tragen haben, während die beiden oberen Stände davon befreit sind.
Das mittlere und gehobene Bürgertum wird die fehlende politische Teilhabe besonders deutlich artikulieren.
Die Kleinbauern und Kleinbürger/Handwerker beklagen darüber hinaus ihre existenzielle Not; diese überlagert allerdings zugleich das politische Denken.

D: Erläutere, was die Karte über die Außenpolitik Ludwigs XIV. aussagt. [II]
Die Karte befasst sich mit den Expansionsbestrebungen Frankreichs. Sie zeigt die zeitweise bestehenden und die dauerhaften Gebietszuwächse Frankreichs zulasten des Hl. Römischen Reichs bzw. der Spanischen Niederlande auf: Zu nennen wären z. B. die Region Lille, Burgund und Teile des Elsass. Weitere Regionen wie die Kurpfalz oder Luxemburg werden nur zeitweise französisch.
Man erkennt deutlich, dass das Erreichen der Rheingrenze ein wichtiges strategisches Ziel darstellt, was langfristig betrachtet jedoch nur teilweise gelingt. Die in der Karte vermerkten Festungen sollen das gewonnene Gebiet militärisch verteidigen und absichern.

E: Der Niederländer Jan Luyken war nicht nur Maler und Kupferstecher, sondern auch Dichter und Schriftsteller. Schreibe aus seiner Sicht einen kurzen Text zu dem Bild. [II]
Luyken könnte z. B. wie folgt berichten:
Es trug sich Entsetzliches zu, als die französischen Protestanten im Auftrag ihres eigenen Königs bedrängt wurden. Auf Menschenleben nahm man keine Rücksicht, denn die Männer des Königs warfen Hugenotten vor den entsetzten Angehörigen aus den Fenstern ihrer Häuser. Andere wur-

den in entehrender Weise durch den Ort geführt. Ihre Kirchen aber zerstörte man, um sie unbrauchbar zu machen.

1. Gib wieder, welche Politik die französischen Sieger gegenüber Straßburg betrieben. [I]
Der Kriegsminister verlangt im Namen des Königs die Unterwerfung der Stadt unter die Herrschaft Ludwigs XIV. (Z. 1–8). Im Gegenzug sichert er aber auch den Erhalt überlieferter Rechte zu (Z. 9–13), was auch die Religionsausübung (Z. 14–22), den städtischen Besitz und den der Bürger (Z. 23–28) sowie eine Amnestie (Z. 29–33) umfasst.

2. Nimm aus der Sicht eines Bewohners der Stadt zum Kapitulationsabkommen Stellung (Q1). [III]
Der Auszug aus dem Abkommen zeigt, dass der königliche Minister Bereitschaft zum Entgegenkommen zeigt, alte Rechte bestätigt und lediglich auf der Rekatholisierung der Straßburger Hauptkirche, dem Münster, besteht (vier Jahre vor Aufhebung des Toleranzedikts von Nantes). Insgesamt vollzieht sich der Übergang allerdings unter militärischem Druck.
Der Straßburger Bürger wird dieser Entwicklung prinzipiell ablehnend gegenüberstehen, man hatte die Franzosen ja auch nicht herbeigewünscht. Darüber hinaus ist für die Stellungnahme des Bürgers entscheidend, aus welcher Perspektive er die Situation betrachtet:
Vielleicht ist er recht unpolitisch und somit über den unblutigen Verlauf erleichtert, möglicherweise aber Protestant oder kaisertreu und damit in besonderer Weise verängstigt und pessimistisch bezüglich der Zukunft?

3. Erläutere, warum Ludwig XIV. diese Aufgaben nicht mehr den adligen Gouverneuren an den jeweiligen Orten übertragen wollte (Q2). [II]
Zu den Aufgaben der Intendanten gehörten:
- den adligen Gouverneur zu unterstützen,
- Beschwerden der Untertanen nachzugehen,
- Untertanen zu ihrem Recht zu verhelfen,
- die Rechtsprechung zu kontrollieren,
- die öffentliche Ordnung und die Finanzverwaltung zu überprüfen,
- die Provinz fest in der Hand zu behalten.

Diese Aufstellung zeigt, dass Ludwig den adligen Gouverneuren misstraute. Er befürchtete offensichtlich, dass diese Eigeninteressen verfolgten. Die Intendanten sollten den Gouverneuren mithin wohl weniger „zur Seite stehen", wie es in Z. 8 heißt, als vielmehr diese kontrollieren und deren Macht beschneiden.

4. Erkläre, inwiefern sich in der Verfolgung der Hugenotten Ludwigs Vorstellungen von Herrschaft spiegeln (Q3, Q4). [II]
Ludwig erhob den Anspruch, die Verhältnisse in Frankreich in jedweder Hinsicht bestimmen zu können. Dazu gehörte auch der Bereich der Religion. Das rigorose Vorgehen gegenüber der protestantischen Minderheit ist die Folgerung daraus, zumal die Hugenotten ein abweichendes und Selbstständigkeit demonstrierendes Verhalten zeigten.

5. Stelle zusammen, worin der Gerichtshof die Aufgaben der verschiedenen Stände und der zugehörigen Menschen sieht (Q5). [I]
Das Parlament betont, dass alle Mitglieder der drei Stände zu den Bedürfnissen des Staates beitragen müssten.
Die Geistlichkeit tue dies durch den „religiösen Kultus" (Z. 15; gemeint sind Gottesdienste etc.), Unterricht und die Gewährung von Almosen für die „Tröstung der Unglücklichen" (Z. 16/17).
Die Adligen erbrächten militärische Leistungen und berieten den König.
Der Dritte Stand schließlich, der „dem Staat nicht so hervorragende Dienste erweisen könne" (Z. 21/22), leiste seinen Beitrag durch Abgaben, Fleiß und Fronarbeit.

6. Ludwig XVI. wollte eine Zahlung von Steuern durch die Adligen erreichen. Erörtere, welche Position der Gerichtshof in dieser Frage eingenommen hat (Q5). [III]
Der Gerichtshof lehnt ab – die Adligen würden ihren Beitrag ja auf andere Weise (Militär/Beratung des Königs) leisten. Bezahlen ist Sache des Dritten Standes!

Tafelbild 1 hn97jd

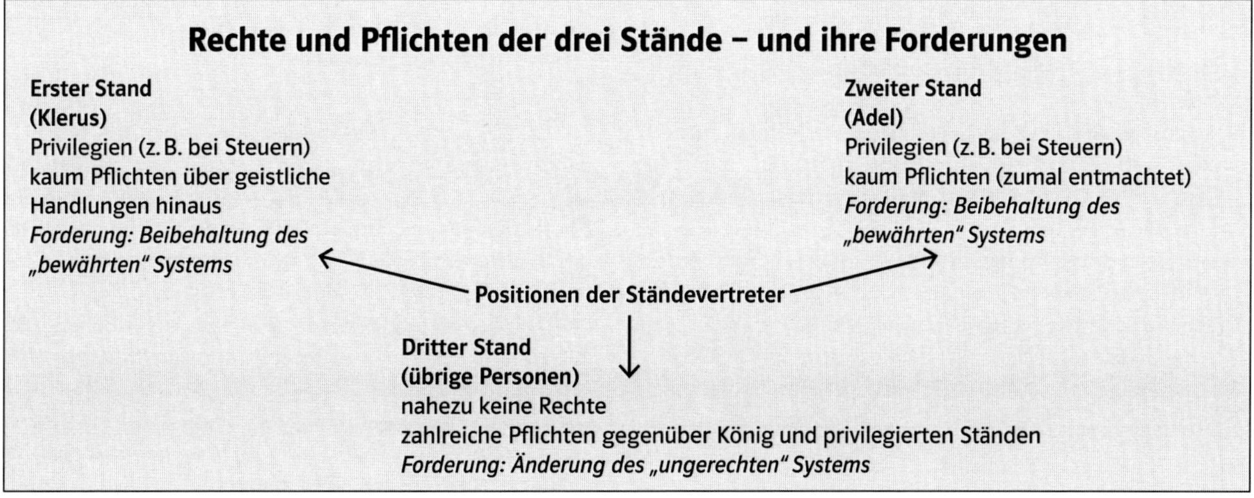

Rechte und Pflichten der drei Stände – und ihre Forderungen
Erster Stand
(Klerus)
Privilegien (z. B. bei Steuern)
kaum Pflichten über geistliche Handlungen hinaus
Forderung: Beibehaltung des „bewährten" Systems
Zweiter Stand
(Adel)
Privilegien (z. B. bei Steuern)
kaum Pflichten (zumal entmachtet)
Forderung: Beibehaltung des „bewährten" Systems
Positionen der Ständevertreter
Dritter Stand
(übrige Personen)
nahezu keine Rechte
zahlreiche Pflichten gegenüber König und privilegierten Ständen
Forderung: Änderung des „ungerechten" Systems

74–75

Methodentraining: Herrscherbilder auswerten

Stundenvorschlag t2fm8q

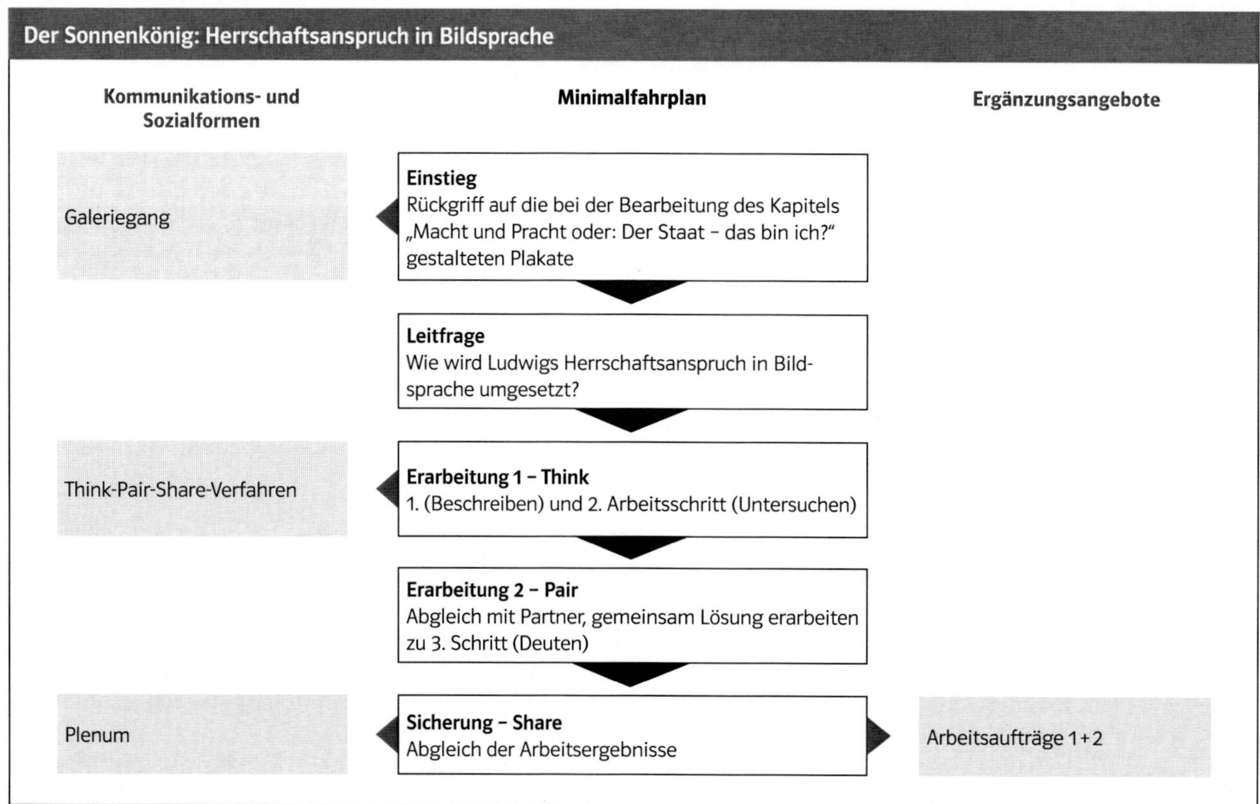

74–75

Zum Verfassertext und zu den Materialien

Q1 Das Kunstwerk fertigte der französische Maler Hyacinthe Rigaud (eigentlich Hyacinthe-François-Honoré-Mathias-Pierre Martyr-André Jean Rigau y Ros, 1659–1743) als eine von insgesamt rund 400 Porträtdarstellungen an. Eindrucksvolle Posen und detailreiche Darstellungen gelten als seine Spezialität. Als Hofmaler gestaltete er dieses lebensgroße Repräsentationsporträt, das ursprünglich für den spanischen König Philipp V., einen Enkel Ludwigs, gedacht war. Es gefiel dem Monarchen jedoch so gut, dass er für Philipp von den Mitarbeitern Rigauds in dessen Werkstatt eine Kopie anfertigen ließ und das Original selbst behielt. Es erhielt seinen Platz im Apollosaal des Schlosses Versailles. Wenn der König nicht anwesend war, „vertrat" das Porträt ihn, weshalb dem Gemälde mit großer Ehrerbietung begegnet werden musste. U. a. durfte man ihm nicht den Rücken zukehren.
Rigaud schuf das Bild im Winter 1701/1702. Ludwig stand ihm nachweislich Modell, litt jedoch stark unter Gicht, sodass in diesen Sitzungen wohl nur Kopf und Gesicht gemalt wurden und Rigaud im übrigen ein „Körperdouble" als Modell genutzt hat."
Das Herrscherbild gilt als Rigauds bedeutendstes Werk und wird heute im Louvre in Paris gezeigt. Insgesamt wurden drei signierte Kopien und zahlreiche weitere in Rigauds Werkstatt angefertigt.

74–75

Erläuterungen zu den Arbeitsaufträgen

1. Versuche die Pose Ludwigs mit Mitschülern einmal nachzustellen, auch was die Höhe anbetrifft. Berichte selbst, wie es auf dich wirkt, und lass die anderen ihre Eindrücke schildern. [I]
Die Darsteller und Darstellerinnen werden ein „komisches Gefühl" des Erhabenseins über die anderen formulieren. Die Äußerungen der anderen werden sehr davon abhängen, wie viel Ernst in diesem Szenario gewahrt werden kann. Sofern dies gelingt, werden die Mitschüler und Mitschülerinnen das Aufschauen zum Königdarsteller als Bewunderungs- und/oder Demutsgeste verbalisieren.

2. Erkläre, warum Ludwig das Bild unbedingt behalten wollte und es im Thronsaal von Versailles aufhängen ließ. [II]
Hyacinthe Rigaud gelingt es mit diesem überlebensgroßen Herrscherporträt, Ludwigs Selbst- und Amtsverständnis in beeindruckender Weise darzustellen: Schon der Rahmen hebt die Bedeutung der Person hervor, vielerlei Insignien der königlichen Macht werden präsentiert und der absolutistische Herrschaftsanspruch in einem großen Wurf visualisiert. Das Bild gilt als Meisterwerk und stilbildend, eines großen Königs würdig – kein Wunder, dass dieser es behalten wollte (und Kopien davon verschenkte).

Die Entdeckung der Wirtschaftspolitik

76–79

Stundenvorschlag 2f737e

1. Stunde: Der französische Merkantilismus

Kommunikations- und Sozialformen	Minimalfahrplan	Ergänzungsangebote
Plenum	**Einstieg** Unterrichtsgespräch zu einem aktuellen wirtschaftspolitischen Thema, bei dem „die Regierung gefordert" ist	
	Leitfrage Der Merkantilismus – die Entdeckung der Wirtschaftspolitik?	
Einzelarbeit	**Erarbeitung** Studium des **VT**, S. 76 und 77 oben	
arbeitsteilige Partnerarbeit	**Erarbeitung 2** a) Arbeitsauftrag A (für Mehrheit der Schülerinnen und Schüler) b) Arbeitsauftrag B zu **Q1** (für einige Schülerinnen und Schüler)	**Q2** mit Arbeitsauftrag C
Plenum	**Ergebnissicherung** Erstellung von Tafelbild 1	
	Hausaufgabe Rest des **VT** erarbeiten und Arbeitsauftrag 1	

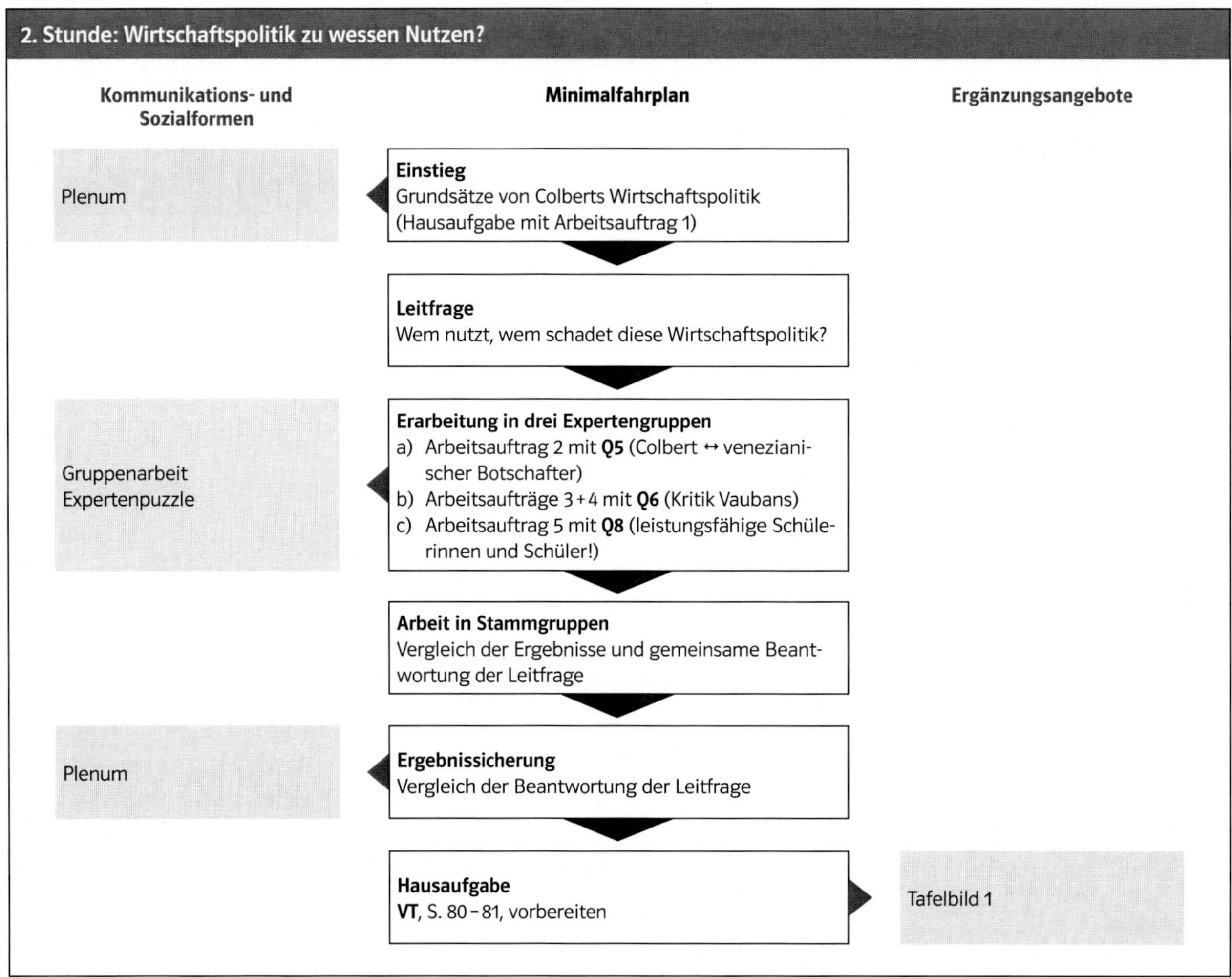

2. Stunde: Wirtschaftspolitik zu wessen Nutzen?
Kommunikations- und Sozialformen
Minimalfahrplan
Ergänzungsangebote
Plenum
Einstieg
Grundsätze von Colberts Wirtschaftspolitik (Hausaufgabe mit Arbeitsauftrag 1)
Leitfrage
Wem nutzt, wem schadet diese Wirtschaftspolitik?
Gruppenarbeit Expertenpuzzle
Erarbeitung in drei Expertengruppen
a) Arbeitsauftrag 2 mit Q5 (Colbert ↔ venezianischer Botschafter)
b) Arbeitsaufträge 3 + 4 mit Q6 (Kritik Vaubans)
c) Arbeitsauftrag 5 mit Q8 (leistungsfähige Schülerinnen und Schüler!)
Arbeit in Stammgruppen
Vergleich der Ergebnisse und gemeinsame Beantwortung der Leitfrage
Plenum
Ergebnissicherung
Vergleich der Beantwortung der Leitfrage
Hausaufgabe
VT, S. 80 – 81, vorbereiten
Tafelbild 1

76 – 79

Zum Verfassertext und zu den Materialien

Q1 Das Gemälde erlaubt einen Blick in eine Spielkartenmanufaktur um das Jahr 1680. Dass sich die Manufaktur in Paris befindet, zeigt der Blick aus dem Fenster: Man sieht die Seine und ein Denkmal Heinrichs IV.; damit ist auch eine Verbindung zur absolutistischen Königsmacht hergestellt. Die Produktion von Spielkarten unterlag strenger staatlicher Kontrolle; auf den fertigen Spielen lasteten Steuern. Im Bild sind dreizehn Arbeitsschritte markiert und in der Bildlegende erläutert. Hier noch einige Zusatzinformationen:
Zu (4): Nach erneutem Pressen werden die Bögen noch einmal getrocknet. Das Aufhängen kann ein junger unqualifizierter Arbeiter übernehmen.
Zu (5): Als nächster Schritt erfolgt das Einfärben – hier mit roter Farbe. Schablonen sorgen dafür, dass die Farbe an den richtigen Platz gelangt.
Zu (11): Bei der Qualitätskontrolle erkennt man auf dem Boden liegend aussortierte Karten.
Zu (14): Am Tisch vorn steht ein Adliger (Kleidung, Perücke, Tanzschritt).
Insgesamt fällt auf, dass bei den anspruchsvollen Tätigkeiten die Männer dominieren, weniger spezialisierte Arbeiten werden von Frauen und Jugendlichen ausgeführt. Niemand wirkt ärmlich gekleidet.

Q2 Das Gemälde von Claude Joseph Vernet (1714 – 1789) aus dem Jahr 1775 zeigt im Vordergrund, wie mit Handgeräten und Pferdegespannen die Straße selbst und eine Schutzmauer zum Fluss hin angelegt werden. In der Bildmitte ist eine Brücke im Bau, dort werden Kräne eingesetzt.

Q3 Der Kupferstich zeigt eine Bankenszene u. a. mit Wechseln im Vordergrund, Buchführungsjournalen auf dem Fächerschrank und Ortsangaben an den Fächern. Diese visualisieren die Verflechtung des Handels und der damit verbundenen Geldgeschäfte.

Q4 Im Vorwort des 1673 in Kraft getretenen Handelsgesetzbuches werden einige Maßnahmen benannt, mit deren Hilfe dem Handel „in unserem Königreich zur Blüte“ verholfen werden soll:
- Einrichtung von Kompanien (Handelsgesellschaften) im Fernhandel (Z. 8/9)
- Ausbau, Förderung und Absicherung der Schifffahrt (Z. 15 – 19)

Q5 Der Botschafter der Republik Venedig, Giustiniani, bringt die Kritik an Colberts Wirtschaftspolitik zulasten der Nachbarn und deren sich aus der erreichten Dominanz Frankreichs ergebender Hilflosigkeit zum Ausdruck. Insbesondere prangert er das Kopieren der in anderen Ländern entwickelten Produktionsverfahren an.

Erläuterungen zu den Arbeitsaufträgen

76–79

A: Äußere als Ludwigs Finanzminister deine Bedenken wegen der hohen Ausgaben. Trage dem König gleichzeitig deine Ideen vor, wie du die Finanzlage Frankreichs verbessern möchtest. [II]
Colbert könnte in etwa Folgendes gesagt haben: „Majestät, die viel zu hohen Ausgaben resultieren aus Ihren repräsentativen, politischen und militärischen Aktivitäten: Sie lassen das Schloss Versailles bauen, unterhalten einen repräsentativen Hof mit Einbindung des Hochadels, eine moderne Verwaltung und vor allem ein Stehendes Heer, mit dem Sie Kriege führen. Ich schlage Ihnen vor, die Wirtschaft anzukurbeln, um Steuern einnehmen zu können – dazu gehören eine Erleichterung des Warenaustauschs, eine Verbesserung der Infrastruktur, die Vereinheitlichung der Maße, die Förderung der Verarbeitung von Rohstoffen innerhalb des eigenen Landes durch eine entsprechende Zollpolitik, die Anwerbung von Fachkräften im Ausland, die Gründung von Kolonien und schließlich die Erzielung eines Exportüberschusses."

B: Die Verkäuferin und der Käufer unterhalten sich darüber, wie die Arbeit in der Manufaktur organisiert ist. Spielt das Gespräch nach. [II]
Das Gespräch sollte die verschiedenen Arbeitsschritte aufgreifen, die im Buch durch die eingefügten und stichwortartig erläuterten Hilfen kenntlich gemacht sind. An Beispielen sollte diese arbeitsteilige Herangehensweise als zentrales organisatorisches Merkmal der Manufaktur herausgearbeitet werden.

C: Stell dir vor, die Gruppe im Vordergrund informiert sich über den Stand der Arbeiten. Wer könnte das sein und warum ist ihr das wichtig? [II]
Die Gruppe im Vordergrund könnte z. B. aus einem Intendanten und seinen Mitarbeitern bestehen, die sich in königlichem Auftrag über Fortgang und korrekte Ausführung der Arbeiten informieren. Vom Gelingen dieses und ähnlicher Projekte wird abhängen, dass der Warenaustausch beschleunigt und intensiviert wird und über Steuern und Abgaben die finanzielle Situation der Staatskasse verbessert werden kann.

D: Informiere dich auf S. 19 noch einmal über die Bedeutung von Wechselbriefen. Erläutere, inwiefern dieses Titelbild zu Colberts Wirtschaftspolitik passt. [II]
Im Kapitel „Regiert Geld die Welt?" werden Wechsel als eine Neuerung vorgestellt, die die Bezahlung von Waren an auswärtigen Standorten und den Transfer von Kapital erleichterten. Dies passt gut zu Colberts Wirtschaftspolitik, die ja die Steigerung von Produktion und Warenaustausch verfolgte mit dem Ziel, die Einnahmesituation der Staatskasse zu verbessern.

E: Colbert hält eine Ansprache über die Bedeutung des Schiffbaus in seiner Wirtschaftspolitik. Notiere mögliche Ausführungen Colberts. [II]
Zur Bedeutung des Schiffbaus betont Colbert die Notwendigkeit, den Handel über Landesgrenzen hinaus auszudehnen (Import von Rohstoffen, Export von Fertigwaren). Schiffe sind dabei ein wichtiges Transportmittel – sowohl auf See, wie auch beim Transport von Waren innerhalb des Landes.

1. Erläutere die Grundsätze von Colberts Wirtschaftspolitik (VT, Q4, Karte Orientierungsseite). [II]
Vorschläge Colberts: Wirtschaft ankurbeln, um Steuern einnehmen zu können, dazu Warenaustausch erleichtern, Infrastruktur verbessern, Maße vereinheitlichen, Verarbeitung von Rohstoffen innerhalb des eigenen Landes durch Zollpolitik fördern, Fachkräfte im Ausland anwerben, Kolonien gründen, Exportüberschuss erzielen.
→ Q4:
Handel solle „zur Blüte" verholfen werden (Z. 1–6), weil er Quelle öffentlichen und privaten Wohlstands sei;
Errichtung von Handelsgesellschaften, um Importe aus „entferntesten Ländern" (Z. 10) zu realisieren;
und außerdem Einsatz einer Flotte (Z. 13–19).
→ Karte (zusätzlich zum schon Genannten):
vereinheitlichtes Zollgebiet, Gründung von Manufakturen, freie Ausfuhr von Fertigwaren, begrenzte Einfuhr von Fertigwaren, Einfuhr von Rohstoffen.

2. Vergleiche die im VT genannten Ziele Colberts mit den Ausführungen des venezianischen Botschafters. Formuliere aus der Sicht Colberts eine Antwort an den Botschafter (Q5). [III]
Ziele Colberts:
- Verbesserung der staatlichen Einnahmesituation;
- Ankurbelung der Wirtschaft;
- Belebung des Warenaustauschs; dazu dienen:
  - Verbesserung von Verkehrswegen;
  - Beseitigung von Zollgrenzen innerhalb des eigenen Landes;
  - Vereinheitlichung von Maßen und Gewichten;
  - Verhinderung des Imports von Fertigwaren und des Exports von Rohstoffen durch Außenzölle (→ Veredelung im eigenen Land);
  - Gründung von Handelsgesellschaften zur Rohstoffversorgung;
  - Anwerbung spezialisierter Arbeitskräfte im Ausland;
  - Gründung von Kolonien;
  - Modernisierung der Produktion durch Förderung von Manufakturen;
  - Handelsüberschuss mit dem Ausland.

Kritik des Botschafters:
Frankreich solle nach Colberts Willen ganz auf Importe verzichten können und autark werden (Z. 1–7). Dazu würden begehrte Produkte und Techniken aus dem Ausland kopiert und die Produkte mit beträchtlichem Aufwand im Unland produziert (Z. 7–26).
Colbert wolle somit die anderen Staaten „ausplündern" (Z. 27–31), um Frankreichs Einnahmesituation zu verbessern.

Mögliche Antwort Colberts, diplomatische Version:
Die Maßnahmen seien gänzlich unproblematisch, da man doch nur sein eigenes Interesse verfolge. Und dies sei den anderen Staaten doch auch unbenommen.

Mögliche Antwort Colberts, selbstbewusste Version:
Frankreich als der in allen Belangen führenden Nation Europas stehe dies ganz selbstverständlich so zu!

3. Stelle die Kritikpunkte Vaubans an der französischen Wirtschaftspolitik zusammen (Q6). [I]

- Es werde „nicht genug Rücksicht auf das niedere Volk genommen" (Z. 4/5), und zwar „von jeher" (Z. 3).
- Es klaffe ein Widerspruch zwischen den „wirklichen und nützlichen Diensten" dieser Gruppe (Z. 8–10) und ihrer Lebenssituation als „am meisten ruinierte und elendeste Schicht im Königreich" (Z. 7/8).
- Einerseits gebe es im Inland die Erzeugung lebenswichtiger Güter im Überfluss und Exportüberschüsse, andererseits aber die Lasten von Kriegen und die Auswirkungen einer „fehlerhaften Wirtschaftspolitik" (Z. 32/33).

4. Stelle den Kritikpunkten Vaubans Vorschläge zur Verbesserung gegenüber (Q6). [II]

- Abgaben besser an die Möglichkeiten der Steuerzahler anpassen (Z. 35–37);
- Einkünfte sparsam verwalten (Z. 38);
- Steuerpächter entmachten (Z. 38–40).

5. Fasse die Ausführungen von Smith zusammen. Berücksichtige alle im Titel genannten Begriffe. (Q8) [I]
Zölle:
Beschränkung der Einfuhr fremder Waren, Schutz der eigenen Wirtschaft vor Konkurrenz (Z. 1–6).
Konkurrenzdenken:
Wechselseitige Zollerhebung schadet allen Beteiligten, war vielleicht sogar Kriegsursache (Z. 10–20).
Das Volkseinkommen entspricht dem Tauschwert des gesamten Jahresertrags (Z. 21–24).
Der Einzelne steigert gleichzeitig das Volkseinkommen, wenn er seinen eigenen Gewinn zu steigern versucht (Z. 24–42), und kein Staatsmann weiß besser als er, was den höchsten Ertrag verspricht (Z. 43–51).

Smith kritisiert die merkantilistische Politik Colberts mit Argumenten, die aufzeigen sollen, dass die dirigistischen Eingriffe des Staates mehr schaden, als nutzen (z. B. Förderung des Konkurrenzdenkens), während die Schaffung wirtschaftlicher Freiräume für den Einzelnen automatisch die größtmögliche Vermehrung des Volkseinkommens (Z. 22) nach sich ziehen werde.

6. Größtmögliche Freiheit für den einzelnen wirtschaftlich Handelnden oder staatliche Lenkung der Wirtschaft? Stelle merkantilistische Auffassungen denen von Smith gegenüber (Karte Orientierungsseite, Q4–Q6). [II]

Colbert	Smith
zentrale Lenkung ↓ Ankurbelung der Wirtschaft durch Eingriffe, Ziel: mehr Steuern Maßnahmen u. a.: Vereinheitlichung von Zöllen und Maßen, Infrastrukturverbesserung	größtmögliche wirtschaftliche Freiheit ↓ Bemühung des Einzelnen um größtmöglichen Gewinn → Steigerung des Volkseinkommens

Es wird deutlich, dass sich beide Auffassungen diametral gegenüberstehen: hier (Colbert) zentrale Lenkung – dort (Smith) größtmögliche Freiheit. Beide Konzepte haben aber das gleiche Ziel vor Augen: den prosperierenden Staat.

7 Bewerte den Widerstreit zwischen Freiheit und Lenkung im wirtschaftlichen Bereich. Erkundige dich auch nach aktuellen Fragestellungen in diesem Konfliktfeld. [III]
Die Bewertung wird mit dem Blickwinkel der Gegenwart dem Standpunkt von Adam Smith näher sein als dem dirigistischen Ansatz Colberts. Im Sinne des Konzepts der „sozialen Marktwirtschaft" kann jedoch auch die Notwendigkeit staatlicher Eingriffe zum Schutz der Verbraucher thematisiert und dafür etwa das Beispiel der Verhinderung des Erreichens einer „marktbeherrschenden Stellung" genannt werden.

Tafelbild 1 8i8m7k

Merkantilistische Wirtschaftspolitik

Sie nützt ...	Sie schadet ...
- dem König dank verbesserter Einnahmen; - Kaufleuten und Manufakturbesitzern dank verbesserten Warenaustauschs.	- der einfachen Bevölkerung (da unberücksichtigt); - der Eigeninitiative der wirtschaftlich Handelnden; - der Entwicklung des Wohlstands (laut Smith); - dem Warenaustausch über Ländergrenzen - und dem Frieden?

Das Zeitalter der Aufklärung

80–83

Stundenvorschlag vn7ge6

1. Stunde: Aufklärung erfordert Mut

Kommunikations- und Sozialformen	Minimalfahrplan	Ergänzungsangebote
Unterrichtsgespräch	**Einstieg** Vorlesen eines kurzen Artikels aus einem Lexikon (z. B. zu einem aktuellen Thema, zum Schulort, zu einem Aspekt des Absolutismus-Themenbereichs o. Ä.), Unterrichtsgespräch über die Art und Weise der Artikelerstellung und mögliche Motive der Autoren Sammlung im Tafelanschrieb	
	Leitfrage Welche Absichten verfolgten die Aufklärer – mit der Encyclopédie und grundsätzlich?	
Einzelarbeit	**Erarbeitung 1** **Q6** (Einleitung Diderots zur Encyclopédie) mit Arbeitsaufträgen 1+2	Arbeitsauftrag 4
Plenum	**Auswertung** Vergleich mit Tafelanschrieb	
Think-Pair-Share-Verfahren	**Erarbeitung 2 – Think** **Q10** (Text Kant) mit Arbeitsauftrag 5	
	Pair Vergleich der Ergebnisse, Herstellung eines Gegenwartsbezugs	
Plenum	**Sicherung – Share** Austausch im Plenum	Tafelbild 1 **Q1** mit Arbeitsauftrag B

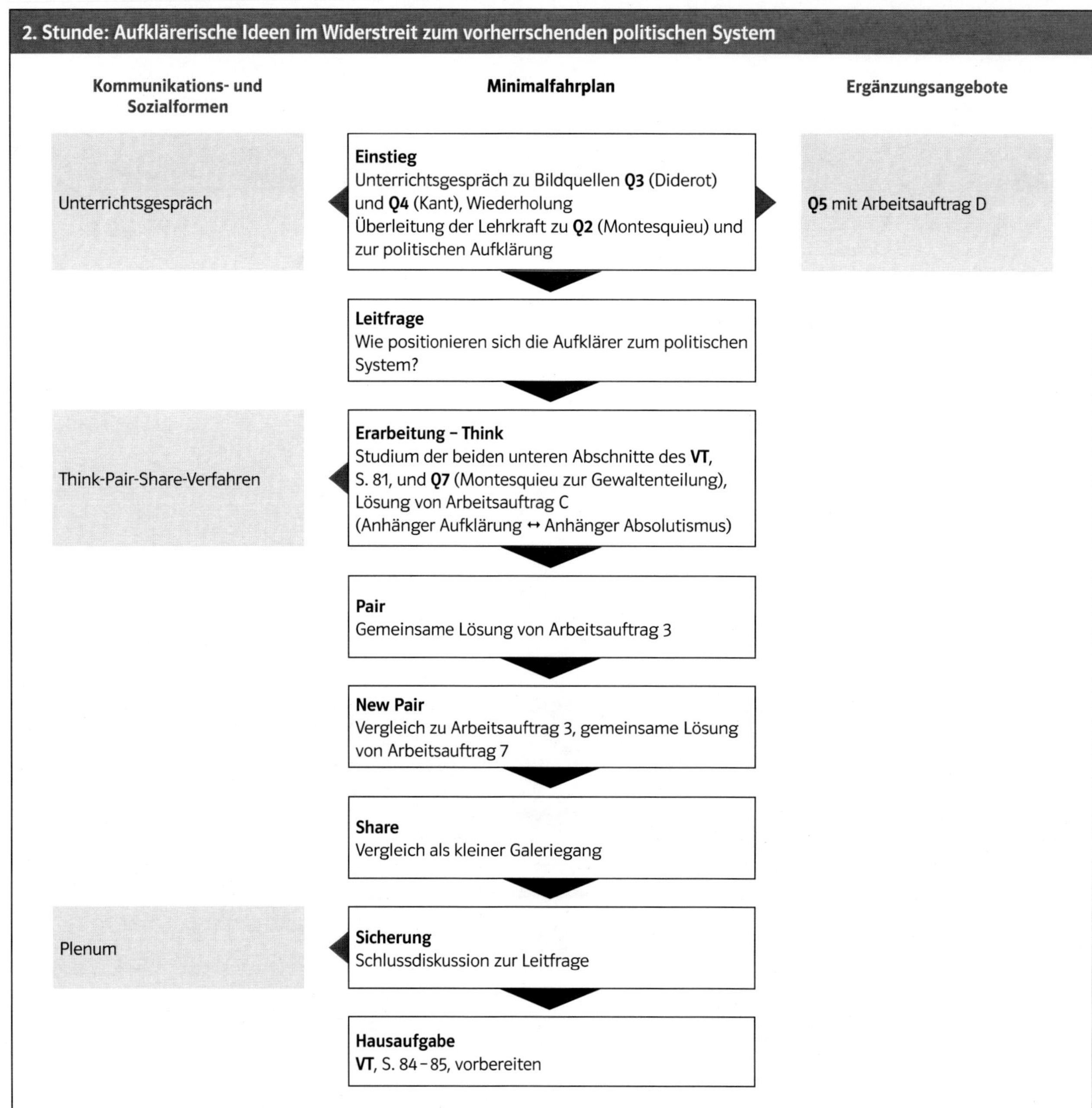

2. Stunde: Aufklärerische Ideen im Widerstreit zum vorherrschenden politischen System
Kommunikations- und Sozialformen
Minimalfahrplan
Ergänzungsangebote
Unterrichtsgespräch
Einstieg
Unterrichtsgespräch zu Bildquellen Q3 (Diderot) und Q4 (Kant), Wiederholung
Überleitung der Lehrkraft zu Q2 (Montesquieu) und zur politischen Aufklärung
Q5 mit Arbeitsauftrag D
Leitfrage
Wie positionieren sich die Aufklärer zum politischen System?
Think-Pair-Share-Verfahren
Erarbeitung – Think
Studium der beiden unteren Abschnitte des VT, S. 81, und Q7 (Montesquieu zur Gewaltenteilung), Lösung von Arbeitsauftrag C
(Anhänger Aufklärung ↔ Anhänger Absolutismus)
Pair
Gemeinsame Lösung von Arbeitsauftrag 3
New Pair
Vergleich zu Arbeitsauftrag 3, gemeinsame Lösung von Arbeitsauftrag 7
Share
Vergleich als kleiner Galeriegang
Plenum
Sicherung
Schlussdiskussion zur Leitfrage
Hausaufgabe
VT, S. 84–85, vorbereiten

80–83

Zum Verfassertext und zu den Materialien

Q1 Joseph Wright of Derby (1734–1797), der das abgebildete Ölgemälde „An Experiment on a bird in the Air Pump“ schuf, hatte sich auf naturwissenschaftliche Themen spezialisiert und setzte diese gern mit Kerzenbeleuchtung in Szene. Die Darstellung selbst greift ein Vakuumpumpenexperiment von Robert Boyle (1627–1692) auf. Der aus vermögendem Hause stammende Boyle hatte 1659 den aufwendigen Bau einer Kolbenvakuumluftpumpe in Auftrag gegeben, wie sie erstmals zehn Jahre zuvor von Otto von Guericke vorgestellt worden war. Mit ihrer Hilfe führte er zahlreiche Experimente durch und untersuchte u.a. die Wirkung des Entzugs von Sauerstoff auf Tiere.
Das Bild selbst zeigt einen weißen Kakadu, der in Panik flattert, während die Pumpe die Luft aus dem Gefäß absaugt. Zu dem Zeitpunkt, als das Gemälde geschaffen wurde, waren Vakuumluftpumpen finanziell erschwinglich geworden. Experimente wie dieses wurden von selbst ernannten „Dozenten in Naturphilosophie“ gern öffentlich vorgeführt.

Q2 Charles-Louis de Secondat, Baron de La Brède et de Montesquieu (1689–1755), entstammte dem Amtsadel und hatte Jura studiert. Er beerbte seinen Onkel als Gerichtspräsident in Bordeaux, war schriftstellerisch tätig, bereiste Europa und siedelte sich schließlich in Paris an.
Als sein wichtigstes Werk gilt die geschichtsphilosophische und staatstheoretische Schrift „De l’esprit des lois / Vom Geist der Gesetze“, die 1748 sicherheitshalber in Genf erschien. In ihr kritisiert er den Absolutismus und setzt ihm, an den britischen Denker John Locke (1632–1704) anknüpfend, ein gewaltengeteiltes System entgegen.

Q3 Denis Diderot (1713–1784) wirkte als Schriftsteller, Philosoph und Aufklärer und war mit Jean-Baptiste le Rond d'Alembert (1717–1783) eine der zentralen Persönlichkeiten bei der Erstellung der Encyclopédie. Ab 1747 arbeitete er rund 20 Jahre an dem Mammutprojekt. Von den insgesamt rund 72 000 Artikeln dürfte er allein 6 000 geschrieben haben, konnte daneben aber auch noch weitere schriftstellerische Arbeiten vollenden. Eine ihn prägende Erfahrung war eine gut dreimonatige Inhaftierung 1749, weil er sich kirchenkritisch geäußert habe.

Q4 Immanuel Kant (1724–1804) lebte als Philosoph im seinerzeit preußischen Königsberg. Mit Tätigkeiten als Hauslehrer, Bibliothekar und Privatdozent finanzierte er seinen Lebensunterhalt, ehe er 1770 Professor für Logik und Metaphysik in Königsberg wurde. 1781 veröffentlichte er mit „Kritik der reinen Vernunft" eines seiner Hauptwerke. Nach dem Tod Friedrichs II. geriet Kant in Auseinandersetzungen mit der preußischen Zensur, weil er kirchenfeindliche Standpunkte vertrete.

Q5 Der Blick in den Salon von Madame Geoffrin zeigt eine Versammlung vieler „Berühmtheiten" aus dem Paris des 18. Jahrhunderts, gemalt ist das Bild allerdings erst 1812. Dargestellt sind u. a. D'Alembert, Diderot, Montesquieu und Rousseau. Die Büste zeigt Voltaire, aus dessen Theaterstück gelesen wird, der sich 1755 aber in Genf im schweizerischen Exil aufhielt. Zuvor hatte er ab 1750 einige Jahre am Hof Friedrichs II. in Potsdam verbracht.
Marie-Therèse Geoffrin (1699–1777), früh verwitwet, widmete ihren Salon dem Gedankenaustausch von Gelehrten und Künstlern und gelangte damit selbst zu Berühmtheit, von der das Ölgemälde von Anicet Charles Gabriel Lemonnier (1743–1824) kündet.

Q6 Der Schriftsteller und Philosoph Denis Diderot (1713–1784) und der Mathematiker und Philosoph Jean Le Rond d'Alembert (1717–1783) legten mit der „Encyclopédie ou Dictionnaire raisonné des sciences, des arts et des métiers" (Enzyklopädie oder systematisches Wörterbuch der Wissenschaften, der Künste und des Handels) eine Sammlung des Wissens der Zeit vor.
Dieses Wissen hatte dank neuer Erkenntnisse v. a. in den Naturwissenschaften rasant zugenommen. Diderot legt in diesem Text die mit der Veröffentlichung verbundenen Absichten dar.

Q7 Aus Montesquieus Schrift sind einige Kernsätze zum Gedanken der Gewaltenteilung zitiert. Das 1748 erschienene Werk „L'Esprit de lois" (Vom Geist der Gesetze) gilt als eines der großen Werke der Staatswissenschaften. In ihm unterzieht Montesquieu verschiedene Staatsformen (Republik, Monarchie, Despotie) einer Untersuchung und entwickelt die bereits von Locke propagierte Gewaltenteilung weiter, um mit ihr ein innerstaatliches Gleichgewicht der Gewalten zum Schutz der Bürger vor Willkürakten zu realisieren.
Das Prinzip der Gewaltenteilung kennzeichnet alle modernen demokratischen Verfassungen, so auch das Grundgesetz der Bundesrepublik Deutschland.

Q9 Bei den dargestellten Versuchen handelt es sich um elektrostatische Experimente.
Auf dem rechten Experimentiertisch ist eine Leidener Flasche erkennbar, die in neuerer Bauweise auch in aktuellen physikalischen Schulsammlungen zu finden ist. Anzunehmen ist, dass bei dem gezeigten Schülerexperiment ein Blitz von der Spitze der verwendeten Leidener Flasche hin zu der Metallplatte darüber erzeugt wurde. Die Entladung erfolgt über ein von Schülern gebautes Haus und zerstört es. Es werden aber nur Geräte präsentiert, der vollständige Versuchsbau fehlt, denn es bleibt z. B. offen, wie die Spannung erzeugt wurde. Die Leidener Flasche ist nämlich ein Hochspannungskondensator, der Ladungen trennt, und kein Generator, also kein „Erzeuger" von „Spannungen". Die Freude der Schüler über das gelungene Experiment ist jedenfalls groß.
Das Prinzip der Leidener Flasche wurde unabhängig voneinander am 11. Oktober 1745 von dem Domdechanten Ewald Georg von Kleist in Cammin (Pommern) und 1746 von dem Physiker Pieter van Musschenbroek in Leiden entdeckt, als sie bei Laborversuchen mit entsprechenden Anordnungen von Gläsern und Metallteilen elektrische Stromschläge erhielten.
Auf dem mittleren Experimentiertisch wird ein elektrostatischer Versuch durchgeführt. Durch Reibung wird Spannung erzeugt. Hier wird ein vollständiger Versuchsaufbau gezeigt, benutzt wird das Prinzip unseres heutigen Bandgenerators: große Übersetzung, das kleine Rad rechts dreht sich damit sehr schnell und reibt schnell über ein Material, das nicht erkennbar ist. Früher wurden Bernstein oder Schwefelkugeln dafür benutzt, heute Kunststoff. Das zylinderförmige Gerät rechts wird aufgeladen.
Das Mädchen daneben hält wiederum eine Leidener Flasche. Die Ladung springt von Spitze zu Spitze über (Blitz). Die Vakuumglocke, Seile und Rollen auf dem linken Experimentiertisch sowie das Barometer (oder Thermometer?) an der Wand lassen darauf schließen, dass es hier um die Messung elektrischer Kräfte gehen dürfte. Möglicherweise soll die Abstoßung von elektrischen Ladungen gemessen werden.
Es scheint sich jedenfalls um ein bemerkenswertes Experiment zu handeln, da das Mädchen erkennbar erstaunt ist. Im Hintergrund ist eine Personengruppe zu erkennen, die beim Dreschen gezeigt wird, was als Symbolhandlung für körperliche Arbeit steht.
Die Schülergruppe kann aufgrund der Umstände und der gepflegten Kleidung leicht dem gebildeten Bürgertum zugeordnet werden. Dass Mädchen und Jungen gemeinsam unterrichtet werden, ist bemerkenswert, ebenso dass sie die Experimente sehr selbstständig durchführen. Dieser Grundgedanke, das Experiment als Beweisgrundlage heranzuziehen, verbreitete sich schnell unter den zeitgenössischen Wissenschaftlern und legte damit auch Grundlagen für die im 18. Jahrhundert beginnende Industrialisierung.

80–83

Erläuterungen zu den Arbeitsaufträgen

A: Stelle die wichtigsten Gedanken der Philosophen der Aufklärung zusammen. [II]
(Hinweis an die Schülerinnen und Schüler: gesamten Verfassertext nutzen!)
Die wichtigsten Gedanken sind
(in der Reihenfolge der Nennung im Verfassertext)
- Verfügbarmachung von Wissen;
- (wissenschaftliche) Diskussion;
- neues Denken: Der Mensch kann selbstbestimmt handeln;
- menschliche Vernunft als Richtschnur (nicht mehr kirchliche Lehren oder königliche Anordnungen);
- Arbeitsweisen der Naturwissenschaften als Vorbild: empirische Vorgehensweise;
- Übertragung des rationalen Denkens auf die Politik: Ideen der Volksherrschaft und der Gewaltenteilung;
- bessere Bildung für Menschen soll die Voraussetzung schaffen.

B: Beschreibe die Reaktionen des Publikums auf das Experiment. Finde Gründe dafür, warum die Vorführungen wissenschaftlicher Experimente großen Zulauf hatten. [II]
Die Anwesenden reagieren unterschiedlich: Ein Mädchen zeigt sich beunruhigt, das andere kann nicht hinschauen und muss von ihrem Vater getröstet werden; zwei Herren und ein Junge beobachten den Vorgang mit Interesse, das junge Paar links interessiert sich aber wohl gar nicht dafür. Der Wissenschaftler selbst blickt aus dem Bild, als ob der Betrachter herausgefordert werden solle. Die Lichtquelle sorgt für einen Hell-Dunkel-Effekt, wozu die zugezogenen Vorhänge ebenfalls einen Beitrag leisten.

C: Ein Anhänger des Absolutismus und ein Aufklärer diskutieren über Volkssouveränität und Gewaltenteilung. Schreibe ihr Gespräch auf. [II]
Argumente des Aufklärers:
- Volkssouveränität bedeutet, dass die Herrschaft vom Volk ausgeht – und nicht etwa von Gott;
- Volk erteilt den Auftrag zur Herrschaft – weshalb es auch den Gehorsam verweigern dürfe, falls der Herrscher gegen den Volkswillen handele;
- (Ver-)Teilung der Gewalten (Gesetzgebung, Ausführung der Gesetze, Rechtsprechung) in verschiedene Hände, Sinn: gegenseitige Kontrolle zum Schutz der Untertanen.

Vertreter des Absolutismus verweist auf
- Königtum „von Gottes Gnaden" als traditionelle Ordnung;
- Machtfülle des Monarchen als dessen ererbtes Recht;
- fehlende Einsicht des Volkes für politische Aufgaben.

D: Beschreibe das Bild und schließe aus der Darstellung der Personen, welche Bevölkerungsgruppen anwesend sind. [II]
Die Anwesenden sitzen in einem Halbrund und lauschen einem Vorleser. Die Darstellung kennzeichnet durch ihre Kleidung und Haltung die vorwiegend männlichen Anwesenden als Adlige bzw. Angehörige des gebildeten Bürgertums. Die Möblierung des Raums sowie die Gemälde unterstreichen diesen Eindruck.

E: Untersuche, welches Ideal von Bildung und Unterricht hier dargestellt wird. Vergleiche es mit deinem Unterricht. [II]
Die Darstellung zeigt einen forschenden Experimentalunterricht, der der eigenständigen Gewinnung naturwissenschaftlicher Erkenntnisse verpflichtet ist. Den Schülern wird die überschaubare Lerngruppe auffallen, die über viel Platz verfügt – was bei ihrem eigenen Unterricht nicht der Fall sein dürfte. Ob dieser überhaupt nennenswert viele Experimentalphasen kennt?

1. Stelle dar, welche Absichten die Verfasser der Enzyklopädie verfolgten (Q6). [I]
Sammlung von „auf der Erdoberfläche verstreuten" Kenntnissen (Z. 2/3) und deren Vermittlung als Nachschlagewerk an Menschen in Gegenwart und Zukunft (Z. 4–10);
künftige Generationen sollen „tugendhafter und glücklicher" werden (Z. 10–13);
Autoren wollen sich um die „Menschheit verdient" machen (Z. 13–15).

2. Erläutere, inwiefern für die Aufklärer typische Ideen mit der Enzyklopädie verfolgt werden (Q6). [II]
Die Verfügbarmachung von Wissen, die Schaffung der Grundlagen einer wissenschaftlichen Diskussion und das selbstbestimmte Handeln sollen durch die Encyclopédie gefördert werden.

3. Stelle Montesquieus Konzept in einem Schaubild dar Q7). [I]
Siehe Tafelbild 2 auf S. 71.

4. Analysiere den Text von Diderot im Hinblick auf die Frage, ob es mutig war, dies zu schreiben (Q8). [II]
Diderot betont, dass
- niemand von Natur aus das Recht besitze, über andere zu herrschen (Z. 1–2);
- Quelle politischer Macht immer die Usurpation der Macht durch einen Einzelnen oder das Einverständnis derjenigen Menschen sei, über die Autorität ausgeübt werde (Z. 5–15);
- Usurpation nur so lange funktioniere, wie die Macht der Befehlenden größer sei als die der Unterworfenen, welche das Abschütteln dieser Macht als Ziel verfolgten (Z. 15–22).

War das mutig?
Im Sinne von Kant (Q10) ist es schon deshalb mutig, weil der Autor seinen Verstand „ohne Leitung eines anderen" benutzt. Im Übrigen wurde der Text in der Zeit der absolutistischen Herrschaft veröffentlicht. Die Herrschaftslegitimation entstand aus Sicht des Königs durch göttlichen Auftrag (vgl. z. B. Bossuet), Diderot hingegen fordert das Zustandekommen „durch Vertrag". Da dies nicht vorliegt, ist sie eine Usurpation und die Unterworfenen könnten das Joch abschütteln ...
Nach Lesart der Vertreter des absolutistischen Systems kommt der Text einem Aufruf zum Staatsstreich nahe.

5. Erkläre, worin Kant die Ursachen dafür sieht, dass Menschen sich leicht beherrschen lassen. Welche Schlussfolgerungen zieht er daraus (Q10)? [II]

Kant sieht die Ursache darin, dass Menschen ihren Verstand nicht benutzen können oder wollen. Im letzteren Fall spricht er von „selbstverschuldeter Unmündigkeit". Faulheit, Feigheit (Z. 14) und Bequemlichkeit (Z. 20) nennt er als Gründe und dass die Menschen aufgrund dessen diese Unmündigkeit regelrecht lieb gewonnen hätten (Z. 31/32). Es mangele jedoch vor allem an der Gelegenheit, den eigenen Verstand zu benutzen.

Schlussfolgerung: Der unheilvolle Zusammenhang muss durchbrochen, das rationale Denken gefördert werden!

6. Bewerte ausgewählte Ideen der Aufklärer im Hinblick auf ihre Bedeutung für uns heute. [III]

Aspekte könnten z. B. sein:

- die zentralen Ziele unseres heutigen Schulsystems, wie z. B. die Erziehung zur Kritikfähigkeit;
- das gefächerte Spektrum der Wissenschaften;
- die Tatsache, dass das politische System von Gedanken der Aufklärer (z. B. Volkssouveränität, Gewaltenteilung) geprägt ist.

❼ Schreibe für ein Schülerlexikon einen Eintrag zum Stichwort „Aufklärung". [II]

Der Eintrag ins Schülerlexikon sollte folgende Aspekte berücksichtigen:

- die zeitliche Einordnung ins 17./18. Jahrhundert;
- die räumliche Zuordnung zu Frankreich und anderen europäischen Ländern;
- die namentliche Zuordnung von Persönlichkeiten wie Diderot, Kant, Montesquieu.

Die inhaltlichen Ausführungen sollten auf folgende Punkte eingehen:

- Verfügbarmachung von Wissen;
- (wissenschaftliche) Diskussion;
- neues Denken: Der Mensch kann selbstbestimmt handeln;
- menschliche Vernunft als Richtschnur (nicht mehr kirchliche Lehren oder königliche Anordnungen);
- Arbeitsweisen der Naturwissenschaften als Vorbild: empirische Vorgehensweise;
- Übertragung des rationalen Denkens auf die Politik: Ideen der Volksherrschaft und der Gewaltenteilung;
- bessere Bildung für Menschen soll die Voraussetzung schaffen.

Tafelbild 1 36qn98

Tafelbild 2 853r4a

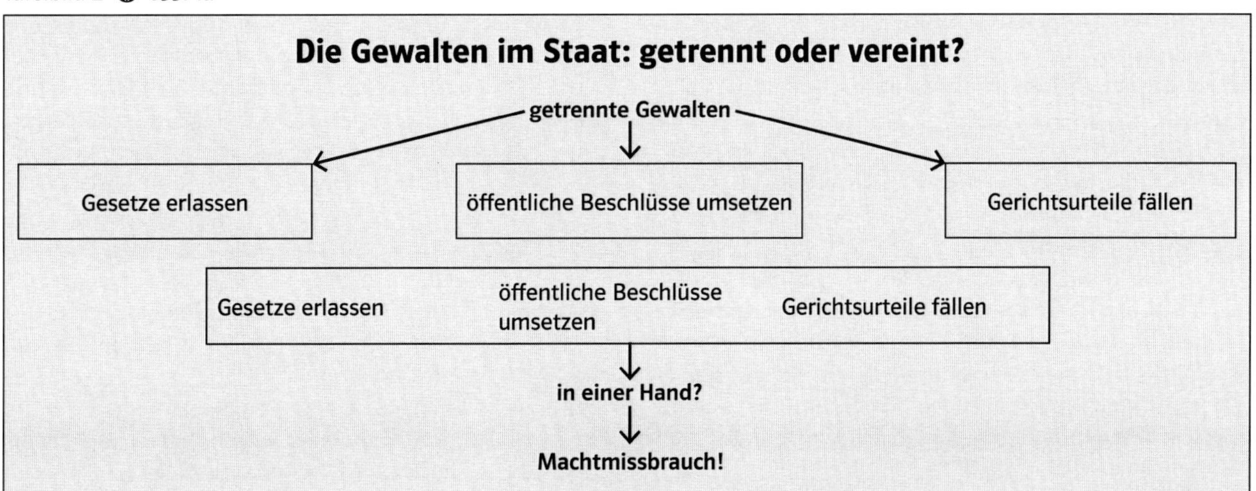

84–87

Friedrich II. – ein aufgeklärter Herrscher?

Stundenvorschlag iq83c9

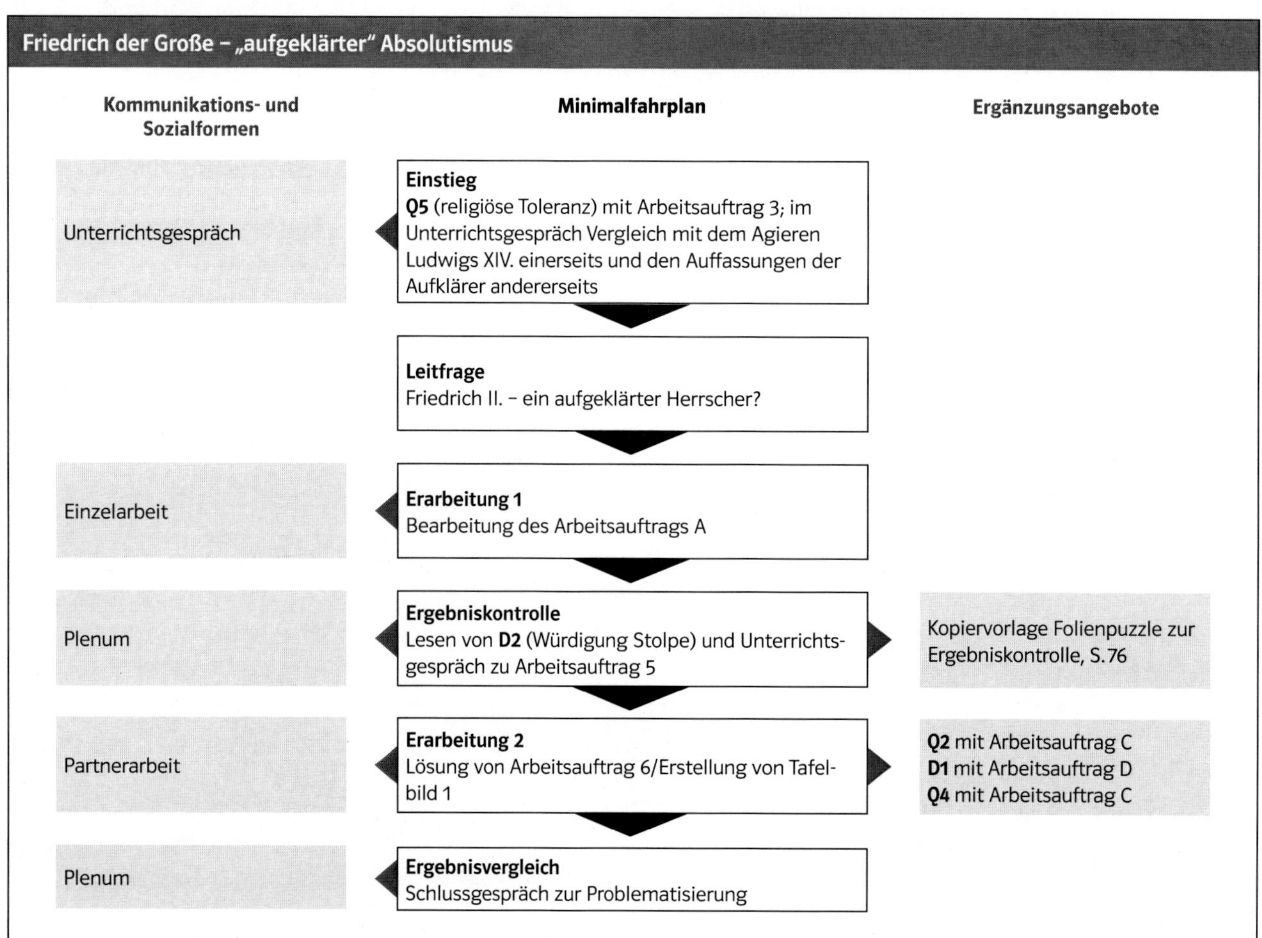

84–87

Zum Verfassertext und zu den Materialien

VT Die Darstellung im Verfassertext beginnt mit Friedrichs Verhalten in außenpolitischen Fragen – insbesondere Schlesien betreffend. Anschließend geht der Text ausführlich auf das „Aufgeklärte" an seiner Regierung ein und belegt dies an zahlreichen Beispielen.
Es wird den Lernenden hieran klar werden, dass für diesen absolutistisch regierenden Monarchen zwischen Aufklärung und Krieg resp. Machtpolitik zulasten vieler Menschen kein unüberwindlicher Widerspruch bestand, er in staatstragenden Fragen aber mehr absolutistisch denn aufgeklärt agierte.

Q1 Die Radierung zeigt Friedrich d. Gr. bei der Inspektion von Truppen. Hinter ihm abgebildet ist der Kronprinz, der spätere König Friedrich Wilhelm II.
Daniel Nikolaus Chodowiecki (1726 – 1801) gilt als populärster deutscher Kupferstecher, Grafiker und Illustrator des 18. Jahrhunderts. In Danzig als Kaufmannssohn geboren und in Berlin ausgebildet, mit einem polnischstämmigen Vater und einer hugenottischen Mutter und auch Ehefrau repräsentiert er die unterschiedlichen Wurzeln des preußischen Staates jener Zeit.
Chodowiecki illustrierte Werke von Literaten wie Lessing, Goethe oder Schiller und auch wissenschaftliche Werke. Dank seiner Werkstatt in Berlin, in der einige der besten Kupferstecher, Radierer und Miniaturmaler des Landes für ihn arbeiteten, konnte er solche Illustrationen in großer Anzahl erstellen (lassen).
Er war auch Mitglied der Königlich-Preußischen Akademie der Künste, die allerdings wenig Bedeutung besaß. Später wurde er ihr Sekretär, dann auch Direktor.
Chodowieckis Darstellungen des preußischen Königs, häufig als Miniaturen für Kalender angefertigt, leisteten einen wesentlichen Beitrag dazu, das öffentliche Bild vom „Alten Fritz" erstehen zu lassen. In den Kalenderblättern wurde durch Chodowieckis realistisch wirkende Darstellungen – und ergänzt um Anekdoten – ein Bild des Menschen und Monarchen Friedrich konstruiert, das der Realität meist wenig entsprach.

Q2 Der Künstler Johann David Schleuen (genannt der Ältere) (1711? – 1771? oder 1774?) zählt zu einer Familie Berliner Kupferstecher.
Seine Darstellung des Schlosses Sanssouci zeigt das auf einem terrassierten Weinberg gelegene Schloss, das eng mit der Person Friedrichs des Großen verbunden ist. Sanssouci gilt dabei als Meisterwerk des sogenannten „friderizianischen Rokoko".

Der dem Schloss von Friedrich selbst verliehene französische Name „Sanssouci“ – zu Deutsch „ohne Sorge“ – verdeutlicht des Monarchen Absicht, hier in weniger steifer Atmosphäre und bei lockererem Hofzeremoniell privaten Interessen nachzugehen. Nachdem er bereits 1743 selbst die Anlage des Weinbergs in einer Skizze geplant und dann auch die Grundstücke dafür gekauft hatte, ließ er durch den Architekten Georg Wenzeslaus von Knobelsdorff (1699–1753) – wiederum auf der Basis eigener Skizzen – 1745 bis 1747 das „Lust-Haus zu Potsdam“ erbauen.
Friedrich Wilhelm II., sein Neffe und Nachfolger, missachtete übrigens den Letzten Willen seines Onkels, der in der bereits zu seinen Lebzeiten angelegten Gruft vor Sanssouci bestattet werden wollte, und ließ ihn stattdessen in der Potsdamer Garnisonkirche beisetzen. Erst 1991, 205 Jahre später und nach zwischenzeitlicher Umbettung auf die Burg Hohenzollern, sollte sich dieser Wunsch erfüllen (vgl. D2).
Auf dem Stich sieht man von fern die Gartenfassade des Schlosses und die markante Kuppel. Den in sechs Terrassen gegliederten Weinberg erkennt man ebenso gut wie die vorgelagerte Gartenanlage mit ihren strengen symmetrisch angeordneten geometrischen Formen und dem Brunnen in der Mitte. Eine klar konturierte Achse führt auf das von der Kuppel gekrönte Zentrum der Schlossanlage zu.

Q3 Die Ausführungen Friedrichs von 1737/38, die er noch zu seiner Zeit als Kronprinz verfasst hatte, legen Gedanken dar, die er ab 1740 als König nicht unbedingt beherzigte.
In der Quelle bekennt sich der Kronprinz Friedrich zunächst zur Volkssouveränität und verurteilt die Verhaltensweisen anderer Herrscher, die „nach falschem Ruhme“ (Z. 12/13) auf Kosten der Bevölkerung drängten. Ab Zeile 32 zieht er dann Konsequenzen aus seinem Ansatz: Eroberungen (Z. 33) und die Unterdrückung der Nachbarn (Z. 36/37) wertet er zunächst ab und preist stattdessen eine Regierung durch Pflichterfüllung des Herrschers zum Wohl des Volkes. Die zunächst vorgenommene Abwertung verstärkt er ab Zeile 43 zur Verurteilung und spricht von „Schmach und Schande, seine Staaten zugrunde zu richten“ und nennt „verbrecherische Raubgier, etwas zu erobern, worauf man keinen Anspruch besitzt“.

Q4 Der Kupferstich von Peter Haas (1754 – nach 1804) zeigt Friedrich und Voltaire in Sanssouci.
Voltaire, der eigentlich François Marie Arouet hieß (1694–1778), gilt als besonders einflussreicher französischer und auch europäischer Aufklärer. Seit 1736 stand er in losem Kontakt zu Friedrich, der ihn bewunderte. Von 1750 bis 1752 lebte er in Sanssouci, zerstritt sich dann aber mit dem König und verließ Potsdam. Die von Haas dargestellte Szene greift also rund dreißig Jahre später diese Phase wieder auf.

Q5 Die Randbemerkung mit der sprichwörtlich gewordenen Feststellung, es müsse ein jeder nach seiner Façon selig werden, schrieb Friedrich an den Rand eines Berichtes, in dem es um katholische Schulen im protestantischen Berlin ging.

D1 In der Karte wird „Die territoriale Entwicklung Brandenburg-Preußens vom 15. Jahrhundert bis 1795“ dargestellt.
Der erste kartierte Schritt dieser Entwicklung zeigt die Ausgangssituation in der Mark Brandenburg mit dem Territorium, mit dem 1417 der Burggraf von Nürnberg, Friedrich, als Kurfürst Friedrich I. belehnt wurde. Als Nächstes ist der territoriale Status beim Regierungsantritt Friedrichs II. erfasst; die Phasen der zwischenzeitlichen Erwerbungen binnen drei Jahrhunderten sind, weil für den Kapitelkontext nicht relevant, in didaktischer Reduktion nicht aufgenommen.
Für die Regierungszeit Friedrichs II. wird zwischen Erwerbungen aus der mit Österreich und Russland vereinbarten Teilung Polens (1772) und übrigen Gebieten unterschieden – hier sticht Schlesien ins Auge.
Um den Anschluss an die Karten im Kapitel „Deutschland unter Napoleon – Besatzung oder Befreiung?“ sicherzustellen, sind auch die Erwerbungen von Friedrichs Neffen und Nachfolger, Friedrich Wilhelm II. (1744–1797, Kg. 1786–1797), aus zwei weiteren polnischen Teilungen in die Karte aufgenommen.
Neben Informationen zu Wirtschaft, Landgewinnung durch Trockenlegung und Festungsbau unter Friedrich II. wird auch die Ansiedlung von Einwanderern erfasst, bei denen es sich hauptsächlich um Glaubensflüchtlinge wie die französischen Hugenotten handelte.
Schließlich ist noch die Reichsgrenze von 1789 eingetragen. Sie zeigt, dass insbesondere nach den Zugewinnen durch die polnischen Teilungen große Teile Preußens außerhalb des Reiches im Osten lagen.

Erläuterungen zu den Arbeitsaufträgen

84–87

A: Stelle in einer Tabelle gegenüber, worin sich das Absolutistische an Friedrichs Herrschaft zeigt und worin das Aufgeklärte. [II]

Absolutistisches	Aufgeklärtes
– Alleinherrscher – Machtpolitik – Kriege, z. B. wegen Schlesiens, und Teilung Polens (→ Aufstieg zur Großmacht) – Leiden der Bevölkerung unter Lasten – merkantilistisch geordnete Wirtschaft – Erhaltung der Ständeordnung und der Adelsprivilegien	– „erster Diener des Staates“ – Abschaffung von Folter – keine Diskriminierung christlicher Minderheiten – Verbesserung des Bildungswesens – Entlassung eigener Bauern aus der Erbuntertänigkeit – Rechtsreform – eigene philosophische und musische Interessen

Brandenburg-Preußen von 1417–1795			
	Territoriale Entwicklung	**Wirtschaftliche Entwicklung**	**Bevölkerungsentwicklung**
Ausgangssituation 1417	„Mark Brandenburg“ mit Prignitz, Altmark, Uckermark und Mittelmark	-	-
beim Regierungsantritt Friedrichs II. 1740	„Preußen“ mit Gebiet wie oben und zusätzlich Neuenburg, Kleve, Obergeldern, Mark, Minden, Ravensberg, Hohnstein, Magdeburg, Ruppin, Jericho, Saalkreis, Vorpommern, Hinterpommern, Neumark, Cottbus, Ostpreußen	Insgesamt zeigen die nur vereinzelt vorgenommenen Eintragungen die hohe Bedeutung der Landwirtschaft Einige Manufakturen für Textilien und Porzellan im näheren und weiteren Umkreis von Berlin Die in Schlesien eingetragenen Eisenhütten verweisen auf die wirtschaftliche Bedeutung dieser Provinz Wirtschaftliche Auswirkungen hat auch die Trockenlegung des Oderbruchs, die die Besiedlung und Nutzung dieser Flächen ermöglichte	Bevölkerungszuwächse für Preußen als Ganzes ergeben sich allein schon aus den beträchtlichen territorialen Zugewinnen Die Ansiedlung von Einwanderern erfolgte v. a. in Schlesien (ca. 80 000) und Prignitz (ca. 95 000), aber auch in der Altmark, Hinterpommern, West- und Ostpreußen sowie Mark und Kleve
beim Tod Friedrichs 1786	außerdem Gebiet östl. Neuenburg, westl. Saalkreis, Schlesien sowie aus polnischer Teilung Westpreußen, Netze - Distrikt, Kulmerland, Ermland		
unter Friedrich Wilhelm II. bis 1795	Territorium Friedrichs II. plus Ansbach, Bayreuth, Südpreußen, Neu-Ostpreußen	-	-

B: Beschreibe, welches Erscheinungsbild Friedrichs II. der Maler verbreiten wollte. Welche künstlerischen Mittel hat er dafür genutzt? [II]
Die Darstellung zeigt Friedrich II. als nüchternen, streng wirkenden Monarchen, die Parade seiner zahlreichen Wachsoldaten abnehmend. Die Darstellung wirkt düster, die Wolke bedrohlich. Davon ab- und hervorgehoben dargestellt wird der Monarch.

C: Vergleiche mit dem Bild von Versailles auf S. 66. Schlussfolgere, wie Friedrich über die Prunkentfaltung an einem Fürstenhof gedacht hat. [III]
Wie auch in Versailles wirkt die Anlage in Sanssouci geometrisch geordnet. Die Potsdamer Anlage wirkt aber weitaus nüchterner und strenger, ja bescheidener. Auf prunkvollste Entfaltung, die in Versailles eine so große Rolle spielt, verzichtet Friedrich in Potsdam bewusst.

D: Trage in eine Tabelle ein, wie sich Brandenburg-Preußen entwickelt hat. Berücksichtige dabei die territoriale, die wirtschaftliche und die Bevölkerungsentwicklung. [I]
(S. Tabelle oben.)

E: Vergleiche die Darstellung Friedrichs II. mit seiner Darstellung in Q1. Notiere in Stichworten, welche Eigenschaften der Künstler heraushebt. [III]
Die Körpersprache Friedrichs verrät in der Darstellung von Haas, dass der König (in Uniform) sich in intensiver Diskussion mit seinem Gesprächspartner Voltaire befindet. Hervorgehobene Eigenschaften kreisen um:
- Konzentration,
- Engagement,
- Argumentation,
- Überzeugungskraft.

Im Bild von Chodowiecki mustert der auf dem Pferd sitzende Monarch die Truppen, dabei wirkt er sehr reserviert und unnahbar.

1. Stelle die Vorstellungen Friedrichs zum Verhalten von Fürsten zusammen (Q3). [I]
Die Fürsten sollten nach Auffassung des Kronprinzen Friedrich
- nicht glauben, dass Gott die Völker geschaffen habe, damit sie sich darin beweisen und ihre Untertanen schlecht behandeln könnten (Z. 1–8),
- falsche Ideen ablegen, wie z. B. das Streben nach falschem Ruhm, das „glühende Verlangen, alles zu erobern“ und die „harten Auflagen“ für die Bevölkerung (Z. 9–16),
- einsehen, dass ihre Würde auf die Völker zurückgeht, die sich einen gerechten Herrscher und nicht einen Tyrannen erwählten (Z. 17–31),
- einsehen, dass nicht die Unterdrückung der Nachbarn, sondern die Erfüllung der Erwartungen und Wünsche des Volkes „wahre[n] Herrscherruhm“ generiert (Z. 32–42),
- nie ohne rechtlich fundierten Anspruch etwas erobern (Z. 43–48).

2. Stell dir vor, ein preußischer Einwohner, der in einem der Kriege seinen Sohn verloren hat und kaum noch seine Steuern aufbringen kann, bekommt das Schriftstück Q3 in die Hände. Schreibe für ihn einen Brief an Friedrich. [II]
Der Bauer beklagt, dass der König den eigenen Vorstellungen nicht treu blieb und insbesondere in der Schlesienfrage gegen sie verstieß (Z. 6–9 und Z. 32–48). Denn er hatte Eroberungen und Unterdrückung der Nachbarn angeprangert – und jetzt bezahlen die Bauern die Zeche für den Expansionsdrang des Königs mit Menschenleben und wirtschaftlicher Not.

3. Beschreibe mithilfe von Q5 Friedrichs Haltung gegenüber den Konfessionen. [I]
Friedrich zeigt sich in religiösen Fragen (eingeschränkt) tolerant: Ein jeder (Christ (!)) solle „nach seiner Faßon selich" werden, die Zugehörigkeit zu Konfessionen also keinen bestimmenden Charakter besitzen.

4. Vergleiche Friedrichs Haltung gegenüber Konfessionen mit der Situation in Frankreich zur Zeit Ludwigs XIV. (Q5 und Q3, Q4 auf S. 73). [III]
Ludwig XIV. erhob den Anspruch, die Konfessionszugehörigkeit der Franzosen bestimmen zu können: ein Glaube, ein Gesetz, ein König.

5. Nimm zu dem Zitat Friedrichs vom Kapitelanfang Stellung. Hat er seinen Anspruch erfüllt? [III]
In den Augen des Königs war dies gewiss der Fall. Das gilt auch für die Kriege um Schlesien, da diese aus der Sicht des Monarchen ja zum Wohle Preußens geführt wurden und er daran auch selbst teilnahm. Aufgeklärte Beobachter z. B. können ihre Schwerpunkte deutlich anders setzen und das königliche Verhalten anprangern.

❻ Friedrich II., schon früh „der Große" genannt, ist in Deutschland lange Zeit uneingeschränkt verehrt worden. Erörtere die Ursachen dafür, dass das Urteil über Friedrich II. heute gespaltener ausfällt (VT, D2). [III]
Der Verfassertext nennt Gesichtspunkte aus heutiger Sicht, die zeitweise (Kaiserreich bis NS-Zeit) Bewunderung auslösten, heute aber tendenziell negativ konnotiert sind:
- Alleinherrscher,
- Machtpolitik,
- Kriege, z. B. wegen Schlesiens, und Teilung Polens (Aufstieg zur Großmacht),
- Leiden der Bevölkerung unter Lasten
- merkantilistisch geordnete Wirtschaft,
- Erhaltung der Ständeordnung und der Adelsprivilegien.

Von Manfred Stolpe werden in D2 angesprochen:
- sowohl aufgeklärter Staat mit dem Regierungsziel: „des Landes Vorteil" (Z. 16),
- Toleranz, Aufbauwillen, Gemeinschaftssinn, leistungsfähige Verwaltung (Z. 27/28),
- aber auch „machthungriges, kämpferisches Preußen, das die Schlesischen Kriege führt, die Unsummen verschlingen, während das Volk hungert" (Z. 17–21).

Tafelbild 1 🌐 pr3fg2

Friedrich der Große in der heutigen Beurteilung

\+
aufgeklärter Staat
konfessionelle Toleranz
„des Volkes Vorteil" als Staatsziel
↑
gespaltenes Urteil über Friedrichs Preußen
↓
–
machthungrig
kriegerisch
auf Kosten der Bevölkerung handelnd

Kopiervorlage Folienpuzzle

Absolutistisches	Aufgeklärtes

„erster Diener des Staates"	keine Diskriminierung christlicher Minderheiten
Abschaffung von Folter	Kriege, z. B. wegen Schlesien, und Teilung Polens (→ Aufstieg zur Großmacht)
Alleinherrscher	Leiden der Bevölkerung unter Lasten
eigene philosophische und musische Interessen	Machtpolitik
Entlassung eigener Bauern aus der Erbuntertänigkeit	merkantilistisch geordnete Wirtschaft
Erhaltung der Ständeordnung und der Adelsprivilegien	Rechtsreform
	Verbesserung des Bildungswesens

Name .... Klasse .... Datum ....

Autor: Georg Langen
Programmbereich Gesellschaftswissenschaften

Wiederholen und Anwenden

88–89

1. Ein Silbenrätsel lösen: wichtige Begriffe einordnen (Sachkompetenz)
Übernimm die Silben in dein Heft und löse das Rätsel.

1 Mer-kan-ti-lis-mus
2 Auf-klä-rung
3 Aka-de-mie
4 Pri-vi-le-gien
5 Son-nen-kö-nig
6 Ma-nu-fak-tur
7 Col-bert
8 Ab-so-lu-tis-mus
9 Ver-sailles
10 Ste-hen-des Heer
11 Ge-wal-ten-tei-lung
12 Stän-de-ge-sell-schaft
13 Hu-ge-not-ten

2. Eine Textquelle auswerten: Die Merkmale absolutistischer Herrschaft (Methodenkompetenz, Urteilskompetenz)
Erschließe Ludwigs XIV. Ausführungen mit den methodischen Arbeitsschritten „Textquellen auswerten" (S. 226). Schreibe dann auf, welche dieser Prinzipien Ludwig nach deiner Kenntnis ein Leben lang beachtet hat und welche nicht.
Methodische Arbeitsschritte:
1 Inhalt erfassen
In der Quelle referiert Ludwig den ihm eigenen Regierungsstil (Z. 1 – 23), den Umgang mit dem Adel bzw. den Parlamenten (Z. 24 – 32), sein Verständnis von Herrschaft (Z. 32 – 41) und die Forderung des Gehorsams gegenüber dem König wie gegenüber Gott (Z. 42 – 51). Schließlich mahnt er dazu, das „Wohl der Untertanen weit mehr im Auge zu haben" als das eigene (Z. 51 – 57).

2 Untersuchen
Autor: Ludwig XIV., französischer König (1638 – 1715)
Adressat: Thronfolger
Absicht: Erläuterung von Ludwigs Handeln, Empfehlung zur Nachahmung
zeitlicher Abstand: keiner
Einseitigkeit: ja, in der Natur des Textes begründet

3 Deuten
Ludwig XIV. will als mit absolutistischem Anspruch regierender Monarch einiges anders machen als seine Vorgänger. Insbesondere ist ihm an der Beseitigung der Mitwirkungsrechte anderer – also des Adels und des Klerus – gelegen und an der Zentrierung der Macht auf seine Person. Eine eigene Verantwortlichkeit sieht er nur Gott gegenüber gegeben. Diese Konstruktion von Herrschaft soll der Thronfolger fortführen.

Die ergänzende Frage fordert zu einem Vergleich zwischen Ludwigs Maximen und seinem Handeln auf. Die Mahnung, das „Wohl unserer Untertanen weit mehr im Auge zu haben als unser eigenes" (Z. 51 – 55), formuliert eine Zielsetzung, der Ludwig erkennbar wenig Bedeutung für sein eigenes Handeln beigemessen hat (wobei das vermutlich in Ludwigs „Lesart" der Gegebenheiten sehr wohl der Fall war). Im Übrigen ist der Vergleich auf der vorhandenen, als recht schmal zu charakterisierenden Informationsbasis naturgemäß nur oberflächlich zu leisten, weshalb die Schüler(innen) zu einem bejahenden Urteil kommen werden. Die didaktische Reduktion ist zulässig, weil man auch auf einer detailreicheren Urteilsbasis prinzipiell zu dem gleichen Ergebnis kommen würde.

3. Ein Herrscherbild auswerten: der Erzbischof und Kurfürst von Trier (Methodenkompetenz, Urteilskompetenz)
Werte das Gemälde mithilfe der methodischen Arbeitsschritte von S. 75 aus.
Vergleiche mit dem Herrscherbild von Ludwig XIV. auf S. 74. Welche Gemeinsamkeiten bzw. welche Unterschiede gibt es und wie sind diese zu erklären?
Methodische Arbeitsschritte:
1. Beschreiben
Im Mittelpunkt des Bildes und einen beachtlichen Teil dessen ausfüllend steht ein würdevoll blickender Mann, über dem sich wertvoller Stoff wölbt. Der in geistliche Gewänder gekleidete Mann stützt sich auf ein Buch, das auf einem Tisch steht. Auf bzw. neben dem Tisch sind Zeichen seiner Herrschaft angeordnet: der Kurhut, eine Mitra, Bischofskreuz und Pallium, ein Orden. Neben ihm befindet sich ein Stuhl.

2. Untersuchen
Herrscher: Clemens Wenzeslaus von Sachsen (1739 – 1812), Erzbischof und Kurfürst von Trier 1768 – 1801
Künstler: Heinrich Foelix (1732 – 1803), Hofmaler
Foelix hat sich stark am Herrscherporträt Ludwig XIV. von Rigaud orientiert. Wie im Vorbild soll der Betrachter zu Clemens aufschauen (das Bild ist allerdings viel kleiner) und auch er ist mit seinen Herrschaftsinsignien – in seinem Fall Kurmantel, Kurhut, Mitra, Pallium, Bischofskreuz – dargestellt. Auch in Foelix' Porträt findet sich ein Orden, der einen Hinweis auf die Herkunft aus dem sächsisch-polnischen Königshaus gibt.

3. Deuten
Clemens Wenzeslaus wird als bedeutender Bischof und Kurfürst mit seinen geistlichen und weltlichen Herrschaftszeichen dargestellt. Durch die Analogie in der Darstellung zu Ludwig XIV. wird ein vergleichbarer Herrschaftsanspruch ausgedrückt. Die auffälligsten Unterschiede ergeben sich daraus, dass wegen des geistlichen Amtes andere Bezüge hergestellt und andere Symbole verwendet werden mussten.

4. Ein Interview erfinden: Ludwig XIV. (Urteilskompetenz, Handlungskompetenz, Kommunikationskompetenz)
Stell dir vor, König Ludwig hätte nicht lange vor seinem Tod in Versailles einer Zeitung ein Interview gegeben, wie wir es von unseren Staatsmännern heute kennen. Schreibe das Interview auf. Ein paar Stichwortzettel sind für dich vorbereitet.
Das Interview sollte auf folgende Aspekte eingehen:

zur Einstellung des Königs
Der König
- betont seine Stellung und Würde;
- benutzt den Vergleich mit der Sonne;
- verweist auf Versailles und die Hofhaltung;
- streicht seinen auf Gottes Willen zurückgeführten Herrschaftsanspruch heraus.

zu Militär und Krieg
Der König
- spricht über seine Außenpolitik mit dem Ziel der Rheingrenze und über die errungenen Erfolge;
- bezeichnet das Stehende Heer als bedeutsames Machtmittel, das ausschließlich ihm unterstellt sei.

zur Wirtschaft und zu staatlichen Einnahmen und Ausgaben
Der König
- besteht auf der Notwendigkeit von Ausgaben für militärische und repräsentative Zwecke;
- spricht positiv über Colbert und dessen Erfolge;
- nennt z. B. die Verbesserung der Infrastruktur und das erhöhte Steueraufkommen.

zu seinem Verhältnis zum Hochadel und übrigen Bevölkerungsgruppen
Der König
- stellt das Leben der Adligen am königlichen Hof als Zeichen seiner Gnade dar;
- verweist die beiden oberen Stände auf ihre verbliebenen Privilegien;
- weist den Klerus auf seinen göttlichen Auftrag und seine Religionspolitik (Aufhebung Toleranzedikt) hin;
- erinnert den Dritten Stand an seine (untergeordnete) Rolle in der von Gott gewollten Ordnung.

90–91

Vertiefen und Vernetzen: Verändert Bildung die Gesellschaft?

Zum Verfassertext und zu den Materialien

Q1 Die Zuschreibung des Bildes ist unsicher. In Auftrag gegeben wurde es von einem Angehörigen eines Augsburger Ratsgeschlechtes. Der vollständige Zyklus mit vier Bildern befindet sich im Deutschen Historischen Museum. Im Augsburger Maximilianmuseum hängt eine Kopie des Winter-Bildes.

90–91

Erläuterungen zu den Arbeitsaufträgen

1. Beschreibe einzelne Szenen des Bildes Q1. [I]
Viele Menschen bevölkern den beschneiten Platz. Im Vordergrund sieht man einen Zug vornehm gekleideter Männer (Ratsherren) in dunklen Umhängen. An ihrer Spitze gehen zwei bunt gekleidete Männer (Ratsdiener mit den Stadtfarben an ihrer Kleidung). Links im Vordergrund und im Mittelgrund sind verschiedene Verkaufsszenen zu erkennen: Gänse, Schweine, Holz, Fisch. In der Mitte fährt eine prächtige Kutsche, links davon arbeitet ein Zahnbrecher. Im Hintergrund befinden sich weitere Verkaufsläden. Bezüglich der Bebauung sind besonders der Perlachturm in der Mitte und das Haus rechts, das Rathaus, hervorzuheben. Man erkennt es daran, dass die Ratsherren aus ihm kommen und oberhalb der Tür ein Stadtwappen angebracht ist.

2. Charakterisiere, wie in Q1 die Mitglieder des Stadtrates im Vordergrund rechts dargestellt sind. [II]
Die Ratsherren treten sehr würdig auf. Das kommt in ihrer Haltung und in ihrer Kleidung zum Ausdruck. Sie tragen alle einen weiten, ungegürteten Mantel, die Schaube, und eine flache Mütze, das Barett, in dieser Zeit ein Zeichen der gebildeten Stände.

3. Stelle dir vor, du solltest als Stadtrat das Bild beim Maler in Auftrag geben. Führe den folgenden Satz in mehreren Sätzen fort: „Malt den Perlachplatz so, dass ...". Beachte dabei auch die Größe des Bildes. [II]
Musterlösung:
„Malt den Perlachplatz so, dass jeder erkennen kann, was für eine wichtige und wohlhabende Stadt Augsburg ist. Man soll sehen, wie der Handel blüht. Und es soll deutlich werden, dass das der klugen Regierung der Ratsherren zu verdanken ist. Das ganze Bild soll sehr prächtig wirken."

4. Mache vor, wie der Bauer auf dem Bild (Q3) vermutlich gelesen hat. [I]
Der Bauer wird sehr mühsam, stockend, um Buchstaben ringend gelesen haben. Lesen ist noch längst keine selbstverständlich beherrschte Kulturtechnik.

5. Begründe, was der Künstler mit dem Bild Q3 deiner Ansicht nach zeigen will. Berücksichtige dabei auch den VT auf der linken Seite. [II]
Der Künstler hebt vermutlich auf das Neue an dieser Situation ab: Es gibt jetzt, im Zeitalter der Aufklärung, ein spezielles Lektüreangebot sogar für die Bauern als ungebildetste Schicht. Und Bauern sind jetzt, wenngleich unter großen Mühen und Problemen, auch allmählich in der Lage, solche Angebote wahrzunehmen.

6. Charakterisiere, wie der Künstler die Bibliothek dargestellt hat (Q2). [II]
Die Bibliothek ist dargestellt als ein Hort des Wissens. Die Bücherregale reichen bis in enorme Höhen, die Menschen als Nutzer wirken im Vergleich dazu geradezu zwergenhaft. Auch wenn es um den Besuch des Kaisers geht, spielt die Bibliothek auf dem Bild die Hauptrolle.

7. Erkläre, warum er einen Besuch des Kaisers dort zum Thema macht. Zum Vergleich kannst du Q5 auf Seite 82 heranziehen. [II]
Der Besuch des Kaisers dokumentiert, wie wichtig die Bibliothek auch von höchster Stelle aus genommen wird. Anders als bei der anderen Bildquelle geht es nicht um die Kommunikation in einem Kreis gehobener Persönlichkeiten, sondern um eine Wissensquelle, die sehr viel mehr Menschen zur Verfügung steht.

Vertiefen und Vernetzen: Was bedeutet der Ausbau der Landesherrschaften?

92–93

Zum Verfassertext und zu den Materialien

VT In der Forschung ist es mittlerweile Allgemeingut, dass es eine absolutistische Herrschaft in dem Sinne, wie ihn der nachträglich entwickelte Epochenbegriff suggeriert, nie gegeben hat und dieser eigentlich kaum brauchbar ist. Das kann hier nur kurz im letzten Absatz angedeutet werden.

Erläuterungen zu den Arbeitsaufträgen

92–93

1. Arbeite heraus, was Christian Wolff Immanuel Kant als Argument entgegenhalten könnte (Q1 und Q2). Denke dabei daran, welches Bild von den Untertanen den beiden vorschwebt. [II]
Musterlösung:
„Sie lehnen es ab, dass die Untertanen von der Regierung wie unmündige Kinder behandelt werden, und nennen den Despotismus. Aber die meisten Untertanen sind ungebildet. Sie wissen nicht, was für sie und das Land gut ist. Deshalb muss man sie zu ihrem eigenen Besten an die Hand nehmen."

2. Diskutiert, ob man die im VT auf der linken Seite beschriebene Entwicklung unter Berücksichtigung aller Interessen eher positiv oder negativ bewerten sollte. [III]
Diese Frage ist schwer zu beantworten. Es profitieren auf jeden Fall die regierenden Fürsten, die ihre Herrschaft ausbauen. Die Stände sind eher gegen diese Entwicklung. Dass die Länder durchgreifender regiert werden als früher, kann für die Untertanen von Vorteil sein, weil die Verhältnisse besser geordnet werden, mehr Rechtssicherheit herrscht und vielleicht die Wirtschaft gefördert wird. Aber es kann auch sein, dass die einzelnen Menschen mehr kontrolliert werden.

3. Beschreibe die Perspektive, aus der der Künstler das Ereignis dargestellt hat (Q3). [I]
Der Künstler hat das Feuerwerk aus Obersicht dargestellt, als würde er aus einem Fluggerät schräg auf die Szene blicken. Das ist eine Perspektive, die er in Wirklichkeit gar nicht einnehmen konnte.

4. Erkläre, warum er für Q3 gerade diese Perspektive gewählt hat. Du kannst dafür auch den VT und die Bildquelle von Seite 68 heranziehen. [II]
Mit dieser Perspektive konnte der Künstler außer dem Feuerwerk auch noch das Schloss und die Gärten abbilden, also das ganze Ensemble, das die Pracht absolutistischer Herrschaft verdeutlichen soll.

5. Höre dir die „Feuerwerksmusik" an, die Georg Friedrich Händel 1748 komponiert hat. Erläutere, ob das Bild und die Musik deiner Meinung nach Gemeinsamkeiten aufweisen. [II]
Die Musik hat denselben repräsentativen Charakter wie das Bild.

94–95

Vertiefen und Vernetzen: Wie verändert sich die Wirtschaft in einer Zeit, in der die Welt „wächst“?

Zum Verfassertext und zu den Materialien

VT Das Modell des Dreieckshandels ist eine typisierte Vorstellung. Es gab auch direkte, zweiseitige Handelsbeziehungen zwischen den Kontinenten. Wie hoch der Anteil des Dreieckshandels tatsächlich war, lässt sich schlecht beziffern.

94–95

Erläuterungen zu den Arbeitsaufträgen

1. Beschreibe möglichst viele Details des Bildes (Q1). [I]
Der Bankier sitzt mit Barockperücke und einer Art Hausmantel an seinem Arbeitstisch. Vor ihm ist ein Buch, wahrscheinlich ein Kassenbuch, aufgeschlagen. Vorne auf dem Tisch liegt Geld, das er offenbar zählt und mit den Eintragungen in seinem Buch abgleicht. Außerdem sind einzelne Papiere, vermutlich Wechsel, auf dem Tisch verstreut. Unten vor dem Tisch stehen Säcke mit Geld, dahinter ein verschließbarer Kasten. Durch das Fenster fällt der Blick auf eine Straße oder einen Markt. Dort werden gerade Fässer und Ballen transportiert.

2. Interpretiere das Bild Q1: Wie ist der Bankier dargestellt? Nimm Informationen aus dem VT auf der linken Seite zu Hilfe. [III]
Der Bankier wird als wohlhabend und selbstsicher dargestellt. Er hat viel Geld und verfügt über weitreichende Handelskontakte (Wechsel). Offenbar hat er in solche Handelstätigkeiten investiert, wie sie durch das Fenster zu sehen sind. Gezeigt wird nicht eine bestimmte Person, sondern ein neuer, erfolgreicher Beruf.

3. Liste in Stichworten die Rechte auf, die der Gründer der Manufaktur erhält (Q2). [I]
- Einrichtung einer Manufaktur,
- 50 eigene holländische Arbeiter,
- 30 Webstühle,
- Befreiung von allen Abgaben und Diensten,
- Religionsfreiheit für ihn und die Arbeiter,
- finanzielle Unterstützung,
- örtliches Monopol für 20 Jahre.

4. Ergänze den Text von Ludwig XIV. um einen Satz, mit dem du die Maßnahme in Q2 begründest: „Ich gestehe dem van Robais alle diese Rechte zu, weil ...“. [II]
Musterlösung:
„Ich gestehe dem van Robais alle diese Rechte zu, weil ich sicherstellen will, dass er mit seiner Manufaktur Erfolg hat und mit seiner Situation zufrieden ist. Er soll die Wirtschaft im Ort Abbéville voranbringen.“

5. Finde auf einer Karte alle im Patent erwähnten Orte (Q3). [I]
- Kap der Guten Hoffnung: Kap an der Südspitze Afrikas;
- Magellanstraße: Meerenge zwischen dem Festland Südamerikas und der Insel Feuerland.

Wer nicht Mitglied der VOC war, durfte also nicht über den Atlantik hinaus Handel treiben.

6. Alle Einwohner des Landes durften sich mit einer beliebigen Geldsumme an der VOC beteiligen. Bewerte, welche Vorteile das Patent Q3 einem einzelnen Kaufmann, der Kompanie insgesamt und dem niederländischen Staat einbringt. [III]
Die Kaufleute konnten gemeinsam größere Projekte finanzieren und das Risiko verteilen. Die Kompanie bekam einen riesigen Einflussbereich zugestanden, in dem sie nicht nur Handel treiben, sondern auch staatliche Aufgaben wahrnehmen durfte. Dadurch sicherte sich auch der niederländische Staat ein neues Einflussgebiet, ohne dass für ihn Kosten entstanden.

Vertiefen und Vernetzen: Religion: aufrichtiger Glaube oder Instrument politischer Interessen?

96–97

Zum Verfassertext und zu den Materialien

Q1/Q2 Im „Zeitalter der Konfessionalisierung" wurden überall Kirchenordnungen erlassen. Man darf daraus allerdings nicht schließen, dass die dort aufgestellten Regeln tatsächlich auch unmittelbar wirksam umgesetzt wurden. Q2 macht deutlich, wie sich Menschen den vorgegebenen Regeln entzogen, was dann wiederum mehr oder weniger genau beobachtet und kontrolliert wurde.

Q3/Q4 Die unterschiedliche Darstellungsweise der beiden Bilder springt unmittelbar ins Auge. Schwieriger ist die in Arbeitsauftrag 5 geforderte Begründung im Hinblick auf Q4, weil die Schülerinnen und Schüler den historischen Kontext dazu nicht kennen. Das Problem taucht immer auf, wenn es um die spätere Rezeption historischer Ereignisse oder Personen geht. Evtl. müssen hier kurze Informationen von Seiten der Lehrkraft gegeben werden.

Erläuterungen zu den Arbeitsaufträgen

96–97

1. Erkläre, welche Ziele und Interessen die Pfarrer, die Gemeindeältesten und der Landesherr jeweils mit solchen Vorschriften und Kontrollen verfolgen (Q1, Q2). Du kannst dafür auch den VT auf Seite 53 „Reformation und Obrigkeit" heranziehen. [II]
Die Pfarrer und Gemeindeältesten wollen den religiösen Lebenswandel ihrer Gemeindemitglieder kontrollieren und verbessern. Damit ist auch eine allgemeine Kontrolle von „Zucht und Ehrbarkeit" (Q1, Zeile 20) verbunden. An dieser sozialen Disziplinierung hat auch der Landesherr Interesse, weil gehorsame Gemeindemitglieder auch gehorsame Untertanen sind.

2. Erörtert, wie die Gemeindemitglieder vermutlich solche Maßnahmen (Q1, Q2) aufgenommen haben. [III]
Es kann sein, dass Gemeindemitglieder solche Maßnahmen befürwortet haben, weil für sie selbst ein entsprechender Lebenswandel erstrebenswert war. Sie können sie aber auch als Reglementierung wahrgenommen haben, der man entweder nicht gehorcht oder nur oberflächlich nachkommt.

3. Gestaltet anhand des VT und Q1 sowie Q2 ein Plakat, auf dem ihr in einer Skizze darstellt, wie Religion und Politik zusammenhängen. [II]
Eine einfache Skizze dazu könnte so aussehen:

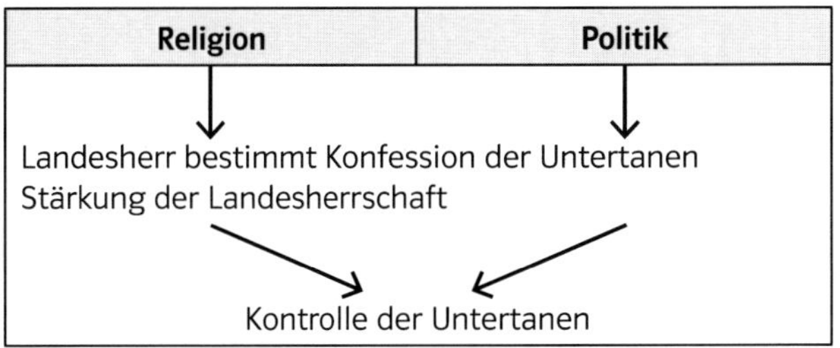

4. Beschreibe, wie Luther auf den beiden Bildern Q3 und Q4 dargestellt wird (Position im Bild, Haltung). [I]
In Q3 steht Luther nicht im Mittelpunkt des Bildes. Neben dem erhöht sitzenden Kaiser und den Fürsten und Geistlichen (insbesondere links im Vordergrund) wirkt er eher unscheinbar. In Q4 steht er mit einer dramatischen Geste im Mittelpunkt des Bildes. Alles andere bildet nur eine Bühne für seinen Auftritt. Blick und Hand sind zum Himmel gerichtet, um zu demonstrieren, dass Luther sich nur dem göttlichen Gebot verpflichtet fühlt.

5. Charakterisiere die Gesamtwirkung der beiden Bilder (Q3, Q4). Nenne mögliche Gründe für diese unterschiedlichen Darstellungsweisen. [II]
Q3 wirkt eher dokumentarisch, das Bild ist vermutlich relativ zeitnah entstanden. Q4 verherrlicht Luther als Bekenner. Es handelt sich um ein Historiengemälde aus der Zeit des (vorwiegend protestantischen) Kaiserreichs, das Luther als deutschen Helden für sich vereinnahmte.

98–135

4 Die Französische Revolution – Aufbruch in die moderne Gesellschaft

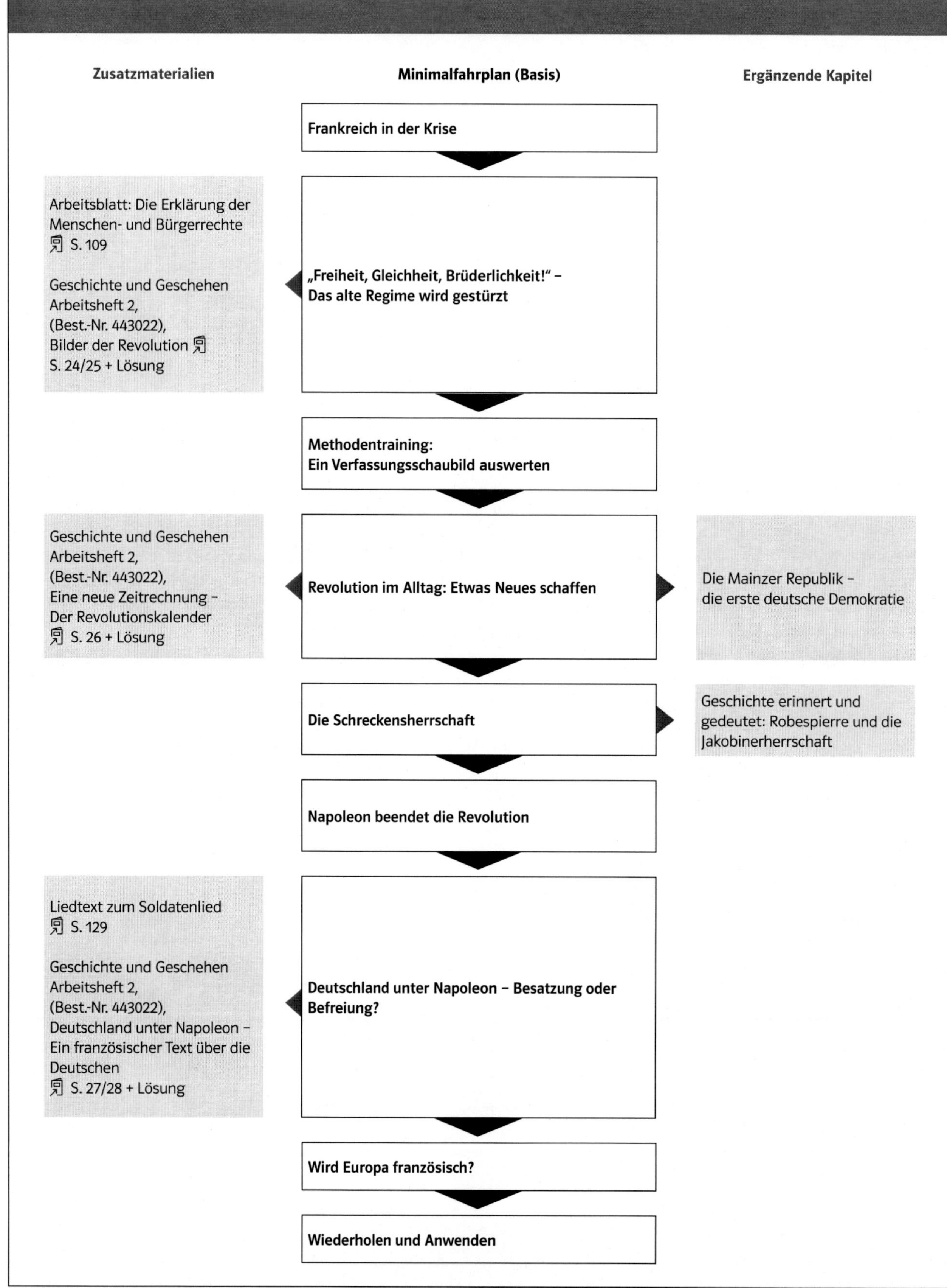
Zusatzmaterialien
Minimalfahrplan (Basis)
Ergänzende Kapitel
Frankreich in der Krise
Arbeitsblatt: Die Erklärung der Menschen- und Bürgerrechte S. 109
Geschichte und Geschehen Arbeitsheft 2, (Best.-Nr. 443022), Bilder der Revolution S. 24/25 + Lösung
„Freiheit, Gleichheit, Brüderlichkeit!“ – Das alte Regime wird gestürzt
Methodentraining: Ein Verfassungsschaubild auswerten
Geschichte und Geschehen Arbeitsheft 2, (Best.-Nr. 443022), Eine neue Zeitrechnung – Der Revolutionskalender S. 26 + Lösung
Revolution im Alltag: Etwas Neues schaffen
Die Mainzer Republik – die erste deutsche Demokratie
Die Schreckensherrschaft
Geschichte erinnert und gedeutet: Robespierre und die Jakobinerherrschaft
Napoleon beendet die Revolution
Liedtext zum Soldatenlied S. 129
Geschichte und Geschehen Arbeitsheft 2, (Best.-Nr. 443022), Deutschland unter Napoleon – Ein französischer Text über die Deutschen S. 27/28 + Lösung
Deutschland unter Napoleon – Besatzung oder Befreiung?
Wird Europa französisch?
Wiederholen und Anwenden

Kompetenzziele

Fachkompetenz

Die Schülerinnen und Schüler
- lernen die Vorgeschichte und die Ursachen der Französischen Revolution kennen und erkennen die Multikausalität historischer Phänomene;
- können Ursachen und Ergebnisse der Französischen Revolution unterscheiden;
- kennen die wichtigsten Ereignisse, Daten, Ziele und Träger der Französischen Revolution und können sie strukturiert darstellen;
- kennen zentrale Dokumente wie die Menschenrechtserklärung und können sie in ihrer Bedeutung einschätzen;
- wissen, dass die Revolution eine zweite, von Gewalt und Terror geprägte radikale Phase hatte, deren Bewertung bis heute umstritten ist;
- lernen Napoleons Innen- und Außenpolitik kennen;
- können das Phänomen der Französischen Revolution und ihre Folgen zusammenfassend darstellen.

Methodenkompetenz

Die Schülerinnen und Schüler
- können gesellschaftliche Entwicklungen anhand von Statistiken und Grafiken deuten;
- unterscheiden Quellen und Darstellungen und gehen mit den einzelnen Gattungen von Quellen und Darstellungen adäquat um;
- können Quellen, Bilder, Lieder, Karten, Statistiken und Texte der Sekundärliteratur analysieren und die Perspektivität und Wertungen der Autoren identifizieren.

Kommunikationskompetenz

Die Schülerinnen und Schüler
- kennen folgende Grundbegriffe und verwenden sie korrekt: Privilegien, Revolution, Menschenrechte, Verfassung, konstitutionelle Monarchie, Republik, Terror, Reformen;
- können die Perspektiven verschiedener Gruppen übernehmen;
- präsentieren Sachverhalte und Argumente in Beiträgen zu einer Diskussion sowie in kurzen Vorträgen.

Urteilskompetenz

Die Schülerinnen und Schüler
- nehmen eigene Deutungen von Geschichte vor und setzen sie sprachlich adäquat um;
- gehen mit Darstellungen von Geschichte kritisch um;
- können die Einführung von Menschenrechten vor dem Hintergrund der damaligen Zeit beurteilen;
- können eine begründete Wertung der Französischen Revolution insgesamt und ihrer einzelnen Aspekte vornehmen.

Zur Orientierungsseite

- Die Anmoderation im Verfassertext führt kurz ins Thema ein und nennt beispielhaft drei naheliegende, umfassende Fragestellungen.
- Die Zeitleiste enthält nur wenige ausgewählte Daten, die eine erste grobe Orientierung in der Chronologie ermöglichen.
- Der Stadtplan von Paris zeigt einige zentrale Schauplätze der Revolution mit kurzen Hinweisen auf deren revolutionäre Bedeutung in Klammern.
- Die Bilder zeigen ausgewählte Ereignisse von 1789 bis 1800, mit deren Hilfe die Schülerinnen und Schüler weitere Fragestellungen entwickeln können, z. B.:
  - Wer ist der Dritte Stand, und was will er, dass Adel und Klerus so erschreckt sind?
  - Warum wurde die Bastille angegriffen, und wie war es möglich, dass so ein massives Bauwerk erstürmt wurde? Wer waren die Angreifer?
  - Warum wurden Menschen hingerichtet? Wer waren die Opfer, wer die Auftraggeber?
  - Was hat Napoleon mit der Revolution zu tun? Was bedeutet es, wenn er die Alpen überquert?

100–104

Frankreich in der Krise

Stundenvorschlag 3ht94j

1. Stunde: Ursachen der Krise

Kommunikations- und Sozialformen	Minimalfahrplan	Ergänzungsangebote
Bildbetrachtung/ Unterrichtsgespräch	**Einstieg** Betrachtung der Karikatur **Q2** und Diskussion, Entwicklung der Leitfrage	
	Leitfrage Ist die Ständegesellschaft für die Krise verantwortlich und wo liegen die Ursachen der Krise?	
Plenum	**Erarbeitung 1** Gemeinsame Lektüre der Abschnitte 1 und 2 des **VT**, Klärung von Fragen	Grafik Staatshaushalt **D2** Karikatur **Q1**
Brainstorming	**Sicherung 1** Sammlung von Stichworten	
Einzel- oder Partnerarbeit	**Erarbeitung 2** Lektüre der Abschnitte 3 bis 5 des **VT**, Sammlung von Stichworten zur Frage „Wer kritisiert was?“	Grafik Lebenshaltungskosten **D1**
Schülervortrag	**Sicherung 2** Erstellung eines Tafelbildes (Tafelbild 1)	
Unterrichtsgespräch/ Diskussion	**Beurteilung** Diskussion der Leitfrage	

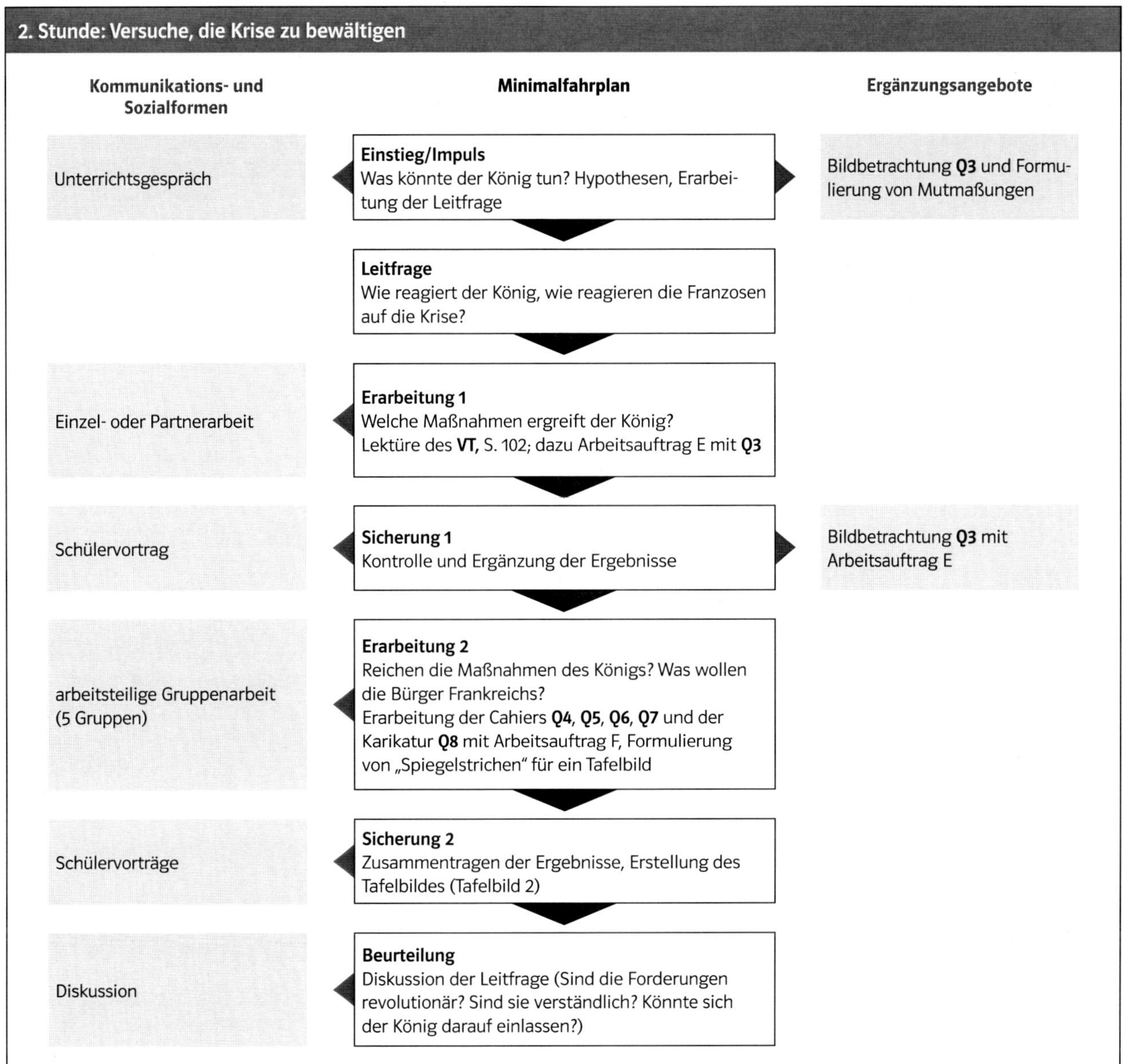

2. Stunde: Versuche, die Krise zu bewältigen

Kommunikations- und Sozialformen	Minimalfahrplan	Ergänzungsangebote
Unterrichtsgespräch	**Einstieg/Impuls** Was könnte der König tun? Hypothesen, Erarbeitung der Leitfrage	Bildbetrachtung **Q3** und Formulierung von Mutmaßungen
	Leitfrage Wie reagiert der König, wie reagieren die Franzosen auf die Krise?	
Einzel- oder Partnerarbeit	**Erarbeitung 1** Welche Maßnahmen ergreift der König? Lektüre des **VT,** S. 102; dazu Arbeitsauftrag E mit **Q3**	
Schülervortrag	**Sicherung 1** Kontrolle und Ergänzung der Ergebnisse	Bildbetrachtung **Q3** mit Arbeitsauftrag E
arbeitsteilige Gruppenarbeit (5 Gruppen)	**Erarbeitung 2** Reichen die Maßnahmen des Königs? Was wollen die Bürger Frankreichs? Erarbeitung der Cahiers **Q4**, **Q5**, **Q6**, **Q7** und der Karikatur **Q8** mit Arbeitsauftrag F, Formulierung von „Spiegelstrichen" für ein Tafelbild	
Schülervorträge	**Sicherung 2** Zusammentragen der Ergebnisse, Erstellung des Tafelbildes (Tafelbild 2)	
Diskussion	**Beurteilung** Diskussion der Leitfrage (Sind die Forderungen revolutionär? Sind sie verständlich? Könnte sich der König darauf einlassen?)	

Zum Verfassertext und zu den Materialien

100–104

Q1 Der englische Kupferstich, gegen Ende des Ancien Régime veröffentlicht, illustriert die finanzielle Situation Frankreichs, die im weiteren Verlauf des Kapitels mit Zahlen belegt wird.

Q2 Die Karikatur ist eine von zahlreichen ähnlich aufgebauten Zeichnungen; zum Teil kursierten diese Bilder als Flugblätter und erreichten so einen hohen Grad an Verbreitung. Ihr Vorteil besteht darin, dass auch Analphabeten die politische Aussage erfassen konnten.

Q4/Q5 Beschwerdehefte sind in großer Zahl überliefert und stellen eine wichtige Quelle für die Beschreibung der gesellschaftlichen Situation am Ende des Ancien Régime dar. Sie verdeutlichen auch, dass es vor 1789 wohl eine große Unzufriedenheit, aber keine klare „revolutionäre Stimmung" in Frankreich gab.

D1/D2 Hier wird statistisches Material bereitgestellt, das von den Schülerinnen und Schülern z. B. in andere Darstellungsformen umgesetzt werden kann.

Q6/Q7 Frauen waren in allen Bereichen benachteiligt: Wenn sie – wie zumeist – erwerbstätig waren, weil der Verdienst ihrer Männer nicht ausreichte, bekamen sie viel weniger Lohn als ein vergleichbarer Arbeiter. Schul- und Berufsbildung gab es für Mädchen nicht, sodass ihnen die besser bezahlten Berufe verschlossen blieben. Nur gut ein Viertel der Frauen konnte etwas lesen und schreiben, bei den Männern war es immerhin knapp die Hälfte. Als besonders ungerecht empfanden viele Frauen die Ehegesetze: Der Mann durfte z. B. allein über die Finanzen entscheiden und er konnte die Frau verlassen, ohne ihr Unterhalt zahlen zu müssen. Das Eherecht galt auch für adlige Frauen, deren Lebensumstände allerdings zumeist erheblich besser waren. Manche Frauen aus dem Adel waren hoch gebildet und hatten – wenn auch indirekt – durchaus Einfluss auf das gesellschaftliche und politische Leben. In den abgedruckten

Quellen bringen die Frauen zwei Forderungen bzw. Bitten vor: Sie wünschen Bildung und Ausbildung und sie fordern politisches Mitbestimmungs- bzw. Wahlrecht. Fragen der Steuergerechtigkeit, der Feudallasten und der sozialen Lage spielen hier keine Rolle, obwohl Haushaltsfinanzen und Lebensmittelversorgung „klassische“ Frauenthemen sind. So lässt sich aus diesem Ausschnitt schließen, welcher Schicht die Verfasserinnen entstammten: Vermutlich waren es gebildete Frauen, die zumindest der mittleren Bourgeoisie angehörten.

Q8 Der Kupferstich stellt das Pendant zu der weit bekannteren Karikatur dar. Dort sind es Bauer, Adliger und Geistlicher – hier trägt eine Bäuerin eine Nonne (vielleicht eine Äbtissin) und eine Adlige. Die Standeszugehörigkeit der drei Frauen wird durch ihre Kleidung plakativ deutlich gemacht; die Kernaussage entspricht der von Q2: Der Dritte Stand trägt schwer an den beiden ersten Ständen. Die Karikatur steht in gewisser Spannung zu dem zeitgenössischen Bonmot, die Frauen seien der „Dritte Stand des Dritten Standes“. Verweist der Spruch auf das Merkmal Geschlecht, betont die Karikatur die Standeszugehörigkeit.

100–104 Erläuterungen zu den Arbeitsaufträgen

A: Fasse die unterschiedlichen Interessen der Bevölkerungsgruppen zusammen. [I]
König: Machterhalt, gesicherte Finanzen, Ansehen, Beliebtheit, kein Konflikt mit dem Ersten und Zweiten Stand, Beruhigung des Dritten Standes;
Erster und Zweiter Stand: Erhalt der Privilegien, vor allem Steuerfreiheit, mehr Beteiligung an der Macht, gesicherte Finanzen, kein Machtzuwachs für den Dritten Stand;
Dritter Stand: Abschaffung der Privilegien, Steuergerechtigkeit, Teilhabe an der Macht, Zugang zu Ämtern;
- Handwerker: Schutz vor Konkurrenz durch Manufakturen;
- Unterschichten: Verbesserung der Lebensbedingungen, höhere Löhne, niedrigere Preise;
- Bauern: Abschaffung der Feudalabgaben, der Frondienste;
- Intellektuelle: Umsetzung der Ideen der Aufklärer.

B: Diskutiert, wie der König das Problem lösen könnte. [III]
Er könnte sparen, das Stehende Heer abschaffen, bescheidener leben. Er könnte dem Adel mehr Macht geben und im Gegenzug moderate Steuern von ihm bekommen. Er könnte sich auf die Seite des Dritten Standes stellen und die Privilegien der anderen beiden Stände abbauen.

C: Finde heraus, wen die dargestellten Personen darstellen, und ordne ihnen die Aussprüche zu. [II]
Der König und sein Finanzminister (ganz rechts) stehen vor den leeren Staatskassen. Adel (ganz links) und Klerus haben die letzten Schätze geplündert und schleppen sie in Säcken fort. Zuordnung der Zitate der Reihenfolge entsprechend: Finanzminister – König – Adliger – Geistlicher

D: Untersuche, wie die Karikatur den Zustand der französischen Gesellschaft im Jahr 1789 beschreibt. [II]
Man sieht die drei Stände. Der Vertreter des Dritten Standes – Bürgerlicher oder Bauer – liegt am Boden, niedergedrückt durch eine schwere Last: Kopfsteuer, Steuerabgaben, Fronarbeit. Er kann den Stein nicht abwälzen, weil ein Adliger (kenntlich durch Kleidung, Hut und Schwert) und ein Geistlicher (Kleidung, Schärpe, Hut, Gebetbuch) auf dem Stein stehen. Sie unterdrücken den Dritten Stand, der so kaum leben kann: Er wird „zermalmt“. Erster und Zweiter Stand wirken zufrieden, aber die notwendige Arbeit kann so nicht getan werden (Spaten, gefällter Baum, reifes Getreide, Räder).

E: Erläutere, was die Kleidung und die Sitzordnung über die Generalstände aussagen. [II]
Folgende Gruppen lassen sich erkennen:
Hinten im Bild, aber hoch über der Versammlung thronen König und Königin, umgeben von ihrem Hofstaat. Am Tisch vor ihnen sitzen die Minister. Die drei Stände sitzen getrennt, durch Kleidung gut unterscheidbar. Links im Bild bzw. vorn im Saal sitzen die Vertreter des Ersten Standes (Bischöfe und Kardinäle, violette und rote Gewänder, Käppchen). Die Vertreter des Zweiten Standes sind an ihren Hüten mit Straußenfedern zu erkennen, die sie abgesetzt auf den Knien tragen, ihre Kleidung ist farbenprächtig (rechts im Hintergrund).
Die Vertreter des Dritten Standes sind dunkel und schlicht gekleidet (vorn im Bild). Man erkennt in ihren Reihen einen Geistlichen mit schwarzem Käppchen (Pileolus) und, in der vierten Reihe, nachdenklich blickend, Robespierre.
Auf der Galerie (rechts über dem Zweiten Stand) sind Zuschauer zu sehen, Frauen und Männer. Die Kleidung verrät, dass es sich hier nicht um „das Volk“ handelt, sondern um Mitglieder des Hofes bzw. des Zweiten Standes.
Die Sitzordnung spiegelt die Hierarchien des Ancien Régime wider: herausgehobene Stellung des Königs, Trennung der Stände, der Dritte Stand im hinteren Teil des Saales platziert. Die Sympathien des Malers gehören aber dem Dritten Stand: Couder hat die Perspektive so gewählt, dass der Dritte Stand nah herangerückt wird, er steht – anders als im Saal – im Vordergrund. Hier können wir Gesichter erkennen, Robespierre ist porträtiert, der König dagegen ist kaum identifizierbar.

F: Stelle einander gegenüber, mit welchen Maßnahmen der König auf die Forderungen des Dritten Standes einging und mit welchen Bestimmungen er an den alten Verhältnissen festhielt. [II]
- Eingehen auf Forderungen des Dritten Standes: Die Einberufung der Generalstände und die umfassende Erkundung der Stimmung im Volk durch die Beschwerdebriefe gehen nicht zuletzt auf Anregungen und Forderungen des Dritten Standes zurück. Das gilt auch für das Zugeständnis, doppelt so viele Vertreter in die Versammlung schicken zu dürfen wie die anderen beiden Stände.

- Verweigerung der Forderungen, Fortbestand der „alten Verhältnisse“: Hier hält der König an der Privilegierung des Ersten und Zweiten Standes fest und verweigert die Abstimmung nach „Köpfen“. Bei der Abstimmung nach Ständen wäre der Dritte Stand aber den beiden ersten Ständen immer unterlegen gewesen; die Stimmen von Abgeordneten aus den ersten beiden Ständen, die mit dem Dritten Stand sympathisierten, hätten nicht gezählt. Das Zugeständnis, 578 Vertreter wählen zu dürfen und damit fast doppelt so viel wie jeder der beiden anderen Stände, hätte den Abgeordneten bei einer Abstimmung nach Ständen letztlich gar nichts genützt. Bei einer Abstimmung „nach Köpfen“ zählt dagegen jede Abgeordnetenstimme. Damit hätte der Dritte Stand die Versammlung dominieren können, zumal er auf Stimmen aus dem Ersten und Zweiten Stand rechnen konnte. Darauf wollten sich weder der König noch Adel und Klerus einlassen.

G: Untersuche mithilfe der Grafik die Lebensbedingungen von Handwerkern und ungelernten Arbeitern. Welche Auswirkungen hatten Erhöhungen des Brotpreises? [II]
Ein ungelernter Arbeiter gibt mehr als ¾ seines Tagesverdienstes für Brot aus, d.h. für die billigste Möglichkeit, seinen Hunger (und den seiner Familie) zu stillen. Nach Bezahlung der Miete bleibt ihm kaum Geld; Gemüse, Wein oder gar Fleisch kann er sich nur selten leisten. Sobald der Brotpreis steigt, muss er hungern. Sein Verdienst erlaubt ihm keine höheren Ausgaben für Brot.
Etwas besser sind die gelernten Arbeiter gestellt, aber auch sie geben knapp die Hälfte ihres Verdienstes für Brot aus. Ihr Verdienst erlaubt ihnen aber den regelmäßigen Genuss von Gemüse, Fleisch und Wein. Auch ihr Lebensstandard wird aber empfindlich eingeschränkt, sobald das Brot teurer wird.

H: Arbeite mithilfe der Grafik heraus, in welchem Zustand sich der französische Staatshaushalt befand. [I]
Bereits 1774, im Krönungsjahr Ludwigs, hatte Frankreich keinen ausgeglichenen Haushalt und war deshalb auf die Aufnahme neuer Schulden angewiesen. Bis 1788 war das Defizit von 5% auf rund 20% angewachsen, d.h., Frankreich lebte auf Kredit. Seit Jahren nahm man hochprozentige Anleihen auf, um den Staatsbankrott abzuwenden. Die finanzielle Lage erlaubte 1788 keine Spielräume für politisches Handeln mehr: Die Hälfte des Etats war durch Zinsen gebunden, ein weiteres Viertel durch das Heer. Es gab die Möglichkeit, die Ausgaben zu drosseln, z.B. durch Verkleinerung des Heeres oder Einschränkungen bei Hof; die Alternative dazu war eine Erhöhung der Einnahmen, z.B. durch Besteuerung des Ersten und Zweiten Standes.

I: Formuliere, was die Bäuerin zu den beiden anderen sagen könnte. [II]
Sie könnte Folgendes gesagt haben: „Ich kann nicht mehr, ihr drückt mich ganz zu Boden. Das ist doch ungerecht und unfair, wenn wir Bäuerinnen für euch Adlige und Nonnen sorgen müssen und ihr euch um gar nichts kümmern müsst. Steigt ab oder ich werfe euch ab.“

1. Liste die in den Beschwerdebriefen (Q4, Q5) formulierten Forderungen auf und ordne sie nach ihrem Inhalt. [I]
Die Forderungen geordnet nach Bereichen:
- Steuern: gerechte, von allen Ständen zu zahlende Steuern, keine indirekten Steuern;
- Feudallasten: Abschaffung von Frondienst, „Zehnten“, Mühlenzwang;
- Recht: Recht auf Eigentum, gleiches Recht, keine Parteilichkeit;
- Kirche: Kostenfreiheit kirchlicher Dienstleistungen;
- technischer Fortschritt: Abschaffung von Maschinen, mechanischen Webstühlen;
- Sonstiges: Abgaben für Straßennutzung, Aufhebung des freien Handels mit England.

2. Erörtere, ob das Volk in den Beschwerdebriefen (Q4–Q7) eine Revolution fordert. [III]
Die Forderungen deuten sowohl vom Inhalt als auch vom Ton her nicht auf revolutionäre, d.h. hier: umstürzlerische Ideen hin. Sie legen eine konstitutionelle Monarchie nahe, was freilich vor dem Hintergrund des Absolutismus revolutionäre Züge hat. Ziel der Beschwerdeführer ist aber zunächst die Abschaffung offenkundiger Missstände, Härten und Ungerechtigkeiten. Sieht man von den problematischen Forderungen nach Abschaffung von Maschinen und Begrenzung des Handels ab, erscheint keine der Forderungen unbillig oder maßlos.

3. Erläutere, warum die Frauen des Dritten Standes besonders benachteiligt waren und was sie forderten (Q6, Q7). [II]
Die Frauen des Dritten Standes hatten nicht die Privilegien der Frauen der ersten beiden Stände, sie mussten Steuern zahlen und litten als Bäuerinnen unter den Feudallasten. Es ging ihnen aber häufig wirtschaftlich und rechtlich noch erheblich schlechter als den Männern des Dritten Standes. Daher fordern sie:
- Qualifikation: Schule für Mädchen, Bildung, Ausbildung, Erlernen eines Berufs;
- Partizipation: Wahl- und Mitspracherecht in politischen Dingen;
- Repräsentation: passives Wahlrecht für Frauen.

Tafelbild 1 uh4wc6

Die Ursachen und Auswirkungen der Krise

Ursachen	Auswirkungen
teure Kriege, teure Armee, verschwenderisches Leben am Hof, zu wenig Steuereinnahmen (Steuerfreiheit für den Ersten und Zweiten Stand)	hohe Verschuldung des Staates, Staatsbankrott
Unzufriedenheit der Angehörigen des Zweiten Standes; sehen für sich zu wenig Macht und Mitsprache.	Angehörige des Zweiten Standes werden zu Gegnern des Absolutismus.
Angehörige des Dritten Standes machen 98 % der Bevölkerung aus, die den Staat mit ihren Abgaben finanzieren, aber keinerlei politisches Mitspracherecht haben.	Angehörige des Dritten Standes äußern massive Kritik am bestehenden System: Sie fordern Teilhabe an der Macht, Zugang zu hohen Staatsämtern und gerechte Steuern.

Tafelbild 2 33d2dg

Forderungen der französischen Bürger in den „Beschwerdeheften"

Steuern: gerechte, von allen zu zahlende Steuern, keine indirekten Steuern
Feudallasten: Abschaffung von Frondiensten, Mühlenzwang
Recht: gleiches Recht ohne Parteilichkeit, Recht auf Eigentum
Kirche: Kostenfreiheit für Messen, Taufen etc.
Technik/Handel: Abschaffung von Maschinen und Ende des Handels mit England
Frauen: Qualifikation und Bildung, Recht, einen Beruf zu erlernen, Mitsprache in politischen Dingen, passives Wahlrecht

„Freiheit, Gleichheit, Brüderlichkeit!" – Das alte Regime wird gestürzt

105–109

Stundenvorschlag p35xu2

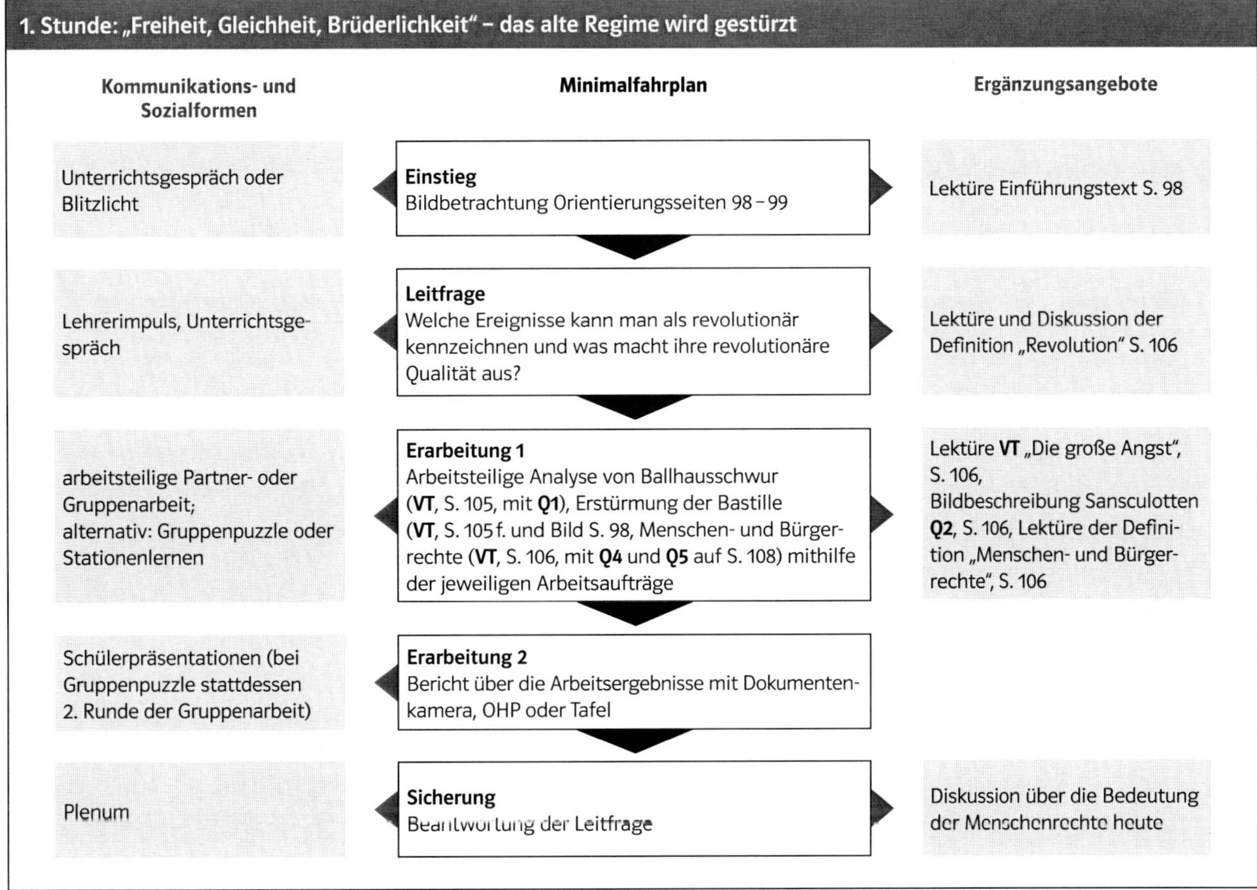

1. Stunde: „Freiheit, Gleichheit, Brüderlichkeit" – das alte Regime wird gestürzt

Kommunikations- und Sozialformen	Minimalfahrplan	Ergänzungsangebote
Unterrichtsgespräch oder Blitzlicht	**Einstieg** Bildbetrachtung Orientierungsseiten 98–99	Lektüre Einführungstext S. 98
Lehrerimpuls, Unterrichtsgespräch	**Leitfrage** Welche Ereignisse kann man als revolutionär kennzeichnen und was macht ihre revolutionäre Qualität aus?	Lektüre und Diskussion der Definition „Revolution" S. 106
arbeitsteilige Partner- oder Gruppenarbeit; alternativ: Gruppenpuzzle oder Stationenlernen	**Erarbeitung 1** Arbeitsteilige Analyse von Ballhausschwur (**VT**, S. 105, mit **Q1**), Erstürmung der Bastille (**VT**, S. 105 f. und Bild S. 98, Menschen- und Bürgerrechte (**VT**, S. 106, mit **Q4** und **Q5** auf S. 108) mithilfe der jeweiligen Arbeitsaufträge	Lektüre **VT** „Die große Angst", S. 106, Bildbeschreibung Sansculotten **Q2**, S. 106, Lektüre der Definition „Menschen- und Bürgerrechte", S. 106
Schülerpräsentationen (bei Gruppenpuzzle stattdessen 2. Runde der Gruppenarbeit)	**Erarbeitung 2** Bericht über die Arbeitsergebnisse mit Dokumentenkamera, OHP oder Tafel	
Plenum	**Sicherung** Beantwortung der Leitfrage	Diskussion über die Bedeutung der Menschenrechte heute

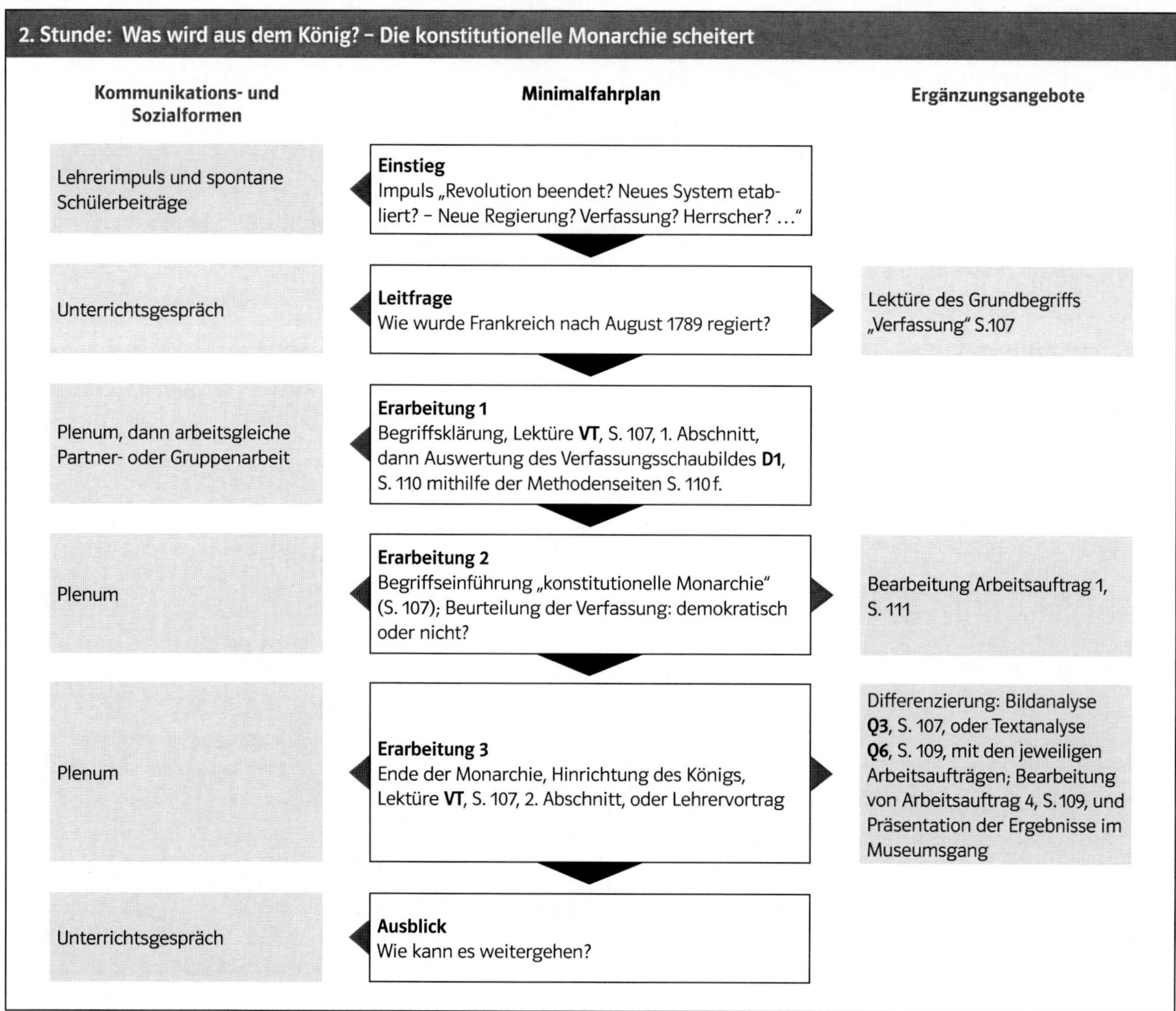

2. Stunde: Was wird aus dem König? – Die konstitutionelle Monarchie scheitert
Kommunikations- und Sozialformen
Minimalfahrplan
Ergänzungsangebote
Lehrerimpuls und spontane Schülerbeiträge
Einstieg
Impuls „Revolution beendet? Neues System etabliert? – Neue Regierung? Verfassung? Herrscher? …“
Unterrichtsgespräch
Leitfrage
Wie wurde Frankreich nach August 1789 regiert?
Lektüre des Grundbegriffs „Verfassung“ S.107
Plenum, dann arbeitsgleiche Partner- oder Gruppenarbeit
Erarbeitung 1
Begriffsklärung, Lektüre VT, S. 107, 1. Abschnitt, dann Auswertung des Verfassungsschaubildes D1, S. 110 mithilfe der Methodenseiten S. 110 f.
Plenum
Erarbeitung 2
Begriffseinführung „konstitutionelle Monarchie“ (S. 107); Beurteilung der Verfassung: demokratisch oder nicht?
Bearbeitung Arbeitsauftrag 1, S. 111
Plenum
Erarbeitung 3
Ende der Monarchie, Hinrichtung des Königs, Lektüre VT, S. 107, 2. Abschnitt, oder Lehrervortrag
Differenzierung: Bildanalyse Q3, S. 107, oder Textanalyse Q6, S. 109, mit den jeweiligen Arbeitsaufträgen; Bearbeitung von Arbeitsauftrag 4, S. 109, und Präsentation der Ergebnisse im Museumsgang
Unterrichtsgespräch
Ausblick
Wie kann es weitergehen?

105–109

Zum Verfassertext und zu den Materialien

Q3 Die Schülerinnen und Schüler können die Guillotine als Fallbeil und als typisches Hinrichtungsinstrument der Französischen Revolution, vor allem in der Zeit der Schreckensherrschaft kennenlernen. Sie können jedoch auch erkennen, dass jede Art der Todesstrafe letztlich als unmenschlich gewertet werden kann und deshalb heute auch in Europa verboten ist.

Q4 Das Gemälde enthält folgende Elemente mit Symbolcharakter: das Dreieck als Auge Gottes, die Sonne als Symbol der Aufklärung („Sonnenaufgang der Vernunft“), die Gesetzestafeln in einer Darstellung ähnlich der der Zehn Gebote, der Engel mit Zepter als Verkörperung des Gesetzes oder Verkünder einer neuen frohen Botschaft, die in den Farben der Trikolore gekleidete Frauengestalt als Verkörperung der französischen Nation, die ihre Ketten zerbricht, die Pike der Sansculotten und die Jakobinermütze, die einen Kreis bildende Schlange als Symbol der Ewigkeit. – Eine detaillierte Interpretation findet sich in „Praxis Geschichte“ Heft 1, 1989, S. 26 f.

Q5 Die Erklärung der Menschen- und Bürgerrechte enthält 17 Artikel, deren erster gleich die wichtige Prämisse aufstellt, dass die Menschen von Geburt an frei und gleich (an Rechten) sind. Die Erklärung stellt einen revolutionären Bruch mit der Ständegesellschaft des Mittelalters und des Ancien Régime, mit Absolutismus und Gottesgnadentum dar. Sie formulierte dem Menschen von Natur aus angeborene Menschenrechte und das Prinzip der Volkssouveränität.

Q6 Der Verfasser war nicht allein der Herzog von Braunschweig; der König Frankreichs selbst hatte solch einen Aufruf gewünscht, und adlige Emigranten aus Frankreich hatten an den Formulierungen mitgearbeitet. Der Sturm auf die Tuilerien im August 1792 sowie der Prozess gegen Ludwig XVI. und die Hinrichtung des Königs und der Königin zeigen, dass der Aufruf seine Absicht völlig verfehlte und, wenn er denn wirkte, eher das Gegenteil erreichte. Hier sind Hypothesen zu einem generellen Problem menschlichen Handelns möglich. Wirkungen sind oft nicht exakt vorauszuberechnen und hängen von den Reaktionen anderer Beteiligter ab. In diesem Fall wurden die Pariser falsch eingeschätzt; die unverblümten Drohungen führten eher zu Empörung und Ablehnung – aus psychologischer Sicht durchaus absehbare Reaktionen.

Erläuterungen zu den Arbeitsaufträgen

A: Schreibe kurze Zeitungskommentare zu den Ereignissen von Juni bis August 1789. Du willst ein großes Publikum informieren, aber auch deine eigene Meinung dazu formulieren. [II]
Die Schüler/innen sollen hier zwischen Fakten und Urteilen trennen und sich der Perspektivengebundenheit von wertenden Kommentaren bewusst werden. Zum Beispiel kann die Erstürmung der Bastille aus der Perspektive einer revolutionären Zeitung als berechtigter Ausdruck des Volkszorns gewertet werden, von einer monarchistischen Zeitung jedoch als mörderische Bluttat gegen die Bewacher des Gefängnisses.

B: Beschreibe das Bild und schildere die Stimmung. [I]
Das Bild zeigt die Abgeordneten der Nationalversammlung im Ballhaus von Versailles; der Präsident im Bildzentrum hat die Hand zum Schwur erhoben, ebenso die meisten der anderen Anwesenden, Vertreter des Dritten Standes, aber auch anders gekleidete Personen und Vertreter des Klerus (im Vordergrund). Die offenen Fenster, an denen Zuschauer das Geschehen verfolgen, lassen Licht und Wind herein – es sind stürmische Zeiten, und das Licht der Aufklärung setzt sich durch.

C: Erkläre, was das Revolutionäre an diesem Schwur war. [II]
Der Ruf nach einer Verfassung kommt einer Revolution gegen den Absolutismus gleich, da dort der König das Gesetz war oder über dem Gesetz stand, während eine Verfassung auch für den Monarchen bindend wäre. Der Ballhausschwur ist zugleich ein Aufstand gegen die Ständegesellschaft, da sich der Dritte Stand als gesamte Nation definiert.

D: Beschreibe die Kleidung und die Bewaffnung der Sansculotten. [I]
Die Sansculotten trugen lange Hosen, die besser für körperliche Arbeit geeignet waren als die Kniehosen der vornehmen Bevölkerung, die Culotten. Sie sind bewaffnet, auch die Frauen, und zeigen sich damit als überzeugte Revolutionäre. Schusswaffen können sie sich nicht leisten. – Kleidung und Bewaffnung können auch zur sozialen Einordnung der Sansculotten genutzt werden.

E: Beschreibe die Art der Hinrichtung. [I]
Der König wurde mithilfe einer Guillotine, eines Fallbeils, hingerichtet. Die Schülerinnen und Schüler können darauf hingewiesen werden, dass die Guillotine aufgrund ihrer Präzision eine schmerzlosere und schnellere Exekution ermöglichte als die vorher praktizierten Enthauptungsmethoden mit Schwertern oder Richtbeilen.

F: Diskutiert, warum die Hinrichtung öffentlich stattfand und der Scharfrichter den Zuschauern sogar den bluttriefenden Kopf des Königs zeigte. [III]
Die Schülerinnen und Schüler sollten in der Diskussion herausarbeiten, dass der König als Verkörperung des alten Systems und des Absolutismus gesehen wurde. Weiterhin sollte deutlich werden, dass seine Hinrichtung als öffentlicher Akt inszeniert wurde, und sein Kopf dem Volk gezeigt wurde, um allen zu demonstrieren, dass die Macht der Revolution tatsächlich den einst als heilig und allmächtig geltenden Monarchen besiegt hatte.

G: Dieses Bild enthält zahleiche Symbole. Versucht in Partner- oder Gruppenarbeit, möglichst viele davon zu finden und zu deuten. [III]
Das Gemälde enthält folgende Elemente mit Symbolcharakter: das Dreieck als Auge Gottes, die Sonne als Symbol der Aufklärung („Sonnenaufgang der Vernunft"), die Gesetzestafeln in einer Darstellung ähnlich der der Zehn Gebote, der Engel mit Zepter als Verkörperung des Gesetzes oder Verkünder einer neuen frohen Botschaft, die in den Farben der Trikolore gekleidete Frauengestalt als Verkörperung der französischen Nation, die ihre Ketten zerbricht, die Pike der Sansculotten und die Jakobinermütze, die einen Kreis bildende Schlange als Symbol der Ewigkeit.

1. Analysiere, inwieweit die Menschen- und Bürgerrechte (Q5) einen revolutionären Bruch mit der Vergangenheit bedeuten. [II]
Die Erklärung der Menschen- und Bürgerrechte enthält 17 Artikel, deren erster gleich die wichtige Prämisse aufstellt, dass die Menschen von Geburt an frei und gleich (an Rechten) sind. Die Erklärung stellt einen revolutionären Bruch mit der Ständegesellschaft des Mittelalters und dem Ancien Régime dar, die auf angeborener Ungleichheit beruhte. Einem Herrscher, der sich auf das Gottesgnadentum berief, halten die Menschenrechte entgegen, dass alle Menschen von Natur aus angeborene gleiche Menschenrechte besitzen; außerdem wird in den Menschen- und Bürgerrechten das Prinzip der Volkssouveränität formuliert.

2. Diskutiert, welche Bedeutung die Erklärung der Menschen- und Bürgerrechte (Q5) heute noch hat. [II]
Die Grundsätze der Menschenrechtserklärung prägen heute das Selbstverständnis der demokratischen Staaten und der Vereinten Nationen. Zugleich gibt es nach wie vor Länder, die die Menschenrechte nicht respektieren und bewusst und systematisch verletzen.

3. Erkläre, welche Absichten der Aufruf des Herzogs von Braunschweig (Q6) hatte und mit welchen Mitteln er versuchte, sie zu erreichen. Kläre mithilfe des VT, welche Wirkung der Aufruf hatte. [II]
Absicht des Aufrufes war es, die Bevölkerung Frankreichs und vor allem die von Paris einzuschüchtern und so den König, seine Familie und die Monarchie zu schützen und zu stärken. Dazu nutzte er einerseits Appelle an das „gute" Volk, das als von den Revolutionären unterdrückt angesehen wurde, und andererseits massive Drohungen mit Gewalt, Rache, Hinrichtungen. Der Aufruf verfehlte seine Absicht völlig und, wenn er denn wirkte, erreichte er eher das Gegenteil.

4 Zeichne eine „Fieberkurve" der Revolution, um zu zeigen, welche Ereignisse du für besonders revolutionär und radikal hältst und welche für eher gemäßigt. Zeichne ein Koordinatensystem und trage auf der x-Achse die Zeit ein; auf der y-Achse kannst du eine „Temperaturskala" z. B. von 0 bis 100 Grad einzeichnen. [III]
Es empfiehlt sich, auf der x-Achse die Jahre von 1789 bis 1799 einzutragen; die Grafik kann dann im Verlauf des Unterrichts ergänzt werden. Auf der y-Achse wird die Temperatur eingetragen; dabei sollte man sich nicht an dem Fieberthermometer orientieren, das nur Temperaturen von 36 bis 42 Grad enthält, da es falsche Analogien von Gesundheit, Krankheit und Tod hervorrufen könnte. Die Schülerinnen und Schüler sollten ein großes Blatt Papier benutzen, vielleicht auch ein Poster gestalten oder den Computer einsetzen. Es gibt keine objektiv richtigen Ergebnisse; vielmehr bieten unterschiedliche Kurven Anlässe, die Einschätzungen zu begründen und zu diskutieren.

Tafelbild 1 4fi9si

Frankreich 1789 – das alte Regime wird gestürzt

Datum	Bezeichnung	Was ist geschehen?	Was war revolutionär?
17. und 20.6.1789	Nationalversammlung und Ballhausschwur	Der dritte Stand erklärt sich zur Nationalversammlung. Die Abgeordneten schwören, Frankreich eine Verfassung zu geben.	Ausschluss von Adel und Klerus, Revolte gegen die Ständegesellschaft; Ablehnung des Absolutismus
14.7.1789	Sturm auf die Bastille	Bürger von Paris bewaffnen sich und erstürmen die Bastille, ein Gefängnis und ein Pulverlager.	Bewaffnung des Volkes; Zerstörung eines Symbols despotischer Herrschaft
26.8.1789	Erklärung der Menschen- und Bürgerrechte	Die Nationalversammlung beschließt die Menschen- und Bürgerrechtserklärung.	Von Natur gegebene Menschenrechte und Volkssouveränität = Bruch mit Ständegesellschaft, Absolutismus und Gottesgnadentum

Tafelbild 2 cb6h4r

Frankreich 1791 – 1793: eine neue Verfassung und das Ende der Monarchie

Datum	Bezeichnung	Was ist geschehen?	Was war revolutionär?
3.9.1791	Verfassung	Einführung der konstitutionellen Monarchie mit Zensuswahlrecht	Auch der König untersteht einer Verfassung; Einführung der Gewaltenteilung
21.9.1792	Absetzung des Königs	Frankreich wird Republik.	Sturz der Monarchie, Einführung einer neuen Staatsform
17. und 21.1.1793	Verurteilung und Hinrichtung des Königs	Ludwig XVI. wird vom Konvent zum Tode verurteilt und hingerichtet.	Tötung des Herrschers, demonstrative Verletzung der bisher als heilig geltenden Monarchie

Methodentraining: Ein Verfassungsschaubild auswerten

110–111

Stundenvorschlag yu8rq5

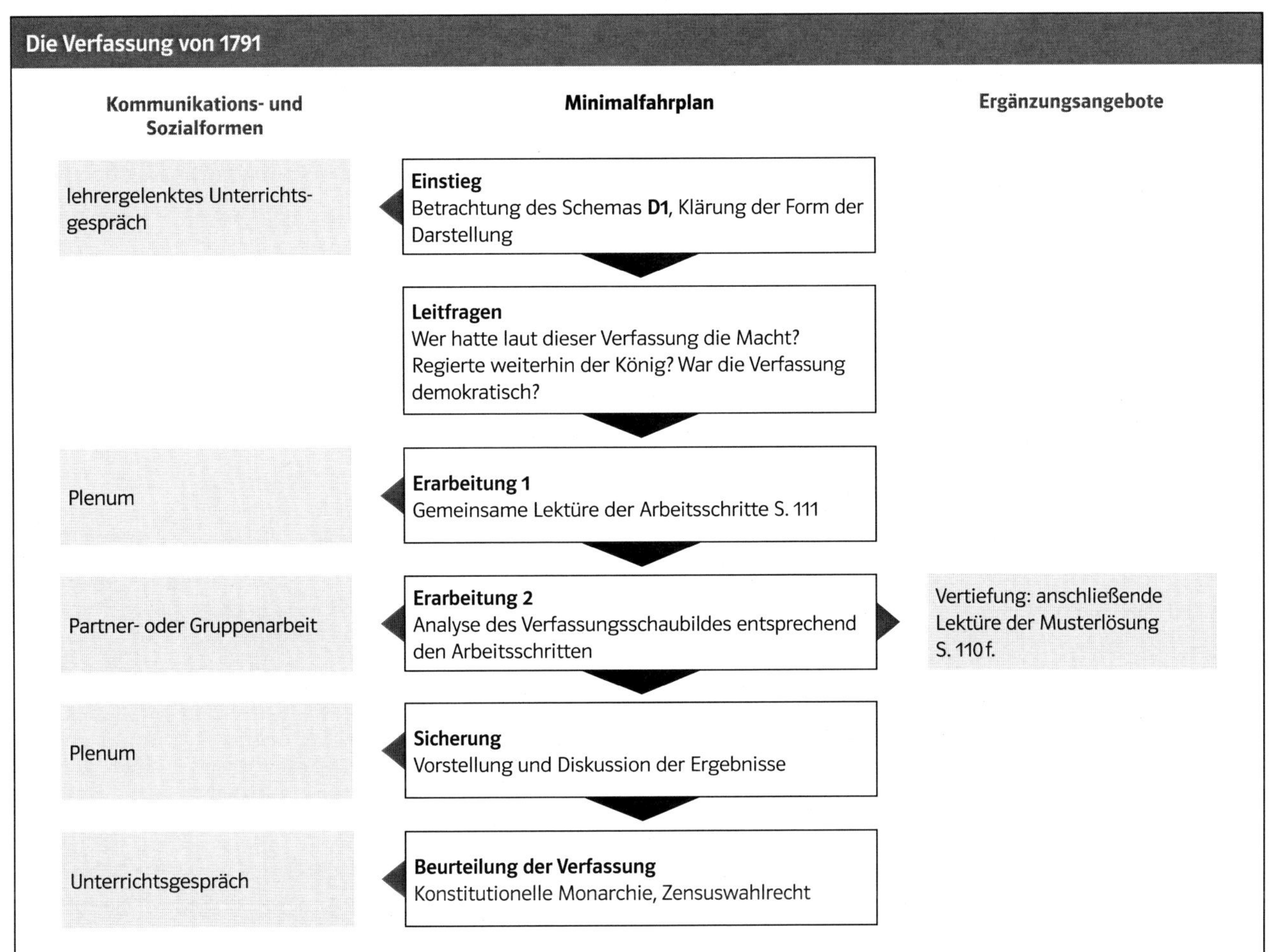

Die Verfassung von 1791
Kommunikations- und Sozialformen
Minimalfahrplan
Ergänzungsangebote
lehrergelenktes Unterrichtsgespräch
Einstieg
Betrachtung des Schemas D1, Klärung der Form der Darstellung
Leitfragen
Wer hatte laut dieser Verfassung die Macht? Regierte weiterhin der König? War die Verfassung demokratisch?
Plenum
Erarbeitung 1
Gemeinsame Lektüre der Arbeitsschritte S. 111
Partner- oder Gruppenarbeit
Erarbeitung 2
Analyse des Verfassungsschaubildes entsprechend den Arbeitsschritten
Vertiefung: anschließende Lektüre der Musterlösung S. 110 f.
Plenum
Sicherung
Vorstellung und Diskussion der Ergebnisse
Unterrichtsgespräch
Beurteilung der Verfassung
Konstitutionelle Monarchie, Zensuswahlrecht

Erläuterungen zu den Arbeitsaufträgen

110–111

1. Der französische Revolutionär Robespierre stellte in einer Rede am 2. Januar 1792 die Frage: „Gleicht denn die Verfassung, von der man sagt, sie sei die Tochter der Erklärung der Menschen- und Bürgerrechte, wirklich noch ihrer Mutter?" Nimm dazu Stellung (D1). [III]

Die Verfassung teilt zwar die Gewalten in Exekutive, Legislative und Judikative und bricht insofern mit dem Absolutismus. Sie überlässt aber dem König noch die Leitung der Exekutive mit dem Oberbefehl über die Armee und einem suspensiven Veto. Es handelt sich somit um eine (konstitutionelle) Monarchie. Das Wahlrecht ist zwar ein demokratisches Prinzip, doch handelt es sich hier um ein mehrfach gestuftes Zensuswahlrecht, das alle Frauen, ca. 2 Millionen nicht wohlhabende Männer und alle unter 25-Jährigen als Passivbürger völlig ausschließt. Die Zahl der Aktivbürger betrug ca. 4 Millionen, die der Wahlmänner ca. 50 000, und nur wenige Tausend Bürger besaßen das passive Wahlrecht für die Nationalversammlung. So konnten die ärmeren Gruppen wie die Sansculotten nicht zufrieden sein. Zweifellos ist die Aussage der Menschenrechtserklärung, die Menschen seien frei und gleich an Rechten geboren, nicht umgesetzt. Robespierres kritische Frage ist berechtigt.

112-113
Revolution im Alltag: Etwas Neues schaffen

Stundenvorschlag 3ye4qh

Revolution im Alltag

Kommunikations- und Sozialformen	Minimalfahrplan	Ergänzungsangebote
stummer Impuls	**Einstieg** Bildbetrachtung **Q1**	
Schülerbeiträge, Meldekette	**Leitfrage** Welche Bereiche des Lebens außerhalb der Politik (Dimensionen) hat die Revolution auch verändert?	Rückgriff auf die Ideen der Aufklärung
Brainstorming	**Hypothesen** Z. B. zu den Bereichen Wirtschaft, Gesellschaft, Kultur, Alltag, Schule	Systematische Definition der Dimensionen der geschichtlichen Erfahrung
Stillarbeit, dann Unterrichtsgespräch	**Erarbeitung 1** Lektüre **VT**, S. 112, und Verifizierung und Ergänzung der Hypothesen	
Think - Pair - Share	**Erarbeitung 2** Lektüre und Analyse **Q2** mit den Arbeitsaufträgen 1 und 2	Differenzierung: Arbeitsauftrag 3
Plenum, Unterrichtsgespräch	**Sicherung und Beurteilung** Saint-Justs Ideen und ihre Beurteilung	Gegenwartsbezug: Erziehung der Jugend heute?

112-113
Zum Verfassertext und zu den Materialien

Q1 Die Kathedrale Notre Dame, Hauptkirche von Paris, wurde zum „Tempel der Vernunft und der Freiheit". Am 23. November 1793 wurden alle Kirchen von Paris entsprechend umgewidmet; in ihnen wurde an jedem zehnten Tag das Fest der Vernunft gefeiert. Seit März 1794 allerdings wurde dieser Kult bereits wieder unterdrückt; er fand keine breite Unterstützung in der Bevölkerung, und auch Robespierre bevorzugte den Kult „des höchsten Wesens".

Q2 Saint-Just, 1767–1794, Mitglied des Konvents und des Wohlfahrtsausschusses, Vertrauter Robespierres, mit ihm zusammen am 28.7.1794 hingerichtet. Er vertrat ein radikales Konzept einer auf „Tugend" begründeten Republik und fand im antiken Sparta ein Vorbild für die Erziehung der Jugend in seinem Sinne.

Erläuterungen zu den Arbeitsaufträgen

A: Erstelle eine Liste mit Veränderungen durch die Französische Revolution, die den Alltag der Menschen betrafen. [I]
- Kalender (Dekaden statt Wochen, Verlegung der Monate, neue Jahreszählung);
- neue Festtage, neue Zeremonien;
- neue Religion: Verehrung der Vernunft; Eheschließung durch den Staat; Verstaatlichung kirchlicher Güter, Schließung von Klöstern und z. T. Kirchen;
- Umbenennung von Straßen und Gebäuden;
- Anrede mit „Bürger", keine Titel;
- Ideen zu einer neuen Kindererziehung.

B: Untersuche, welche Elemente dieser Feier an einen traditionellen Gottesdienst erinnern und welche neu sind. [II]
Traditionell: der Ort ist eine Kirche; die Anwesenheit einer Gemeinde im Hintergrund ...
Neu: eine Frau als Verkörperung einer abstrakten Idee, der Vernunft als neue Göttin; Trikolore und Jakobinermütze als Teile des Priestergewandes; viele Menschen, auch Frauen, als Akteure des Gottesdienstes im Vordergrund ...

1. Fasse die Vorstellungen Saint-Justs (Q2) stichwortartig zusammen. [I]
Erziehung in der Familie nur bis zum 5. Lebensjahr, dann der Jungen gemeinsam auf dem Lande; Disziplin nach spartanischem Vorbild; strenge Regeln, aber keine körperliche Bestrafung; einfaches Leben; Uniformen; militärisches und landwirtschaftliches Wissen; von 16 bis 20 Jahren Berufsausbildung, von 21 bis 25 Soldaten.

2. Beurteilt Saint-Justs Vorschläge (Q2) und diskutiert sie in der Klasse. [III]
Pro: Gleichheit der Erziehung ohne soziale Unterschiede, Leben in der Natur, Leben in der Gemeinschaft.
Kontra: Entfremdung von Familie, übertriebene Strenge, keine freien individuellen Spielräume, Instrumente des Staates.

❸ Schreibe aus heutiger Sicht einen Kommentar zu Saint-Justs Ideen (Q2). [III]
Die Schülerinnen und Schüler können die Argumente aus Aufgabe 2 aufgreifen und für ihre eigene Zeit konkretisieren, sich auch persönlich einbringen: „Mir persönlich würde es nicht gefallen, ..."

114–117 Die Mainzer Republik – die erste deutsche Demokratie

Stundenvorschlag i66uq9

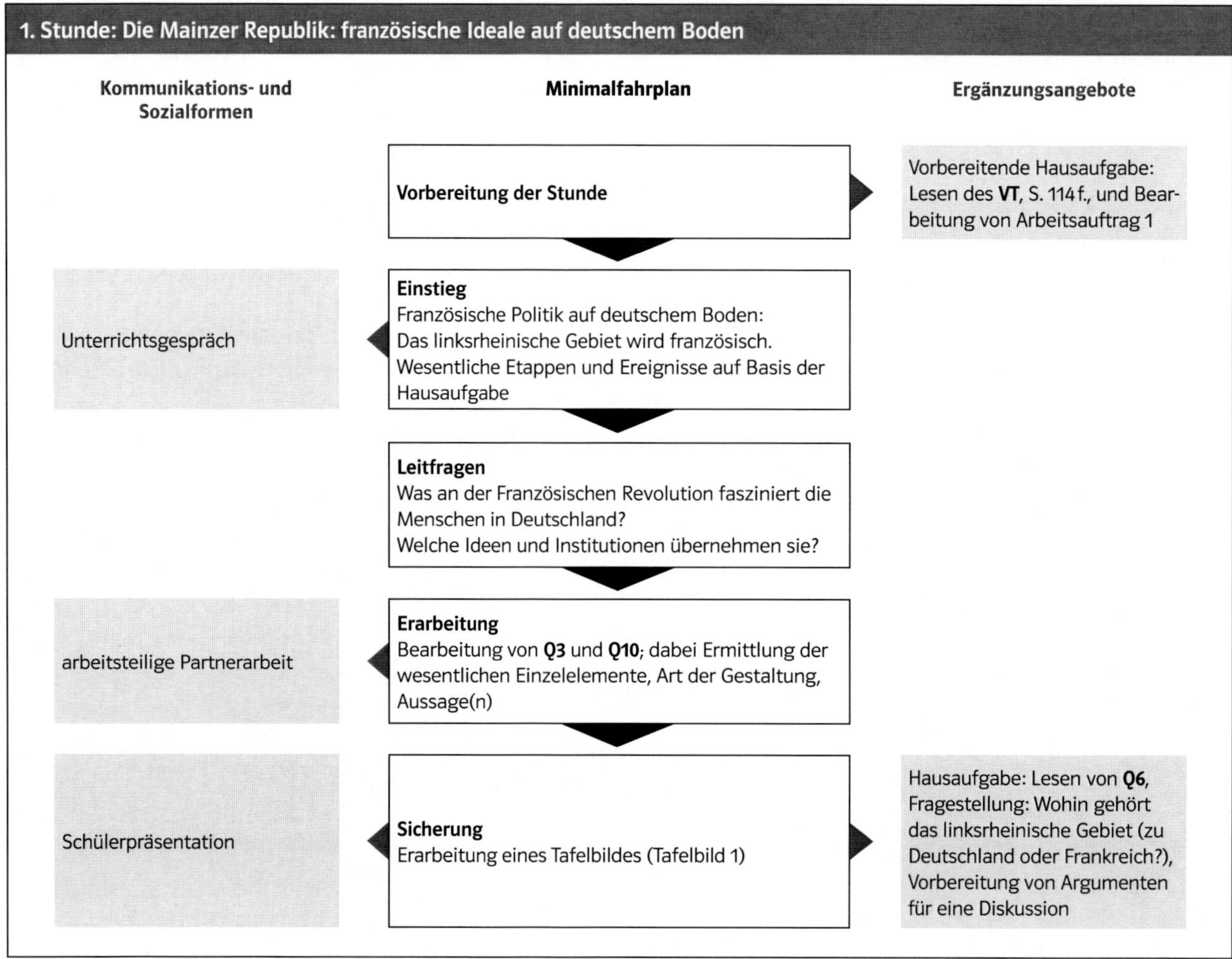

1. Stunde: Die Mainzer Republik: französische Ideale auf deutschem Boden

Kommunikations- und Sozialformen	Minimalfahrplan	Ergänzungsangebote
	Vorbereitung der Stunde	Vorbereitende Hausaufgabe: Lesen des **VT**, S. 114 f., und Bearbeitung von Arbeitsauftrag 1
Unterrichtsgespräch	**Einstieg** Französische Politik auf deutschem Boden: Das linksrheinische Gebiet wird französisch. Wesentliche Etappen und Ereignisse auf Basis der Hausaufgabe	
	Leitfragen Was an der Französischen Revolution fasziniert die Menschen in Deutschland? Welche Ideen und Institutionen übernehmen sie?	
arbeitsteilige Partnerarbeit	**Erarbeitung** Bearbeitung von **Q3** und **Q10**; dabei Ermittlung der wesentlichen Einzelelemente, Art der Gestaltung, Aussage(n)	
Schülerpräsentation	**Sicherung** Erarbeitung eines Tafelbildes (Tafelbild 1)	Hausaufgabe: Lesen von **Q6**, Fragestellung: Wohin gehört das linksrheinische Gebiet (zu Deutschland oder Frankreich?), Vorbereitung von Argumenten für eine Diskussion

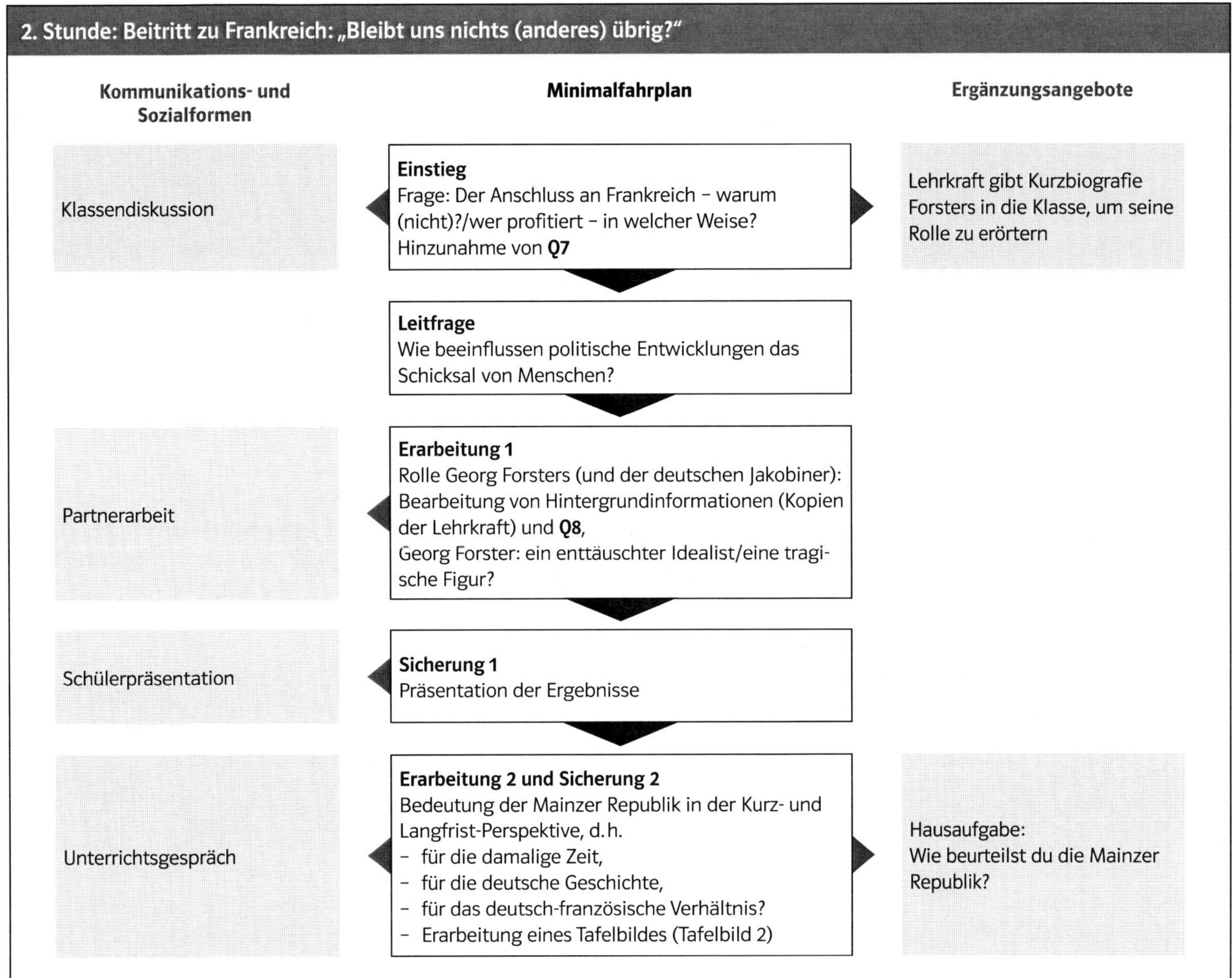

2. Stunde: Beitritt zu Frankreich: „Bleibt uns nichts (anderes) übrig?"
Kommunikations- und Sozialformen
Minimalfahrplan
Ergänzungsangebote
Klassendiskussion
Einstieg
Frage: Der Anschluss an Frankreich – warum (nicht)?/wer profitiert – in welcher Weise? Hinzunahme von Q7
Lehrkraft gibt Kurzbiografie Forsters in die Klasse, um seine Rolle zu erörtern
Leitfrage
Wie beeinflussen politische Entwicklungen das Schicksal von Menschen?
Partnerarbeit
Erarbeitung 1
Rolle Georg Forsters (und der deutschen Jakobiner): Bearbeitung von Hintergrundinformationen (Kopien der Lehrkraft) und Q8,
Georg Forster: ein enttäuschter Idealist/eine tragische Figur?
Schülerpräsentation
Sicherung 1
Präsentation der Ergebnisse
Unterrichtsgespräch
Erarbeitung 2 und Sicherung 2
Bedeutung der Mainzer Republik in der Kurz- und Langfrist-Perspektive, d.h.
– für die damalige Zeit,
– für die deutsche Geschichte,
– für das deutsch-französische Verhältnis?
– Erarbeitung eines Tafelbildes (Tafelbild 2)
Hausaufgabe:
Wie beurteilst du die Mainzer Republik?

Zum Verfassertext und zu den Materialien

114–117

Q1 Die um 1850 gefertigte kolorierte Lithografie zeigt das Mainzer Deutschhaus, in dem seit 1950 der Landtag von Rheinland-Pfalz seinen Sitz hat. Der davorliegende Platz hieß bis zum 17. März 2013 auch „Deutschhausplatz"; seither heißt er „Platz der Mainzer Republik" (Jubiläumsanlass). Genau 220 Jahre zuvor, am 17. März 1793, war im Deutschhaus der Rheinisch-Deutsche Nationalkonvent, ein aus Wahlen nach allgemeinem Wahlrecht hervorgegangenes Parlament, erstmals zusammengetreten. Man sollte allerdings nicht von einer demokratisch gewählten Volksvertretung im heutigen Sinne sprechen, aber sie beruhte auf demokratischen Prinzipien von Freiheit und Gleichheit. Es war das Parlament für die französisch besetzten Gebiete, bis sie von deutschen Truppen zurückerobert wurden.
Der mehrflügelige Bau im Stil des Barocks stammt aus dem frühen 18. Jahrhundert (1730) und diente dem Mainzer Erzbischof Franz Ludwig von der Pfalz als Residenz in seiner Funktion als Hochmeister des Deutschen Ordens.
Als Mainz im frühen 19. Jahrhundert zum französischen Kaiserreich gehörte, hatte Napoleon hier bis 1814 seine Residenz.

Q2 Die Zeichnung stammt von Johann Jacob Hoch (1750–1829). Kurz nach der Eroberung und Besetzung von Mainz durch die französischen Revolutionstruppen unter General Custine wurde auf Initiative von Georg Wilhelm Böhmer am 23. Oktober 1792 der Mainzer Jakobinerklub im Akademiesaal des ehemaligen kurfürstlichen Schlosses als Vereinigung deutscher Jakobiner gegründet; der offizielle Gründungsname lautete „Gesellschaft der Freunde der Freiheit und Gleichheit".
Mainz hatte damals etwa 22 000 Einwohner. Bei Angaben zu den Klubmitgliedern werden genannt: fünf katholische Geistliche, drei Juden, 16 Gelehrte, acht Ärzte, fünf Lehrer, 38 Studenten, 27 Kaufleute und 40 Personen, die sich einfach „Bürger" nannten. Dem Rednerpult direkt gegenüber sitzend und zum Redner aufschauend oder ihn gar nicht ansehend, fällt eine etwas einfacher gekleidete Gruppe auf, deren Mitglieder auch skeptischer als die hinter ihnen Stehenden dreinblicken. Es könnten eventuell einige der über 100 Bauern sein, die dem Klub ebenfalls angehörten.
Im Gegensatz dazu die mit reichhaltigen Stoffumhängen eingekleideten Herren, die am linken Bildrand seitlich vorne bis ans Rednerpult heran stehen: Mehrere von ihnen haben sich eine Kokarde mit der Trikolore der Nationalfarben Frankreichs an den Hut gesteckt (nur schwer im Bild erkennbar), wodurch sie ihre politische Gesinnung, ihre Begeisterung für und Identifikation mit Frankreich ausdrücken.
Neben Bürgern, Intellektuellen (Professoren, Forschern, Mitgliedern von Lesegesellschaften) und einfacheren Leuten gab es interessanterweise auch jüdische Mitglieder.

Q3 Das war das Motto und der Schwur, den die Mitglieder des Jakobinerklubs bei ihrem Eintritt schworen. Hier ist das von Valy Schmidt-Heinicke nachgezeichnete Siegel gezeigt, in dem auch das Symbol der Jakobinermütze (die phrygische Mütze) Verwendung findet und somit die enge Verbindung zu Frankreich ausdrückt. Zusammen mit der Einfassung durch Eichenlaub gilt die Mütze als Symbol der Herrschaft des Volkes bzw. der Volkssouveränität.

Q4 Die vor Selbstbewusstsein und Inkorporation von Revolutionsideen strotzende Rede des französischen Generals an die Mainzer ist ein Appell im Geiste der Brüderlichkeit und Freiheit, die französische Besatzung als positiv zu erachten. In Wirklichkeit aber betrieben die Franzosen nach dem Sieg von Valmy nicht mehr Verteidigungs-, sondern Eroberungspolitik, was in Paris nicht ganz unumstritten war.
Dennoch drangen die Truppen bis in die linksrheinischen Gebiete vor und nahmen neben Mainz auch Worms ein. Der flammende Aufruf Custines stilisiert Mainz zur Bastion der Freiheit hoch, zur „[...] Prachtstraße der Freiheit aller Völker des Deutschen Kaiserreiches [...]“ (Z. 29 ff.).

Q5 Das Bild ist ein Ausschnitt aus einem kolorierten Kupferstich, die starke Festungsstadt Mainz von der Anhöhe vor Weisenau aus gesehen.
Für den historischen Kontext könnten Schülerinnen und Schüler die Verbindung zum 1792 einsetzenden und fünf Jahre andauernden Ersten Koalitionskrieg herstellen, in dessen Verlauf französische Truppen in deutschen Gebieten, u. a. General Custine im Mainzer Raum, kämpften.

Q8 Auffallend ist der resignative und verzweifelte Ton in Forsters Brief; von seiner Sympathie für die Ideale der Revolution ist fast nichts mehr zu spüren. Gründe:
Zum einen lebt Forster durch die örtliche Nähe mitten im Pariser Revolutionsgeschehen und nicht mehr fernab in Mainz. Er hat nicht mehr die Position der „parteilosen ruhigen Beobachtung, des anhaltenden Nachdenkens und Zusammenlebens“ (Z. 32 ff.), sondern sieht in dem Geschehen vor Ort auch all die Intrigen, Machenschaften und vor allem Grausamkeiten der Revolution, die inzwischen in die Phase der Schreckensherrschaft („Le Terreur“) der Jakobiner (1792 – 1794) eingetreten ist.
Zum anderen leidet Forster auch unter wirtschaftlichen und finanziellen Problemen; er lebt in tiefer Armut. Aus politischen Gründen konnte er nicht mehr nach Deutschland zurück: Er war vom Kaiser wegen der Kollaboration mit Frankreich geächtet worden. Als er dann auch noch an einer Lungenentzündung erkrankte, waren seine Hoffnung und Möglichkeit, nach Mainz zurückzukehren, verloren; der mittellose Forster starb mit nur knapp 40 Jahren im Januar 1794 in Paris, ohne seine Frau und Kinder jemals wiedergesehen zu haben.

Q10 Ähnlich kläglich wie Forsters privater Brief sieht auch das abgebildete Freiheitsbäumchen aus: Die Jakobinermütze lässt noch die politische Ausrichtung und Spitze erkennen, ein paar grüne Zweige im Bereich der Baumkrone gibt es auch noch, doch der Hauptteil des Baumes ist nur noch ein dürrer Stamm – der vor allem keine Wurzeln mehr hat, d. h., der kein Wasser zur Versorgung mehr ziehen kann, der nicht mehr lebt. Der Karikaturist weist in seiner Bildunterschrift sogar darauf hin, dass selbst das „Käppchen“ hohl, „ohne Kopf“, sei, also nur noch den materiellen, aber nicht mehr den ideellen Wert aufweist.

114 – 117 Erläuterungen zu den Arbeitsaufträgen

A: Beschreibe kurz die politische Situation im linksrheinischen Gebiet in den Jahren 1790 – 1792. [I]
Ab etwa 1790 entstanden in mehreren Städten Jakobinerklubs, also Vereinigungen von Anhängern aus verschiedenen Gesellschaftsschichten, die die Ideale der Französischen Revolution gut fanden, z. B. die Idee der Freiheit und der Gleichheit, auch die Vorstellung, dass alle Menschen Brüder seien.
Die nur wenige Monate bestehende Mainzer Republik bestand zeitgleich mit der radikalen Phase der Revolution und den Koalitionskriegen gegen Frankreich. Dessen Truppen waren bis über den Rhein vorgedrungen, hatten Mainz (unter General Custine), Worms, Speyer, Frankfurt im Herbst 1792 eingenommen und belagert. Der Landesherr, Kurfürst-Erzbischof Friedrich von Erthal war geflohen, viele Adlige mit ihm. Ihr Vermögen wurde beschlagnahmt, viele Vorrechte von Adel und Klerus aufgehoben.
In Mainz hatte es allgemeine Wahlen zu einem Parlament gegeben, das am 17. März 1793 eröffnet wurde: Dieser Rheinisch-Deutsche Nationalkonvent war das erste Gremium seiner Art mit demokratischen Grundzügen.
Eine der Hauptfragen im Konvent, ob das linksrheinische Gebiet zu an Frankreich angeschlossen werde und sich dessen Schutz unterstellen sollte oder nicht, beurteilte er nach einer wegweisenden Rede seines Vizepräsidenten, Georg Forster, positiv. Als Forster mit zwei Abgeordnetenkollegen diesen sog. Reunionsantrag im Pariser Jakobinerklub vortrug, wurde er dort einstimmig angenommen: Die linksrheinischen Gebiete zwischen Landau und Bingen gehörten für einige Zeit zu Frankreich.

B: Beschreibe die verschiedenen Personengruppen, die an der Sitzung teilnehmen. Versuche dabei, anhand ihrer Kleidung Rückschlüsse auf ihre soziale Stellung oder auf ihren Beruf zu ziehen. [I]
Die Kleidung weist auf Personen unterschiedlichen Alters, Geschlechts und gesellschaftlichen Ranges hin; Personen aus fast allen Ständen sind vertreten: Prächtige Umhänge, große Hüte mit Kokarden zur politischen Willensbekundung, Perücken, aber auch der Judenhut geben Auskunft (zwei Herren links am Bildrand).
Nicht nur Menschen des gehobenen (Bildungs-)Bürgertums und der Gebildeten sind zu erkennen, sondern auch einfache Leute (gegenüber dem Rednerpult). Auch Frauen finden sich unter den Zuhörern (rechts hinter dem Geländer). Selbst Bauern sollen dabei gewesen sein.

C Was könnte Thema der Sitzung sein? Formuliere eine kleine Rede im Sinne der Jakobiner, wie sie gerade vorgetragen wird. [III]
Ein mögliches Beispiel:
„Freunde der Freiheit und der Gleichheit! Wir sind heute hier zusammengekommen, um die große Frage des Anschlusses unserer Region an Frankreich zu erörtern und voranzubringen. Nur wenn französische Gesetze auch für unsere Landstriche und Ortschaften gelten, haben wir eine echte Chance auf Freiheit wie auch auf Schutz, eine wahre Möglichkeit, der Despotie und Willkür der hiesigen kleinen Herrscher und Fürsten zu entkommen.
In Frankreich weht der Geist der Revolution, dort herrscht Aufbruch zu den hohen Idealen, dass alle Menschen frei und gleich sind und ohne Beeinträchtigung ihr persönliches Glück erstreben können. Wenn wir das schaffen, dann wird auch in den Gebieten links des Rheins, die jetzt noch zum Heiligen Römischen Reich deutscher Nation gehören, das Volk der wahre Souverän sein und seine Geschicke selbst in die Hand nehmen. Wir sind Jakobiner wie unsere Brüder im Geiste in Frankreich – warum also nicht auch geografisch und politisch zusammengehören? Ist der Rhein nicht die natürliche Grenze Frankreichs? Lasst uns den Antrag auf den Weg bringen, dass Mainz und viele andere deutsche Städte und Regionen den Schutz der ‚Grande Nation de la Liberté' genießen und unserem Wunsch nach politischer Vereinigung auch Taten folgen. Dann haben wir eine Zukunft! Vive la France, vive la réunion avec la France! In diesem Sinne: vielen Dank!"

D: Erläutere die Eidesformel „Frei leben oder sterben". [II]
Nichts ist den Mitgliedern der „Gesellschaft der Freunde der Republik" wichtiger als die Freiheit, sie ist das höchste Gut, das so bedeutsam ist wie das Leben selbst; sie würden sogar lieber sterben als unfrei zu sein. Das haben sie bei der Aufnahme in diese Gesellschaft sich bzw. einander geschworen und beeidet.
Hier zeigt das Gedankengut der Aufklärung, das in der Französischen Revolution erste politische Anwendung fand, Wirkung; es spiegelt sich aber auch die Intensität der Überzeugung der Gesellschaftsmitglieder.

E: Stelle dar, was der Karikaturist mit seiner Zeichnung (des Freiheitsbaumes) aussagen wollte. [II]
Beschreibung: Eine Jakobinermütze (Phrygische Mütze) steckt auf einem Nadelbäumchen, das im oberen Teil noch grün ist, im unteren aber nur noch als Holzstamm zu sehen ist, der – weil wurzellos – mit zwei Holzpflöcken im Straßenpflaster verankert werden muss.
Interpretation im historischen Kontext. So hohl und leblos, ohne Kopf – und damit ohne Geist – wie die Mütze ist auch das Bäumchen selbst: Die Freiheit ist verdorrt, verloren oder muss – bestenfalls – gestützt werden. Die Hoffnungen auf Realisierung der Forderungen und Ideale der Französischen Revolution, vor allem die großen Leitideen Freiheit und Gleichheit, wie sie besonders in der Anfangsphase ab 1789 vorangetrieben worden waren, sind vertrocknet; 1793 gibt der Karikaturist ihnen keine Überlebenschance. Vielleicht dient der Freiheitsbaum noch als besseres Brennholz?
Bei der Interpretation sollte zwischen kurzfristigen und langfristigen Folgen der Revolution deutlich unterschieden werden; als Hilfe kann dazu der Lexikonauszug aus Q9 dienen: Die Verbreitung des Gedankenguts der Revolution ist durchaus beträchtlich (auch in Form von konkreten Freiheitsbäumen!), sowohl innerhalb von Frankreich und in Deutschland sowie anderen Ländern des Kontinents als auch bis nach Amerika, die längerfristige Bedeutung bis in die Mitte des 19. Jahrhunderts ebenfalls. In der Karikatur selbst hingegen spiegelt sich die Hoffnungslosigkeit und Unzufriedenheit des Zeichners mit der unmittelbaren schlechten Einschätzung der Revolutionserfolge.

1. Stelle die wichtigsten Ereignisse zur Geschichte der Mainzer Republik in einer Zeittafel zusammen (VT, Q1, Q2, Q4). [I]
(S. Tabelle unten.)

2. Erläutere Georg Forsters Haltung zur Frage des Anschlusses an die Französische Republik (VT, Q5, Q6). [II]
Der Kontrast zwischen den Zuständen in den eigenen Landesbereichen, die eher von politischer Lethargie gekennzeichnet waren, und dem revolutionären Geschehen im Nachbarland führte dazu, dass Forster und andere Jako-

1790	In verschiedenen deutschen Städten entstehen Jakobinerklubs, besonders in den linksrheinischen Gebieten, aber z. B. auch in München, Hamburg und Aachen.
1792	4. Oktober: Flucht des Mainzer Kurfürsten Friedrich von Erthal
	21. Oktober: Mainz wird durch Revolutionstruppen unter General Custine belagert und eingenommen
	23. Oktober: Gründung des Mainzer Jakobinerklubs (Georg Forster selbst wird am 5. November Mitglied).
	Herbst: In verschiedenen Orten werden Freiheitsbäume aufgestellt.
1793	17. März: Eröffnung des „Rheinisch-Deutschen Nationalkonvents" im Mainzer Deutschhaus: Andreas Joseph Hofmann wird zum Präsidenten und Georg Forster zum Vizepräsidenten gewählt; viele Ortschaften und Gebiete sind durch Abgeordnete vertreten.
	21. März: Antrag der Mainzer Parlamentarier zum Anschluss ihres Gebietes an Frankreich
	30. März: Der Antrag der Mainzer Parlamentarier wird im Pariser Konvent einstimmig angenommen: Französisches Recht und französische Verwaltungsvorschriften gelten bis zum Rhein.
	31. März: Die letzte Sitzung des Rheinisch-Deutschen Nationalkonvents findet in Mainz statt.
	23. Juli: Die Franzosen kapitulieren; Mainz wird von vereinten preußischen und österreichischen Truppen eingenommen.
	9. September: Kurfürst Friedrich von Erthal kommt nach Mainz zurück. Georg Forster stirbt in Paris.

biner im Anschluss ihres Gebietes an Frankreich nur Vorteile erkannten: Wie viel mehr wogen die Ideen der Freiheit und der Gleichheit wie auch der Souveränität des Volkes im Vergleich zu fast noch feudalistischen Zuständen. Nichts Besseres, als dass französisches Recht bis zum Rhein gelten sollte, französischer Geist in die Administrationen einzog, konnte er sich durch den Anschluss der Region von Landau bis Bingen vorstellen.

3. Schreibe einen Tagebucheintrag Forsters, in dem deutlich wird, wie sich seine Sicht der Revolution verändert hat (VT, Q6). [II]
„Paris, den 2. April 1793
Liebes Tagebuch,
heute erlebe ich einen weiteren so traurig-bedrückenden Tag [...]. Nimmt denn das willkürliche Verhaften und Morden hier gar kein Ende mehr? Schon wieder ist in der Nachbarschaft ein Mann mitten am helllichten Tag aus seiner Wohnung heraus abgeführt worden. Was hat denn das mit Freiheit zu tun? Noch vor wenigen Jahren hatten die stolzen Franzosen doch verkündet, die schlechten politischen Zustände in ihrem Land durch bessere ersetzen zu wollen, und hatten sich dafür auch engagiert; sie wollten statt des Königs die besten Männer des Volkes regieren lassen. Doch nun, seit Robespierre und seine Gesinnungsgenossen das Sagen haben, gibt es nur noch Gewalt, Terror, Diktatur; die Leute sprechen gar von einer ‚Schreckensherrschaft'.
Ich habe meine Lebensfreude verloren und weiß nicht, wie es weitergehen soll. Es gab doch so hehre Ideale und Ziele; doch mir scheint, sie sind auf ewig verloren.
War es vielleicht ein Fehler, dass das linksrheinische Gebiet nun auch zu Frankreich gehört? Und das noch dazu durch mein eigenes Zutun im Mainzer Jakobinerklub! Meine größte Sorge ist allerdings, ob ich jemals wieder in meine Heimat zurückreisen kann; ach meine liebe Familie, mein schönes Mainz, meine Jakobinerfreunde, meine Wissenschaftskollegen [...]. Was würde ich darum geben, Euch wiederzusehen. Ich hoffe, es ist nicht alles verloren, weder daheim noch hier in Paris."

4. Die Urteile der Zeitgenossen über die Mainzer Jakobiner reichten von Bewunderung bis zu dem Vorwurf des Landesverrats. Beurteile diesen Abschnitt deutscher Geschichte selbst. [II]
Mögliche Ideen für „Bewunderung":
Die Mainzer Jakobiner waren
- glühende Idealisten, Anhänger der Gedanken der Freiheit und Gleichheit, vielleicht auch Brüderlichkeit der Menschen; überwiegend Gebildete, Wissenschaftler, Beamte, Bürgerliche; zeigten Verbundenheit zu Frankreich;
- politisch engagiert und wollten, dass auch ihre Mitbürger politisch aktiv werden konnten;
- Abgeordnete des ersten gewählten Parlaments auf deutschem Boden.

Mögliche Ideen für die Position „Landesverrat":
- wie Forster werden auch andere Jakobiner schlecht über ihre Territorialherren geredet haben;
- die Jakobiner zeigten sich ungehorsam gegenüber der eigenen Obrigkeit; sie galten als aufrührerisch;
- sie verbreiteten aktiv revolutionäres Gedankengut in Deutschland;
- sie gaben deutsches Gebiet preis, verrieten ihr Vaterland: Wie konnten sie diskutieren, dass der Rhein eigentlich Frankreichs Grenze sei? (S. auch den Reunionsantrag Q7.);
- sie zeigten eine unrealistische, verblendete Argumentation und Einschätzung der Lage;
- sie solidarisierten sich mit dem Feind, dessen revolutionäre Truppen im eigenen Land standen und deutsche Städte belagerten.

5 Erörtere die Bedeutung der Mainzer Republik für die deutsche Geschichte. Beziehe dabei die Äußerung des früheren Bundespräsidenten Gustav Heinemann aus dem Jahr 1970 zu diesem Thema mit ein: „Glücklicherweise hat es in Deutschland lange vor der Revolution von 1848 nicht wenige freiheitlich und sozial gesinnte Männer und Frauen gegeben, [...] die sich mit der Bevormundung durch die Herrschenden nicht abgeben wollten." [III]
Zwei Themenfelder sind interessant:
erstens, die Geschichte unserer Demokratie, an deren Anfang man die Mainzer Republik sehen kann;
zweitens die deutsch-französische Geschichte: Hierin ist die Mainzer Republik „Spielball" der wechselvollen Nachbarschaft mit teils expansiver Außenpolitik beider Länder. Erst ab den 1950er-Jahren wandelte sich Konfrontation in Kooperation im Zuge des Europäischen Einigungsprozesses. Nach diesen mündet das Verhältnis in die deutsch-französische Freundschaft 1963 (Elysée-Vertrag), ergänzt um viele deutsch-französische Projekte und Partnerschaften seither.
Das Gebiet der Mainzer Republik war empfänglich für die Ideen der Aufklärung und der französischen Revolutionen (1789/1830/1848): Begeisterte Anhänger in Deutschland wurden ihrerseits politisch und mit Mut initiativ (1832 Hambach/1848 Märzrevolutionen).
Der kurze Zeitabschnitt der Mainzer Republik 1792/1793 wird aufgrund demokratischer Grundzüge meist positiv beurteilt, gar als Beginn der deutschen Demokratiegeschichte gewürdigt; weniger euphorische Stimmen sehen in ihr bestenfalls demokratische Ansätze.
Die unmittelbare Wirkungsgeschichte war schwach. Erst im Vormärz treten Burschenschafter, Professoren und Bürger verstärkt und gegen eine repressive Obrigkeit für die Realisierung freiheitlich-nationaler Forderungen ein; ihre Bestrebungen kulminieren in der Frankfurter Nationalversammlung (1848/49) und der dort ausgearbeiteten Verfassung mit demokratischen Grundrechten. Wäre diese Entwicklung ohne die Mainzer Republik möglich gewesen? Sind nicht dort erstmals – wenn auch nur in einem direkt an Frankreich grenzenden Gebiet und mit kurzer zeitlicher und lokaler Begrenztheit – Ideale der Französischen Revolution auf deutschem Boden umgesetzt worden? Mutige Männer und Frauen lehnten sich gegen die Herrschenden auf, in kleiner Zahl während der Mainzer Republik, in größerer bei den 1848er Barrikadenkämpfen.
Der dritte Bundespräsident, Gustav Heinemann (1899–1976; SPD), war familiär schon früh mit freiheitlichem und patriotischem Gedankengut in Kontakt gekommen; sein Urgroßvater hatte sogar in der Märzrevolution 1848 mitgekämpft. Daher sein besonderes Verständnis.

Tafelbild 1 r3pw3t

Die Mainzer Republik

Ereignisse in Frankreich	Entwicklungen in den linksrheinischen Gebieten
1789: Beginn der Französischen Revolution, Entstehung politischer (Jakobiner-)Klubs	
	1790: Gründung von Jakobinerklubs in verschiedenen deutschen Städten nach französischem Vorbild
1792: Schreckensherrschaft der Jakobiner	1792: Gründung der „Gesellschaft der Freunde der Freiheit und Gleichheit" in Mainz: rund 450 Mitglieder; der Jakobinerklub tagt in öffentlichen Sitzungen. Freiheitsbäume werden aufgestellt.
1792: Eroberung der Pfalz (Koalitionskrieg): Die französische Rheinarmee unter General Custine besetzt u. a. Worms und Mainz.	1792: Kurfürst-Erzbischof Freiherr von Erthal und andere Adlige fliehen.
1793: Der „Wohlfahrtsausschuss" übernimmt die Regierungsgewalt.	1793: Eröffnung des Rheinisch-Deutschen Nationalkonvents als nach allgemeinem Wahlrecht gewähltes Parlament: Mainzer Republik
1793: Rückeroberung der linksrheinischen Gebiete durch preußische und österreichische Truppen; General Custine wird in Frankreich angeklagt und hingerichtet.	1793: Der Reunionsantrag der Mainzer Republik wird im Konvent in Paris angenommen: Linksrheinische Gebiete werden für kurze Zeit französisch.

118–121

Die Schreckensherrschaft

Stundenvorschlag pm8mh3

1. Stunde: Die Schreckensherrschaft – die Revolution wird terroristisch

Kommunikations- und Sozialformen	Minimalfahrplan	Ergänzungsangebote
Lehrerimpuls und Schülerbeiträge	**Einstieg** Präsentation der Begriffe „Freiheit, Gleichheit, Brüderlichkeit" und „Schreckensherrschaft"	
Unterrichtsgespräch	**Leitfragen** Wie kann eine Revolution für Freiheit, Gleichheit und Brüderlichkeit eine Schreckensherrschaft werden? Wer übte Terror gegen wen aus, und mit welcher Rechtfertigung?	Detaillierte Analyse der Bilder, z. B. arbeitsteilig im Gruppenpuzzle; Schülerreferat zum Aufstand in der Vendée
Sachkonfrontation, spontane Schüleräußerungen, Meldekette	**Erarbeitung 1** Veranschaulichung von Schreckensherrschaft anhand von **Q1**, **Q2** und **Q3**	Erarbeitung der unterschiedlichen Fraktionen im revolutionären Lager, Lektüre **VT**, S. 119; Frauen in der Revolution: Lektüre **VT**, S. 118 und Analyse von **Q5** mit Arbeitsauftrag 5
Einzelarbeit, Stillarbeit	**Erarbeitung 2** Ursachen und Anlässe für die Schreckensherrschaft: Lektüre **VT**, S. 118	Gegenwartsbezug: Umgang mit Verdächtigen im Rechtsstaat heute
Plenum	**Erarbeitung 3** Quellenanalyse **Q4** und **Q6** mit Arbeitsaufträgen 1 bis 4	
Unterrichtsgespräch	**Sicherung** Ursachen, Erscheinungsformen und Träger der Schreckensherrschaft	

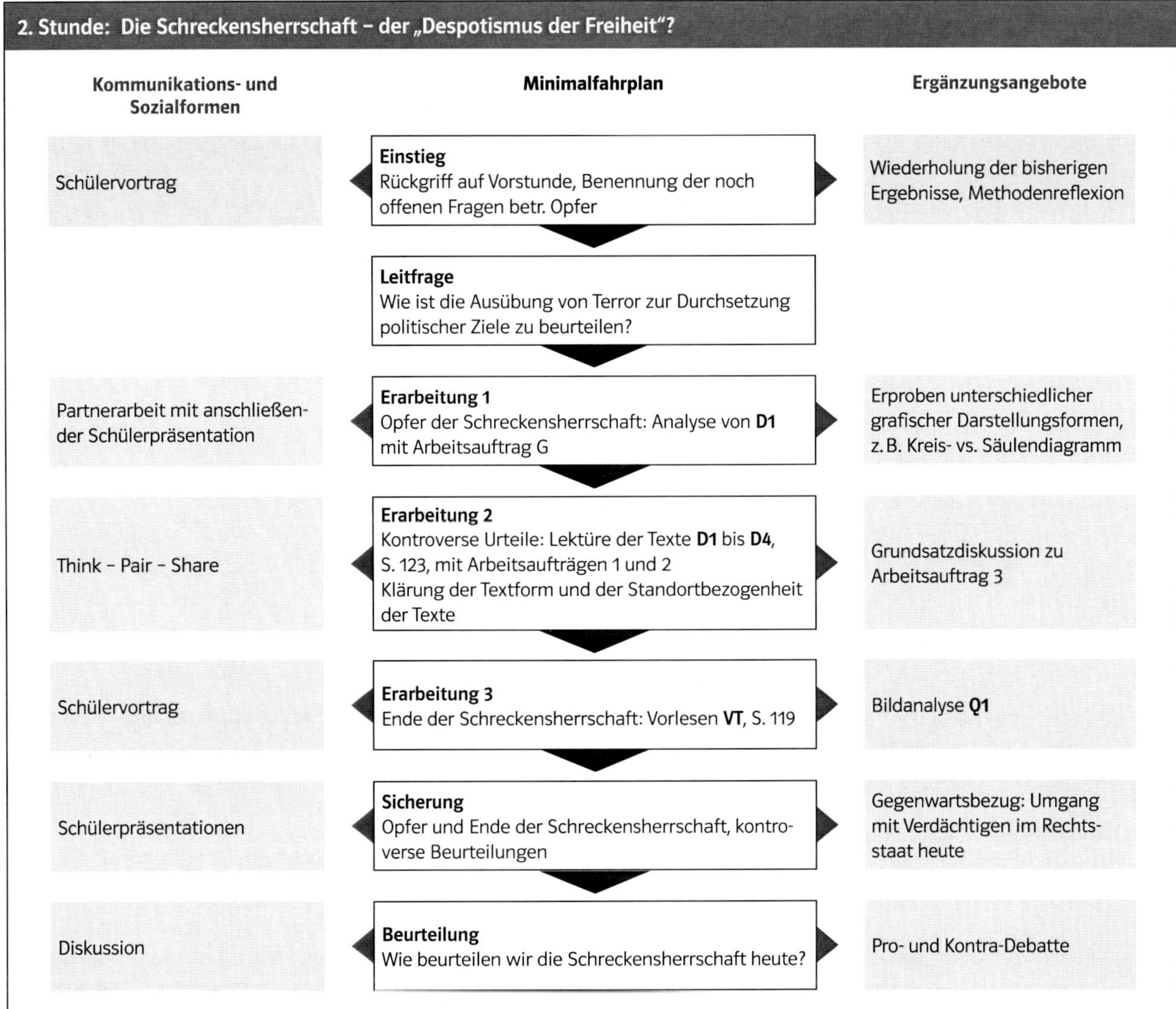

2. Stunde: Die Schreckensherrschaft – der „Despotismus der Freiheit"?
Kommunikations- und Sozialformen
Minimalfahrplan
Ergänzungsangebote
Schülervortrag
Einstieg
Rückgriff auf Vorstunde, Benennung der noch offenen Fragen betr. Opfer
Wiederholung der bisherigen Ergebnisse, Methodenreflexion
Leitfrage
Wie ist die Ausübung von Terror zur Durchsetzung politischer Ziele zu beurteilen?
Partnerarbeit mit anschließender Schülerpräsentation
Erarbeitung 1
Opfer der Schreckensherrschaft: Analyse von D1 mit Arbeitsauftrag G
Erproben unterschiedlicher grafischer Darstellungsformen, z. B. Kreis- vs. Säulendiagramm
Think – Pair – Share
Erarbeitung 2
Kontroverse Urteile: Lektüre der Texte D1 bis D4, S. 123, mit Arbeitsaufträgen 1 und 2
Klärung der Textform und der Standortbezogenheit der Texte
Grundsatzdiskussion zu Arbeitsauftrag 3
Schülervortrag
Erarbeitung 3
Ende der Schreckensherrschaft: Vorlesen VT, S. 119
Bildanalyse Q1
Schülerpräsentationen
Sicherung
Opfer und Ende der Schreckensherrschaft, kontroverse Beurteilungen
Gegenwartsbezug: Umgang mit Verdächtigen im Rechtsstaat heute
Diskussion
Beurteilung
Wie beurteilen wir die Schreckensherrschaft heute?
Pro- und Kontra-Debatte

Zum Verfassertext und zu den Materialien

118–121

Q1 Das Bild kann genutzt werden, um aufzuzeigen, dass die Revolution auch Züge eines Bürgerkriegs trug.

Q3 Klaus Fieberg hat in „Praxis Geschichte" 5/2001, S. 28–31, ein Modell zur „hypertextuellen Erschließung" dieser Karikatur erstellt, das als Alternative zu dem hier vorgeschlagenen Arbeitsauftrag dienen kann. In Anlehnung an sein Konzept ist folgende Aufgabenstellung alternativ denkbar: Versuche, die Karikatur mithilfe des Internets zu erschließen:

- Suche und kennzeichne (z. B. durch Einkreisen) diejenigen Bereiche der Karikatur (Bild- oder Textelemente), zu denen Erklärungen sinnvoll und notwendig sind.
- Ermittle zu diesen ausgewählten Aspekten Informationen aus dem Internet. Bediene dich dabei einer Suchmaschine.
- Werte die Suchergebnisse aus, indem du die einzelnen Adressen aufsuchst und ihren Informationsgehalt überprüfst.
- Übertrage im Anschluss daran die ausgewählten Internetadressen in eine tabellarische Übersicht und verfasse jeweils einen Kurzkommentar.
- Arbeite die Ergebnisse als Hyperlinks in das Dokument mit der Karikatur ein, z. B.:

Nr.	Bild- bzw. Textelement	URL/Kurzkommentar
1	Ludwig XVI.	...
2	Guillotine	...
3	Gillray	...
4	usw.	...

Q4 Die Sansculotten verlangen die Bestrafung der Spekulanten und Hamsterer sowie – unter Berufung auf die Gleichheit – eine Begrenzung der Lebensmittelpreise. Die soziale Zugehörigkeit der Sansculotten wird vor allem dadurch deutlich, dass sie sich von anderen sozialen Gruppen abgrenzen: von den Reichen, den Spekulanten, den Hamsterern, den Monopolisten, den „Egoisten", denen, die Schlösser, Diener, Wagen und „Millionen" besitzen. Sie selbst sehen sich dagegen als einfache Bauern oder Handwerker, als „arbeitsame Klasse der Gesellschaft". Als Gegner sehen die Sansculotten – dabei wenig differenzierend – alle reichen Bevölkerungsschichten; das richtet sich nicht nur gegen den Adel, sondern auch gegen das Bürgertum der Revolutionszeit, wie die Angriffe gegen die „Clique der Politikaster" und die unaufrichtigen Teilnehmer der Sektionssitzungen belegen. Als mögliche Bündnispartner sehen sie die „Bürgervertreter“, die Abgeordneten, an, von denen sie Aktionen gegen die Reichen erwarten. Auf dem Hintergrund der mittlerweile erarbeiteten Kenntnisse kann vermutet werden, dass sich die Sansculotten um ein Bündnis mit den Jakobinern bzw. den Montagnards bemühen.

Q5 Hier sollen die Schülerinnen und Schüler erkennen, dass es heute zwar völlig andere Konzepte gibt, aber zugleich auch noch, vielleicht in ihrem eigenen Denken oder auch in dem anderer, Vorstellungen gibt, die nicht weit von denen des 18. Jahrhunderts entfernt sind. Es kann thematisiert werden, dass offenbar Stereotypen wie die dem Text zugrunde liegenden äußerst langlebig sind.

Abschließend sollen die Schülerinnen und Schüler ihre eigenen Vorstellungen artikulieren. Damit soll ein Beitrag dazu geleistet werden, dass sie nicht nur bei fremden Autoren, sondern auch bei sich selbst über Standpunkte, Prämissen und Interessen reflektieren, die in ihr Urteil eingehen.

Q6 Die Quelle ermöglicht die Kontrastierung mit Prinzipien des modernen Rechtsstaates.

118–121

Erläuterungen zu den Arbeitsaufträgen

A: Bewerte das Vorgehen der Revolutionäre gegen die Kriegsgefahr und die Wirtschaftskrise. Was findest du eher positiv, was eher negativ? [III]
Die Antworten dürfen vorläufigen Charakter haben und sollten später modifiziert werden. Z. B.: Angesichts des Krieges und der Wirtschaftskrise ist es verständlich, dass man in dieser Notsituation zu harten Maßnahmen greift. Hinrichtungen und Todesstrafen kann man aber selbst in schwierigen Zeiten nicht rechtfertigen.

B: Finde am Beispiel des Aufstandes in der Vendée heraus, warum sich Bürger gegen die Revolution wandten. [I]
Die Vendée ist eine französische Landschaft südlich der unteren Loire. Dort machten Bauern mit Unterstützung der katholischen Kirche einen Aufstand gegen die Revolutionsregierung. Zunächst waren die Proteste gewaltlos, doch 1793 wurde der Konflikt von beiden Seiten gewaltsam und brutal ausgetragen. Es gab ca. 200 000 Tote. Die Bauern waren zum Teil Anhänger des Königtums, doch vor allem bekämpften sie die Revolution aus religiösen Gründen. Sie lehnten den Kampf der Revolutionäre gegen den Klerus und die katholische Kirche ab. Ebenso akzeptierten sie nicht die Ansätze zu einer neuen „Religion der Vernunft“.

C: Beschreibe die Ausstattung und Atmosphäre des Raumes und ihre Wirkung auf die vorgeladene Familie. [I]
In der Mitte des Bildes gibt es einen großen Konferenztisch, auf dem Schriftstücke liegen; das Mobiliar ist sonst spärlich – viele Personen stehen. Von oben hängt eine Fahne herab, an der Tür ist eine Bekanntmachung angeschlagen. Neben dem Fenster befinden sich Büsten von verehrten Helden oder Vorbildern. Im Raum befinden sich Waffen und Getränke. Die Atmosphäre ist nicht die eines bürgerlichen Büros, in dem gearbeitet wird: Es gibt hektische Bewegungen, es wird geraucht und getrunken, ein Hund läuft herum.
Die Mehrheit der Personen sind Sansculotten, entweder bewaffnete Mitglieder der Garden oder heftig diskutierende und gestikulierende Unbewaffnete. Sie sind die Hausherren: Entweder sitzen oder stehen sie ganz entspannt herum, oder sie dominieren durch entschlossene und heftige Gebärden. Die Eintretenden sind reiche Bürger. Sie sind vornehm gekleidet, wirken aber schüchterner oder demütig. Sie überreichen ein Papier; vermutlich müssen sie ihre Ausweispapiere kontrollieren lassen, oder sie zeigen eine Vorladung vor. Als reiche Bürger sind sie potenzielle Opfer der Sansculotten.

D: Schreibe einen Eintrag für ein Schülerlexikon zum Stichwort „Jakobinerherrschaft“. [II]
Der Artikel sollte sachlich sein und Wertungen vermeiden; Musterlösung:
Die Jakobiner waren der wichtigste politische Klub der Französischen Revolution. Sie waren radikale Revolutionäre und verbündeten sich mit den Sansculotten. 1793/94 errichteten sie unter ihrem Anführer Robespierre eine Diktatur, eine Schreckensherrschaft, in der der Wohlfahrtsausschuss die Regierung darstellte. Mit Terror und Gewalt gingen sie gegen ihre Gegner vor, gegen den König, die Königin, ehemalige Adlige und Priester, aber auch gegen andersdenkende Revolutionäre, die sie meist mit der Guillotine hinrichteten. Den Terror rechtfertigten sie als eine Art Notwehr gegen ihre Gegner in einer Zeit der Krise und des Krieges. Die Schreckensherrschaft wurde erst überwunden, als Robespierre und seine Anhänger selbst unter der Guillotine starben.

E: Liste die wichtigsten Bildelemente (z. B. die Fahne, die Guillotine usw.) auf und versuche, sie zu entschlüsseln. [II]
Die Ergebnisse können die Schülerinnen und Schüler in Form einer Tabelle erstellen:
(S. Tabelle S. 105 oben.)

F: Diskutiert, welche Haltung des Zeichners zum dargestellten Ereignis in der Karikatur zum Ausdruck kommt. [III]
Aufgrund der Erkenntnisse aus der Arbeit zu E ergibt sich die scharf ablehnende Haltung des Zeichners. Gillrays Karikatur zeigt u. a. die Hinrichtung mit der Guillotine, gelynchte Geistliche an den Laternen, das schaulustige Volk, die Sansculotten, die Trikolore und die Jakobinermütze. Die Auswahl der Geschehnisse und die Darstellungsweise – vor allem die negative Präsentation des Sansculotten im Zentrum – implizieren eine scharfe Kritik der Revolution, die durch den Kontrast zu dem Titel „Der Zenit des französischen Ruhmes“ sarkastisch zugespitzt wird.

Bildelement	Entschlüsselung
Guillotine mit Ludwig XVI.	Tötung des Königs
Fahne an der Guillotine	revolutionäre Trikolore mit Aufschrift „Es lebe die Gleichheit"
brennende Kirche	Kampf gegen den Klerus und die Kirche
Kruzifix rechts oben	Verspottung der Religion; Inschrift „Bon soir, monsieur" statt „INRI"
phrygische Mütze auf einem Stock	revolutionäre Kopfbedeckung, „phrygische Mütze", Symbol der Revolution mit Aufschrift „libertas"
sitzende Person mit Geige auf der Straßenlaterne	Sansculotte macht Musik als hämische Begleitung zum Terror, Hinterteil schamlos entblößt (Zeichner nimmt den Begriff „sans culotte" wörtlich), tritt auf den Kopf des gelynchten Geistlichen
hängende Geistliche an der Straßenlaterne	Gewalt gegen den Klerus, Ermordung von Priestern, Lynchjustiz, Anspielung auf den Text des Liedes „Ça ira"
hängende Nonne an der Straßenlaterne mit Waage und Schwert	Gewalt gegen den Klerus, Ermordung von Nonnen, Lynchjustiz, Perversion von Recht und Gerechtigkeit, Anspielung auf den Text des Liedes „Ça ira"

G: Stelle die Zugehörigkeit der Opfer zu sozialen Gruppen in einem Kreisdiagramm dar und arbeite heraus, wie sich die Opferzahlen auf die Stände verteilen. [II]
Es ist auffällig, dass die Mehrzahl der Opfer dem Dritten Stand angehörte. Dieser Befund wird z. T. relativiert durch die Tatsache, dass auch insgesamt die große Mehrheit der Bevölkerung dem Dritten Stand angehörte; d. h., die Angehörigen der ersten zwei Stände waren unter den Opfern überrepräsentiert, doch kann keineswegs die Rede davon sein, dass sich der Terror nur oder überwiegend gegen Aristokratie und Klerus richtete. Die Zahlen können als Argument gegen die These benutzt werden, es handele sich ausschließlich um soziale Gegensätze. Vielmehr wird deutlich, dass auch unter den Opfern des Dritten Standes verschiedene soziale Gruppen vertreten waren. Es bietet sich daher die Deutung an, dass in der Zeit der Schreckensherrschaft die Konflikte primär politischer Natur waren.

1. Liste die Forderungen der Sansculotten auf (Q4). [I]
Die Sansculotten verlangen die Bestrafung der Spekulanten und Hamsterer sowie – unter Berufung auf die Gleichheit – eine Begrenzung der Lebensmittelpreise.

2. Erkläre mithilfe von Q4, welche sozialen Gruppen die Sansculotten bildeten und wen sie als Gegner, wen als mögliche Verbündete betrachteten. [II]
Die soziale Zugehörigkeit der Sansculotten wird vor allem dadurch deutlich, dass sie sich von anderen sozialen Gruppen abgrenzen: von den Reichen, den Spekulanten, den Hamsterern, den Monopolisten, den „Egoisten", denen, die Schlösser, Diener, Wagen und „Millionen" besitzen. Sie selbst sehen sich dagegen als einfache Bauern oder Handwerker, als „arbeitsame Klasse der Gesellschaft".
Als Gegner sehen die Sansculotten – dabei wenig differenzierend – alle reichen Bevölkerungsschichten; das richtet sich nicht nur gegen den Adel, sondern auch gegen das Bürgertum der Revolutionszeit, wie die Angriffe gegen die „Clique der Politikaster" und die unaufrichtigen Teilnehmer der Sektionssitzungen belegen. Als mögliche Bündnispartner sehen sie die „Bürgervertreter", die Abgeordneten, an, von denen sie Aktionen gegen die Reichen erwarten. Auf dem Hintergrund der mittlerweile erarbeiteten Kenntnisse kann vermutet werden, dass sich die Sansculotten um ein Bündnis mit den Jakobinern bzw. den Montagnards bemühen.

3. Liste auf, was nach dem „Gesetz über die Verdächtigen" einen Menschen verdächtig machte (Q6). [I]
Verdächtig wurde man u. a. durch sein Verhalten, seine Beziehungen, seine Reden, seine Schriften, durch Emigration oder seine ehemalige Zugehörigkeit zu oder Verwandtschaft mit dem Adel. Inhaltlich bleibt die Beschreibung des verbotenen Verhaltens vage: Diejenigen sind verdächtig, die sich „als Feinde der Freiheit zu erkennen gegeben haben" oder die „nicht beständig ihre Verbundenheit mit der Revolution bekundet haben".

4. Erkläre, welche Möglichkeiten ein Verdächtigter hatte, sich zu verteidigen (Q6). [II]
Das Gesetz unterscheidet nicht zwischen Verdächtigen und Schuldigen und widerspricht somit den Grundlagen jeder Rechtsstaatlichkeit. Ein Verdacht genügt, um verhaftet und eingesperrt zu werden, später sogar zur Hinrichtung. Es gibt keine Hinweise darauf, dass der Verdacht von einem unparteiischen Gericht überprüft werden soll. Ein Verdächtiger hat daher kaum eine Möglichkeit, sich zu verteidigen.

❺ Stelle die Argumente zusammen, die die Verfasser für das Verbot von Frauenklubs anführen (Q5). Erkläre anschließend, welches Bild vom Wesen der Frau und des Mannes dabei sichtbar wird. [II]
Frauen hätten nicht die „moralische und physische Kraft", die die politische Tätigkeit erfordert. Das sei weltweiter Konsens. Die Aufgaben der Frau seien andere, die ihr „die Sitten und die Natur" vorgegeben haben: Erziehung der Kinder, Haushalt, Familie.
Der Text spiegelt das klassische Bild der dichotomen Geschlechtscharaktere: Dem aktiven, starken, robusten und intelligenten Mann, der für alle Aufgaben außerhalb des Hauses geeignet ist, steht die gemütvolle, gemäßigte, stille und zurückgezogene Frau gegenüber, deren Aufgaben im Heim liegen.

Tafelbild 1 6b7e3z

Frankreich 1793 – 1794: die Schreckensherrschaft

Leitfragen	Antworten
1. Warum kam es zur Schreckensherrschaft?	Es herrschte Krieg, es gab Aufstände; Frankreich und die Revolution waren in Gefahr. Es gab eine Wirtschaftskrise, die Preise waren sehr hoch, es herrschte eine Hungersnot.
2. Wie muss man sich eine Schreckensherrschaft konkret vorstellen?	Wer verdächtig war, die Revolution nicht zu unterstützen, wurde verfolgt, angeklagt und hingerichtet, oft durch die Guillotine.
3. Wer übte die Schreckensherrschaft aus?	Die Träger der Revolution waren die radikalen Jakobiner unter Führung von Robespierre. Sie wurden von den Sansculotten unterstützt.
4. Wer waren die Opfer?	Die Opfer waren überwiegend Mitglieder des dritten Standes. Es ging offenbar eher um politische als um soziale Konflikte.
5. Wie kann man die Schreckensherrschaft beurteilen?	Die Schreckensherrschaft wird sehr unterschiedlich beurteilt. Der eigene Standpunkt der Verfasser geht in ihre Urteile ein. (Dann z. B.:) Wir lehnen mehrheitlich die Schreckensherrschaft ab, weil wir glauben, dass man seine Ziele nicht mit Gewalt durchsetzen darf. Eine Minderheit meint allerdings, dass unter bestimmten Bedingungen Gewalt doch gerechtfertigt ist.
6. Wie ging sie zu Ende?	Robespierre und seine Anhänger wurden 1794 verurteilt und hingerichtet.

Geschichte erinnert und gedeutet: Robespierre und die Jakobinerherrschaft

122–123

Stundenvorschlag 9pp7va

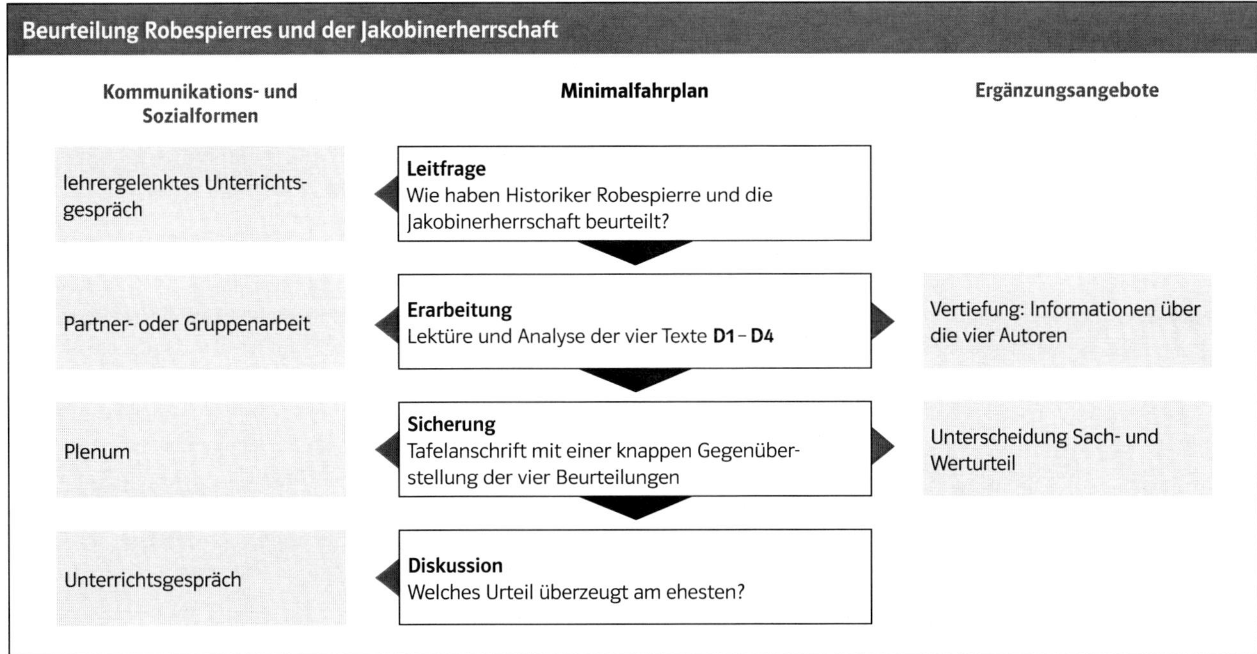

Beurteilung Robespierres und der Jakobinerherrschaft
Kommunikations- und Sozialformen
Minimalfahrplan
Ergänzungsangebote
lehrergelenktes Unterrichtsgespräch
Leitfrage
Wie haben Historiker Robespierre und die Jakobinerherrschaft beurteilt?
Partner- oder Gruppenarbeit
Erarbeitung
Lektüre und Analyse der vier Texte D1 - D4
Vertiefung: Informationen über die vier Autoren
Plenum
Sicherung
Tafelanschrift mit einer knappen Gegenüberstellung der vier Beurteilungen
Unterscheidung Sach- und Werturteil
Unterrichtsgespräch
Diskussion
Welches Urteil überzeugt am ehesten?

Zum Verfassertext und zu den Materialien

122–123

D1 Pierre Gaxotte (1895–1982) war ein französischer „neoroyalistischer“ Historiker und rechtskonservativer Journalist.

D2 Albert Mathiez (1874–1932) war ein französischer marxistischer Historiker und Verteidiger Robespierres, den er als Vorkämpfer für die Beseitigung sozialer Ungerechtigkeiten und der Klassenunterschiede betrachtete.

D3 Der deutsche Schriftsteller, Literaturkritiker und Journalist Friedrich Sieburg (1893–1964) schreibt von einem konservativ-humanistischen Standpunkt aus. Im Zentrum der Argumentation steht die philosophische Überlegung, dass Robespierre einen spezifisch jakobinischen sittlichen Maßstab anstelle eines allgemeinen Maßstabs gesetzt habe und so einer antihumanistischen und inhumanen Politik die Basis geschaffen habe. Der letzte Satz des Textauszuges wirkt, zumal er zehn Jahre nach Ende der NS-Diktatur geschrieben wurde, übertrieben.

D4 Der französische Historiker Albert Soboul (1914–1982), Sorbonne-Professor und – unorthodoxer – Neomarxist, verweist auf die Erfolge der Terrorherrschaft bei der Bewältigung der innen- und außenpolitischen Krise. Er schreibt sachlich und argumentiert, beschränkt sich aber auf das Kriterium des unmittelbaren Erfolgs im politischen Tagesgeschäft, ohne grundsätzliche moralische oder philosophische Aspekte zu diskutieren.

122–123 Erläuterungen zu den Arbeitsaufträgen

A: Interpretiere die Karikatur und überprüfe, welche Meinung der Zeichner über Robespierre hat. [III]
Eine Anzahl von Guillotinen in einer menschenleeren Landschaft zeigt, dass ganz Frankreich hingerichtet wurde. Nur noch Robespierre und der Scharfrichter sind übrig. Robespierre wird sehr negativ gesehen, als Mörder, der unterschiedslos alle Franzosen töten lässt und den letzten Überlebenden, nämlich den Henker, selbst hinrichtet. Der Karikaturist zeigt, dass seiner Meinung nach Robespierre ganz Frankreich in den Untergang führt.

B: Schau dir das Bild genau an und schreibe einen Artikel für eine französische Zeitung über die Verhaftung Robespierres. [II]
Musterlösung:
Robespierres Gegner haben sich entschlossen, die Schreckensherrschaft zu beenden. Nach dem überraschenden Beschluss des Parlaments, Robespierre und seine engsten Anhänger zu verhaften, flüchtete er mit seinen Freunden ins Rathaus. Dort kam es in der Nacht vom 27. auf den 28. Juli zu einer gewaltsamen Auseinandersetzung. Unser Bild zeigt die Szene, in der ein Polizist auf Robespierre schießt und ihn schwer verletzt: Sein Kiefer wurde von der Kugel zerschmettert. Schon am folgenden Tag wurde Robespierre zusammen mit seinen Anhängern mit der Guillotine hingerichtet. Bedeutet das das Ende der Schreckensherrschaft?

1. Fasse den jeweiligen Standpunkt der Historiker (D1–D4) stichwortartig zusammen. [I]
Gaxotte: Er verurteilt die Jakobinerherrschaft; keine Pro- und Kontra-Argumente; negative Einschätzung der Menschengruppen, die sie getragen haben; Adjektive und Substantive, die negative moralische Beurteilungen enthalten, z. B. „unwürdig", „Auswurf", „Dummheit", „Gemeinheit", „neidisch", „hasserfüllt" usw.; Wortwahl einseitig verurteilend; polemisch, d. h. hart und unsachlich.
Mathiez: sehr positiv, emotional über Robespierre; Begriff der Liebe zu ihm; lobt ihn wegen seiner positiven Charaktereigenschaften und wegen seiner Ziele; nichts über Robespierres Verantwortung für die Schreckensherrschaft und zahlreiche Todesurteile; Sprache pathetisch, keine kritische Distanz.
Sieburg: moralische Argumentation; Vorwurf der Einführung neuer, jakobinischer Maßstäbe; im Widerspruch zum Humanismus und zur Humanität.
Soboul: zurückhaltend im Werturteil, positives Sachurteil: Schreckensherrschaft ermöglichte Erfolge, beschränkt sich auf Kriterium des Erfolgs.

2. Bewertet die Jakobinerherrschaft, tauscht eure Meinungen aus und diskutiert in der Klasse darüber. [III]
Die Jakobinerherrschaft war grausam und unmenschlich, sie hat viele Menschen das Leben gekostet. Die Jakobiner richteten Andersdenkende hin und verrieten damit die Ideale der Revolution, z. B. die Menschenrechte und die Freiheit.
Andererseits: Die Jakobiner kämpften begeistert und rücksichtslos für die Revolution und gegen deren Feinde. Wenn sie nicht verlieren wollten, blieb ihnen nichts anderes übrig, als auch zur Gewalt zu greifen.

❸ Nimm Stellung zu der Frage, ob man die Freiheit mit Gewalt einführen kann und darf. [III]
Grundsätzlich ist Gewalt zur Erreichung politischer Ziele abzulehnen. Auch ein gutes Ziel rechtfertigt nicht die Anwendung brutaler und unmoralischer Mittel.
Andererseits: In manchen Situationen gibt es keine friedlichen Mittel, um sich gegen schlechte Herrscher oder Tyrannen zu wehren. Dann kann auch Gewalt ein zulässiges Mittel sein.
Oder: Gewalt kann nur dann ein gerechtfertigtes Mittel der Politik sein, wenn es gar keine Alternativen gibt. Man ist aber moralisch verpflichtet, erst alle anderen Wege auszuprobieren, bevor man zur Gewalt greift.

Napoleon beendet die Revolution

124–126

Stundenvorschlag 3cg5ik

1. Stunde: Napoleons Aufstieg

Kommunikations- und Sozialformen	Minimalfahrplan	Ergänzungsangebote
Bildbetrachtung/ Unterrichtsgespräch	**Einstieg** Betrachtung der prunkvollen Krönung **Q1**, Entwicklung der Leitfrage	
	Leitfrage Wie kann nach Revolution und Abschaffung des Absolutismus eine Kaiserkrönung stattfinden?	
Plenum	**Erarbeitung 1** Gemeinsame Lektüre der Abschnitte 1 und 2 des **VT** (Situation nach der Schreckensherrschaft), Klärung von Fragen	
Brainstorming	**Sicherung 1** Sammlung von Stichworten an der Tafel (erste drei Spiegelstriche des Tafelbildes) (Tafelbild 1)	
Einzel- oder Partnerarbeit	**Erarbeitung 2** Lektüre des VT, 3. und 4. Absatz, Erstellen einer Zeitleiste zu Napoleons Werdegang	
Schülervortrag	**Sicherung 2** Ergänzung des Tafelbildes (Tafelbild 1)	
	Diskussion Erneute Beschäftigung mit der Leitfrage	Erneute Bildbetrachtung (**Q1**) mit Arbeitsauftrag A und **Q2** mit Arbeitsauftrag C

2. Stunde: Napoleons innenpolitische Erfolge

Kommunikations- und Sozialformen	Minimalfahrplan	Ergänzungsangebote
Unterrichtsgespräch	**Einstieg** Arbeitsauftrag B – kurzes Gespräch, Entwicklung der Leitfrage	
	Leitfrage Welche Erfolge hat Napoleon vorzuweisen?	
Einzel- oder Partnerarbeit	**Erarbeitung 1** Lektüre der letzten beiden Abschnitte des **VT**, Stichpunkte zu „Wirtschaft/Finanzen" und „Innenpolitik/Recht"	
Brainstorming	**Sicherung 1** Sammlung von Stichworten an der Tafel (Tafelbild 2)	
Unterrichtsgespräch	**Vertiefung** Welche Maßnahmen beruhen auf Ideen der Franz. Revolution? Ergänzung des Tafelbildes (Tafelbild 2); Entwicklung der weiterführenden Frage: Wie steht Napoleon zu den Ideen der Revolution?	
Einzelarbeit	**Erarbeitung 2** Lektüre **Q4**, wahlweise Zusammenfassung und Bewertung oder Arbeitsauftrag 2	Arbeitsauftrag 1
Schülerbeiträge	**Sicherung 2** Vortragen der Ergebnisse	
	Diskussion Erneute Beschäftigung mit der Leitfrage	Untersuchung von **Q3**

124–126 Zum Verfassertext und zu den Materialien

Q1 Bei der Beschäftigung mit dem Bild sollte auf die monumentale Größe des Gemäldes hingewiesen werden. Der Prunk, der sich auch in den Ausmaßen des Bildes manifestiert, unterstreicht den Machtanspruch Napoleons und erfüllt offensichtlich Bedürfnisse des Volkes. Bemerkenswert ist die Anlehnung an die Antike, die bereits bei den Revolutionären beliebt war; sie liefert für Napoleon die imperialen Symbole und Insignien und stellt die Alternative zum französischen Königtum dar, das er nicht fortsetzen kann. Napoleon versucht sich symbolisch eine Legitimität zu verschaffen. Antikisierend sind: Lorbeerkranz, Kaisermantel im Toga-Stil, Haartracht und Kleidung der Frauen. An dieser Stelle kann auch darauf hingewiesen werden, dass die Begriffe „Konsul" und „Kaiser" ebenfalls der römischen Antike entlehnt sind. Interessant ist auch die Parallele zu Kaiser Augustus, der ebenfalls bei der Errichtung seiner Alleinherrschaft bewusst den Titel „Kaiser" – und nicht „König" – wählte.

Im Schülerbuch finden sich weitere Gemälde von David: Der „Ballhausschwur" (S. 105), „Napoleon in seinem Arbeitszimmer" (S. 125) und „Napoleon überschreitet die Alpen", (S. 99).

David ist der bekannteste Maler der Revolutionszeit; er ist eine interessante, ambivalente Figur:

Jacques-Louis David (1748–1825), 1792 Abgeordneter, 1793 Vorsitzender des Konvent. Zeremonienmeister des „Festes des höchsten Wesens" 1794. Anhänger Robespierres. Nach dessen Tod inhaftiert. 1795 Begegnung mit Napoleon, 1805 zum Hofmaler ernannt. Nach Napoleons Sturz Exil in Brüssel.

Davids Lebenslauf ist diskussionswürdig: Wie beurteilen die Schüler und Schülerinnen die Karriere des Malers vom Revolutionsmaler zum Hofmaler und Zeremonienmeister? Ist David der Prototyp des opportunistischen Künstlers, der seine Talente und Fähigkeiten dem jeweils Herrschenden andient? Wäre das verständlich oder verwerflich? Der „Fall David" lässt sich auch sinnvoll als Referat vergeben.

Q2 Auf dieser dritten im Schülerbuch abgebildeten Darstellung zeigt David Napoleon wiederum in einer neuen Rolle: Nach dem jugendlichen Helden zu Pferde (S. 99) und dem traditionsbewussten, Ehrfurcht gebietenden Kaiser (S. 124) folgt nun der verantwortungsbewusste Staatsmann.

Q3 „Frankreich hätschelt seinen Liebling" ist die zweite Karikatur Gillrays im Schülerbuch – auch die erste über die Hinrichtung Ludwigs XVI. (S. 120). Sie zeigt Frankreich als verkommenes Land ohne Sinn für Anstand und Moral. Der Engländer Gillray, der eine Fülle von antifranzösischen Karikaturen gezeichnet hat, ist Gegner und Feind Frankreichs – das sollte den Schülern bewusst gemacht werden.

Erläuterungen zu den Arbeitsaufträgen

124–126

A: Beschreibe das Bild. Finde anhand der Kleidung heraus, welche Personengruppen anwesend sind. [I]
Napoleon krönt seine kniende Frau Josephine. Der Papst sitzt an einem Ehrenplatz rechts, ist aber an der Handlung nicht beteiligt (er hat Napoleon vorher gesalbt; gekrönt hat Napoleon sich selbst). N. trägt einen Lorbeerkranz (Anklang an Rom!). Zu erkennen sind: 1) die kaiserliche Familie (die Frauen mit Diadem, die Brüder links außen), 2) Adlige und hohe Würdenträger (z. B. die Männer mit Federhüten) – auch hohe Militärs, 3) Klerus um den Papst geschart, 4) ausländische Gesandte (Personen oberhalb des Papstes) – Abgeordnete der Volksversammlung fehlen!

B: Diskutiert: Warum wurde Napoleons Mutter eingefügt? Welche Rolle spielt der Papst? Was soll mit der Art und Weise der Krönung zum Ausdruck gebracht werden? [III]
Die Anwesenheit der Mutter vervollständigt den formellen, prunkvollen Charakter der Zeremonie. Der Papst dient der Legitimation der Handlung; er verleiht der Krönung den Anschein göttlicher Fügung und gibt ihr kirchlichen Segen. Die Zeremonie stellt Napoleon in die Reihe „großer" Monarchen.

C: Versuche zu erklären, warum Napoleon um 1804 so beliebt war. [II]
Inhaltlich werden die Schülerinnen und Schüler hier die Punkte nennen, die auch das vorgeschlagene Tafelbild nennt: Napoleons Persönlichkeit und seinen „sagenhaften" Aufstieg sowie seine Erfolge in Innen- und Außenpolitik und im Bereich der Wirtschaft und der Finanzen. Sehnsucht nach Frieden und nach geordneten Verhältnissen könnten ebenfalls als Gründe genannt werden – und die Tatsache, dass Napoleon wichtige Errungenschaften der Revolution beibehielt und umsetzte.

D: Untersuche, was mit diesem Gemälde zum Ausdruck gebracht werden sollte. [II]
Die Botschaft des Bildes lautet: Napoleon arbeitet unermüdlich für Frankreich. Er ist in Uniform zu sehen, die Hand mit berühmt gewordener Geste unter die Weste geschoben, sein Gesichtsausdruck zeigt keinen Helden, sondern einen verantwortungsvollen Staatsmann. Papierrollen liegen auf und unter dem Tisch, der Säbel ist abgeschnallt. Die Kerze ist heruntergebrannt: Napoleon arbeitet bis tief in die Nacht hinein. Das beweist auch die Standuhr im Hintergrund.

E: Untersuche, wie der englische Karikaturist die französische Politik bewertet. [II]
Ein ungeduldig zappelnder, kleiner Napoleon sitzt auf dem Arm einer hexenhaft-abstoßenden, verlotterten Frau. Sie trägt die Jakobinermütze mit Kokarde und stellt das revolutionäre Frankreich dar. Ihr Arm ist blutbefleckt. Gekleidet ist sie in die neue Empiremode, sie wirkt obszön an ihr. Sie singt ihrem „Kind" ein Wiegenlied, eine Zitatmontage unter anderem mit Versen aus Shakespeares King Lear. Das Kind – Napoleon – will die Rassel mit der Krone greifen. Die Stuhllehne zeigt eine Guillotine, am Sitz hängen abgeschlagene Köpfe. Hinter dem Stuhl der blutige Kopf Ludwigs XVI., darunter eine umgedrehte Krone; an der Wand ein blutiger Speer. Aus der Wiege der Revolution links hat Frankreich den neuen „Liebling" genommen.
Gillray verachtet Napoleon und Frankreich. Er macht ihn lächerlich, zu einer albernen Figur. Er will mit der Krone spielen, er ist kein legitimer Herrscher. Der gefährliche Feind wird zu einer kleinen, scheußlichen Witzfigur – hier wird auch auf Napoleons kleine Statur angespielt. Napoleon soll entzaubert, die englische Moral gestärkt werden.

1. Stelle zusammen, welche Grundideen Napoleon übernommen und welche er abgeschafft hat (VT, Q4). [I]
Übernahme folgender Grundideen der Revolution:
Steuerpflicht für alle gesellschaftlichen Gruppen, für alle geltende Gesetze (Gesetzbuch), Gleichheit vor dem Gesetz, Recht auf Eigentum, Aufhebung aller Feudalrechte, Trennung von Kirche und Staat, Aufstiegsmöglichkeiten und Ämterzugang für Bürgerliche.
Maßnahmen, die den Grundideen der Revolution widersprechen:
Entmachtung des Parlaments, Scheindemokratie, Kaiserkrönung (Macht auf Lebenszeit), Machtfülle, Zentralismus, Zensur, staatliche Kontrolle aller Bereiche, Verfolgung Andersdenkender.

2. Schreibe Napoleon aus der Sicht eines Jakobiners, der von dem Gespräch erfahren hat, einen Antwortbrief (Q4). [II]
Napoleon verachtet die Freiheitsideen der Revolution, er hält sie für „Wahn". Er verachtet auch das französische Volk, hält es für unreif, leicht zu begeistern, leicht zufriedenzustellen. Er scheut nicht davor zurück, das Volk bewusst zu täuschen. Das Volk ist für ihn nicht Souverän, sondern manipulierbare Masse: eine zynische Auffassung von Politik.

Die Gegenrede eines Revolutionärs könnte folgende Elemente enthalten: Das Volk ist der Souverän, nicht der Spielball der Politik. Legitimer Ausdruck dessen ist eine „wahre" Republik mit Freiheit und Gleichheit. Führer müssen gewählt und so legitimiert werden ...

3. Beurteile Napoleons Karriere (VT, Q1, Q3). [III]
Es kommt hier auf ein abwägendes, die gegebenen Informationen berücksichtigendes Urteil an. Die Antworten der Schülerinnen und Schüler können noch einmal nach der Behandlung der folgenden Kapitel, die sich der Außenpolitik widmen, herangezogen werden. Musterlösung: Napoleon ist ein Kind der Revolution. Ohne die Revolution hätte er gar nicht aufsteigen und General werden können. Viele Ideen der französischen Ideen hat er auch übernommen, z. B. mit dem Code Civil. Aber die Grundideen der Revolution hat er verraten, als er sich die Macht auf Lebenszeit gesichert hat. Er hält auch nichts von Freiheit, wie er in einem Gespräch selbst zugegeben hat.

Tafelbild 1 🌐 b4mw5t

Napoleons Aufstieg
Wie kann nach Revolution und Abschaffung des Absolutismus eine Kaiserkrönung stattfinden?
Unruhe und politische Unklarheit nach der Schreckensherrschaft
Neue Verfassung (Direktorium) begünstigt die Reichen.
Aufstand der Royalisten (Königstreuen) wird von General Bonaparte niedergeschlagen.
Persönlichkeit Napoleons: bürgerliche Herkunft sehr erfolgreicher General (viele Siege) 1799 erster Konsul, 1802 Konsul auf Lebenszeit, 1804 Kaiser
Die Franzosen sehnten sich nach Ruhe und akzeptierten einen „starken Mann", einen Diktator.

Tafelbild 2 🌐 k8bh4n

Napoleons innenpolitische Erfolge
Welche innenpolitischen Erfolge hat Napoleon vorzuweisen?
Wirtschaft/Finanzen: Ordnung der Staatsfinanzen, neue Währung neues Steuersystem: mehr Steuern Beschäftigungsprogramm: Straßenbau, Abbau der Arbeitslosigkeit
Innenpolitik/Recht Ordnung der Verwaltung, Zentralisierung Vergrößerung der Polizei, strenge Kontrolle, Pressezensur einheitliches, fortschrittliches Recht: Code Civil (Gleichheit vor dem Gesetz, gilt nicht für Frauen)
Einige Maßnahmen beruhen auf Ideen der Französischen Revolution (gerechte Besteuerung, gleiches Recht).

Deutschland unter Napoleon – Besatzung oder Befreiung?

127–129

Stundenvorschlag 2f5n3w

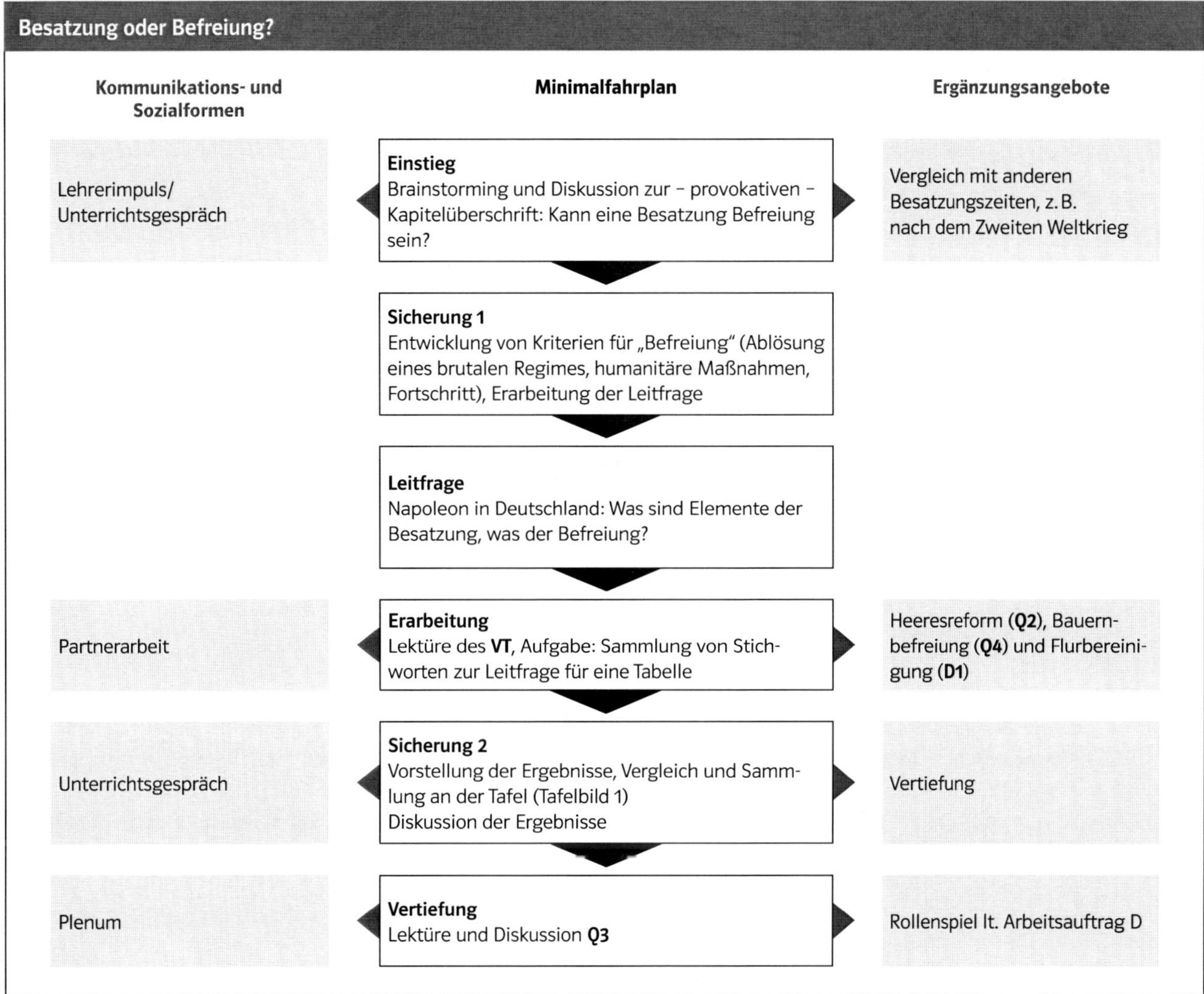

Besatzung oder Befreiung?
Kommunikations- und Sozialformen
Minimalfahrplan
Ergänzungsangebote
Lehrerimpuls/ Unterrichtsgespräch
Einstieg
Brainstorming und Diskussion zur – provokativen – Kapitelüberschrift: Kann eine Besatzung Befreiung sein?
Vergleich mit anderen Besatzungszeiten, z. B. nach dem Zweiten Weltkrieg
Sicherung 1
Entwicklung von Kriterien für „Befreiung“ (Ablösung eines brutalen Regimes, humanitäre Maßnahmen, Fortschritt), Erarbeitung der Leitfrage
Leitfrage
Napoleon in Deutschland: Was sind Elemente der Besatzung, was der Befreiung?
Partnerarbeit
Erarbeitung
Lektüre des VT, Aufgabe: Sammlung von Stichworten zur Leitfrage für eine Tabelle
Heeresreform (Q2), Bauernbefreiung (Q4) und Flurbereinigung (D1)
Unterrichtsgespräch
Sicherung 2
Vorstellung der Ergebnisse, Vergleich und Sammlung an der Tafel (Tafelbild 1)
Diskussion der Ergebnisse
Vertiefung
Plenum
Vertiefung
Lektüre und Diskussion Q3
Rollenspiel lt. Arbeitsauftrag D

Zum Verfassertext und zu den Materialien

127–129

D1 In der Diskussion sollte herausgestellt werden, dass die Auflösung der deutschen Kleinstterritorien ein Schritt hin zum modernen Staat war; dieser Schritt wurde nicht wieder rückgängig gemacht, wenn auch mehrfach modifiziert.

Q1 Zu beachten ist, dass das leicht pathetische Gemälde von Brausewetter aus dem Jahr 1888 stammt. Der dargestellte Aufruf zum Befreiungskrieg, zum Kampf gegen den „Erbfeind“ Frankreich dient also vermutlich der politischen Propaganda.

Q3 Das Königreich Westfalen, das nicht dem heutigen Westfalen entspricht, existierte nur von 1807 bis 1813. Als König setzte Napoleon seinen Bruder Jerôme ein. Hauptstadt des Königreiches war Kassel.

Q4 Informationen über die Reformen und über die Reformer können die Schüler und Schülerinnen unschwer aus Lexika oder dem Internet bekommen. Eine arbeitsteilige Hausaufgabe bietet sich hier an. Hier einige Stichworte zu den im Schülerband genannten Reformen:

Bauernbefreiung: Die Bauernbefreiung, im 19. Jh. „Regulierung“ oder „Ablösung“ genannt, ist mehr als eine Agrarreform. Sie verändert grundlegend die Sozialordnung. Die Auflösung der Gutsuntertänigkeit und der damit verbundenen Dienstpflicht hebt die ständischen Bindungen auf und bedeutet freien Güterverkehr, freie Wahl des Gewerbes (zuvor war es Bauern nicht gestattet, bürgerliche Gewerbe zu betreiben), freien Kauf und Verkauf von Land, Freizügigkeit.

Städteordnung: 1808 bringt die neue Städteordnung, die auf Ideen des Freiherrn von Stein zurückgeht, den Städten mehr Selbstbestimmung und den Bürgern mehr Mitbestimmung (Wahl der Stadtverordneten und des Bürgermeisters).

Judenemanzipation: Das „Judenedikt“ des preußischen Staates von 1812 macht die Juden formal zu gleichberechtigten Staatsbürgern, unter der Voraussetzung, dass sie ihren staatsbürgerlichen Pflichten nachkommen (z. B.

Militärdienst). In der Praxis wurde allerdings oft versucht, die Gleichberechtigung vom Übertritt zum Christentum abhängig zu machen.
Bildungsreform: Die allgemeine Schulpflicht wurde eingeführt; zahlreiche Volksschulen wurden eröffnet und die Lehrerausbildung verbessert. An den Gymnasien führte man das Abitur als Voraussetzung für den Besuch der Universität ein. Universitäten sollten frei von staatlichen Eingriffen sein.
Heeresreform: Außer der allgemeinen Wehrpflicht und der Abschaffung der Prügelstrafe sah die Heeresreform vor, dass – nach französischem Vorbild – auch Bürgerliche Offiziere werden konnten (Aufstieg nach Leistung).

Q5 Der preußische König Friedrich Wilhelm III. stiftete den Orden des Eisernen Kreuzes für die Dauer der Befreiungskriege. Der klassizistische Architekt Karl Friedrich Schinkel hat das Kreuz (in Silber gefasstes schwarzes Gusseisen) nach Entwürfen des Königs gestaltet; das Material sollte an die schwere Zeit erinnern. In den Kriegsjahren 1870, 1914 und 1939 wurde das Eiserne Kreuz als Tapferkeitsauszeichnung jeweils neu aufgelegt.

127–129
Erläuterungen zu den Arbeitsaufträgen

A: Beschreibe die Änderungen. Liste auf, welche Fürstentümer an Fläche zugenommen haben und welche neu entstanden sind. [I]
Die großen Gewinner sind Baden, Bayern, Württemberg, das bei der Neuordnung z. B. 78 geistliche und weltliche Herrschaften und Reichsstädte hinzubekam. Preußen verlor im Frieden von Tilsit 1807 etwa die Hälfte seines Territoriums. Das ist allerdings auf dem im Schülerbuch zu sehenden Kartenausschnitt nicht zu erkennen (Brandenburg ist das Kernland Preußens, das westlich davor gelegene Magdeburg gehörte 1790 zu Preußen, das sich bis im Osten bis zur Memel erstreckte). Bereits 1801 hat Frankreich als „größter Sieger" die linksrheinischen Gebiete für sich bestimmt. Neu entstanden ist vor allem das Königreich Westfalen, das von einem Napoleon-Bruder regiert wird.

B: Beschreibe, welche Stimmung dieses Bild ausdrücken soll. [I]
Auf dem Bild ist ein herrschaftlicher Raum zu sehen, vermutlich ein Rathauszimmer. Im Zentrum steht Graf York, militärisch gekleidet (Degen und Mütze), die Hand in den Himmel gereckt. Hinter ihm bündelt sich das Licht fast wie zu einem Heiligenschein. Die Zuhörer, eine große Menge gut gekleideter Männer, sind ihm zugewandt und hängen an seinen Lippen. Bewegung, Gestik und Mimik machen ihre Betroffenheit und ihre Zustimmung zur Rede deutlich. Auffällig sind die pathetischen Gesten des Redners und die überbordende Begeisterung der Zuhörer. Die Stimmung lässt erahnen, dass das neue Nationalgefühl bald in Nationalismus und Chauvinismus übergehen wird, in übersteigerte Vaterlandsgesinnung und einen fast sakral überhöhten Vaterlandsbegriff.

C: Erkläre, warum man von „Flurbereinigung" spricht. Nimm auch die Karten D1 zu Hilfe. [II]
„Flurbereinigung" bedeutet die Auflösung von deutschen Kleinstterritorien; die politische Landkarte wird somit bereinigt und übersichtlicher. Dieser Prozess – und auch die Bezeichnung „Flurbereinigung" – lässt sich mithilfe der Karten D1 gut nachvollziehen.

D: Bereite ein Rollenspiel vor: Zwei junge Männer unterhalten sich. Der eine will den anderen davon überzeugen, als Freiwilliger gegen die napoleonischen Truppen zu kämpfen. [II]
Neben der Abwägung der „Befreiungs- und Besatzungselemente" (s. Tafelbild 1) könnte über die Frage gesprochen werden, ob Krieg sinnvoll sein kann und ob gewaltsamer Widerstand gerechtfertigt werden kann.

E: Erkläre, warum der preußische König 1813 erstmals einen Orden an einfache Soldaten vergab. [II]
In den vergangenen Kriegen hatten die preußischen Soldaten – aus guten Gründen – z. T. wenig Loyalität gezeigt. Mit der Heeresreform soll nun alles besser werden: Auch den einfachen Soldaten soll mehr Achtung entgegengebracht werden, sie sollen Aufstiegsmöglichkeiten haben. Der Orden soll Kampfgeist und Mut der „einfachen" Soldaten stärken.

1. Stelle die Klagen der preußischen Soldaten, die im Lied (Q2) angesprochen werden, zusammen. [I]
Der Texter oder Sänger klagt über das harte Exerzieren, die langen Dienstzeiten, die schlechte Verpflegung, harte und unmenschliche Strafen (Prügelstrafen, Gassenlaufen) und die fehlende Alterssicherung.

2. Erkläre, inwiefern dieses Lied eine Quelle ist, die zum Verständnis der Niederlage Preußens gegen Napoleon beiträgt. [II]
Die Soldaten Preußens waren – schlecht – bezahlte und schlecht behandelte Söldner mit geringer Loyalität zu ihrem Befehlshaber und geringer Motivation zu kämpfen. Die preußischen Reformer erkannten aus der Niederlage gegen Napoleon u. a. die Notwendigkeit zu einer Heeresreform mit Wehrpflicht und beginnender Abschaffung unmenschlicher Strafen. Insofern ist dieses Lied auch eine Quelle, die zum Verständnis der Niederlage Preußens gegen Napoleon und der preußischen Reformen beiträgt.

3. Erläutere, welche Vorteile die Verfassung des Königreiches Westfalen Napoleon brachte und was die Bestimmungen für die Bevölkerung bedeuteten (Q3). [II]

Napoleon will einen Musterstaat in Deutschland schaffen, er ist auf die Wirkung aus, die dieser Staat in Deutschland, ja in ganz Europa haben wird. Die Segnungen der Verfassung nach französischem Vorbild – besonders die Wohltaten einer modernen Justiz – sollen demonstriert werden. Außerdem besetzt Napoleon einen recht großen Staat innerhalb Deutschlands mit einem Verwandten, der an seine Weisungen gebunden ist.

Die Bevölkerung Westfalens profitierte in vielen Bereichen von dieser Vorbildfunktion:

Aufhebung der Leibeigenschaft; Gleichheit vor dem Gesetz; freie Religionsausübung; öffentliche Gerichtsverfahren; Geschworenengerichte; Aufstiegsmöglichkeiten für Nicht-Adlige; versprochen werden außerdem Freiheit, Gleichheit und Wohlstand.

4. Schreibe aus der Sicht eines preußischen Ministers einen Brief an seinen Vater, warum das Oktoberedikt eingeführt werden soll (Q4). [II]

Lieber Vater, ich verstehe, dass du auf unserem Gut unglücklich bist über das Oktoberedikt. Es wird sich jetzt viel für dich und unsere Bauern ändern. Aber diese Änderung ist nötig. Wir haben gegen Frankreich eine große Niederlage einstecken müssen und müssen uns fragen: Warum? Frankreich ist ein moderner Staat – und wir stecken noch fast im Mittelalter! Das muss sich ändern, wenn wir gegen die Franzosen eine Chance haben wollen. Wir müssen die Überreste des Feudalismus beseitigen. Die Aufhebung der Gutsuntertänigkeit und der ständischen Bindungen ist dafür unabdingbar.

5. Diskutiert, ob Napoleons Herrschaft für Deutschland eher eine Besatzung oder eher eine Befreiung war (VT, Q3). [II]

Die Diskussion sollte die Arbeitsergebnisse berücksichtigen, die im vorgeschlagenen Tafelbild dokumentiert sind. Die Diskussionsfrage wird vermutlich nicht eindeutig beantwortet werden.

Tafelbild 1 4vx95n

Elemente der ...		
Befreiung	**Zuordnung unklar/fraglich**	**Besatzung**
Gebietsneuordnung, Ende der Kleinstaaterei	Ende des „Heiligen Römischen Reiches Deutscher Nation"	Aneignung großer Gebiete, Unterwerfung
Code Civil, fortschrittliches Recht		Kriege, militärische Gewalt
Ende der Adelsprivilegien		Einsetzen von Fürsten von Königen
Aufhebung der Erbuntertänigkeit der Bauern		
Westfalen als Musterstaat		Einsetzen seines Bruders als König in Westfalen
Anlass für Preußische Reformen		
Modernisierung		
	Entstehen eines Nationalbewusstseins/eines Nationalismus	

130–133

Wird Europa französisch?

Stundenvorschlag xn563n

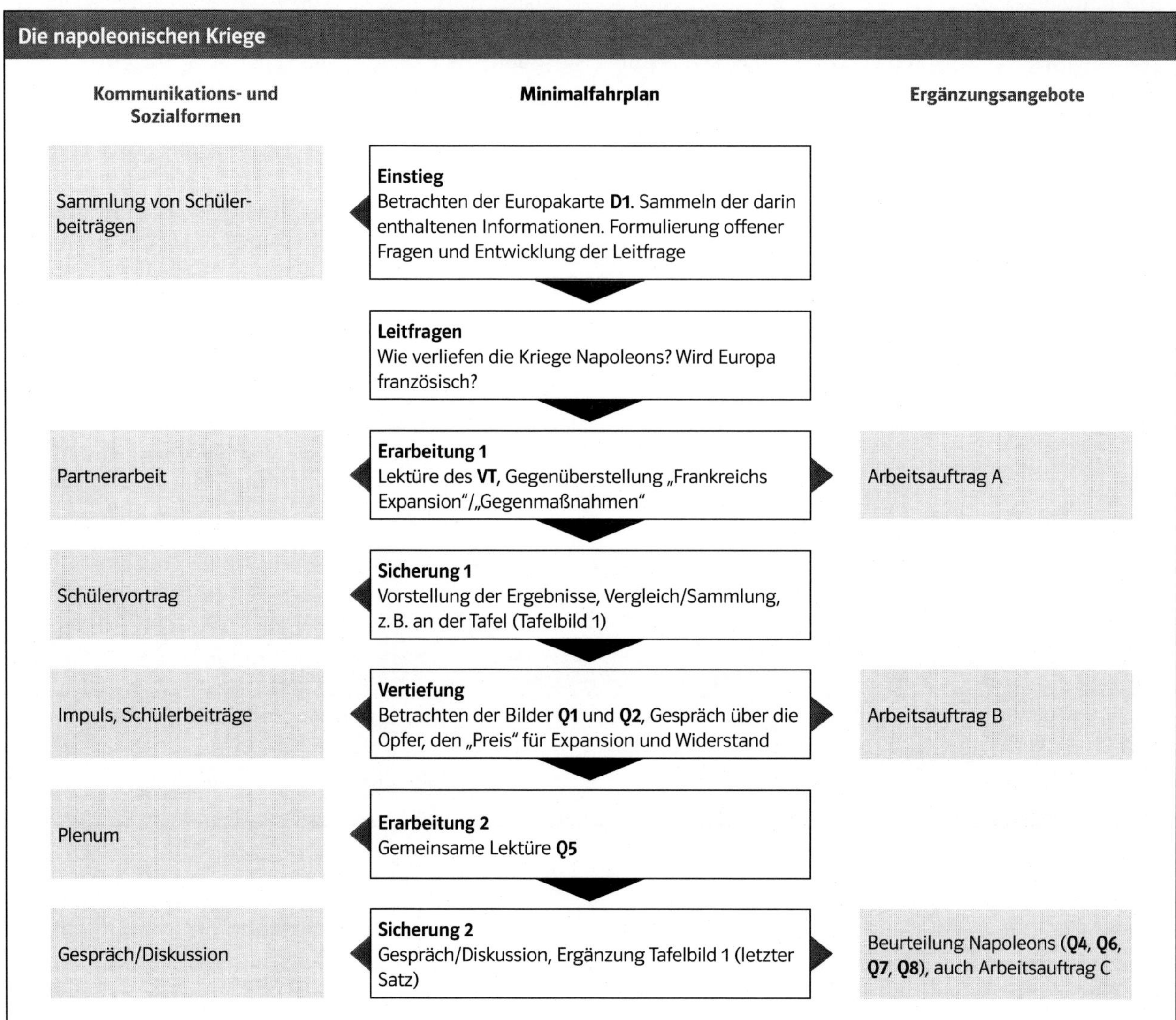

Die napoleonischen Kriege
Kommunikations- und Sozialformen
Minimalfahrplan
Ergänzungsangebote
Sammlung von Schülerbeiträgen
Einstieg
Betrachten der Europakarte D1. Sammeln der darin enthaltenen Informationen. Formulierung offener Fragen und Entwicklung der Leitfrage
Leitfragen
Wie verliefen die Kriege Napoleons? Wird Europa französisch?
Partnerarbeit
Erarbeitung 1
Lektüre des VT, Gegenüberstellung „Frankreichs Expansion"/„Gegenmaßnahmen"
Arbeitsauftrag A
Schülervortrag
Sicherung 1
Vorstellung der Ergebnisse, Vergleich/Sammlung, z. B. an der Tafel (Tafelbild 1)
Impuls, Schülerbeiträge
Vertiefung
Betrachten der Bilder Q1 und Q2, Gespräch über die Opfer, den „Preis" für Expansion und Widerstand
Arbeitsauftrag B
Plenum
Erarbeitung 2
Gemeinsame Lektüre Q5
Gespräch/Diskussion
Sicherung 2
Gespräch/Diskussion, Ergänzung Tafelbild 1 (letzter Satz)
Beurteilung Napoleons (Q4, Q6, Q7, Q8), auch Arbeitsauftrag C

130–133

Zum Verfassertext und zu den Materialien

D1 Ziel der Karte ist es, die Machtausdehnung, die „Einigung Europas" unter Napoleon, zu zeigen. Die Karte zeigt den napoleonischen Machtbereich: Nur noch Großbritannien sowie Portugal, Schweden, Dänemark, dazu Russland und das Osmanische Reich sind freie Staaten. Aber auch sie mussten sich (Ausnahme Großbritannien und Portugal) der Kontinentalsperre anschließen. In Portugal wurde unter britischer Führung ein Guerillakrieg gegen Napoleon geführt. Österreich und Preußen, die nicht zum Rheinbund gehören, sind von Napoleon besiegt. Zudem hat Napoleon die Tochter des österreichischen Kaisers geheiratet. So scheint Europa in großen Teilen tatsächlich unter französischer Vorherrschaft geeint zu sein. Dabei vergab Napoleon die Herrschaft mehrfach an Familienmitglieder. In Spanien an seinen Bruder Joseph, in Italien an sich selbst (Vizekönig Stiefsohn Eugen), im Königreich Neapel an seinen Schwager Murat, im Königreich Holland an seinen Bruder Ludwig (bis 1810 Holland, Oldenburg, Ostfriesland und die Hansestädte zu Frankreich geschlagen wurden) und im Königreich Westfalen an seinen Bruder Jérôme.

Q2 Es gibt zahlreiche Bilder, die das Elend der Großen Armee auf dem Rückzug zeigen; das hier ausgewählte zeichnet sich durch eine drastische Detailgenauigkeit aus.

Q3, Q4, Q5 Bereits die französischen Revolutionstruppen drängten, wie später Napoleon, über die Grenze von 1792 hinaus und verletzten damit das prekäre Gleichgewicht der europäischen Mächte. Mit jeder neuen Eroberung Napoleons geriet diese „balance of power" mehr aus den Fugen. Gegen diese Störung wehrten sich die europäischen Länder; eine zentrale Rolle spielte dabei Großbritannien, im späteren Verlauf wurde Russland zunehmend wichtig. So zeigten sich die Mächte an der Erhaltung des Gleichgewichts überaus interessiert – keineswegs wollte „Europa französisch" werden.

Einige zusätzliche Zahlen zu den Kriegsopfern und -teilnehmern: Die Verluste Napoleons in sämtlichen Kriegen schätzt man auf etwa 1 Million, die Verluste aller Kriegführenden zwischen 1792 und 1815 auf etwa 3 Millionen.
Am Russlandfeldzug nahmen insgesamt rund 600 000 Soldaten aufseiten Frankreichs teil, davon waren 240 000 Franzosen. Österreich stellte 34 000, Preußen 20 000 Mann, die übrigen deutschen Länder 129 000. Ein weiteres großes Kontingent von 70 000 Soldaten kam aus Polen.

Q6 Metternich warb für den Frieden, er wollte Napoleon zur Annahme der Bedingungen (d. h. Rückzug in die alten französischen Grenzen, Verlust der Eroberungen) bewegen, er stellte ihm seine – nach den immensen Verlusten des Russlandfeldzugs – schwache, unausgebildete Armee vor Augen. Wahrscheinlich war Metternich aber ein scheinheiliger Redner: Österreich wollte wohl den Krieg und die endgültige Beendigung der Ära Napoleons.
Napoleon argumentiert mit seiner Stellung, seiner Ehre, seinem Ruhm. Politische Erwägungen spielen kaum eine Rolle; für den Erhalt seiner Stellung ist er bereit, grenzenlos Menschenleben aufs Spiel zu setzen.

Q7 Es gibt mehrere Karikaturen dieser Art, vor allem aus Deutschland und England. Manche Karikaturversionen zeigen unter der Treppe statt der Hölle Napoleon auf Elba; der Galgen rechts fehlt oft. Diese Karikatur ist vor der Rückkehr Napoleons aus Elba entstanden; daher fehlen Waterloo und St. Helena.

Erläuterungen zu den Arbeitsaufträgen

130–133

A: Zeichne eine Zeitleiste zur Europapolitik Napoleons. Beziehe dabei auch die Ereignisse in Deutschland mit ein. [I]
Folgende Daten sollten in die Zeitleiste eingetragen werden:

1801	Frankreich erhält die linksrheinischen Gebiete Deutschlands
1806	Ende des „Heiligen Römischen Reiches Deutscher Nation"; Napoleon besiegt die preußischen Heere und besetzt Preußen
1806	Napoleon befiehlt die „Kontinentalsperre" gegen Großbritannien
1808	Napoleon besiegt Spanien; Beginn der Guerilla
1809	Napoleon besiegt Österreich
1812	Russlandfeldzug Napoleons endet in einer Katastrophe
1813	Völkerschlacht bei Leipzig: Koalitionsheere besiegen Napoleon
(1815)	Napoleons Heer wird von einer britisch-preußischen Armee geschlagen

B: Beschreibe die dargestellte Szene. Wessen Partei ergreift der Maler? Woran erkennst du das? [I]
Eine Gruppe Soldaten in Uniform (Franzosen bzw. für Frankreich Kämpfende) erschießt eine Gruppe ärmlich gekleideter Zivilisten; einige sind bereits tot, den anderen ist das Entsetzen ins Gesicht geschrieben. Die zentrale Figur, ein junger Spanier, hat die Hände erhoben. Im Hintergrund ist die Stadt Madrid zu sehen. Es handelt sich um den Beginn des Aufstandes: Am Tag zuvor (2. 5. 1808) war eine Revolte gegen die Franzosen in Madrid blutig niedergeschlagen worden, am 3. Mai wurden die Überlebenden hingerichtet. Der Maler steht aufseiten der Aufständischen. Sie sind als leidende, wehrlose Menschen gemalt, die unser Mitleid haben. Die Soldaten sind gesichtslos, eine Masse, bewaffnet und auf Befehl im Gleichschritt handelnd. Das Licht fällt auf den Spanier, der mit erhobenen Händen – wie Jesus am Kreuz – auf den Tod wartet.

C: Sucht mithilfe des Internets nach weiteren Bildern Goyas zum spanischen Befreiungskrieg und beschreibt sie in Partner- oder Gruppenarbeit. [I]
Goya hat 82 Grafiken/Radierungen über den Krieg erstellt; sie tragen den Titel „Schrecken des Krieges". Unter dem Namen „Goya" und diesem Titel sind die Grafiken im Internet leicht zu finden. Sie zeigen auf ungewöhnlich brutale Weise die Grausamkeiten der kriegführenden Parteien, besonders der Franzosen, in Spanien.

D: In seinem Buch „Die Geschichte Europas" hat der französische Historiker Jacques Le Goff für das Napoleon-Kapitel die Überschrift gewählt „Ein missglückter Versuch, Europa zu einigen". Erkläre diese Überschrift mithilfe der Karte D1. [II]
Le Goffs für Jugendliche erzählte Geschichte Europas (Jacques Le Goff erzählt die Geschichte Europas, Frankfurt, Campus-Verlag, 1997) erzählt von der – in diesem Fall schrecklichen – Vision eines unter Napoleon zwangsvereinigten Europas. „Im 20. Jahrhundert scheiterte Hitlers noch schrecklichere Vision von Europa. Europa kann sich nur durch den willentlichen Zusammenschluss der Nationen und Völker vereinigen." (S. 67) Diese Idee einer friedlichen, freiwilligen Einigung Europas – z. B. in Form einer Union – lag Napoleon allerdings völlig fern. Seine Vorstellungen von einem geeinten Europa sind zutiefst mit persönlichen Machtansprüchen verbunden: Er wollte nicht nur, dass Europa französisch wird, sondern napoleonisch. Im Zusammenhang mit dem von Le Goff vorgebrachten Vergleich („Hitlers noch schrecklichere Vision") ist darauf zu achten, dass keine undifferenzierten und voreiligen Gleichsetzungen Napoleon/Hitler vorgenommen werden.

E: Analysiere die auf dem Bild zu erkennenden Probleme, mit denen die Armee Napoleons zu kämpfen hatte. [II]
Es ist Winter und sehr kalt. Die Soldaten sind unzureichend gekleidet. Dazu kommen: Verlust an Pferden, Tote, denen man die Kleider geraubt hat, erfrorene und an Feuergasen erstickte Leichen. Hinten stechen verfolgende Kosaken französische Soldaten nieder. Im Vordergrund sind um eine Feuerstelle versammelt, gegen die Kälte vermummt, mehrere unterschiedlich, aber schlecht gekleidete Männer und,

nicht sicher zu erkennen, eine Frau. Gebraten werden eine Katze, eine Ratte, ein Pferdebein und eine Kröte, Schnee wird geschmolzen; rechts schneidet jemand Fleisch aus einem verendeten Pferd. Eine drastisch-realistische Darstellung des Elends.
Die Überschrift ist ironisch: „Freiwillig“ ist der Biwak zu diesem Zeitpunkt und unter diesen Umständen sicherlich nicht und von der „Größe“ der französischen Armee ist auch nichts mehr zu spüren.

F: Erläutere die einzelnen „Stufen“ des Lebensweges und ordne ihnen (soweit möglich) Jahreszahlen zu. [II]
Korsischer Knabe: 1769 geboren
Militärschüler: 1779–1785
Glücksritter in Paris (?): 1785–1793 (Mitglied der Bergpartei)
General: seit 1794
Herrscher: seit 1799 (Konsul)
Großherrscher: 1804 Kaiser
Abschied von Spanien: 1812/13
Schlittenfahrt aus Moskau: 1812/13
Lebewohl aus Deutschland: 1813

1. Erläutere, welche Befürchtungen Napoleons Bruder im Fall eines Russlandfeldzuges hegt und wie er sie begründet (Q3). [II]
Napoleons Bruder Jérôme befürchtet einen Aufstand nach spanischem Vorbild. Der Russlandfeldzug werde das auslösende Moment dafür sein. Jérôme begründet seine Befürchtungen mit der antifranzösischen Stimmung im Volk, die durch die schlechte wirtschaftliche Lage und die drückenden Besatzungskosten angeheizt wird.

2. Vergleiche den Brief Q5 mit den Äußerungen Napoleons zum Russlandfeldzug Q4. [III]
Der Augenzeuge beschreibt das Leid von Menschen, um deren Leben Napoleon sich „nicht schert“. Er berichtet mit spürbarem Entsetzen von ihrem desolaten Zustand; sie sind zerlumpt und von Hunger und Krankheiten so geschwächt, dass sie kaum zu gehen vermögen. Die Erfahrungen auf dem Rückzug haben sie an den Rand des Wahnsinns gebracht: „schrecklich“, „geisterhaft“, „starr“, „gespenstisch“ sind ihre Gesichter. Als Antwort auf seine Fragen erhält der Zeuge „blödes Lachen“ oder eine „halb irre“ Auskunft. Probleme des Rückzugs sind nach dieser Quelle: Klima (der Winter), feindliche Angriffe, Hunger, fehlende Versorgung mit Kleidung, mangelnde Hygiene, Erschöpfung, Krankheiten und Ungeziefer, Chaos, Tod zahlreicher Soldaten. Von all dem spricht Napoleon nicht, er redet nur von sich: von Pferden, die er verloren hat, davon, dass er alles außer der Ehre verloren hat. Die Perspektive des Soldaten, die hier zum Ausdruck kommt, ist ihm gänzlich fremd. Soldaten gelten ihm als Material. Der Brief kritisiert diese Haltung („Ist es möglich ...“).

3. Nimm mithilfe von Q6 und Q8 Stellung zu Napoleons Politik. [III]
Die Aufgabe erfordert ein Abwägen verschiedener Aspekte; sie fasst die Diskussion um Napoleon zusammen, die in den vorherigen zwei Kapiteln bereits angelegt wurde: Napoleon ist ein Diktator, der durch einen Staatsstreich an die Macht gekommen ist. Er schränkt die Pressefreiheit ein und regiert autoritär. Er führt Kriege, um seinen Machtbereich auszudehnen; er schont weder die besetzten Länder noch seine Soldaten. Andererseits lässt er sich vom Volk in einer Abstimmung bestätigen und hat viele moderne, rechtsstaatliche Ideen (Code Napoleon). Manche der besiegten Länder profitieren von der „Franzosenzeit“.

❹ Vergleiche Napoleons Pläne für Europa (Q4) mit der Europäischen Union der Gegenwart. Erörtere, worin der entscheidende Unterschied liegt. [III]
Die Frage ist anspruchsvoll und kann in der betreffenden Altersstufe nur sehr vereinfachend beantwortet werden. Napoleon will Europa mit Gewalt und ungefragt vereinigen – Frankreich soll die Herrschaft behalten, französisches Recht z. B. wird den Völkern aufgezwungen. Die Europäische Union dagegen ist ein freiwilliger Zusammenschluss souveräner Länder; sie beruht auf Gleichberechtigung – die Länder behalten ihre Eigenständigkeit, gemeinsame Regelungen werden im Konsens getroffen.

Tafelbild 1 m6b34u

Wie verliefen die Kriege Napoleons? Wird Europa französisch?

Frankreichs Expansion	Gegenmaßnahmen der Völker in Europa
Eroberung der linksrheinischen Gebiete	
Sieg über Preußen und Österreich	
	Großbritannien starker Gegner (Seesieg)
Sieg über spanische Armee	Widerstand: Guerillataktik, Befreiungskampf
Kontinentalsperre (gegen England)	Russland boykottiert Kontinentalsperre
Russlandfeldzug	Vertreibung des französischen Heeres aus Russland
	Widerstand, Befreiungskriege, Sieg in der „Völkerschlacht“, Verbannung Napoleons
Rückkehr Napoleons aus der Verbannung	Sieg bei Waterloo, Sturz und zweite Verbannung Napoleons

Fazit:
Europa wird nicht französisch.
Die französischen Kriege und die Befreiungskriege fordern sehr viele Todesopfer.

Wiederholen und Anwenden

134–135

1. Auswahlaufgabe: wichtige Ereignisse zeitlich einordnen (Sachkompetenz)
Ordne die nebenstehenden Ereignisse in die richtige Reihenfolge.
5, 9, 4, 1, 3, 7, 2 ,6 ,8

2. Erklären: wichtige Begriffe (Sachkompetenz, Kommunikationskompetenz)
Schreibe die Begriffe in dein Heft und erkläre, was sie bedeuten. Beginne z.B. so: Unter Menschenrechten versteht man ...
Menschenrechte: naturgegebene Rechte, die nicht vom Staat gewährt werden müssen, sondern unabhängig von der Staatsform beansprucht werden können.
Verfassung: Grundordnung eines Staates. Sie regelt vor allem die Aufgabenverteilung und damit auch die Machtverteilung.
Konstitutionelle Monarchie: Regierungsform, in der die Macht des Monarchen durch eine Verfassung eingeschränkt ist.
Terror: Einsatz von unkontrollierter Gewalt gegen die jeweiligen Gegner, dadurch Einschüchterung und Angst.
Preußische Reformen: gesetzliche Veränderungen, die Preußen modernisieren sollten, z. B. Bauernbefreiung, Selbstverwaltung der Städte, Judenemanzipation, Bildungs- und Heeresreform.
Despotismus: Gewaltherrschaft, die sich durch diktatorische Maßnahmen und Terror an der Macht hält.

3. Eine Karikatur entschlüsseln: der Dritte Stand in der Französischen Revolution (Methodenkompetenz, Urteilskompetenz)
Analysiere die Karikatur. Die methodischen Arbeitsschritte auf Seite 149 helfen dir dabei. Vergleiche mit der Karikatur Q2 auf Seite 101. Stelle fest, was sich verändert hat. Ordne die Zeichnung in den historischen Zusammenhang ein. Gib der Karikatur einen treffenden Titel.
Man sieht drei Männer, die die drei Stände darstellen. Rechts vorn geht ein Priester (Erster Stand), der an seiner dunklen Kleidung, am Käppchen und an einem großen Kreuz zu erkennen ist. Ein Adliger (Zweiter Stand), erkennbar an bunter Kleidung und Federhut, beugt sich von hinten zu ihm und umfasst ihn. Auf seinem Rücken sitzt ein Bauer (Dritter Stand) in zerschlissener Kleidung, der in die Hände klatscht. Alle drei tragen eine Kokarde in den französischen Farben – alle sehen fröhlich und zufrieden aus. Wie in der Karikatur Q2 auf S. 101 wird das Verhältnis der drei Stände zueinander dargestellt. Die erste Karikatur zeigt aber das reale Verhältnis und kritisiert es – die zweite zeigt etwas ironisch, wie es sein sollte: Der Dritte Stand wird von den beiden ersten getragen. Die Karikatur stammt aus dem Revolutionsjahr 1789. Sie will zeigen, dass mit einer Veränderung der Gesellschaft alle zufrieden sein könnten. Sie könnte heißen „Der Bauer träumt von der Revolution" oder „So geht es doch auch!".

4. Zuordnungsaufgabe: berühmte Persönlichkeiten kennen (Sachkompetenz)
Ordne den historischen Personen die richtige Aussage zu. Die Zahl in Klammern gibt dir einen Hinweis darauf, welcher Buchstabe des Satzes zum Lösungswort gehört. Achtung: Die Buchstaben sind noch nicht in der richtigen Reihenfolge! Ein kleiner Tipp: Beim gesuchten Lösungswort handelt es sich um eine zentrale Forderung der Französischen Revolution.
3, 6, 2, 5, 1, 7, 4
Lösungswort: LIBERTÉ

5. Argumentieren: Ursachen benennen (Sachkompetenz, Urteilskompetenz)
Übertrage die Tabelle in dein Heft und nenne mehrere Ursachen der Französischen Revolution. Denke dabei an die wirtschaftliche Situation, die gesellschaftliche Struktur und an das politische System.

Wirtschaftliche Situation	Gesellschaftliche Struktur	Politisches System
hohe Staatsverschuldung	Ständesystem mit ungerechten Privilegien für den Ersten und Zweiten Stand, Ausschluss des Dritten Standes davon	Absolutismus
zunehmende Knebelung des Staatshaushaltes durch Zinszahlungen	Feudalordnung, die der Zeit und den jeweiligen wirtschaftlichen Leistungen nicht entsprach, gegen die Ideen der Zeit	politische Entmachtung des Adels
niedrige Löhne		kein Mitspracherecht des Dritten Standes
Konkurrenz durch Manufakturen		Schwäche des Königs – Vorbild anderer Staaten
elende wirtschaftliche Situation der Unterschichten und der Bauern (Missernten, Brotpreis)		

6. Einen Kurzvortrag halten: ein Urteil abgeben (Kommunikationskompetenz, Methodenkompetenz, Urteilskompetenz)

Bereite einen Kurzvortrag über die Französische Revolution vor, in dem du abschließend ein begründetes Urteil abgibst.

Sammle zunächst Argumente für und gegen die Revolution. Wäge dann beide Seiten ab und formuliere ein Fazit.

Der Kurzvortrag könnte z. B. einen oder zwei zusammenfassende Sätze aus jedem Unterkapitel enthalten: Frankreich gerät in die Krise, weil keiner mehr mit dem Drei-Stände-System zufrieden ist und weil der Staat bankrott ist. Der König beruft die Generalstände ein usw.

Argumente für die Revolution: Ständegesellschaft und damit große Ungerechtigkeit wird beseitigt, der Dritte Stand bestimmt politisch mit und wird handlungsfähig, Ideen der Aufklärung (Freiheit, Gleichheit ...) werden umgesetzt.

Argumente gegen die Revolution: Umwälzung ist von Gewalt begleitet (z. B. Hinrichtung des Königs), Schreckensherrschaft (Macht gerät in falsche Hände).

7. Gegenwartsbezüge herstellen (Sachkompetenz, Urteilskompetenz)

Stelle dar, welche Maßnahmen und Errungenschaften der Französischen Revolution bis heute weiterwirken und welche man als überholt betrachten muss. Begründe deine Einschätzung.

Bis heute wirksam und positiv sind folgende Errungenschaften der Französischen Revolution:

Die Abschaffung von Privilegien für bestimmte Stände, die Abschaffung der absoluten Herrschaft eines Monarchen, die Erklärung der Menschenrechte, die Einführung der Gewaltenteilung in die Verfassung, die Ideale von Freiheit und Gleichheit, die Idee der Teilnahme des Volkes an der Politik.

Dagegen können – oder sollten! – folgende Aspekte als überholt betrachtet werden:

Die brutale Verfolgung und Hinrichtung Andersdenkender, die Verfolgung aufgrund bloßer Verdächtigung und ohne Chance einer Verteidigung, die Diktatur einer Partei oder eines Ausschusses, die staatlichen Eingriffe in das religiöse Leben, die Überwachung des Verhaltens der Menschen im Alltag.

5 Deutsche streben nach Einheit und Freiheit

136–173

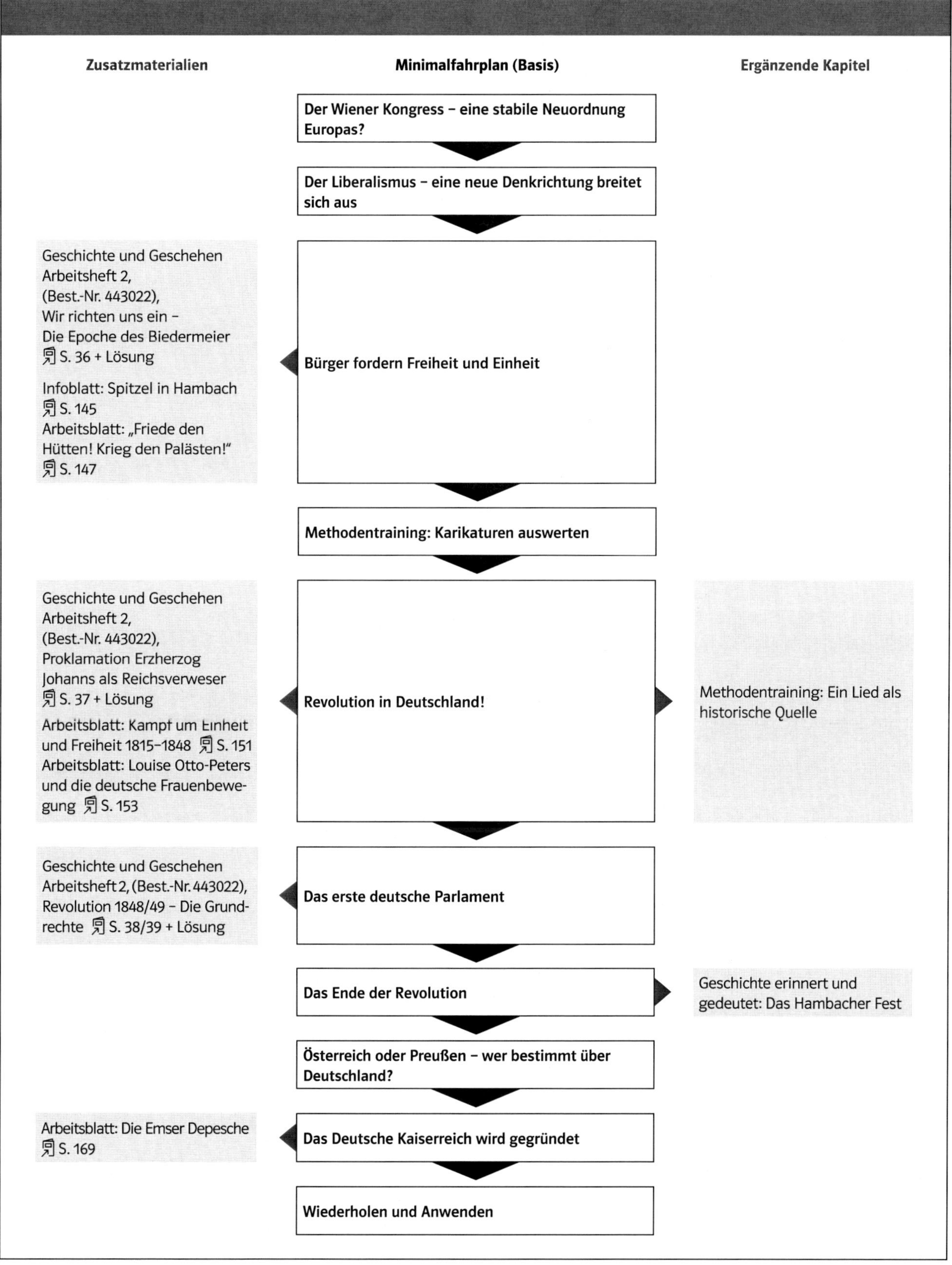

Zusatzmaterialien
Minimalfahrplan (Basis)
Ergänzende Kapitel
Der Wiener Kongress – eine stabile Neuordnung Europas?
Der Liberalismus – eine neue Denkrichtung breitet sich aus
Geschichte und Geschehen Arbeitsheft 2, (Best.-Nr. 443022), Wir richten uns ein – Die Epoche des Biedermeier S. 36 + Lösung
Infoblatt: Spitzel in Hambach S. 145
Arbeitsblatt: „Friede den Hütten! Krieg den Palästen!" S. 147
Bürger fordern Freiheit und Einheit
Methodentraining: Karikaturen auswerten
Geschichte und Geschehen Arbeitsheft 2, (Best.-Nr. 443022), Proklamation Erzherzog Johanns als Reichsverweser S. 37 + Lösung
Arbeitsblatt: Kampf um Einheit und Freiheit 1815–1848 S. 151
Arbeitsblatt: Louise Otto-Peters und die deutsche Frauenbewegung S. 153
Revolution in Deutschland!
Methodentraining: Ein Lied als historische Quelle
Geschichte und Geschehen Arbeitsheft 2, (Best.-Nr. 443022), Revolution 1848/49 – Die Grundrechte S. 38/39 + Lösung
Das erste deutsche Parlament
Das Ende der Revolution
Geschichte erinnert und gedeutet: Das Hambacher Fest
Österreich oder Preußen – wer bestimmt über Deutschland?
Arbeitsblatt: Die Emser Depesche S. 169
Das Deutsche Kaiserreich wird gegründet
Wiederholen und Anwenden

Kompetenzziele

Fachkompetenz

Die Schülerinnen und Schüler
- erfassen, dass auf Grundlage der Beschlüsse des Wiener Kongresses eine europäische Gleichgewichtsordnung geschaffen werden konnte, die für einen langen Zeitraum größere Kriege verhinderte, die Bildung liberaler Nationalstaaten jedoch unterband;
- wissen, dass diese restaurative Politik zu Auseinandersetzungen führte, die in der Revolution von 1848 ihren Höhepunkt fanden;
- können ausgehend von den Entwicklungen der Jahre 1815 bzw. 1848 die Möglichkeiten für eine deutsche Nationalstaatsbildung skizzieren;
- können den politischen Weg vom Ende der 1848er-Revolution bis zur Reichsgründung beschreiben und dabei die Risiken der Bismarck'schen Politik benennen.

Methodenkompetenz

Die Schülerinnen und Schüler
- können zeitgenössische Karikaturen entschlüsseln und deuten;
- vertiefen ihre Fähigkeiten, historische Karten unter dem Gesichtspunkt von Veränderungen zu untersuchen;
- üben, zentrale Entwicklungslinien eines längeren Zeitraumes unter vorgegebenen Kategorien in einer Zeitleiste vereinfacht darzustellen.

Kommunikationskompetenz

Die Schülerinnen und Schüler
- setzen sich auf der Basis von Perspektivübernahmen sowie Sach- und Werturteilen mit den unterschiedlichen Entwicklungsmöglichkeiten und Ergebnissen der deutschen Geschichte von 1815 bis 1871 auseinander und lernen dabei, ihre eigene Meinung begründet zu vertreten, zu verteidigen, aber auch zu verändern;
- können zentrale Entwicklungen der Jahre 1815 bis 1871 im Rahmen einer kurzen Präsentation zusammenfassen und ihren Mitschülern so vermitteln, dass die Vielfältigkeit der Entwicklungen und Deutungsmöglichkeiten erkennbar wird.

Urteilskompetenz

Die Schülerinnen und Schüler
- begreifen die zentrale Bedeutung der nationalen und liberalen Ideen für die europäische Geschichte des 19. und 20. Jahrhunderts und setzen sich mit der Bedeutung der Revolution von 1848 für die weitere deutsche Geschichte auseinander;
- können die Paulskirchenverfassung als traditionsbildendes Element und Meilenstein der deutschen Verfassungsgeschichte würdigen und sich kritisch zu diesem Deutungshorizont positionieren;
- beurteilen die Folgen des Lösungswegs Bismarcks für die weitere innere und äußere Entwicklung Deutschlands, u.a. für das deutsch-französische Verhältnis.

Zur Orientierungsseite

- Das Kapitel umfasst 60 Jahre deutscher und europäischer Geschichte und ist inhaltlich sehr umfangreich. Die Zeitleiste könnte daher gut auf einen überdimensionalen Zeitstrahl im Klassenraum geschrieben und durch die drei Leitfragen ergänzt werden, die im Klassenraum gut sichtbar aufgehängt werden sollten.
- Durch die Leitfragen, den Blick auf die Karte und den Zeitstrahl können die Schülerinnen und Schüler einen ersten, groben Überblick zur Orientierung erlangen. Dabei strukturieren die drei Leitfragen den Unterricht.
- Eine weitere Einsatzmöglichkeit der Zeitleiste besteht darin, diese mit Informationen des vorhergehenden Kapitels zur Industrialisierung und sozialen Frage zu ergänzen: So wird das Bewusstsein dafür geschärft, welche gravierenden wirtschaftlichen, technologischen und sozialen Entwicklungen parallel zur Nationalstaatsbildung in Deutschland abliefen.
- Die Abbildungen korrespondieren mit den Leitfragen: Die Schülerinnen und Schüler können so erste Vermutungen äußern und später wiederholende Bezüge herstellen.
- Die Karte sollte genauer betrachtet werden, sinnvollerweise in Verbindung mit dem ersten Kapitel zum Wiener Kongress. Insbesondere der Vergleich mit einer heutigen Karte Mitteleuropas bzw. der Bundesrepublik ist hilfreich.

Der Wiener Kongress – eine stabile Neuordnung Europas?

Stundenvorschlag 34ir53

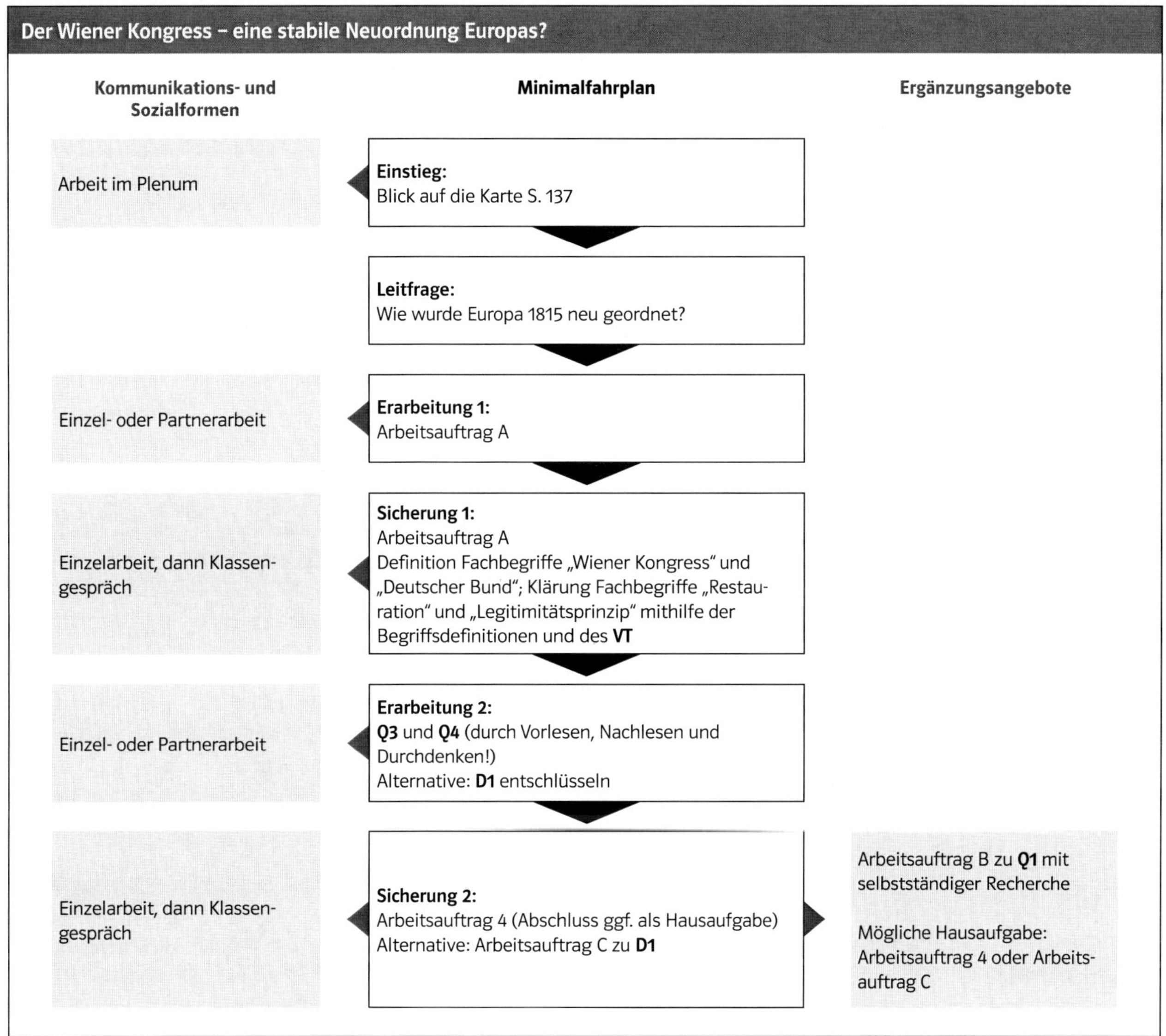

Der Wiener Kongress – eine stabile Neuordnung Europas?
Kommunikations- und Sozialformen
Minimalfahrplan
Ergänzungsangebote
Arbeit im Plenum
Einstieg: Blick auf die Karte S. 137
Leitfrage: Wie wurde Europa 1815 neu geordnet?
Einzel- oder Partnerarbeit
Erarbeitung 1: Arbeitsauftrag A
Einzelarbeit, dann Klassengespräch
Sicherung 1: Arbeitsauftrag A Definition Fachbegriffe „Wiener Kongress" und „Deutscher Bund"; Klärung Fachbegriffe „Restauration" und „Legitimitätsprinzip" mithilfe der Begriffsdefinitionen und des VT
Einzel- oder Partnerarbeit
Erarbeitung 2: Q3 und Q4 (durch Vorlesen, Nachlesen und Durchdenken!) Alternative: D1 entschlüsseln
Einzelarbeit, dann Klassengespräch
Sicherung 2: Arbeitsauftrag 4 (Abschluss ggf. als Hausaufgabe) Alternative: Arbeitsauftrag C zu D1
Arbeitsauftrag B zu Q1 mit selbstständiger Recherche
Mögliche Hausaufgabe: Arbeitsauftrag 4 oder Arbeitsauftrag C

Zum Verfassertext und zu den Materialien

138–140

Q1 Der Pariser Hofkünstler Jean Baptiste Isabey war im Gefolge der französischen Delegation nach Wien gereist und hatte dort Porträtzeichnungen der Kongressteilnehmer angefertigt. Von dem später entstandenen Gemälde wurde ein Stich angefertigt, der abgedruckt ist, hier allerdings ohne seinen dekorativen und informativen Rahmen.

D1 Der Deutsche Bund wurde am 8. Juni 1815 während des Wiener Kongresses durch einen Rahmenvertrag zwischen den deutschen Staaten gegründet (39 Regierungen nahmen ihn am 8. Juni 1815 an; Württemberg, Baden und Hessen-Homburg vollzogen erst nachträglich den Beitritt). Die Bundesakte wurde am 9. Juli 1815 in die Schlussakte des Wiener Kongresses integriert. Damit erkannten die unterzeichnenden europäischen Mächte die Existenz und Verfassung des Deutschen Bundes sowie den territorialen Besitzstand der Einzelstaaten völkerrechtlich an. Bereits 1815 war die weitere Ausgestaltung der Bundesakte beschlossen worden, die am 15. Mai 1820 mit der „Wiener Schlussakte" vollzogen wurde. Diese wurde am 8. Juli 1820 von der Bundesversammlung in Frankfurt a. M. als gleichwertiges zweites Bundesgrundgesetz neben der Bundesakte von 1815 verabschiedet. Der Deutsche Bund hatte damit seine endgültige verfassungsrechtliche Gestalt erhalten. Im Zuge der Restaurationspolitik nach 1815 brachte die Wiener Schlussakte (praktisch fünf Jahre später) die politisch und sozial konservativen Absichten des Bundes verstärkt zum Ausdruck: So wurde in Art. 57 die alleinige Verantwortung des Monarchen unterstrichen.
Das Schaubild ist stark vereinfacht und bewusst nicht vollständig, um es den Schülerinnen und Schülern zu ermöglichen, eigenständig zentrale Prinzipien der Bundesverfassung zu erfassen. Ein Vergleich mit der französischen Verfassung von 1792 (S. 110) bzw. ein späterer Vergleich mit

dem Verfassungsentwurf von 1848 (S. 158) ist damit möglich. Bitte beachten Sie auch das Methodentraining „Ein Verfassungsschaubild auswerten“ auf S. 110 f.

Q3 Der Textauszug stammt aus dem Werk „Der Deutsche Bund in seinen Verhältnissen zu dem europäischen Staatensystem“ von dem Göttinger Historiker Arnold Hermann Ludwig Heeren (1760–1842).

Q4 Der ehemalige preußische leitende Minister vom Stein nahm am Wiener Kongress als Berater der russischen Delegation teil. In einer Denkschrift schlug er eine nationale Einigung Deutschlands unter einem konstitutionellen habsburgischen Kaisertum vor. Über den Deutschen Bund zeigte er sich enttäuscht. Vom Stein bringt die allgemeine Einschätzung des Deutschen Bundes bei den Vertretern der liberalen und nationalen Bewegung zum Ausdruck.

138–140

Erläuterungen zu den Arbeitsaufträgen

A: Du bist französischer Journalist in Wien. Gib die Ergebnisse der Verhandlungen in einem Bericht wieder. [I]
Für die Bearbeitung der Aufgabe können die Schülerinnen und Schüler sich sowohl sehr sachlich am VT abarbeiten, als auch sehr pointiert und emotional aus französischer Sicht Stellung beziehen. Dabei sollte die Lehrkraft nicht zu kleinlich bezüglich der Restauration in Paris sein, eine „Verteidigung der Revolution“ aus französischer Perspektive sollte durchaus akzeptiert werden – und dann später vor dem Hintergrund der Herrschaft Ludwigs XVIII. klargestellt werden. Aufgrund der wahrscheinlichen Bandbreite der unterschiedlichen Schülerlösungen können mehrere Lösungen vorgelesen bzw. in einem DAB miteinander verglichen werden.

B: Überlege, welche Personen für den Künstler die Hauptrollen spielten. Suche Informationen über sie. Stelle sie jeweils in Form einer Icherzählung vor. [II]
Die zentralen Personen, über die es z. B. in Wikipedia umfangreiche Biografien gibt, sind:
- Metternich als Vertreter des Gastgebers und als beherrschender Diplomat des Kongresses;
- Castlereagh als Außenminister Großbritanniens;
- dessen „Gegenspieler“, der russische Außenminister Nesselrode und dessen Kollege Graf Stackelberg (hier reicht es aus, über Nesselrode zu recherchieren);
- der französische Vertreter Talleyrand, der als Vertreter eines besiegten Landes einen begrenzten Spielraum hat;
- der preußische Vertreter Graf Hardenberg.

C: Erkläre mithilfe des Schaubilds, welche Zusammensetzung und welche Aufgaben der Deutsche Bund hatte und wie Rechte und Pflichten seiner Mitglieder verteilt waren. [II]
Der Deutsche Bund besteht aus 37 unabhängigen Fürstentümern und Stadtstaaten. Diese entsenden Vertreter in eine Bundesversammlung, die unter dem Vorsitz Österreichs in Frankfurt a. M. tagt. Die Bundesversammlung, die also kein Parlament ist, beschließt über Krieg und Frieden, darf in die innere Ordnung von Bundesstaaten eingreifen (im Notfall) und ernennt den Oberbefehlshaber des Bundesheeres. Insgesamt ist die Bundesversammlung in erster Linie für die Außenpolitik, insbesondere die Verteidigung Deutschlands, zuständig. Die Bundesstaaten sind weitgehend unabhängig und müssen lediglich die Beschlüsse der Bundesversammlung ausführen und die Heereseinheiten für das Bundesheer stellen.

D: Stell dir vor, das Bild soll in einer Zeitung erscheinen. Schreibe dazu einen passenden Text. Gehe insbesondere auf den Titel des Bildes ein. [II]
Musterlösung: Auf dem Bild sehen Sie eine typische Sitzung der Gesandten in Frankfurt. Die Herren beraten intensiv über verschiedene Angelegenheiten und haben dazu auch eine Reihe von Papieren ausgebreitet. Das Sitzungszimmer unterstützt deren Arbeit nicht nur durch die geschmackvolle und gehobene Einrichtung, sondern auch durch die vier Statuen, die für Gerechtigkeit, Eintracht, Weisheit und Stärke stehen. Wir alle hoffen, dass den Bundesgesandten ihre bedeutende Rolle für Deutschland bewusst ist, insbesondere, dass viele Deutsche große Hoffnungen auf ihre Arbeit setzen für ein zukünftiges, geeintes Deutschland – doch kann dieses Ziel wirklich erreicht werden, wenn man beachtet, dass die Bundesgesandten praktisch alle konservative Adlige sind, deren Ziel eben nicht ein Nationalstaat ist? Wir behalten jedoch unsere Hoffnung und werden weiterhin aus Frankfurt berichten.

1. Finde heraus, wie die deutschen Grenzen gegen Frankreich „geschützt“ wurden (VT, Karte S. 137). [II]
- Frankreich wird durch größere Staaten an seinen Landgrenzen kontrolliert: die Vereinigten Niederlande, Preußen mit der Rheinprovinz, Bayern mit seinem Teil der Pfalz und im Süden das vergrößerte Königreich Sardinien sowie die Gebietserwerbung Österreichs in Norditalien.
- Die Schlüsselmächte des Wiener Systems bleiben Großbritannien und Russland: Russland aufgrund seiner Erfolge beim Sieg über Frankreich und durch seine territorialen Erwerbungen; Großbritannien aufgrund seiner entsprechenden Erfolge gegen Napoleon und seiner konsequenten Gleichgewichtspolitik.

2. Erkläre mithilfe der Karte und des Verfassertextes, warum Deutschland für das Gleichgewicht und den Frieden in Europa so wichtig war (VT, Karte S. 137, Q3). [II]
- Deutschland liegt geografisch in der Mitte Europas, und es berührt die Hauptstaaten des Westens und des Ostens. Damit ist es von allen Veränderungen betroffen, umgekehrt sind im Prinzip alle anderen europäischen Staaten von Veränderungen in Deutschland betroffen.
- Die innere Ordnung Deutschlands hat damit eine große Bedeutung für die äußere Rolle Deutschlands: Ein starker Staat wäre eine große Bedrohung des europäischen Gleichgewichts, denn Deutschland könnte nach der Herrschaft über Europa greifen.

- Der Deutsche Bund ist genau das nicht: Er ist stark in der Verteidigung und stabilisiert so das europäische Gleichgewicht, aber schwach im Angriff. Die Mitte Europas wird durch den Deutschen Bund quasi „eingefroren“; sie ist nicht nur zu Angriffen ungeeignet, sondern stabilisiert durch ihre Bewegungsunfähigkeit auch das europäische Staatensystem.

3: Erläutere die Kritik des Freiherrn vom Stein am Deutschen Bund (Q4). [II]
Nach Auffassung des Freiherrn vom Stein fehlen dem Deutschen Bund ein Oberhaupt, eine gesetzgebende Versammlung und anderes mehr: Insgesamt ist er – Stein vergleicht ihn mit dem Alten Reich – lediglich eine lockere Verbindung von Staaten für die gemeinsame Verteidigung. Die Rechte des Einzelnen sind lt. Freiherr vom Stein nur durch eine unbestimmte Erklärung und damit nicht konkret gesichert: Der Deutsche Bund hat lt. vom Stein auch in diesem Punkt nicht die Qualitäten eines „richtigen“ Staates. Diese gemeinsame Verteidigung kritisiert vom Stein. Für ihn ist sogar die gemeinsame Verteidigung sehr zweifelhaft: Das Recht der Bundesmitglieder, Allianzen zu schließen, ist ihm zu weitgehend. Er befürchtet weitere Kriege untereinander. Hier spricht vom Stein ausdrücklich von den „Fürsten“, die sich mit anderen Ländern, wie England oder Frankreich, verbünden könnten.

Insgesamt kommt Freiherr vom Stein zu dem Schluss, dass der Deutsche Bund nur ein extrem schwacher Nachfolger für das Alte Reich ist; ein Nachfolger, der zudem nicht einmal seine offizielle Hauptfunktion, die Bewahrung des Friedens, gewährleisten könne.

4 Verfasse ein Streitgespräch zwischen Heeren und vom Stein über die Rolle des Deutschen Bundes (Q3, Q4). [III]
Ludwig Heeren und Freiherr vom Stein haben einen völlig unterschiedlichen Blick auf die Dinge: Während Ludwig Heeren die Rolle des Deutschen Bundes im europäischen Staatensystem betrachtet und aus dieser die Bundesverfassung quasi „erklärt“, schaut vom Stein überwiegend nach innen. Er will einen reformierten Staat – wie er ja auch schon weitgehende Reformen in Preußen eingeleitet hatte. Das „Ausland“ kommt bei ihm nicht unter Gleichgewichtsgesichtspunkten vor. Die Polemik des Freiherrn vom Stein bezüglich zukünftiger Kriege ist angesichts der Ausführungen von Ludwig Heeren und angesichts der Bundesverfassung eindeutig überzogen. Hier möchte vom Stein die Gesamtkonstruktion des Bundes in Frage stellen – und gleichzeitig Kritik an den „Fürsten“ einbinden. Für den Freiherrn vom Stein ist die innere Reform Deutschlands eine Notwendigkeit. Man merkt seinem Gutachten an, welche Überlegung letztlich von ihm favorisiert wird: ein Nationalstaat.

Tafelbild 1 355qs8

Der Deutsche Bund – ein Staat für alle Deutschen?

Ja, denn …	Nein, denn …
… der DB ist eine unauflösliche Gemeinschaft zur Erhaltung der inneren und äußeren Sicherheit Deutschlands.	
	… viele Deutsche lebten gar nicht auf dem Gebiet des DBs.
… der DB ist nicht nur für die Verteidigung zuständig, sondern auch für die innere Ordnung.	… Preußen und Österreicher waren nur mit einem Teil ihres Gebietes Mitglied.
	… die Bundesversammlung hat nur begrenzte Rechte.
	… die Staaten schicken an Weisungen gebundene Gesandte nach Frankfurt; die Bundesversammlung ist kein Parlament.
	… der DB hat keine eigene Regierung, keine eigene Polizei, keine Gerichte und eigentlich auch keine eigene Armee.
	… der DB wird einseitig von den Großmächten Österreich und Preußen bestimmt.
Ergebnis: Der Deutsche Bund erfüllt im Vergleich mit anderen europäischen Staaten nur einen Teil der Ansprüche, die an einen Staat gestellt werden.	

141–142

Der Liberalismus – eine neue Denkrichtung breitet sich aus

Stundenvorschlag 37f6mf

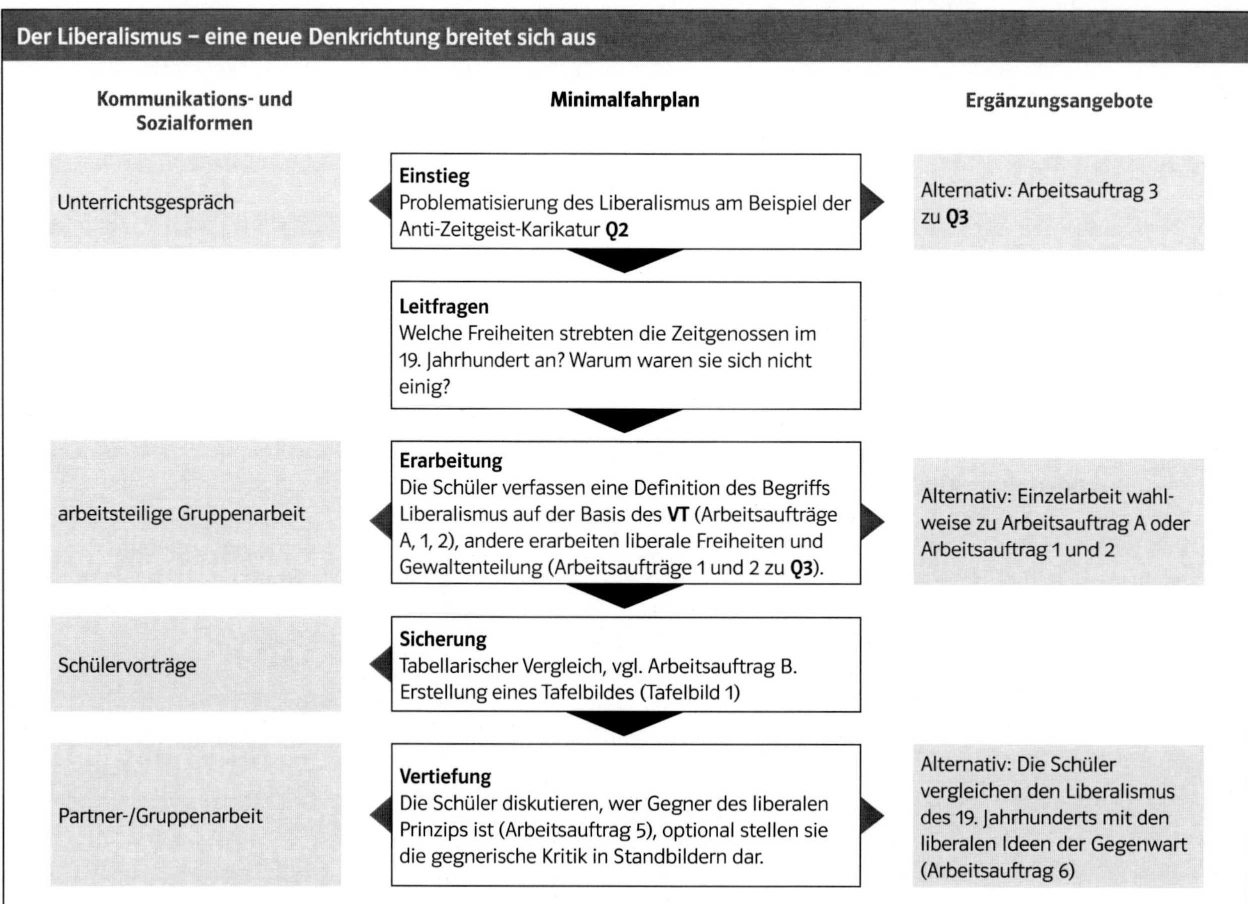

141–142

Zum Verfassertext und zu den Materialien

VT Der Verfassertext ermöglicht es den Lernenden, ihr Vorwissen aufzufrischen (Französische Revolution). Im Anschluss lernen sie liberale Grundbegriffe (Pressefreiheit, Toleranz, Gewaltenteilung) sowie liberale Protagonisten kennen. Hervorzuheben sind der Autor des Deutschlandliedes, der Germanistikprofessor und Dichter Heinrich Hoffmann von Fallersleben (1798 – 1874), der Göttinger Professor für Geschichte Friedrich Christoph Dahlmann (1785 – 1860), einer der sogenannten „Göttinger Sieben" und Mitglied der Frankfurter Nationalversammlung. Als Urheber des Staatslexikons (vgl. Q1, Q4) vertraten liberale Ideen der Historiker Karl von Rotteck (1775 – 1840) und der Jurist Karl Theodor Welcker (1790 – 1869) – auch ein Mitglied der Frankfurter Nationalversammlung. Als namentliche Gegner des Liberalismus können folgende Personen genannt werden: Karl Ludwig von Haller (Konservativer), Julius Fröbel (Demokrat) und Wilhelm Weitling (Sozialist).

Q1 Das in fünfzehn Bänden seit 1834 erscheinende, von Karl von Rotteck und Karl Theodor Welcker herausgegebene Staats-Lexikon erläuterte den Zeitgenossen das politische Wissen des Vormärz. Überwiegend stellten die Autoren ihre Gegenstände liberal argumentierend auf einem sehr hohen Niveau dar.

Q2 Johann Michael Voltz (1784 – 1858) wurde als einer der wenigen politischen Karikaturisten bekannt, die in den deutschen Ländern zur Zeit des Vormärz ihre kritische Sicht auf die Politik öffentlich machten. Mit dem „Anti-Zeitgeist" kritisiert er die konservative Haltung des Adels (als Esel dargestellt), der auf uralten Rechten beharrt und die Errungenschaften der Aufklärung mit den Füßen tritt.

Q4 Knapp zwölf Prozent der Wählerstimmen erhielt die FDP bei den ersten Wahlen zum Bundestag 1949. Mit Einigkeit, Recht und Freiheit knüpfte man an die Liberalen des 19. Jahrhunderts an, verschrieb sich gleichwohl einer demokratischen, laizistischen, marktwirtschaftlichen Politik.

Erläuterungen zu den Arbeitsaufträgen

141–142

A: Verfasse eine Definition des Begriffs „Liberalismus" für ein Schülerlexikon. [II]
Liberal bedeutet „die Freiheit betreffend". Unter Liberalismus versteht man die Idee, dass das Zusammenleben freier Menschen durch verbindliche Gesetze und eine Verfassung geregelt wird.

B: Erläutere die zwei Formen des Liberalismus. [II]
Zu unterscheiden ist zwischen dem konstitutionellen Liberalismus (Vertreter: Dahlmann) und dem parlamentarischen Liberalismus (Vertreter: von Rotteck). Im ersten Fall ist der Staat wichtiger als die Freiheit des Einzelnen, im zweiten Fall werden die individuellen Freiheiten über die staatliche Macht gestellt.

1. Fasse zusammen, welche Freiheiten ein liberaler Staat seinen Bürgern ermöglicht (VT, Q2, Q3). [I]
In einem liberalen Staat existieren keine Privilegien für Adel und Klerus. Leibeigenschaft, Frondienste und Folter sind abgeschafft. Es herrscht Gleichberechtigung, Gewaltenteilung sowie Gleichheit vor dem Gesetz. Eine Verfassung garantiert, dass jeder seine geistigen und materiellen Kräfte gebrauchen darf, was Toleranz und Pressefreiheit einschließt.

2. Vergleiche die Aussagen von Q3 und D1 miteinander. [II]
Beide Darstellungen akzentuieren das Recht auf Selbstbestimmung basierend auf einer freiheitlichen staatlichen Ordnung als Kennzeichen des Liberalismus. Der Lexikonartikel aus dem Jahr 1864 betont die kollektive Volksfreiheit und das Recht auf Pressefreiheit stärker, während der Text von 2011 die individuelle und wirtschaftliche Freiheit hervorhebt. Blickt die Darstellung des 19. Jahrhunderts optimistisch in eine liberale Zukunft, so beurteilt der jüngere Artikel die Geschichte des Liberalismus vor 1900 pessimistischer.

3. Untersuche, wie Gewaltenteilung in einem liberalen Staat funktionieren soll (VT, Q3). [II]
Ein Rechtsstaat verhindert Willkür. Richter sind unabhängig, eine Verfassung unterbindet herrscherliche Willkür durch die Einsetzung von Volksvertretern. Gleichwohl übt ein Herrscher die Macht im Staat aus.

4. Erkläre, wie die Liberalen ihr Gedankengut verbreiteten (VT, Q1, Q4). [II]
Die Liberalen wollten mit Worten und Argumenten überzeugen. Dazu nutzten sie neben Presseerzeugnissen auch umfassende Ganzschriften, etwa das Staats-Lexikon. Öffentlich verbreiteten sie auch in Reden und Liedern ihr Gedankengut.

5. Diskutiere, welche Personengruppen „Gegner des liberalen Prinzips" sind (VT, Q2). [III]
Als Gegner des Liberalismus traten Adelige und Herrscherhäuser genauso wie konservative Bürger auf. Demokraten und Sozialisten ging die Freiheitsforderung der Liberalen nicht weit genug.

❻ Nimm Stellung dazu, ob der Liberalismus des 19. Jahrhunderts heute noch denkbar ist (Q3, D1, Q4). [III]
Der Liberalismus im 19. Jahrhundert forderte zwar Freiheitsrechte ein, doch vor allem hinsichtlich seiner konstitutionellen Prägung schloss er das monarchische Prinzip nicht aus. Nicht nur in dieser Hinsicht haben sich die Liberalen inzwischen zu Demokraten gewandelt. Unter den veränderten ökonomischen Bedingungen lassen sich auch die Ziele eines freien Unternehmertums nicht kontinuierlich denken. Indem die FDP eine soziale Marktwirtschaft befürwortete, ging sie letztlich hinter die Zielsetzung der vormärzlichen Liberalen zurück.

Tafelbild 1 552cz8

Der Liberalismus im Vergleich mit anderen Ideen vom Staat

Sozialisten	Demokraten	Liberale		Konservative
Gesellschaft ohne Staat und Regierung	Staat, der stellvertretend für alle Bürger durch einzelne Bürger Macht ausübt	Staat, in dem das Volk die Macht besitzt, aber an einen Vertreter (z. B. einen König) übergeben kann	Staat, in dem sich Herrscher an Gesetze und Ordnungen halten müssen	Staat, in dem ein Herrscher „absolut" regiert

143–147

Bürger fordern Freiheit und Einheit

Stundenvorschlag gf72xa

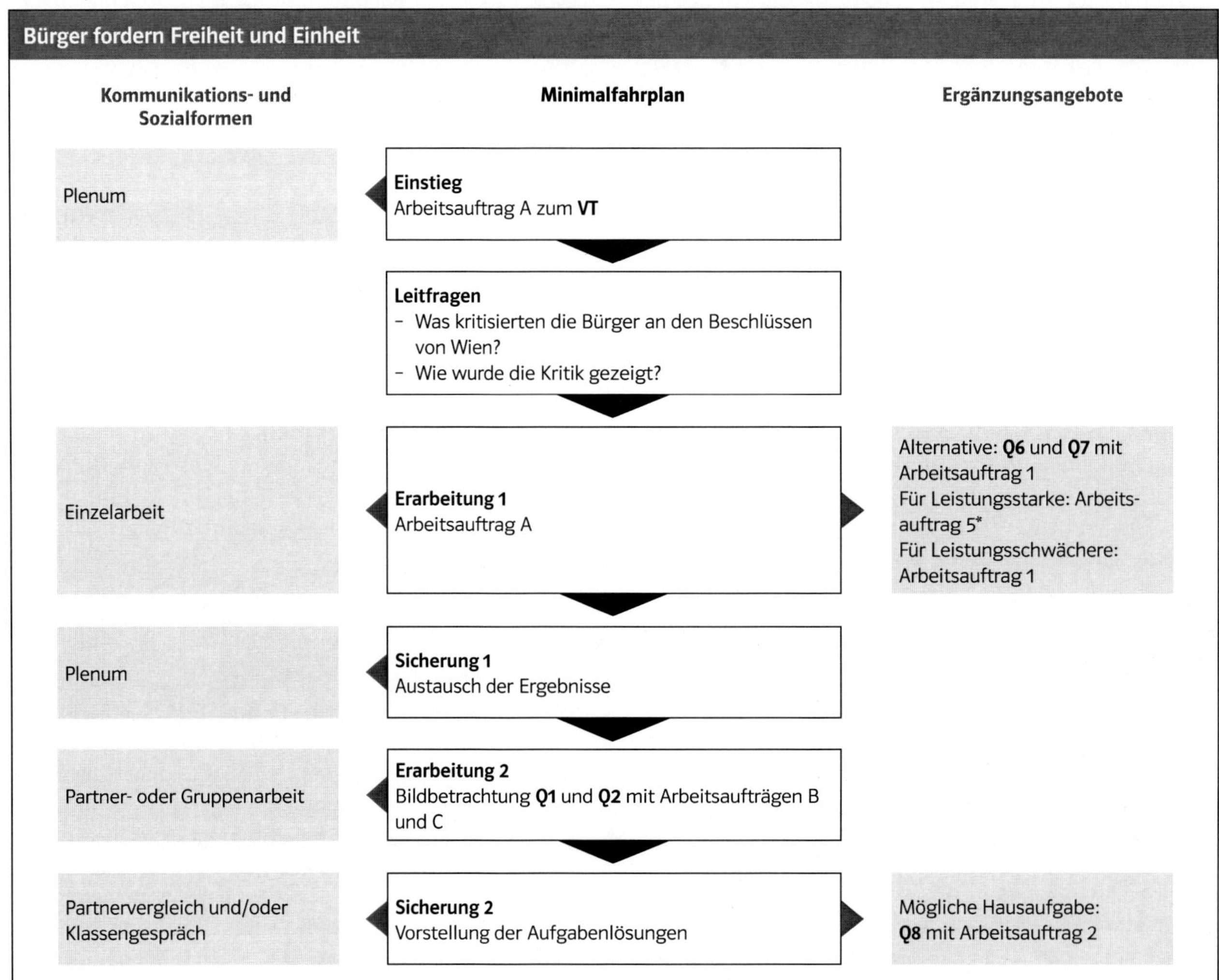

Bürger fordern Freiheit und Einheit
Kommunikations- und Sozialformen
Minimalfahrplan
Ergänzungsangebote
Plenum
Einstieg
Arbeitsauftrag A zum VT
Leitfragen
- Was kritisierten die Bürger an den Beschlüssen von Wien?
- Wie wurde die Kritik gezeigt?
Einzelarbeit
Erarbeitung 1
Arbeitsauftrag A
Alternative: Q6 und Q7 mit Arbeitsauftrag 1
Für Leistungsstarke: Arbeitsauftrag 5*
Für Leistungsschwächere: Arbeitsauftrag 1
Plenum
Sicherung 1
Austausch der Ergebnisse
Partner- oder Gruppenarbeit
Erarbeitung 2
Bildbetrachtung Q1 und Q2 mit Arbeitsaufträgen B und C
Partnervergleich und/oder Klassengespräch
Sicherung 2
Vorstellung der Aufgabenlösungen
Mögliche Hausaufgabe:
Q8 mit Arbeitsauftrag 2

143–147

Zum Verfassertext und zu den Materialien

Q1 Mit dem Wartburgfest vom 18. Oktober 1817 manifestierte sich der Stimmungsumschwung der nationalen Bewegung in Richtung des Aufbegehrens gegenüber der bestehenden staatlichen Ordnung. Überwiegend hatten sich Vertreter der deutschen Burschenschaften aus fast allen Teilen Deutschlands unter der schwarz-rot-goldenen Fahne versammelt. Das Fest wurde wie ein Gottesdienst gefeiert. Seine Symbolik drückte die Forderungen nach einer Reform Deutschlands durch eine kühne Tat, durch eine (nach Napoleon zweite) Befreiung, jetzt von den vielen einheimischen Tyrannen aus. Die Festreden selbst waren moderat; in ihnen wurden die Fürsten kritisiert, die ihr in der Not gegebenes Verfassungs- und Einheitsversprechen nicht erfüllt hätten. Nur eine Minderheit der Teilnehmer ging einen Schritt weiter und verbrannte eine Reihe von Büchern, deren Titel ausgerufen wurden und die unter Rufen wie „Ins Feuer! Zum Teufel mit denselben!" der Flamme überantwortet wurden. Neben Werken des als russischen Agenten verschrienen Dramatikers August von Kotzebue wurden Ludwig von Hallers „Restauration der Staatswissenschaft" und auch der napoleonische „Code Civil" verbrannt. Zusätzlich wanderten ein hessischer Zopf, ein preußischer Ulanenschnürleib und ein österreichischer Korporalstock als Symbole der Reaktion ins Feuer. Mit dem Wartburgfest hatten sich die „Deutschen Burschenschaften" und die mit ihnen sympathisierenden Professoren in der Öffentlichkeit vorgestellt: als wirksame Propagandisten der Nationalbewegung, in der Nationalismus und Liberalismus ineinandergriffen.

Q2 Zentrale Elemente dieser Abbildung sind die in den Vordergrund gestellte Schwarz-Rot-Gold-Fahne, die bürgerliche Kleidung der Teilnehmer, die Menge der Teilnehmer, der Ort der Veranstaltung (Burg als Symbol für die mittelalterliche deutsche Geschichte, auf die sich die Nationalbewegung beruft) sowie (als übergeordnete Ebene) die bewusste Selbststilisierung der Nationalbewegung in der zeitgenössischen Darstellung.

Q3 Das Bild zeigt das Ideal der Bürgerlichkeit im Biedermeier: Die ganz in der Aufgabe der Hausfrau und Mutter aufgehende Gattin, der ernst und gravitätisch blickende Gatte, der Stolz auf die Kinder, die zeitgenössisch eingerichtete Wohnung, die den (wahrscheinlich) erarbeiteten (!) Wohlstand des Schlossermeisters zeigt. Hervorgehoben werden auch das Miteinander der Generationen und das enge, vertraute und gegenüber der Umwelt schützende Zusammensein. Hausmusik, Beschäftigung mit Büchern und die Orientierung an traditionellen Autoritäten stehen im Mittelpunkt der Darstellung. Zugleich werden der große Familiensinn und auch die Zuwendung der Eltern gegenüber den Kindern deutlich: Begabung und Fähigkeiten der Kinder werden gefördert, auch die (liebevolle) Beschäftigung mit Haustieren kommt nicht zu kurz. Hier wird auch der Familienvater durch das zärtliche Anschmiegen der Tochter einbezogen.

Q5 Die Burschenschaften waren für die Außendarstellung der liberalen und nationalen Bewegung und für die Reaktion der Regierungen von entscheidender Bedeutung. Die studentische Jugend war aus den Befreiungskriegen in die Hörsäle zurückgekehrt und sah sich durch die politischen Entwicklungen enttäuscht. Auch auf Anregung führender nationaler Publizisten (so bereits 1811 Jahn) entstand im Juni 1815 die Jenaer Burschenschaft: Sie vertrat die Idee von der Gemeinsamkeit des Vaterlandes, die es erfordere, dass nur eine Verbindung bestehe und dass alle Studenten Mitglieder einer Burschenschaft werden. Die Farben der Jenaer Burschenschaft, Schwarz-Rot-Gold, gehen auf die Uniformfarben der Lützower zurück, die in romantischer Ausdeutung als die Farben des alten Deutschen Reiches aufgefasst wurden (schwarzer Adler mit roten Fängen auf goldenem Grund). Die Burschenschaften breiteten sich von Jena ausgehend in Mittel- und Süddeutschland aus, weniger im Norden. Als im Oktober 1818 in Jena die „Allgemeinen deutschen Burschenschaften" begründet wurden, waren 14 Universitäten vertreten. Ergänzend zu einem allgemeinen nationalen Idealismus verstanden sie den „deutschen Studentenstaat" (Arndt) der Burschenschaften als eine Art Vorform des Nationalstaates.

Q7 Die Karlsbader Beschlüsse gelten heute als eine der zentralen Quellen zur Ideologie der Reaktionszeit. Die Beschlüsse der Karlsbader Ministerkonferenzen vom 20. September 1819 verschärften die konservativ-reaktionäre Wende, die insbesondere von Metternich angestrebt wurde. Das Pressgesetz ordnet eine Vorzensur für Zeitungen, Zeitschriften und alle Bücher mit einem Umfang von weniger als 20 Druckbögen (320 Seiten) an. (Umfangreichere Werke waren teurer und nicht so massenwirksam, konnten daher von der Zensur ausgenommen werden!) Das Untersuchungsgesetz installierte eine eigene Zentralbehörde in Mainz, die alle „revolutionären Umtreibe und demagogischen Verbindungen" aufdecken sollte. Dabei konnten diese Begriffe sehr großzügig ausgelegt werden. Mit dem Universitätsgesetz waren den Regierungen schließlich tiefe Eingriffe in die universitäre Selbstverwaltung und in die Freiheit der Lehre möglich.

Q8 Die Radikalisierung des Vormärz erstreckte sich auch auf die soziale Frage: Wie hier am Beispiel des „Hessischen Landboten" deutlich wird, entwickelte Büchner die liberalen Forderungen in Richtung eines Aufrufs zur – insbesondere sozialen – Revolution weiter. Damit rückte die soziale Frage stärker in den Vordergrund, angetrieben durch die Folgen von Bevölkerungswachstum und beginnender Industrialisierung.
Bereits als Student im französischen Straßburg hatte Carl Georg Büchner (17.10.1813 – 19.2.1837) Ende 1832 geplant, eine „politische Abhandlung" zu schreiben, und wurde nur durch angeblichen Zeitmangel davon abgehalten. Anfang 1834 lernte Büchner den Butzbacher Rektor Friedrich Ludwig Weidig (1791 – 1837) kennen, eine zentrale Gestalt der oberhessischen Oppositionsbewegung. Die erste Ausgabe des Hessischen Landbotens (in einer Auflage von (geschätzten) 700 – 1000 Exemplaren) wurde am 31. Juli 1834 gedruckt und im August und September 1834 verbreitet – vor allem in den Dörfern um Butzbach und Gießen. Eine zweite (November-)Ausgabe wurde vom Dezember 1834 bis März 1835 in Oberhessen verbreitet. Nach Verhören vor Untersuchungsrichtern in Offenbach und Friedberg floh Büchner Anfang März 1835 nach Straßburg und widmete sich neben seiner literarischen Arbeit seinem Medizinstudium.

Q9 Friedrich Ludwig Weidig (1791 – 1837) war evangelischer Theologe, Pädagoge, Publizist und Propagandist der Turnerbewegung. Auf dem Gebiet des heutigen Hessens und des angrenzenden Mittelrheins war er durch sein publizistisches Wirken einer der Wegbereiter der Revolution von 1848. Seit 1818 wurde Weidig wegen politischer Betätigung überwacht. An den Vorbereitungen des Hambacher Fests war Weidig beteiligt, konnte aber aufgrund seiner Überwachung nicht teilnehmen. 1833 wurde Weidig zum ersten Mal inhaftiert. Als Büchner 1834 nach Straßburg flüchtete, blieb Weidig mit seiner Familie im Land. Er wurde verhaftet. Nach fast drei Jahren im Gefängnis, beging Weidig am 23. Februar 1837 Selbstmord, nachdem er zwei Jahre – so der Inhalt seiner Briefe – von den Untersuchungsrichtern misshandelt worden war.

143–147

Erläuterungen zu den Arbeitsaufträgen

A: Liste die Forderungen auf, die die Bürger nach dem Wiener Kongress stellten. [I]
- Gleichberechtigung mit den Adligen (persönliche Grundrechte);
- Religions-, Meinungs- und Pressefreiheit (persönliche Grundrechte!);
- Schutz vor willkürlicher Verfolgung und Verhaftung (persönliche Grundrechte!);
- Einführung einer schriftlichen (Staats-)Verfassung;
- politische Mitbestimmung (insbesondere gewählte Parlamente);
- ein geeintes Deutschland.

B: Entwirf Transparente, die die Demonstranten mit sich geführt haben könnten. [II]
Mögliche Lösungen: „Für ein geeintes Deutsches Reich“, „Wir fordern ein freies Studium“, „Mit Schwarz-Rot-Gold für ein gemeinsames Vaterland“, „1517: Beginn der Reformation, 1817: Beginn der Einigung Deutschlands“, „Wofür haben wir in Leipzig gekämpft?“, „In Wien wurden wir verraten!“.

C: Ein Unbeteiligter oder eine Unbeteiligte trifft auf den Zug zur Hambacher Schlossruine. Ein Teilnehmer will sie oder ihn davon überzeugen, sich dem Zug anzuschließen. Spielt das Gespräch nach. [II]
Die Argumente für das Rollenspiel sollen die Schülerinnen und Schüler aus dem Verfassertext und Q6 entnehmen. Wichtig ist es, dass jedes Argument mit Beispielen begründet wird. Weniger ist hier daher mehr. Einige Beispiele:
- „Komm doch mit uns, wir demonstrieren für die Freiheit und Einheit Deutschlands! Unsere Fahne trägt die Farben Schwarz-Rot-Gold und erinnert damit die Befreiungskriege gegen Napoleon, als die Uniformen schwarz mit goldenen Knöpfen und roten Abzeichen waren.“
- „Wir demonstrieren auch für die Freiheit gegenüber der Unterdrückung durch die Fürsten: Meinungs- und Versammlungsfreiheit und das Recht, ein gemeinsames Parlament für ganz Deutschland zu wählen – nicht die Fürstenversammlung in Frankfurt am Main!“

D: Vergleiche dieses Gemälde mir der Abbildung des Hambacher Festes auf S. 136 und erläutere die Unterschiede. [III]
Folgende Aspekte könnten im Vergleich hervorgehoben werden, die Perspektivität und Interpretation deutlich hervortreten lassen:
- auf beiden Bildern findet sich die gleiche Situation: der Zug auf das Schloss, auf beiden Bildern ist die Perspektive gleich;
- auf dem Aquarell (S. 136) sind aber die Bürger im Vordergrund deutlich hervorgehoben: Sie werden größer dargestellt und vor allen Dingen mit Fahnen verschiedener Nationen gezeigt. Der nationale Aufbruch wird sehr viel deutlicher als auf dem Gemälde von Weber (S. 144).

E: Du warst zu Gast bei Familie Hauschild. Schildere in einem Tagebucheintrag deine Eindrücke. [II]
In dem Tagebucheintrag sollte enthalten sein:
- eine Beschreibung des Wohnzimmers mit den hohen Decken und dem großzügigen Platz, den farbigen Tapeten, dem schönen Fußboden, den schönen Gardinen und den wenigen, aber schönen Möbeln;
- eine Beschreibung der guten Kleidung der Familie, einschließlich der Kinder und der entspannten Haltung der Menschen;
- eine Beschreibung der wenigen, aber sorgfältig gerahmten und gehängten Bilder;
- eine Betonung des Zusammenseins von drei Generationen, die Kinder haben eine Nähe zu ihre Eltern und können sich z. B. an den Vater anschmiegen;
- insgesamt der Wohlstand (nicht Prunk, nicht Reichtum), der ausgedrückt wird.

F: Beschreibe und interpretiere mithilfe der methodischen Arbeitsschritte auf S. 149 die Karikatur. [III]
1 Beschreiben
Acht Personen sitzen um einen Tisch. Sie sind gut gekleidet und scheinen intensiv nachzudenken (so auch die Überschrift). Alle tragen einen „Maulkorb“, können also nicht sprechen. An der Wand hängen Regeln für den Denkerklub. Auch die Frage der aktuellen Sitzung des Klubs hängt an der Wand, sie lautet: „Wie lange möge uns das Denken noch erlaubt sein?“.

2 Untersuchen
Die Karikatur beschäftigt sich mit den Folgen der Karlsbader Beschlüsse von 1819, die zur Einführung einer weitgehenden Zensur auf dem Gebiet des Deutschen Bundes geführt hat. Die Regierungen unterbanden die freie Meinungsäußerung und kontrollierten durch ihre Zensoren insbesondere alle Zeitungen und anderen aktuelle Publikationen.

3 Deuten
Der Zeichner der Karikatur zeigt, wie widersinnig es ist, durch eine Zensur Diskussionen und Meinungen zu unterdrücken. Die staatstreuen Bürger, die einen „Denkerclub“ gegründet haben, dürfen das noch – diskutieren können sie nicht mehr. In der Karikatur wird auch deutlich, dass der Staat eine Grenze hat: Das Diskutieren kann er verbieten, das Denken jedoch nicht. Gleichzeitig zeigt die Lähmung des Denkerclubs (insbesondere durch die absurden Regeln verdeutlicht), dass hier etwas getan werden muss: Die Bürger müssen die Maulkörbe abreißen und sich gegen die Regierung auflehnen, statt brav und sinnlos die Beschlüsse auszuführen!

G: Beschreibe das Bild. [I]
In der Aufgabenbearbeitung kommt es darauf an, sehr kleinschrittig die Details zu beschreiben und zu erklären (bzw. aufzuschreiben, was unverständlich bleibt). Die Schüler sollten auch die Komposition des Gemäldes (!) berücksichtigen, insbesondere die Platzierung der Personen in Verbindung mit dem Kirchengebäude und der Licht-/Schatten-Wirkung ist prägend und aussagekräftig.

H: Beurteile, was das Bild über den Umgang der Herrschenden mit Andersdenkenden aussagt. [III]
Einerseits zeigt das Bild, wie Andersdenkende in das Gefängnis geworfen werden und dort leiden müssen. Andererseits zeigt das Bild, dass die Regierungen des 19. Jahrhunderts elementare Rechte noch achteten (und nicht, wie im 20. Jahrhundert häufig geschehen, die Menschenwürde völlig vernichteten): Die Inhaftierten dürfen an einem Gottesdienst teilnehmen – und jemand durfte einen Maler beauftragen, das Bild zu zeichnen, das wahrscheinlich auch an die Wand gehängt wurde.

I: Erläutere, welche Haltung der Künstler dazu einnimmt. [II]
Der Künstler steht aufseiten der Verfolgten/Inhaftierten: Das wird durch die Darstellung der Menschen klar, insbesondere aber auch durch die Arbeit mit dem Licht, das von oben die Inhaftierten beleuchtet. Insbesondere der verstorbene Ludwig Weidig wird vor der Säule stehend (im Dunkeln!) gewürdigt.

1. Liste die Gründe auf, warum viele Bürger und Studenten nach 1815 mit der politischen Lage in Deutschland unzufrieden waren (VT, Q5). [I]
- Deutschland ist nicht geeint, sondern in viele unabhängige Staaten aufgeteilt (Z. 1–3).
- Es fehlen zeitgemäße (moderne!) Verfassungen für das Volk (Z. 11–12).
- Die Fürsten sind Vertreter ihres Landes, nicht die Besitzer (Z. 17–21).
- Zentrale Grundzüge für Verfassungen sollten in ganz Deutschland einheitlich festgelegt sein: Der Deutsche Bund sollte ein Bundesstaat, kein Staatenbund sein (Z. 21–28). Dieses Argument ist schwierig und wird wahrscheinlich eher über ein Zitieren der Z. 21–28 aus der Quelle von den Schülern genannt werden.

2. Verfasse ein Streitgespräch zwischen von Gagern (Q5) und Graf von Bernstorff (Q6), in dem die beiden ihre Positionen erklären und verteidigen. [III]
Von Gagern könnte in dem Streitgespräch auf die positiven Ziele der Burschenschaften verweisen: Sie wollten Deutschland einen, und zwar nicht als Klassengesellschaft, sondern mit einem Blick auf das ganze, gemeinsame deutsche Volk! Dafür ständen die Burschenschaften, die diese gewünschte Einigung Deutschlands in ihrer Organisation leben und vorwegnehmen. Das Ziel dabei müsste eine Verfassung für ganz Deutschland sein, an die auch die Fürsten gebunden wären, die nicht mehr eigenmächtig handeln könnten und an den Volkswillen gebunden seien.
Von Bernstorff könnte entgegnen, dass die Einigung Deutschlands zur Folge hätte, dass alle politischen Unterschiede zwischen den Völkern Deutschlands brutal zerstört werden würden. Die bestehende, gut funktionierende und friedfertige Ordnung würde zerstört und umgestürzt werden – ob dabei die Ziele erfüllt würden, sei höchst unsicher. So würden die schlimmsten Handlungen durch die Ziele einer Einigung Deutschlands und eines gemeinsamen Volkswillens gerechtfertigt, auch wenn die Handlungen noch so grausam wären. Besonders schlimm sei es, dass diese Ideen in den Schulen und Universitäten den jungen Menschen eingetrichtert würden.

3. Erläutere mithilfe von Q8, warum die Herrschenden auf das Erscheinen des „Hessischen Landboten" mit solch harten Maßnahmen reagierten. [II]
Für eine Beurteilung des „Hessischen Landbotens" ist zum einen die genuin liberale Kritik an der absoluten Fürstenherrschaft, zum anderen die scharfe Sozialkritik hervorzuheben. Büchner ruft nicht nur zur politischen, sondern auch zur sozialen Revolution auf und ist in seinen Äußerungen so radikal, dass eine gewaltsame Veränderung der Verhältnisse erwünscht erscheint. Kritisch wäre zu fragen, welche Belege es für die Allgemeingültigkeit der Anschuldigungen Büchners gibt – gelten die kritisierten Verhältnisse auch in den anderen deutschen Staaten? Zuletzt könnte auf das Alter des Studenten Büchner verwiesen werden, das einen Teil der Radikalität erklären mag.

4. Erkläre die Ziele der Karlsbader Beschlüsse (Q7). [II]
Zum Zweck der einzelnen Maßnahmen:
- Ziel: Kontrolle und gegebenenfalls Entlassung der Universitätslehrer: Diese hätten die Jugend durch die Lehrer „aufgewiegelt". Folge: Wenn nun diese Lehrer ersetzt würden, müsste der Protest enden. Folge: Konkret werden so Lehrer an den Universitäten „installiert", die im Sinne des herrschenden Regimes unterrichten.
- Ziel: Einführung der Zensur, um die Verbreitung der liberalen und nationalen Ideen zu verhindern und eine regierungsfreundliche Presse zu erreichen. (Interessant ist die doppelte Einschränkung: Zeitlich ist die Maßnahme auf die Gültigkeit des entsprechenden Bundesgesetzes begrenzt, die Schlüsselrolle der Landesbehörden, denen damit durchaus ein begrenzter Spielraum zugemessen wird, wird betont. Folge: Unterdrückung einer notwendigen Meinungsbildung. Folge: Missstimmung bei allen, deren Meinung zensiert wird – auch wenn diese vielleicht gar nicht gegen die Regierung sind. Folge: Die wirkliche Diskussion verlagert sich in den Untergrund und radikalisiert sich dort möglicherweise.

❺ Halte aus der Sicht eines liberalen Bürgers in einem Tagebucheintrag deine Meinung zu den politischen Zuständen im Deutschen Bund fest (VT, Q4, Q7–Q9). [III]
In dem Tagebucheintrag könnten vom Bürger z. B. die folgenden Punkte aufgeführt werden:
- Angst vor Verfolgung durch die Obrigkeit, wenn man seine Meinung offen sagt oder zu einer Versammlung von politisch interessierten Bürgern geht (Grundlage: Q4, Q7);
- ein Bericht über einen Besuch bei einem Freund, der als politischer Gefangener im Gefängnis sitzt und dem es sehr schlecht geht (Grundlage: Q9);
- Angst vor einer blutigen sozialen Revolution, bei der der eigene Besitz (eine kleine Apotheke) in Gefahr sein könnte (Q8);
- darauf aufbauend oder davon unabhängig: Kritik an der Reformunwilligkeit der Regierungen des Deutschen Bundes, die mit ihrer Unterdrückungspolitik alles nur noch schlimmer machen (VT, Q4, Q7).

Tafelbild 1 nu5n6s

Bürger fordern Freiheit und Einheit: Deutschland nach 1815

Nationale und liberale Forderungen nach 1815	Reaktion der Regierungen des Deutschen Bundes
- Grundrechte (Religions-, Meinungs- und Pressefreiheit)	- Die Fürsten gewähren Freiheiten, können diese jedoch jederzeit wieder einschränken.
- Gleichberechtigung der Bürger mit den Adligen	- Verteidigung der Privilegien und des Vorrangs der Adligen
- Mitbestimmungsrechte durch ein gewähltes Parlament	- Die legitimen Herrscher lehnen es ab, ihre göttlich verliehene Macht beschränken zu lassen.
- Schaffung eines gemeinsamen deutschen Nationalstaates	- Beibehaltung der Einzelstaaten (und damit auch der Macht der verschiedenen Fürstenhäuser)
↓	↓
Wartburgfest (1817) mit mehr als 500 teilnehmenden Professoren und Studenten	**Karlsbader Beschlüsse (1819) (Verbote, Zensur und Verfolgungen)**

Tafelbild 2 f966ap

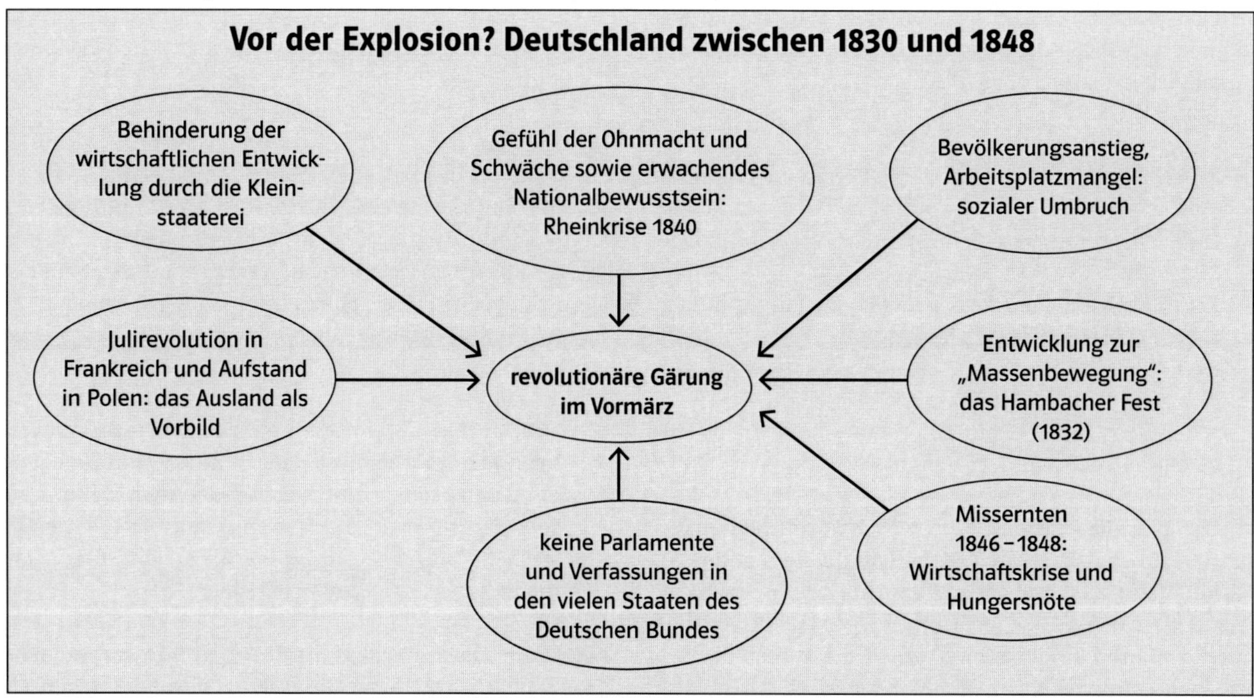

Methodentraining: Karikaturen auswerten

148–149

Zum Verfassertext und zu den Materialien

VT Seit 1815 entstand langsam eine „politische Öffentlichkeit“ auf dem Gebiet des Deutschen Bundes. Diese wurde von einem gebildeten Bürgertum getragen, das sich aus den mehr und mehr verbreiteten Presseerzeugnissen über die politischen, wirtschaftlichen und kulturellen Entwicklungen informierte. Dabei gewann die Karikatur erheblich an Bedeutung: Sie bündelte Kritik an den Regierenden und war damit zugleich ein Ventil für das noch in weiten Bereichen politisch ohnmächtige Bürgertum. Die Pressezensur ab 1819 und deren weitere Verschärfungen konnten den „Erfolg“ der Karikaturen nicht verhindern; insbesondere stieg die Zahl der anonymen Karikaturen an.

Erläuterungen zu den Arbeitsaufträgen

148–149

1. Lies Arbeitsschritte und Antworten und vergleiche sie mit der abgebildeten Karikatur (Q1). [I]
Es reicht im Allgemeinen nicht aus, den Text einmal laut im Plenum vorlesen zu lassen. Die Schülerinnen und Schüler sollten allein Satz für Satz die Fragen und die Ergebnisse mit der vorliegenden Karikatur vergleichen. „Überflieger“ können gleich zu einer weiteren Karikatur übergehen, in der Regel übersehen sie aber auch einiges im Text und sollten daher den Vergleich mitmachen.

2. Begründe, warum eine Karikatur auch heute Kritik viel deutlicher zum Ausdruck bringen kann als ein Text. [II]
Missstände oder kritische Aspekte gewaltig zu übertreiben und sie dadurch sehr deutlich zu machen, ist eine Stärke von Karikaturen: Durch die groteske Übertreibung wird die Kritik erlaubt, denn sie ist ja nicht konkret. Gleichzeitig aber wird allen Betrachtern ein zentraler Kritikpunkt sehr deutlich gezeigt, auch wenn die Betrachter den Bezug zur Wirklichkeit selbst herstellen müssen. Das alles ist auch heute noch sehr sinnvoll, auch wenn wir heute keine Zensur mehr haben, gleichzeitig aber auch nicht angreifbar sind [...], denn die Übertreibung an sich ist ja völlig grotesk.

3. Erkläre, warum die Zensur eine Karikatur nicht so einfach verbieten kann wie einen Text. Nutze dabei z. B. Q4 auf S. 146 als Beispiel. [II]
Eine Karikatur ist eben nicht eindeutig. Jeder kann sie – wenn er/sie möchte – ganz anders interpretieren. Damit kann ein Zensor auch nicht einfach feststellen, dass hier z. B. der König kritisiert wird, denn die in der Karikatur abgebildete Situation ist völlig unsinnig und unrealistisch: Der Denkerclub kritisiert ja gar nicht konkret etwas, insbesondere nicht die vorhandene Staatsordnung. Was soll hier der Zensor einwenden?

❹ Wähle aus einer aktuellen Zeitung oder Zeitschrift eine Karikatur aus und interpretiere sie mithilfe der vorgeschlagenen Arbeitsschritte. [III]
Die Schülerinnen und Schüler sind vollkommen frei bei der Auswahl einer Karikatur. Wichtig ist, dass sie sich an den methodischen Arbeitsschritten orientieren.

150–153

Revolution in Deutschland!

Stundenvorschlag f6bs4g

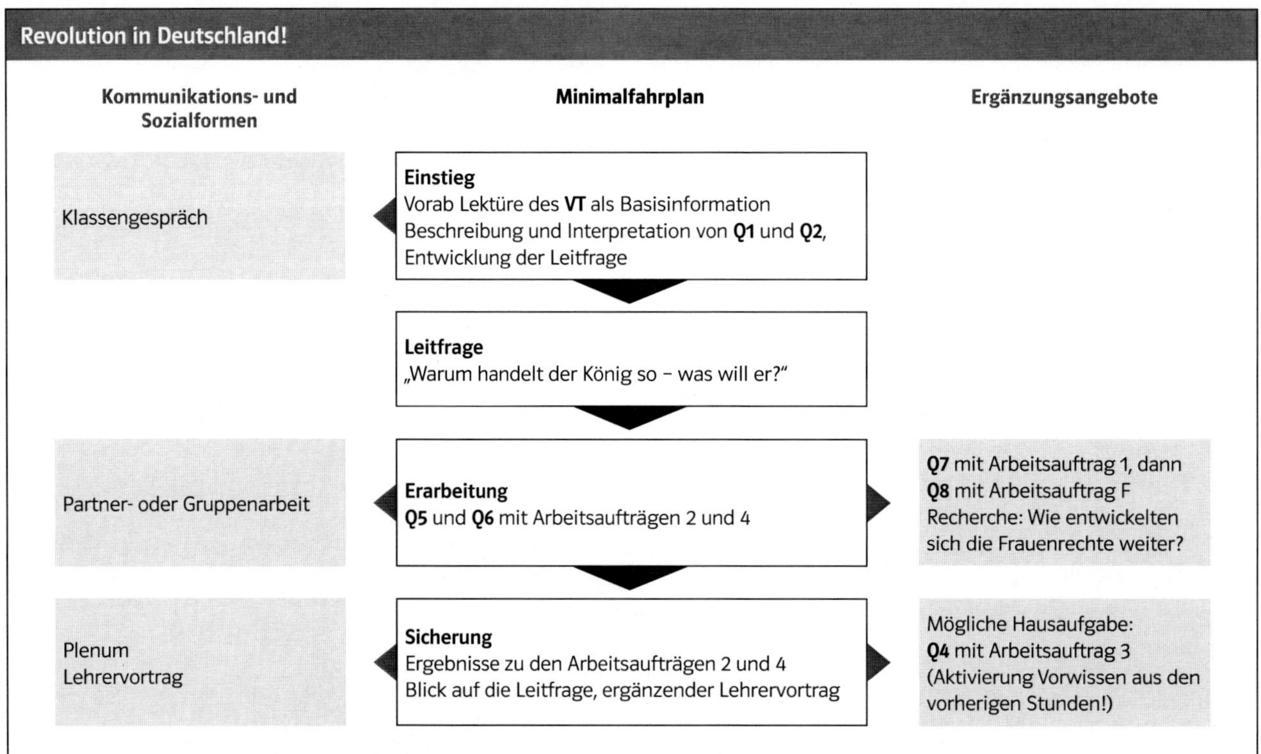

150–153

Zum Verfassertext und zu den Materialien

Q3 Am 21. Mai 1848 kam es zu dem blutigen Höhepunkt der Auseinandersetzungen zwischen der Mainzer Bürgerwehr und preußischen Soldaten. Im Stadtzentrum rund um das Mainzer Theater, das zu diesem Zeitpunkt als Hauptquartier der Bürgerwehr diente, hatten preußische Soldaten offenbar Angehörige der Bürgerwehr provoziert. Bei den daraus entstandenen Auseinandersetzungen kam es zu vier Toten sowie 25 Verletzten auf preußischer und fünf Verletzten auf Mainzer Seite. Die Zeichnung zeigt die Zusammenstöße zwischen Angehörigen der Bürgerwehr und Soldaten vor dem Theater. Die Auseinandersetzung wurde dadurch beendet, dass der Vizegouverneur unter Verhängung des Belagerungszustandes auf dem Kästrich Kanonen aufstellen und auf die Stadt richten ließ.

Q8 Die Karikatur lenkt den Blick auf die Rolle der Frauen in den Revolutionsereignissen 1848. In dem gezeichneten „Politischen Damenklub" herrschen chaotische Zustände, die Rednerin wirkt durchsetzungsschwach, auch das Schwingen der Glocke hilft nicht gegen die Überfüllung, Unordnung und Unruhe der Versammlung. Die Damen hören nicht zu, überwiegend sind sie in Zweiergespräche verwickelt. Die Einrichtung der Räume und die Kleidung der Frauen weisen darauf hin, dass es sich hier um wohlhabende Bürgerinnen handelt, die nun auch politisch mitbestimmen wollen. Das Kind (links unten) wirkt hilflos und sich selbst überlassen, es scheint die Einrichtung zu demolieren und so das Chaos zu verstärken. Vernichtend sind die Forderungen (unter der Karikatur abgedruckt). Diese zeigen, dass die Frauen gedanklich ihrer Sphäre (dem Haus) verhaftet bleiben und zudem eher absurde Forderungen aufstellen. Hierzu gehört auch der Hinweis mit dem Schlagen, denn Schläge haben Frauen der gezeichneten Gesellschaftsschicht wohl nicht zu erwarten.

Erläuterungen zu den Arbeitsaufträgen

150–153

A: Verfasse Zeitungsschlagzeilen zu den Ereignissen in Paris, Wien und Berlin im Frühjahr 1848. [II]
Mögliche Lösungsansätze (unter vielen!): „Barrikadenkämpfe in Berlin – der König kapituliert", „Revolution in ganz Europa!", „Wir sind das Volk! Revolution in Berlin", „Der Pöbel greift nach der Macht: Kämpfe in Berlin"; weniger die Präzision als die Zuspitzung ist hier interessant, Unschärfen können diskutiert werden (siehe den zweiten Lösungsvorschlag!).

B: Besprecht zu den einzelnen Forderungen der Demonstranten, mit welchen Argumenten der König diese ablehnen könnte. [II]
Meinungs- und Pressefreiheit: Diese ist auch gefährlich, denn Radikale, die Gewalt und Revolution fordern, könnten sich so entfalten. Daher ist eine begrenzte Zensur sinnvoll.
Wahlen zu einem deutschen Parlament: Das könnte die Existenz Preußens als selbstständiger Staat gefährden, Deutschland besteht aus vielen unabhängigen Staaten, die nicht einfach ihrer Unabhängigkeit beraubt werden sollten.
Mehr Rechte gegenüber den Fürsten: Es gibt natürliche, durch die Geschichte gewachsene Vorrechte der Fürsten. Diese dürfen nicht angetastet werden – über alles andere darf diskutiert werden.
Höhere Löhne: Das ist Sache der Unternehmer, die Löhne müssen bezahlbar bleiben.
Günstigere Preise für Nahrungsmittel: Das ist nicht Sache des Staates, wenn höhere Löhne gefordert werden, könnten diese die Preise sogar noch anheben!

C: Schreibe drei Sätze dazu auf, wie der Karikaturist das Handeln des preußischen Königs einschätzt. [II]
- Der preußische König wird als Lügner gezeichnet, der mit den Worten „An Meine liebe Berliner" eine tödliche Kanone auslöst.
- Die Kanonenkugel ist unterwegs und beginnt, eine Reihe von Zivilisten (bürgerlich angekleidet) unter sich zu begraben.
- Die Karikatur bewertet damit die freundlichen Worte des Königs, das Verneigen vor den Toten der Barrikadenkämpfe und das Zurückziehen der Soldaten als reines Täuschungsmanöver.

D: Erkläre, warum die Demonstranten darauf bestanden, dass sich der König vor den Toten verneigt. [II]
Der König verneigt sich vor den Opfern seiner eigenen Soldaten und erkennt damit seine Schuld an. Indem die Bürger ihre Toten zum König bringen und diesen zur Würdigung zwingen, erkennen sie zugleich an, dass Wilhelm weiterhin „ihr König" ist und bleibt. Die Revolution in Berlin ist damit keine Revolution gegen die Monarchie, sondern eine Revolution gegen den autokratisch-absolutistischen Staat. Ein drittes Motiv ist erkennbar: Indem der König den Gefallenen seinen Respekt erweist (ob ehrlich gemeint oder nicht, ist hier unerheblich), baut er eine Brücke der Versöhnung hin zu einer gemeinsamen Zukunft.

E: Versetze dich in die Rolle eines Passanten und schildere deine Eindrücke. [II]
Mögliche Aspekte für die Berichte: Die Revolutionäre greifen die preußischen Soldaten an, diese laufen davon, Frauen scheinen einzelne Soldaten zu stützen, es wird geschossen, aber auch geschlagen, zwei Tote (oder Verwundete) liegen auf dem Pflaster, es wirkt alles sehr durcheinander, im Hintergrund im und neben dem Theater sind Angehörige der Bürgerwehr zu erkennen.

F: Untersuche die Karikatur daraufhin, ob der Zeichner die Forderungen der Frauen unterstützt. [II]
In der Karikatur wird eine politische Betätigung der Frauen lächerlich gemacht: Es herrscht totales Chaos, die Frauen scheinen zu einer geordneten politischen Versammlung nicht in der Lage. Der Zeichner hat keine differenzierten Hinweise versteckt; damit bleibt eine negative Sicht vorherrschend. Die Forderungen der Frauen auf politische Teilhabe werden als unsinnig und von den Frauen selbst nicht beherrschbar zurückgewiesen.

1. Fasse die Gründe dafür zusammen, dass sich Amalie Struve (Q7) aktiv an der Revolution beteiligte. [I]
- Sie möchte die Gefahren ihres Ehemannes teilen (Z. 4).
- Sie möchte ein Beispiel geben – als Frau, aber auch als Bürgerin! – und andere ermutigen (Z. 5–19).
- Nur durch das Ende aller Vorurteile kann die Revolution gelingen (Z. 19–24).
- Auch andere Frauen sind aktiv unterstützend bei der Sache (Z. 24–32).

2. Ordne die Quellen Q5 und Q6 jeweils mit Begründung den Abbildungen Q1 und Q2 zu. [II]
- Q1 zu Q5 (Verteidigung der legitimen Ordnung)
- Q6 zu Q2 (Der König stellt sich an die Spitze der Revolution, als „König aller Bürger".)

3. Erläutere die einzelnen Forderungen der Mainzer Bürger (Q4). [II]
1) Meinungsfreiheit als Pressefreiheit, Ende der Zensur!
2) Die im Vergleich zum Rest Preußens größeren Mitbestimmungs- und Freiheitsrechte sollen erhalten bleiben.
3) Mitbestimmung bei der Entwicklung eines neuen Strafgesetzes, hier der Befugnisse der Polizei gegenüber den Bürgern.
4) Das Heer ist königstreu, es gefährdet die Revolution und kostet außerdem viel, verursacht hohe (Steuer-)Ausgaben.
5) Das Militär soll nicht mehr nur dem König, sondern dem ganzen Staat gehorchen, damit soll verhindert werden, dass der König das Militär gegen die Bürger einsetzt (vergleiche Q3).
6) Die Forderung nach einem Volksheer ist die logische Konsequenz aus der Forderung 5).
7) Gleichberechtigung auch für Juden – und für Katholiken im protestantisch dominierten Preußen!
8) und 9) Mitbestimmung der Bürger bei der Schaffung einer neuen, freieren Verfassung und Gemeindeordnung.

10) Politische Prozesse sollen öffentlich gemacht werden; alle Bürger ihre Forderungen vorbringen dürfen.
11) Diese Forderung geht weit über Mainz hinaus: die Schaffung eines deutschen Parlamentes.

4. Vergleiche die beiden Aussagen des Königs (Q5, Q6) miteinander und suche nach Gründen für dessen Meinungswandel. [III]
In Q6 stellt der König sehr deutlich heraus, dass er eine geschriebene Verfassung ablehnt. Zwischen dem Herrgott im Himmel und Preußen dürfe sich kein geschriebenes Blatt drängen (Z. 13 – 16). Er bekennt sich damit zu einem klassischen Verständnis absoluter Herrschaft auf christlicher Grundlage. Ganz anders nunmehr in Q6: Praktisch alle Forderungen der Nationalbewegung werden aufgegriffen (Einigung Deutschlands, Einführung einer Verfassung, parlamentarische Mitbestimmung und Regierungskontrolle, Gleichberechtigung aller Bürger und aller Religionen). Ein völliger Widerspruch zu den Aussagen in Q6. Welche Gründe könnte es geben? Wahrscheinlich ist ein äußerer Druck durch die Forderungen der Revolutionäre, das würde bedeuten, dass der König seine Meinung in Wahrheit gar nicht geändert hat.

5. Vergleiche die Karikatur (Q8) mit den Erinnerungen Amalie Struves (Q7). [II]
Der Bericht Amalie Struves zeigt die Perspektive vieler politischdenkender, Beteiligung anstrebender Frauen. Sie wirft den Revolutionären vor, zwar politisch eine Veränderung der Verhältnisse anzustreben, jedoch in vielen anderen Bereichen, insbesondere auch bei dem Verhältnis von Mann und Frau, „so viele Rücksichten auf hergebrachte Vorurteile“ zu nehmen, dass die ganzen Veränderungen daran zu scheitern drohen. Die Sprache Struves ist radikal: Sie spricht vom „Joch der Tyrannei“ und denkt damit radikaler als die große Mehrheit der rebellischen Bürger! Demgegenüber wird eine mögliche politische Betätigung von Frauen in der Karikatur lächerlich gemacht: Es herrscht Chaos, die Frauen sitzen völlig ungeordnet, jeder scheint zu reden, es scheint sogar zu kleinen Auseinandersetzungen zu kommen und eine Frau versucht hilflos mit einer Glocke für Ruhe zu sorgen – außerdem schienen nicht beaufsichtigte Kinder das Ganze noch zu verstärken. Beides passt nicht zusammen und ist daher unabhängig voneinander zu sehen.

❻ Verfasse als Ratgeber des Königs eine Empfehlung, wie die Revolution am besten „überstanden“ werden könnte. Nenne mindestens zwei unterschiedliche Wege. [II]
- Möglicher Weg A: nachgeben und sich den Forderungen der Revolutionäre „unterwerfen“, um König bleiben zu können. Abwarten, eigene Kräfte sammeln, dann später „zuschlagen“ und Revolution beenden. Risiko: Alles könnte einem – wie Ludwig XVI. – dauerhaft aus der Hand gleiten!
- Möglicher Weg B: mit aller Entschiedenheit gegen die Revolutionäre vorgehen und auch viele Tote in Kauf nehmen. Risiko: Als „Blutkönig“ in die Geschichte eingehen, vielleicht auch das Ende der Monarchie in Preußen, wenn die Revolutionäre siegen sollten!

Tafelbild 1 🌐 4b2du9

Die deutsche Märzrevolution 1848

	Beispiel: Forderungen Mainzer Bürger (Q4)	Ergebnisse 1848
Einheit ⟶	ein allgemeines deutsches Parlament (11)	Der preußische König verspricht die Einheit.
Freiheit ⟶	- Freiheit der Rede und der Presse (1, 2, 10) - allgemeine Volksbewaffnung (6) - freies Versammlungsrecht (10)	- Presse- und Versammlungsfreiheit - Verfassungen in Preußen und Österreich - Wahlen zu Volksvertretungen
politische Gleichheit ⟶	Gleichstellung aller Religionen (7)	
soziale Gerechtigkeit ⟶	keine Forderung der Mainzer Bürger, Arbeiter in Köln forderten beispielsweise, dass jeder Mensch ein Recht auf Arbeit und angemessenen Lohn habe!	- Abschaffung der Abgaben der Bauern - keine weiteren Ergebnisse zu sozialen Forderungen!

Methodentraining: Ein Lied als historische Quelle

154–155

1. Gib mithilfe der Informationen auf dieser Doppelseite wieder, welche Funktion das „Lied der Deutschen“ im 19. Jahrhundert hatte. [I]
Die Schülerantworten ergeben sich aus den Informationen der Doppelseite. Zentral ist die Ausgangslage des nicht geeinten Deutschen Bundes mit antiliberalen Regierungen. Das Lied bringt somit Hoffnungen auf einen liberalen Nationalstaat zum Ausdruck und ist in seiner ursprünglichen Ausrichtung nicht gegen andere Staaten/Nationen etc. gerichtet. Das Lied drückt aber auch ein neues deutsches Selbstbewusstsein aus und enthält somit auch Konfliktpotenzial.

❷ Vergleiche das Lied mit „Die Wacht am Rhein“ (1840/1854). [III]
„Die Wacht am Rhein“ wurde 1840 von Max Schneckenburger geschrieben. Auslöser war die Rheinkrise von 1840. Erst im deutsch-französischen Krieg von 1870/71 erlebte das Lied seinen endgültigen Durchbruch und wurde zu einem der bekanntesten deutschen Nationallieder des 19. Jahrhunderts. Auch in den beiden Weltkriegen des 20. Jahrhunderts blieb das Lied populär. Der Liedtext wandelt das Gefühl der Bedrohung (durch Frankreich) in einer Gegenreaktion in eine Verpflichtung zum Widerstand und in ein Bekenntnis zur eigenen Stärke um. Im Unterschied zum Deutschlandlied ist „Die Wacht am Rhein“ ein wirkliches Kampf- und Kriegslied: Sein Text ist durch kriegerisch-heroische Begriffe bestimmt, die gleichsam als Versatzstücke aneinandergereiht werden. Diese Ausrichtung wird durch die Musik in eingängiger Weise verstärkt. (Eine ausführliche Liedanalyse findet sich in: Michael Sauer: Historische Lieder. Stuttgart 1997 (Klett-Verlag), S. 75–82.)

156–159

Das erste deutsche Parlament

Stundenvorschlag 96i8hd

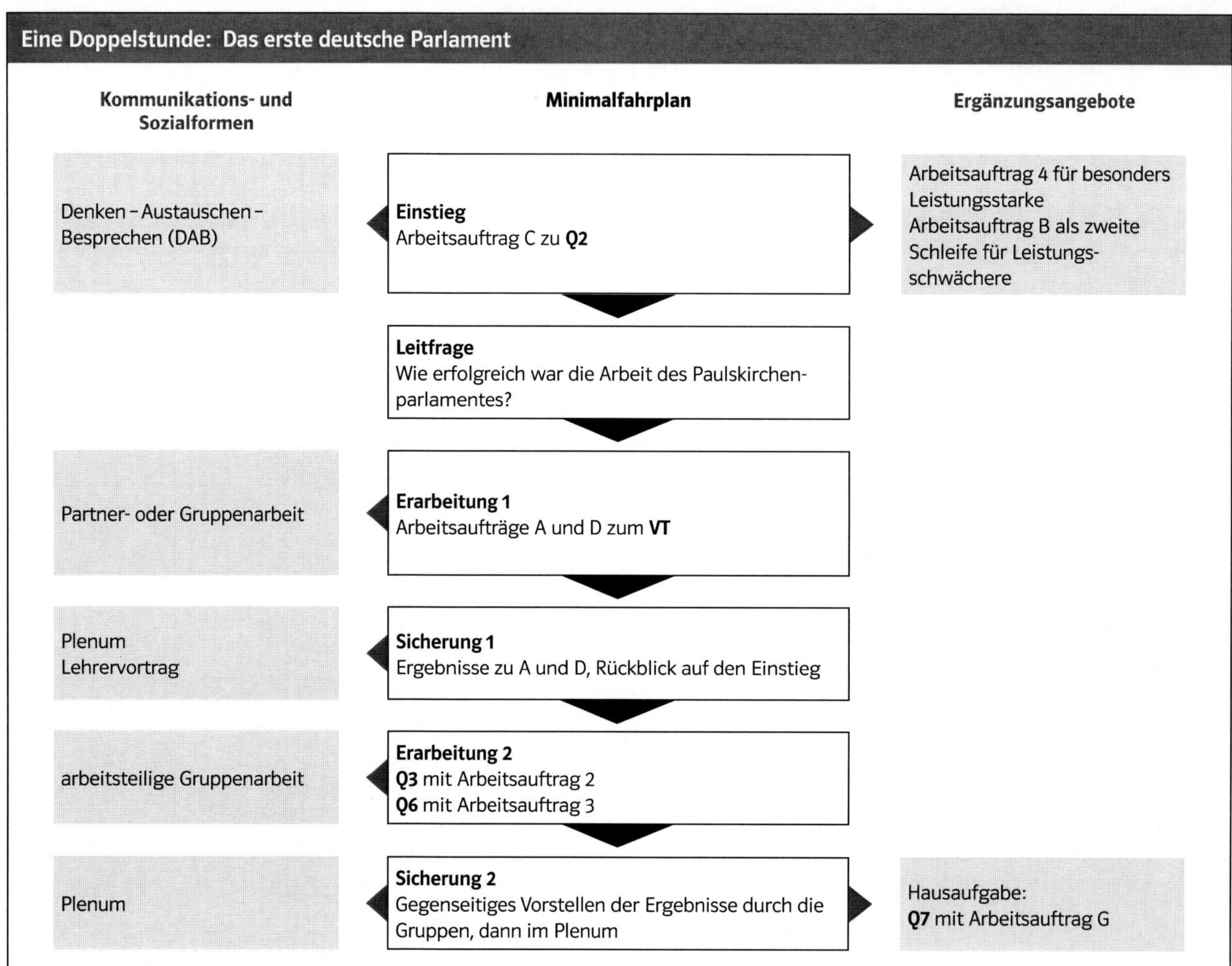

Eine Doppelstunde: Das erste deutsche Parlament
Kommunikations- und Sozialformen
Minimalfahrplan
Ergänzungsangebote
Denken - Austauschen - Besprechen (DAB)
Einstieg
Arbeitsauftrag C zu Q2
Arbeitsauftrag 4 für besonders Leistungsstarke
Arbeitsauftrag B als zweite Schleife für Leistungsschwächere
Leitfrage
Wie erfolgreich war die Arbeit des Paulskirchenparlamentes?
Partner- oder Gruppenarbeit
Erarbeitung 1
Arbeitsaufträge A und D zum VT
Plenum
Lehrervortrag
Sicherung 1
Ergebnisse zu A und D, Rückblick auf den Einstieg
arbeitsteilige Gruppenarbeit
Erarbeitung 2
Q3 mit Arbeitsauftrag 2
Q6 mit Arbeitsauftrag 3
Plenum
Sicherung 2
Gegenseitiges Vorstellen der Ergebnisse durch die Gruppen, dann im Plenum
Hausaufgabe:
Q7 mit Arbeitsauftrag G

156–159

Erläuterungen zu den Arbeitsaufträgen

A: Überlege Vor- und Nachteile, die sich aus der Zusammensetzung der Nationalversammlung ergeben könnten. [II]
Mögliche Vorteile: viel Sachverstand, viel Mäßigung, breite Wahl und Repräsentanz von ganz Deutschland und der ganzen (wahlberechtigten) Bevölkerung.
Mögliche Nachteile: Handwerker, Bauern und Frauen fehlen ganz oder sind nur ganz wenig vertreten, damit fehlt auch konkreter Sachverstand und Pragmatismus, soziale Fragen sind eher ausgeklammert, den Mitgliedern fehlen auch Erfahrungen mit der Arbeit eines Parlamentes bzw. sogar als Politiker.

B: Stell dir vor, du solltest als Reporter oder Reporterin über die Sitzung berichten. Schreibe einen kurzen Zeitungsbericht darüber, welchen ersten Eindruck du von der Tagungsstätte hast. Beziehe auch den VT mit ein. [II]
Zentral für einen denkbaren Zeitungsartikel sind die beiden folgenden Aspekte:
- Es ist eine Kirche, in der sich die Abgeordneten versammeln. Nur fehlen die christlichen Symbole. Diese sind durch nationale Symbole, insbesondere schwarz-rot-goldene Fahnen, kleinere Wappen und eine große Statue ersetzt worden.
- Das eigentlich Lebendige und Ungeordnete eines Parlamentes wird nicht deutlich. Stattdessen wirkt alles wohlgeordnet, feierlich und einheitlich. Diese bei der Eröffnung der Nationalversammlung nach den vorliegenden Augenzeugenberichten überlieferte Stimmung wird durch die Lithografie gut „eingefangen“.

C: Analysiere mithilfe des Gesichtsausdrucks und des Aussehens der Mütze die Stimmungen und Erwartungen in der deutschen Bevölkerung an die Nationalversammlung. [II]
Es ist ein bärtiger Mann zu sehen. Dessen Gesichtsausdruck ist zunächst zornig, revolutionär, Augen und Mund sind weit geöffnet. Der Mann trägt eine französische Revolutionsmütze. Nun verändert sich der Gesichtsausdruck im Laufe des Jahres hin zu Resignation/Missmut. Die Kopfbedeckung wandelt sich zur Schlafmütze. Der Bart verschwindet, er ist ab! Die Augen werden kleiner, zum Schluss sind sie geschlossen. Der Mund wird zugekniffen, zum Schluss zeigt er äußersten Missmut.

D: Schreibe in eine Tabelle, welche Staatsform die verschiedenen Abgeordnetengruppen vorzogen. Formuliere jeweils eine kurze Begründung dafür. [II]

linke Abgeordnete	Republik: gewähltes Staatsoberhaupt, Regierung durch Parlament gewählt
rechte Abgeordnete	Reform des Deutsches Bundes mit Stärkung bürgerlicher Rechte und Freiheiten, d.h. kein gewähltes Staatsoberhaupt, Regierung in der Regel durch Staatsoberhaupt ernannt mit Kontrolle durch das Parlament
Mehrheit der Abgeordneten	Auflösung des Deutschen Bundes und Einführung einer konstitutionellen Monarchie: Aufteilung der Macht zwischen einem nicht gewählten Kaiser und einem gewählten Parlament

E: Erläutere anhand der Karte auf der Orientierungsseite, was die klein- bzw. großdeutsche Lösung bedeutet hätte. Vergleiche auch mit dem bestehenden Deutschen Bund. [II]
Eine kleindeutsche Lösung wäre ein Zusammenschluss der deutschen Länder ohne Österreich, eine großdeutsche Lösung würde dazu noch Österreich einschließen. In beiden Lösungen wären zunächst nicht deutsche Minderheiten nicht eingeschlossen, z.B. Polen, Dänen, Tschechen, Italiener etc. Insbesondere für Österreich wäre das das Ende des Kaiserreiches, in dem viele nationale Gruppen lebten (Deutsche, Tschechen, Ungarn, Slowenen, Italiener, Polen etc.). Im Vergleich mit dem bestehenden Deutschen Bund entspräche somit die großdeutsche Lösung im Prinzip den Bundesgrenzen; grundsätzlich kann ein Land aber Mitglied des Deutschen Bundes sein und seine nationalen Minderheiten „behalten", in einem Nationalstaat wäre dies unmöglich oder deutlich problematischer.

F: Beschreibe, wie die Macht im deutschen Nationalstaat verteilt werden sollte. [I]
Es wird eine klare konstitutionelle Monarchie festgelegt: Der König beherrscht die Exekutive, die von der Legislativen und der Judikativen kontrolliert wird. Die föderative Ordnung Deutschlands wird durch das Staatenhaus gewahrt, das allgemeine, gleiche und geheime Wahlrecht gewährleistet eine breite demokratische Absicherung des Parlamentes – allerdings unter Ausschluss der Frauen!

G: Erkläre, wie der Karikaturist die Arbeitsweise der Nationalversammlung einschätzt. [II]
Drei Professoren symbolisieren die Arbeit der Nationalversammlung. Sie sitzen in bequemen Lehnsesseln um einen runden Tisch und arbeiten, jeder für sich allein, an der Verfassung des Deutschen Reiches. Von außen schaut ein deutscher Michel erwartungsvoll in den Raum. Der Karikaturist kritisiert nun diese Arbeit, indem er die drei Professoren in Schlafmänteln und mit heruntergezogenen Schlafmützen zeichnet. Damit sind die drei Herren praktisch blind bzw. bekommen von der Wirklichkeit nichts mit, schreiben aber in ihre Papiere. Die Nationalversammlung hat nach Auffassung des Karikaturisten damit abgeschieden von der Wirklichkeit und sehr theoretisch und ohne Austausch untereinander in bequemer Weise eine Verfassung erarbeitet – eine deutliche Kritik.

1. Beschreibe die Probleme, mit denen die Abgeordneten leben mussten. Bedenke z. B. die Akustik und Beleuchtung in der Paulskirche (Q1, Q4, Q6). [I]
Folgende drei Punkte sollten benannt werden:
- Die Kirche war ein nicht gut geeigneter Sitzungsort: Von der Straße konnte jeder hineinlaufen und es fehlten Büros und Besprechungsräume und eine Kirche ist auch nicht als dauernder Tagungsort gebaut.
- Wie ein Parlament praktisch „funktioniert", musste erst herausgefunden werden, das wird am Beispiel der chaotischen Rednerlisten sehr deutlich.
- Auch den Abgeordneten fehlte noch die konkrete Praxis, z.B: Wie gehe ich mit dem politischen Gegner um, wann schließe ich Kompromisse, wann nicht?

2. Prüfe anhand der Grundrechte, ob diese Personen von den neuen Grundrechten profitieren: Ein jüdischer Deutscher, der Lehrer werden möchte; ein Journalist, der regierungskritische Artikel schreiben möchte; ein Adliger, der seine Geburtsvorrechte behaupten möchte (Q3). [II]
a) Der Jude profitiert: Endlich wird er gleichberechtigter Bürger, der nicht aufgrund seines Glaubens von zentralen Rechten ausgeschlossen wird. Erstmals kann er auch in den Staatsdienst gehen – ein Vorrecht, das vorher nur den Christen offenstand. (Bei der Lösung ist zu beachten, dass die Diskriminierung nicht in allen deutschen Staaten gleich war.)
b) Der Journalist profitiert von der Meinungs- und Pressefreiheit.
c) Der Adlige verliert seine durch Geburt erworbenen Rechte. Er profitiert nicht.

3. Verfasse einen Leserbrief aus der Sicht eines dänischsprachigen Norddeutschen zu Q7. [II]
Stichworte: Begrüßung der sprachlichen Gleichberechtigung – dann bitte auch in Schulen und Verwaltungen, auch in den (Regional-)Parlamenten. Hinweis auf die Tatsache, dass man als Däne im deutschen Nationalstaat aber eben eine „nationale Minderheit" bleibt und sich nur durch Aufgabe der eigenen Sprache (!) integrieren könnte.

4. Vergleicht die Grundrechte von 1849 mit den seit 1949 geltenden Grundrechten in den Art. 1–20 und 102 des Grundgesetzes [II]
Konkret übereinstimmend sind:
§ 133 mit Art. 11 (Freizügigkeit)
§ 137 mit Art. 3 (Gleichheit)
§ 138 mit Art. 2 (Freiheit)
§ 138 mit Art. 102 (Todesstrafe)
§ 140 mit Art. 13 (Unverletzlichkeit der Wohnung)
§ 142 mit Art. 10 (Brief- und Postgeheimnis)
§ 143 mit Art. 5 (Meinungsfreiheit)
§ 144 mit Art. 4 (Glaubensfreiheit)
§ 152 mit Art. 5 (Freiheit von Kunst und Wissenschaft)
§ 153 mit Art. 7 (Schulwesen)

§ 158 mit Art. 12 (Berufsfreiheit)
§ 161 mit Art. 8 (Versammlungsfreiheit)
§ 162 mit Art. 9 (Vereinigungsfreiheit)
Damit stimmen alle zitierten Artikel überein, die Verfasser des Grundgesetzes haben also aus der 1849er-Verfassung „abgeschrieben“: Die weitgehende, oftmals sogar wörtliche, Übereinstimmung der Grundrechte ist kennzeichnend für die Bedeutung dieser Grundrechte und den Willen der Verfassungsväter von 1949, an die Ideen und Ziele von 1849 anzuknüpfen.

❺ Verfasse für eine heutige Tageszeitung einen Beitrag zu der Frage, ob das heutige Deutschland ein „Kind“ der Revolution von 1848 ist (Q3). [III]
Grundlegend für den Zeitungsbericht wären:
- Die hohe Übereinstimmung der Grundrechte von 1849 und 1949 zeigt, dass unsere heutige Verfassung in diesem zentralen und wichtigen Bereich direkt auf die 1849er-Verfassung aufbaut.
- Das Paulskirchenparlament ist die „Mutter“ der deutschen Parlamente, hier wurden wichtige Regeln und Rituale „erfunden“, die bis heute prägend sind, so z. B. die Sitzordnung von „links“ bis „rechts“.
- Die Farben der Paulskirche sind heute unsere Nationalfarben (Schwarz-Rot-Gold).
- Der Versuch der Paulskirche, einen deutschen Nationalstaat zu begründen, findet im heutigen Deutschland seine Verwirklichung.
- Aber die damaligen, nationalen Tendenzen finden sich in der heutigen Bundesrepublik nach den Erfahrungen des 20. Jahrhunderts nicht mehr wieder.
- Wir haben heute auch keine Monarchie mehr, sondern sind eine Republik mit einem gewählten Staatsoberhaupt.

Tafelbild 1 g9ap34

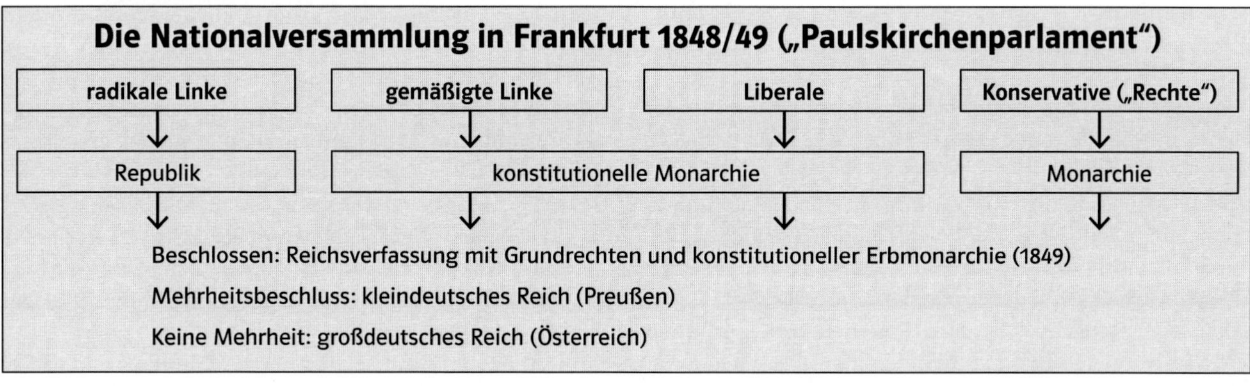

Das Ende der Revolution

160–163

Stundenvorschlag v38yr7

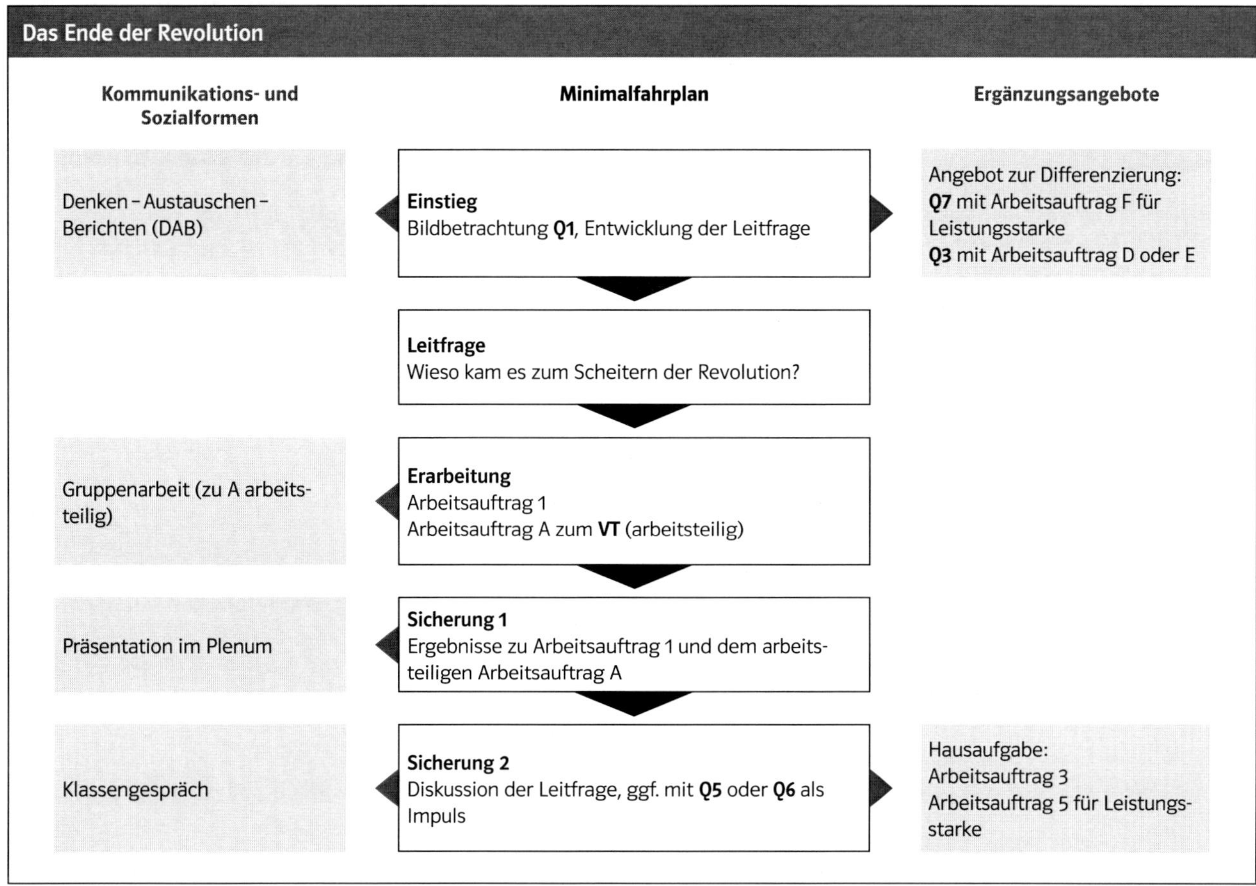

Das Ende der Revolution
Kommunikations- und Sozialformen
Minimalfahrplan
Ergänzungsangebote
Denken – Austauschen – Berichten (DAB)
Einstieg
Bildbetrachtung Q1, Entwicklung der Leitfrage
Angebot zur Differenzierung:
Q7 mit Arbeitsauftrag F für Leistungsstarke
Q3 mit Arbeitsauftrag D oder E
Leitfrage
Wieso kam es zum Scheitern der Revolution?
Gruppenarbeit (zu A arbeitsteilig)
Erarbeitung
Arbeitsauftrag 1
Arbeitsauftrag A zum VT (arbeitsteilig)
Präsentation im Plenum
Sicherung 1
Ergebnisse zu Arbeitsauftrag 1 und dem arbeitsteiligen Arbeitsauftrag A
Klassengespräch
Sicherung 2
Diskussion der Leitfrage, ggf. mit Q5 oder Q6 als Impuls
Hausaufgabe:
Arbeitsauftrag 3
Arbeitsauftrag 5 für Leistungsstarke

Zum Verfassertext und zu den Materialien

160–163

VT Die von der Nationalversammlung dem preußischen König angebotene Kaiserkrone steht in diesem Kapitel im Mittelpunkt: Exemplarisch wird so das Scheitern der Paulskirchenverfassung und die Rückkehr zur alten Ordnung vermittelt. Für die Schülerinnen und Schüler bietet sich so die Chance, einen kleinen Themenausschnitt vertiefend zu erarbeiten. Entsprechend sind die Materialien ausgewählt worden: mit Q3 der Empfang der Delegation der Nationalversammlung durch Friedrich Wilhelm IV. und mit Q4, Q5 und Q6 die offizielle und interne Meinung des Königs zum Angebot der Krone. Schließlich wird die zeitgenössische Diskussion in der anspruchsvollen Karikatur Q7 gebündelt, die mithilfe eines Entschlüsselungshorizontes an die zentrale Methodenschulung „Karikaturen auswerten" anknüpft. Vorbereitend lässt sich im Anschluss an eine Lektüre des Verfassertextes gut die Karikatur Q2 auswerten, die das „Umkippen" der Machtverhältnisse humorvoll-pointiert behandelt.
Im Ergebnis ermöglicht die thematische Konzentration des Kapitels somit eine Diskussion des Scheiterns der Reichsverfassung von 1849: War das Eingehen auf die konservativen Kräfte der Fehler, war der Zeitpunkt schlichtweg zu spät gewählt oder lag es im Endeffekt an der Persönlichkeit Friedrich Wilhelms IV.?

160–163

Erläuterungen zu den Arbeitsaufträgen

A: Schreibe zu der Frage, ob die Revolution gescheitert war, jeweils einen Brief aus der Sicht eines Bauern, eines linken Abgeordneten der Paulskirche und eines vermögenden Bürgers. [II]
Stichworte für die möglichen Schülerlösungen, die auch weitere Argumente auswählen können:

„Bauer"	„linker Abgeordneter"	„vermögender Bürger"
Was geht mich die ganze Revolution an – es wurde ja nur über nationale Fragen und über Verfassungsfragen diskutiert. Wo bleiben meine wirtschaftlichen Interessen – kann das nicht besser mein König/Fürst für mich behandeln?	Die ganzen Zugeständnisse waren ein Fehler: Man hätte gleich zu den Waffen greifen und alle Fürsten verjagen müssen! Am schlimmsten: Das Angebot der Kaiserkrone an den Revolutionsgegner Friedrich Wilhelm IV.!	Warum hat Friedrich Wilhelm IV. die Kaiserkrone nur abgelehnt? Alles wäre so gut gewesen! Der Aufstand der „linken Abgeordneten" in Baden musste niedergeschlagen werden, sonst hätten Zustände wie im Terror der Französischen Revolution gedroht!

B: Du bist Reporter einer großen deutschen Wochenzeitung. Schildere die Ereignisse auf dem Bild in einer Reportage. [II]
Zentrale Aspekte für die Reportage sind:
- Es stehen sich „ehrbare" Gegner gegenüber, beide Seiten sind tadellos gekleidet und benehmen sich korrekt.
- Von Kampfhandlungen ist auf dem Bild nichts zu sehen, auch die Festung Rastatt ist im Hintergrund praktisch nicht zu erkennen, eher meint man eine offene Residenzanlage mit Garten zu sehen (die vergitterten Fenster weisen vielleicht auf die drohende Haft für die Kapitulierenden hin).
- Dem kommandierenden Offizier in Preußischblau werden die Waffen zu Füßen geworfen, dieses Motiv weist auf die Antike (Unterwerfung Galliens) hin und zeigt wiederum den ungebrochenen Stolz bzw. die ungebrochene Selbstachtung der Besiegten.
- Mögliches Fazit: Trotz seiner martialischen Botschaft wirkt das Bild insgesamt friedlich, in Teilen (Gärten) geradezu idyllisch: Der tatsächliche, harte und erniedrigende Hintergrund der Kapitulation und der militärischen Unterdrückung des Aufstandes bleibt ausgespart.

C: Erkläre mithilfe der Karikatur, wie sich die politische Situation in Deutschland zwischen 1848 und 1849 änderte. Wende die methodischen Arbeitsschritte „Karikaturen auswerten" (S. 149) an. [II]
Erwartungshorizont:
- Vergleich der beiden Bildunterschriften;
- Beschreibung der Kleidung der beiden Männer und ihrer Veränderung;
- Herstellung des Bezuges zum Verlauf der Revolution: Anpassung der konservativen Kräfte 1848, später dann Wiedererstarken der konservativen Kräfte und Wiederherstellung der Verhältnisse aus der Zeit vor der Revolution.

D: Beschreibe das Bild. Achte besonders darauf, mit welcher Haltung die Abgesandten der Nationalversammlung auftreten. [I]
Zentral für mögliche Schülerlösungen:
- Der Thronsaal ist äußerst prunkvoll, der König sitzt auf einem Thron, die Abgesandten sind „Bittsteller".
- Der König wendet sich den Abgeordneten freundlich zuhörend zu, er wirkt unschlüssig, die Abgeordneten überaus selbstbewusst, der dritte Abgeordnete von links ist die eigentliche Hauptfigur des Bildes, nicht der König. Dieser Abgeordnete tritt sehr selbstbewusst auf.

E: Teilt euch in Gruppen auf: Eine Gruppe formuliert einen Tagebucheintrag zu diesem Ereignis aus der Sicht eines Abgesandten der Nationalversammlung, die andere Gruppe aus der Sicht eines königlichen Vertrauten. Bezieht dabei Q4, Q5 und Q6 mit ein. [II]
Zentrale Aspekte für die Sicht des Abgeordneten:
- Der König empfängt uns im Thronsaal und auf dem Thron sitzend, die Pracht ist beeindruckend.
- Wir treten selbstbewusst auf, der König ist freundlich zugewandt, behandelt uns respektvoll und hört zu.

Zentrale Aspekte für die Sicht des königlichen Vertrauten:
- Die Abgeordneten waren sehr selbstbewusst, sie bedrängten den König durch ihr Auftreten sogar, wir mussten uns links und rechts vom Thron hinstellen, um die königliche Würde zu schützen.
- Die Stimmung war ansonsten freundlich, der König hörte den Abgeordneten zu.
- Wir schlugen dem König vor, die Abgeordneten im Thronsaal und auf dem Thron sitzend zu empfangen, um seine Würde zu unterstreichen.

F: Entschlüssele die Karikatur. Finde heraus, welche Vorgänge der Zeichner aufs Korn nimmt und wie er sie beurteilt. Verwende die methodischen Arbeitsschritte auf S. 149. [III]
1 Beschreiben
Der „kleine" Gagern, als Kind (übergroßer Kopf) im Schlafanzug mit Pantoffeln dargestellt, baut Kartenhäuser (die zusammenstürzen) und spielt mit einem Kreisel (Stock und Hut, auch nicht stabil). Vor ihm befindet sich die offensichtlich geschnitzte Krone, die von Friedrich Wilhelm IV. (auch als Kind dargestellt, mit preußischer Pickelhaube) ignoriert wird. Gagern weint sich bei Borussia (weniger wahrscheinlich) oder Germania (wahrscheinlicher) aus.

2 Untersuchen
Heinrich von Gagern spricht mit der Mutter Friedrich Wilhelms IV. Sie trägt als Borussia ebenso eine Pickelhaube wie ihr „Kleener". Germania ist anhand des Schildes zu erkennen, auf den sie sich stützt: Hier ist eindeutig der doppelköpfige Adler des Heiligen Römischen Reiches Deut-

scher Nation zu erkennen. Germania wird seit der ottonischen Zeit als gekrönte Frauengestalt mit dem Wappen des Deutschen Reiches dargestellt, das seit dem 14. Jahrhundert den Doppeladler trägt. Dieser wurde 1806 vom Kaiserreich Österreich übernommen. Borussia dagegen stützt sich auf einen Schild mit dem einköpfigen Adler Preußens.

3 Deuten
Von Gagern wird als trotziges Kind dargestellt, das sich hereingelegt fühlt. König Friedrich Wilhelm IV. dagegen erscheint ebenfalls als Kind, aber als das raffiniertere von beiden, weil es von Gagern übertölpelt hat. Das Kartenhaus hinter von Gagern kann man als den Traum der Parlamentarier von einer konstitutionellen deutschen Monarchie in Frankfurt deuten, das nun kurz davor steht, in sich zusammenzufallen. Borussia als Mutter hört sich die Klage von Gagerns an, bleibt aber ansonsten ruhig. Germania als steinernes Monument im Hintergrund ist ein Sinnbild für das „kopflose" Deutschland. Ob der Bär, mit dem der preußische König spielt, ein Symbol für das erzreaktionäre Russland ist oder als Wappentier Berlins für die preußische Hauptstadt steht, lässt sich nicht mehr klären. Im Hintergrund geht die Sonne rotglühend unter, der Tag (als Chance) der Einheit Deutschlands ist fast vorbei, die Nacht beginnt.

1. Liste Ziele, Ergebnisse und Errungenschaften der Revolution 1848/49 auf (VT). [I]
Zentrale Lösungsaspekte:
Ziele: Einigung Deutschlands, Erarbeitung einer Verfassung, Sicherung von Grundrechten und Mitbestimmung (Parlamentarismus).
Ergebnisse: keine Einigung Deutschlands, Verfassung wurde erarbeitet, tritt aber nicht in Kraft, auch die Grundrechte und die Mitbestimmung werden nicht realisiert.
Errungenschaften: Die Verfassung bleibt ein Vorbild, die Einigung Deutschlands bleibt zentrale Aufgabe, die Grundrechte „leuchten" in die deutsche Geschichte und das Paulskirchenparlament hat den Parlamentarismus in Deutschland begründet!

2. Schreibe zu Q4 aus der Sicht eines liberalen Journalisten einen Zeitungskommentar. Beachte auch Q3. [II]
Zentrale Aspekte für einen Kommentar:
- Ein großartiges Angebot an den König von Preußen: Das deutsche Volk hat eine Verfassung erarbeitet und bietet ihm nun die Kaiserkrone an!
- Die Delegation tritt respektvoll und gleichzeitig selbstbewusst auf (siehe auch das Bild).
- Der König kann doch nur „Ja" sagen – das ist er dem Willen des deutschen Volkes schuldig!

3. Vergleiche die beiden Texte Q5 und Q6 miteinander und versuche, das Verhalten des Königs zu erklären. Vergleiche mit Q6 auf Seite 153. [III]
Zentrale Inhalte einer möglichen Schülerlösung:
- In Q5 wird dem König respektvoll die Kaiserkrone eines Deutschen Reiches auf Grundlage der 1849er-Verfassung angeboten.
- In Q6 lehnt der König sehr höflich, aber auch sehr klar, dieses Angebot ab. Er verweist dabei insbesondere auf die anderen Herrscherhäuser Deutschlands, ohne deren Zustimmung er keine so weitreichende Entscheidung fällen könnte.
- Daher hätten nun die Regierungen der anderen deutschen Staaten zu prüfen, ob die Kaiserkrone an den preußischen König gehen sollte – und ob die Verfassung von 1849 als deutsche Verfassung akzeptiert werden könnte.
- Im Vergleich mit seinen Äußerungen zu Beginn der Revolution widerspricht sich nun der König, das tut er aber geschickt, indem er nicht die konkreten Forderungen zurückweist, sondern auf die Mitbestimmung der anderen Regierungen verweist. Der König möchte das politische System in Deutschland nicht revolutionieren; er möchte die Vorrechte der adligen Herrscherhäuser gewahrt sehen und lehnt daher seine Erhebung zum Kaiser durch eine Delegation des Parlamentes ab.

4. Erläutere die Bewertung der Revolution durch Varnhagen von Ense (Q8). [II]
Der Diplomat und Schriftsteller zieht ein positives Fazit. Er habe zweimal den Geist der Freiheit erlebt: einmal in der Französischen Revolution und nun als alter Mann in der Deutschen Revolution. Was mehr kann in einem Leben erfolgen! Besonders betont er – sicherlich im Vergleich mit der Revolution von 1849 – den friedlichen und ordentlichen Verlauf der Revolution von 1848 und den Druck der staatlichen Unterdrückung und Verfolgung, der mit der Revolution von 1848 entfallen sei. Auf das Scheitern der Revolution geht er nicht ein.

❺ Stelle dar, wie die Geschichte Deutschlands sich hätte entwickeln können, wenn Friedrich Wilhelm IV. die Kaiserkrone angenommen hätte. Entwickle unterschiedliche Verläufe. [III]
Mögliche Schülerlösungen:
- Der König nimmt die Krone an, Deutschland wird eine parlamentarische Demokratie (ohne Österreich, das seinen eigenen Weg geht) und entwickelt sich nach z. B. englischem Vorbild zu einem demokratisch geprägten Staat.
- Der König nimmt die Krone an, es kommt zu Widerständen der anderen Herrscherhäuser und zu einem Bürgerkrieg. Deutschland geht im Chaos unter.
- Der König nimmt die Krone an, Deutschland wird unter preußischer Führung (ohne Österreich) geeint, es kommt aber zu einem Eingreifen Österreichs, Russlands und Frankreichs, die Preußen/Deutschland besiegen und das Einigungswerk zurücknehmen.

Tafelbild 1 d6p7pm

Das Ende der Revolution von 1848/49

Die Revolution von 1848/49	
Scheitern ...	**aber auch Zugeständnisse ...**
- Die Reichsverfassung tritt nicht in Kraft. Die Grundrechte werden wieder aufgehoben.	- In Preußen wird eine Verfassung oktroyiert; viele süddeutsche Länder behalten ihre liberalen Verfassungen.
- Der Deutsche Bund wird wiederhergestellt.	- Eine Reform des Deutschen Bundes wird für notwendig gehalten.
- Viele Deutsche verlassen das Land, z. B. in Richtung USA.	- Die bürgerlichen Freiheiten werden garantiert, auch die Meinungsfreiheit setzt sich zunehmend durch.
- Die Fürsten- und Adelsherrschaft bleibt.	- Der Einfluss des Bürgertums wächst.

Geschichte erinnert und gedeutet: Das Hambacher Fest

164–165

Stundenvorschlag mg56pw

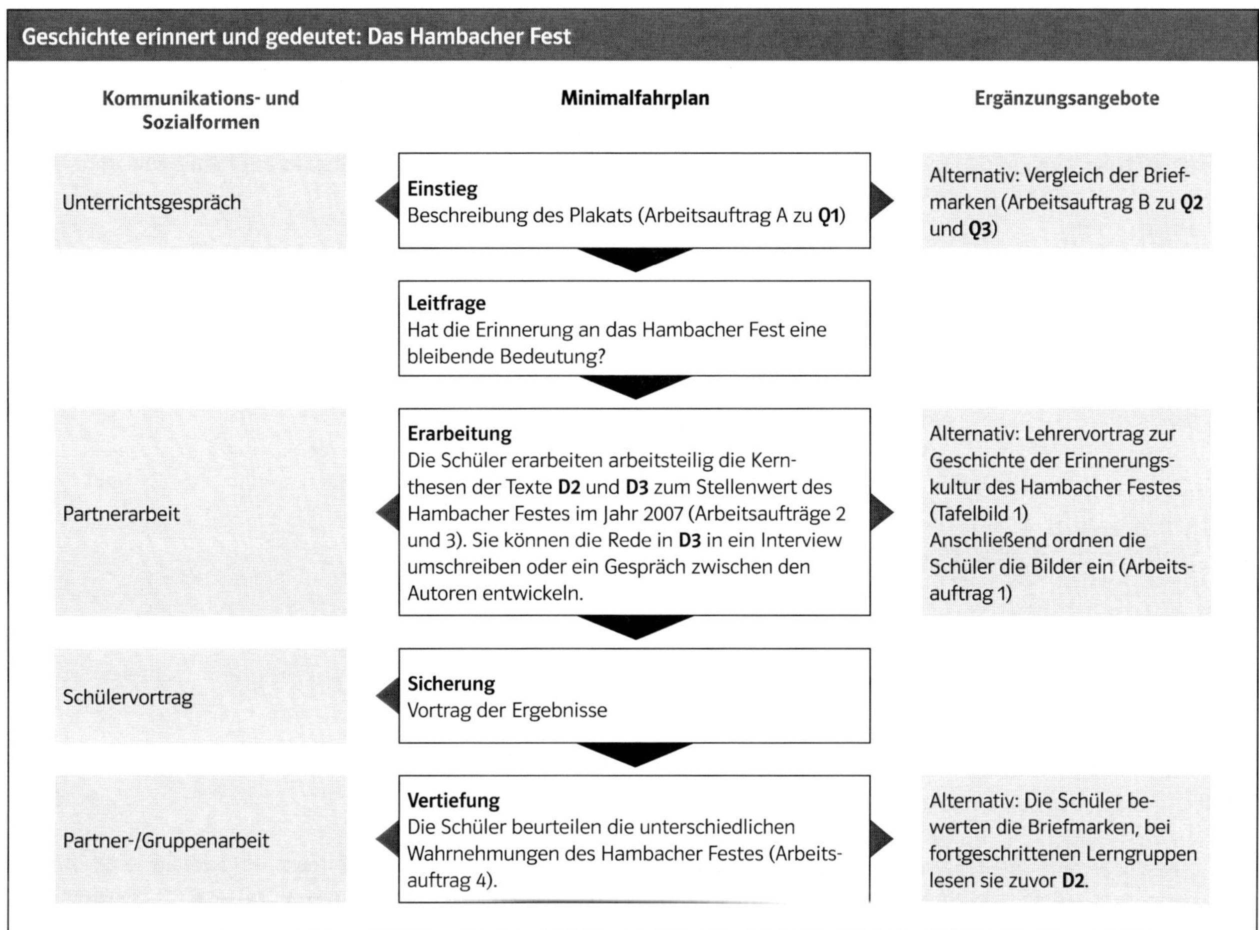

Geschichte erinnert und gedeutet: Das Hambacher Fest
Kommunikations- und Sozialformen
Minimalfahrplan
Ergänzungsangebote
Unterrichtsgespräch
Einstieg
Beschreibung des Plakats (Arbeitsauftrag A zu Q1)
Alternativ: Vergleich der Briefmarken (Arbeitsauftrag B zu Q2 und Q3)
Leitfrage
Hat die Erinnerung an das Hambacher Fest eine bleibende Bedeutung?
Partnerarbeit
Erarbeitung
Die Schüler erarbeiten arbeitsteilig die Kernthesen der Texte D2 und D3 zum Stellenwert des Hambacher Festes im Jahr 2007 (Arbeitsaufträge 2 und 3). Sie können die Rede in D3 in ein Interview umschreiben oder ein Gespräch zwischen den Autoren entwickeln.
Alternativ: Lehrervortrag zur Geschichte der Erinnerungskultur des Hambacher Festes (Tafelbild 1)
Anschließend ordnen die Schüler die Bilder ein (Arbeitsauftrag 1)
Schülervortrag
Sicherung
Vortrag der Ergebnisse
Partner-/Gruppenarbeit
Vertiefung
Die Schüler beurteilen die unterschiedlichen Wahrnehmungen des Hambacher Festes (Arbeitsauftrag 4).
Alternativ: Die Schüler bewerten die Briefmarken, bei fortgeschrittenen Lerngruppen lesen sie zuvor D2.

Zum Verfassertext und zu den Materialien

164–165

Q1 1932 organisierte zum ersten Mal keine Partei oder Organisation die Erinnerungsfeier, sondern eine Arbeitsgemeinschaft der pfälzischen Presse. Dennoch lud man den NS-nahen Münchner Historiker Karl Alexander von Müller ein und plakatierte Ankündigungen, die deutlich zeigten, dass das Hambacher Fest im Zeichen des Reichsadlers gefeiert werden sollte. Tatsächlich vertrat den erkrankten von Müller Theodor Heuss. Andere Vertreter des NS hielten sich fern, bezeichneten sie doch die Veranstaltung als „jüdisch-demokratischen Bluff". Der Plakattext lautet: „Gedenktag der deutschen Einheit und Freiheit. 28. Mai 1932 – Hambach – Neustadt a. d. Haardt. 4 Uhr: deutsche Kundgebung auf dem Hambacher Schloss. 8 Uhr: abends im Saalbau zu Neustadt an der Haardt. Hundertjahrfeier – Festakt. Sonderveranstaltungen Mai – August 1932. Historische Ausstellung – Kunstausstellung – pfälzischer Heimattag."

D1 Der Text stellt den Wandel der Erinnerungskultur dar. Zunächst dominierte der deutsche Einheits- und Nationalitätsgedanke die Veranstaltungen. Nach 1945 gedachte man des Festes als Meilenstein bzw. Wiege der Demokratie, siehe Tafelbild.

D2 Der 1936 geborene Historiker Hans Fenske, inzwischen emeritierter Professor, äußerte sich immer wieder zum Charakter und zur Geschichte des Hambacher Festes. Im Interview mit dem Bonner Generalanzeiger fand er ungewöhnlich klare Worte, indem er ausführte, dass das Hambacher Fest kein besonderer Anlass zum Feiern sei.

D3 Die Politikwissenschaftlerin Doris Ahnen, geboren 1964, Bildungs-, später Finanzministerin in Rheinland-Pfalz, vertrat im Unterschied zu Hans Fenske eine optimistische Sichtweise bezüglich des Erinnerungsortes Hambacher Fest. Ganz in der landespolitischen Tradition seit 1946/47 betonte sie den demokratischen Aufbruchscharakter von 1932 unkritisch.

Q2 Das 150-jährige Jubiläum des Hambacher Festes feierte man in Rheinland-Pfalz besonders aufwendig. Ganz in der rheinland-pfälzischen Nachkriegstradition betonte man den demokratischen Pioniergeist der vormärzlichen Feierlichkeiten. Um ein Höchstmaß an öffentlicher Aufmerksamkeit über das Bundesland hinaus zu erreichen, erschien am 15. Mai in einer Auflage von mehr als 100 Millionen Exemplaren die von Karl Oskar Blase entworfene Sonderbriefmarke.

Q3 Stärker als die Sonderbriefmarke zum 150. Jubiläum griff der Designer Johannes Graf auf die Gesamtansicht des von Erhard Brenzinger 1832 entworfenen Historiengemäldes zurück. Die Gesamtauflage überstieg die Exemplarzahl von 1982 um das Siebenfache.

164–165

Erläuterungen zu den Arbeitsaufträgen

A: Erkläre die Aussageabsicht des Plakats. [II]
Das Plakat wurde im Umfeld des Veranstaltungsortes der Feierlichkeiten aufgehängt, um zur Teilnahme an der Hundertjahrfeier des Hambacher Festes einzuladen. Gezielt stellte man das Fest in eine nationale Tradition, beachtete aber zugleich auch die regionale Tradition.

B: Untersuche die beiden Briefmarken und benenne Unterschiede. [II]
Beide Marken weisen auf den Jubiläumscharakter hin. Auf unterschiedliche Weise wird das Bild von Erhard Brenzinger verarbeitet. Die Marke von 1982 stellt den europäischen Zusammenhang des Hambacher Festes heraus, indem das Wort „Europa" sowie das Zeichen der europäischen Konferenz für Post- und Telekommunikationsverwaltung (CEPT) abgedruckt wird. 1982 konnte man Briefe, 2007 Großbriefe mit den Marken frankieren.

1. Untersuche, ob die Bildquellen mehr die nationale oder die demokratische Bedeutung des Hambacher Festes betonen (Q1–Q3). [II]
Betont das Plakat stärker den nationalen Charakter, so bieten die Briefmarken mehr Spielraum zur eigenen Interpretation. Ihr Charakter als bundesrepublikanische Sonderbriefmarken betont den demokratischen Aspekt.

2. Stelle die Argumente gegenüber, die aus Sicht Fenskes für und gegen die besondere Bedeutung des Hambacher Festes sprechen (D2). [II]
Einwände: Das Fest habe keine Auswirkungen auf die Demokratie gehabt, sei vielmehr ein Picknick gewesen, die Reden hätten floskelhaften Charakter besessen, häufig sei es politisch instrumentalisiert worden.
Pro-Argumente: Hambach sei ein lebendiger Mythos, ein Symbol für das demokratische Verständnis der „Bonner Republik".

3. Fasse die Gründe zusammen, die die Ministerin nennt, um die besondere Bedeutung des Festes zu begründen (D3). [I]
Das Hambacher Fest habe visionären Charakter besessen: die Forderung nach Freiheitsrechten und Volkssouveränität. Daneben zeichne es eine europäische Perspektive aus: Charakteristisch sei das Streben nach friedlichem Zusammenwirken von Polen, Frankreich und Deutschland.

4. Nimm Stellung zu den unterschiedlichen Urteilen über das Hambacher Fest (VT, D1–D3). [III]
Steht Ahnen in der Tradition der rheinland-pfälzischen Erinnerungskultur, so fällt Fenske ein nüchternes und ernüchterndes Urteil.

❺ Beurteile die Briefmarken aus Sicht des Historikers Fenske (D2, Q1, Q2). [III]
Fenske würde die Briefmarke aus dem Jahr 2007 gegenüber der Variante von 1982 betonen, greift diese doch die zeitgenössische Wahrnehmung stärker auf, während 25 Jahre zuvor die europäische Relevanz des Hambacher Festes stark betont wurde.

Tafelbild 1 3g7y5c

Das Hambacher Fest in der Erinnerung

1832: Das Hambacher Fest
1872: Das Hambacher Fest als Vorzeichen der deutschen Einheit und des königlichen Ruhms
1932: Das Hambacher Fest als Ereignis in der Pfalz
1946/47: Das Hambacher Fest als Meilenstein der Demokratie
1982: Das Hambacher Fest als Wiege der Demokratie
2007: Das Hambacher Fest als lebender Mythos oder Freiheitsfest?

1830 1850 1870 1890 1910 1930 1950 1970 1990 2010

Österreich oder Preußen – wer bestimmt über Deutschland?

166–168

Stundenvorschlag 88b3cz

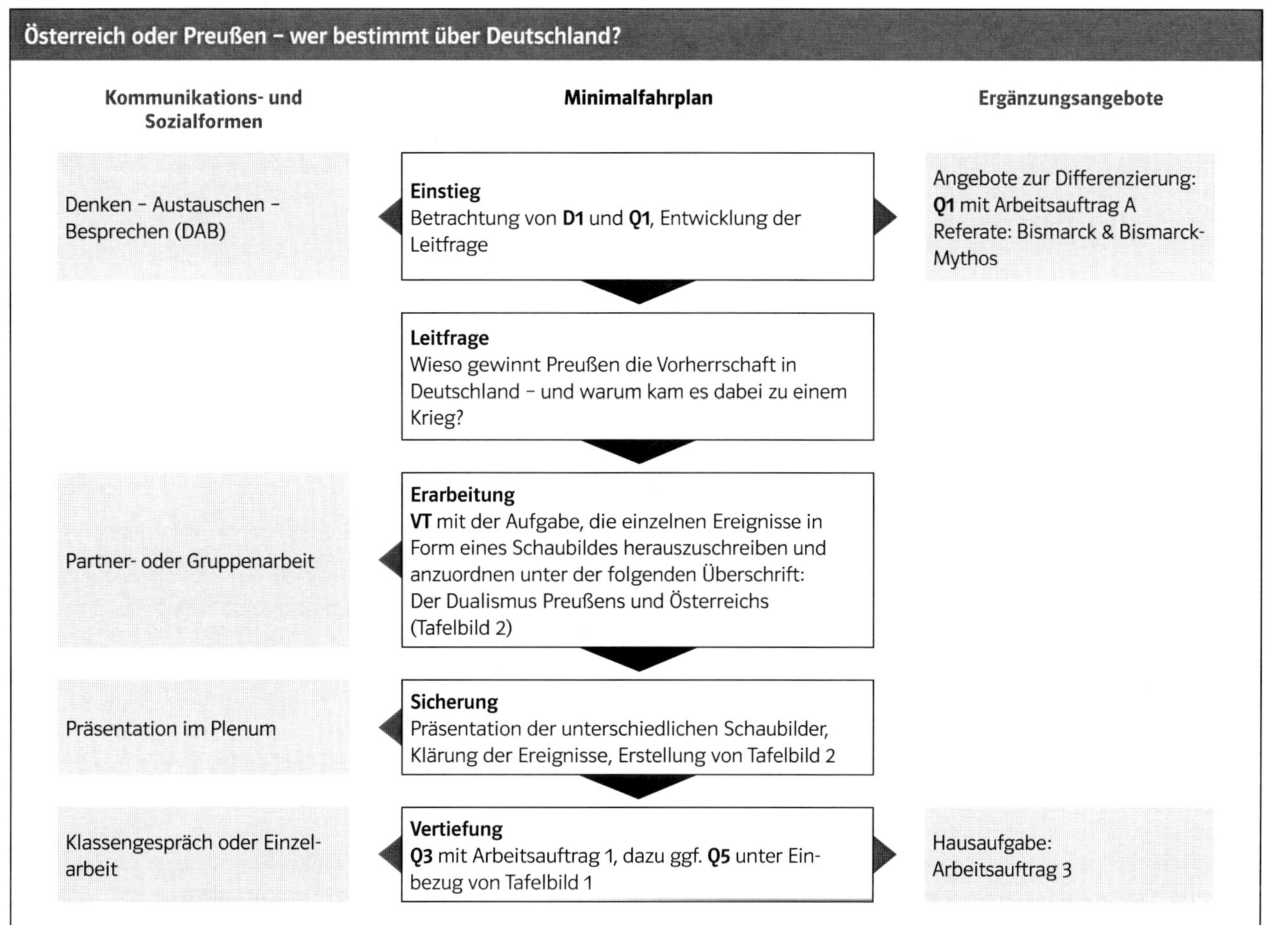

Österreich oder Preußen – wer bestimmt über Deutschland?
Kommunikations- und Sozialformen
Minimalfahrplan
Ergänzungsangebote
Denken – Austauschen – Besprechen (DAB)
Einstieg
Betrachtung von D1 und Q1, Entwicklung der Leitfrage
Angebote zur Differenzierung:
Q1 mit Arbeitsauftrag A
Referate: Bismarck & Bismarck-Mythos
Leitfrage
Wieso gewinnt Preußen die Vorherrschaft in Deutschland – und warum kam es dabei zu einem Krieg?
Partner- oder Gruppenarbeit
Erarbeitung
VT mit der Aufgabe, die einzelnen Ereignisse in Form eines Schaubildes herauszuschreiben und anzuordnen unter der folgenden Überschrift: Der Dualismus Preußens und Österreichs (Tafelbild 2)
Präsentation im Plenum
Sicherung
Präsentation der unterschiedlichen Schaubilder, Klärung der Ereignisse, Erstellung von Tafelbild 2
Klassengespräch oder Einzelarbeit
Vertiefung
Q3 mit Arbeitsauftrag 1, dazu ggf. Q5 unter Einbezug von Tafelbild 1
Hausaufgabe:
Arbeitsauftrag 3

Zum Verfassertext und zu den Materialien

166–168

Q2 Die Zahl der Fotografien – und Karikaturen – Bismarcks ist Legion. Hier wurde bewusst eine frühe Abbildung ausgewählt, um dem kanonischen Bild des alten, in Uniform auftretenden Kanzlers entgegenzuwirken. Auf dem Stahlstich trägt Bismarck Zivil. Bismarck hat die Entwicklung der Fotografie interessiert begleitet und sehr regelmäßig Porträtaufnahmen von sich und seiner Familie anfertigen lassen. Zur Zeit der Aufnahme war Bismarck preußischer Gesandter beim Deutschen Bundestag in Frankfurt (bis 1859). Interessant ist, dass Bismarck tatsächlich zunächst keine engere Bindung an das Militär entwickelt hat: Bismarck war „nur" Landwehroffizier und wurde 1866 von Wilhelm I. zum Generalmajor der Kavallerie ernannt. 1868 bekam Bismarck eine Ehrenstelle beim Magdeburger Kürassier-Regiment, dessen Chef er 1894 wurde. (Als junger Mann hatte sich Bismarck gegenüber den Eltern vehement gesträubt, Offizier zu werden, und noch vor seinem Wehrdienst als Einjähriger (1838) versuchte er, sich mit der Begründung „Muskelschwäche" zu drücken.)

Q3 Der berühmt-berüchtigte Redeausschnitt enthält Kerngedanken der außenpolitischen Linie Bismarcks und verdeutlicht, was der neue Ministerpräsident unter „Realpolitik" verstand. Tatsächlich war die Programmrede (und gleichzeitig die erste öffentliche Rede) des neu ernannten Ministerpräsidenten vor der Budgetkommission des preußischen Abgeordnetenhauses am 30. September 1862 ein völliger Fehlschlag: Bismarck war mit der Absicht gekommen, den Heereskonflikt zu entschärfen, und zeigte sogar als Friedenszeichen einen Olivenzweig. Entsprechend sind die einleitenden (hier nicht abgedruckten) Worte seiner Rede gemäßigt. Dann ließ er sich jedoch zu den (hier z.T. zitierten) Ausführungen zu den Methoden und Zielen seiner künftigen Deutschlandpolitik hinreißen. Liberale und Demokraten waren schockiert. Rudolf Virchow, Medizinprofessor und einer der Gründer der preußischen Fortschrittspartei, warf Bismarck vor, seine hochkonservativen innenpolitischen Ziele durch eine gewalttätige außenpolitische Machtpolitik durchsetzen zu wollen – ein Vorwurf, der sich in den folgenden Jahren durchaus zu bestätigen schien.

Q4 und Q5 Rudolf von Ihering (1818–1892) gehörte zu den führenden deutschen Juristen des 19. Jahrhunderts. Er hatte Professuren in Basel, Rostock, Kiel, Gießen, Wien und Göttingen inne. Während seiner Zeit in Wien (1868 bis 1872) wurde ihm vom österreichischen Kaiser ein erblicher Adelstitel verliehen. Diese Verbindung erklärt die antipreußische Position von 1866 – nicht jedoch den Meinungswechsel, der für große Teile des liberalen Bürgertums kennzeichnend wurde – spätestens nach dem Triumph über Frankreich 1871.

166–168

Erläuterungen zu den Arbeitsaufträgen

A: Liste die einzelnen Maßnahmen Bismarcks auf und notiere jeweils dazu, was ein Vertreter der Nationalbewegung davon gehalten haben könnte. [II]

Stichworte für mögliche Schülerlösungen:

Maßnahme	Reaktion/Gedanken
Finanzierung der Militärreform ohne Parlamentszustimmung	schlecht: Verfassungsbruch, Diktatur, Kampf gegen liberale Ideen
Krieg gegen Dänemark	gut: Verteidigung der Deutschen Nation
Krieg gegen Österreich	ganz schlecht: Bürger- und Bruderkrieg
Annexion vieler deutscher Staaten, z. B. Hannover	gut und schlecht: Verstoß gegen die Freiheit einzelner deutscher Länder, aber Weg zu einem gemeinsamen, einheitlichen Nationalstaat unter preußischer Führung
schneller Friedensschluss mit Österreich	sehr gut: Ende des „Bruderkrieges", Deutschland unter preußischer Führung

B: Analysiere das Gemälde mithilfe der methodischen Arbeitsschritte auf S. 228. Gehe dabei auf die Frage ein, welches Bild vom Krieg zum Ausdruck gebracht wird. [II]
Zentrale Aspekte für Schülerlösungen: Auf seinem großformatigen Bild betont Christian Sell gleichzeitig die (blutige!) Entscheidungsschlacht wie auch die aus den Erfolgen resultierende Verherrlichung der monarchisch-militärischen Führungsschichten Preußens, insbesondere des Königs und der Generäle. Auf dem Bild ist der preußische König als Sieger zu erkennen, als eindrucksvoller Reiter dargestellt, dazu jubelnde preußische Soldaten, aber auch besiegte und demoralisierte französische Soldaten. Faszination und Schrecken einer Schlacht werden so durch den Maler vereinigt – mit einer Betonung des preußischen Sieges.

C: Erläutere, wie sich die Machtverteilung in Deutschland in den Jahren 1866 und 1867 entwickelte. [II]
Anhand der Karte lässt sich nicht nur die territoriale Entwicklung Deutschlands bis zur kleindeutschen Lösung, sondern mithilfe der Gebietserwerbungen Preußens lassen sich auch die Möglichkeiten eines „Stopps"nachvollziehen: Preußen hätte sich auch auf Norddeutschland beschränken können; eine Option, die 1866 gar nicht unwahrscheinlich erschien. Insgesamt gewinnt Preußen eine Vormachtstellung in Norddeutschland, Österreich verliert an Einfluss und Süddeutschland rutscht in eine – hier grün eingefärbte – Zwischenposition. Aus der Karte geht auch hervor, dass Ungarn in Österreich an Selbstständigkeit gewinnt – Österreich damit weniger „deutsch" wird.

D: Vergleiche die Entwicklung mit den Zielen der Frankfurter Nationalversammlung. [III]
An die Stelle der ursprünglich geplanten großdeutschen Lösung der Nationalversammlung tritt eine kleindeutsche Lösung der deutschen Frage unter Führung Preußens. Der Ausschluss Österreichs hat gravierende Folgen für die weitere Geschichte, bis in die Gegenwart: Bayern ist heute Teil der Bundesrepublik, Österreich aber ein selbstständiger Staat, das hat seine Ursachen u. a. in den Jahren 1867 und 1871. Das entspricht durchaus den späten Zielen der Frankfurter Nationalversammlung, die mit Angebot der Kaiserkrone an Preußen 1849 den Ausschluss Österreichs schon akzeptiert hatte.

E: Arbeite heraus, wie der Zeichner Bismarcks Verhältnis zum Parlament bewertete. [II]
Der Zeichner stellt Bismarck übergroß dar, kräftig schwingt er eine Peitsche, die so dicht über die Köpfe der Abgeordneten schwingt, dass diese sich in ihren Bänken ducken müssen. Bismarck beherrscht damit das Parlament, die Abgeordneten wagen keinen Widerspruch.

1. Prüfe, wie Bismarcks Äußerungen über seine künftige Deutschlandpolitik auf Liberale und Demokraten gewirkt haben könnten (Q3). [III]
Offensichtlich ist der neue Ministerpräsident ein Kriegstreiber und ein finsterer Monarchist (Reaktionär), der alle liberalen Entwicklungen ablehnt und zurück zur Herrschaft der „Gewehrläufe" möchte. Eine Zusammenarbeit mit diesem Mann ist gar nicht möglich.

2. Erläutere, warum von Ihering einer „ungerechten Sache" den Sieg wünscht (Q4). [II]
Von Ihering benennt eindeutig Preußen als Verursacher des Krieges und stellt dabei insbesondere den Rechtsbruch und Verstöße gegen moralische Grundsätze heraus. Trotzdem wünscht er sich den Sieg Preußens, weil er nur unter preußischer Führung überhaupt eine Chance auf eine Einigung Deutschlands sieht – und diese wünscht er sich.

3. Diskutiert, warum es im Vergleich von Q4 mit Q6 zu einem Stimmungswandel bei von Ihering gekommen ist. [III]
Zentrale Aspekte für die Diskussion:
- Zwischen Q4 und Q6 liegt der preußische Sieg – dieser war schnell und wesentlich weniger blutig als befürchtet.
- Bismarck erwies sich nach dem Sieg von Königgrätz als friedensbereit und an einer Schonung Österreichs

orientiert, die Befürchtungen von Iherings auf eine Fortsetzung von Rechtsbrüchen und Verstößen gegen moralische Grundsätze trafen nicht zu.
- Von Ihrering wurde nach dem Sieg Preußens wahrscheinlich endgültig von den nationalen Hoffnungen auf ein geeintes, starkes Deutschland unter preußischer Führung erfasst.
- Ganz erklärlich ist der Wandel trotzdem nicht: Die in Q4 geäußerten Argumente gegen die preußische Politik bleiben ja bestehen – hinzukommen die rücksichtslosen Annexionen Preußens in Norddeutschland.

Tafelbild 1 f783xt

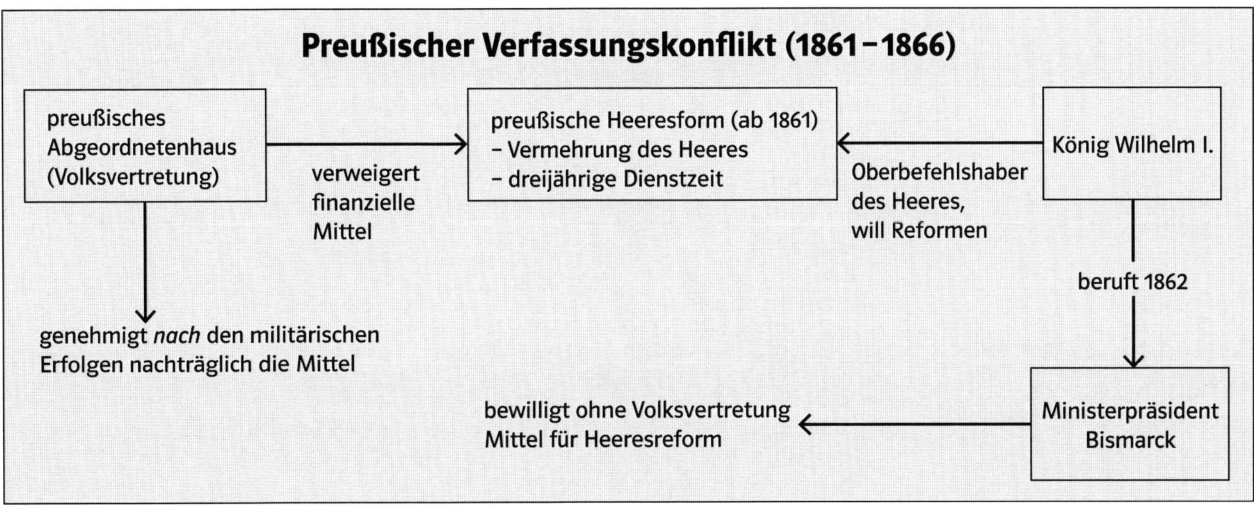

Tafelbild 2 2ay5wu

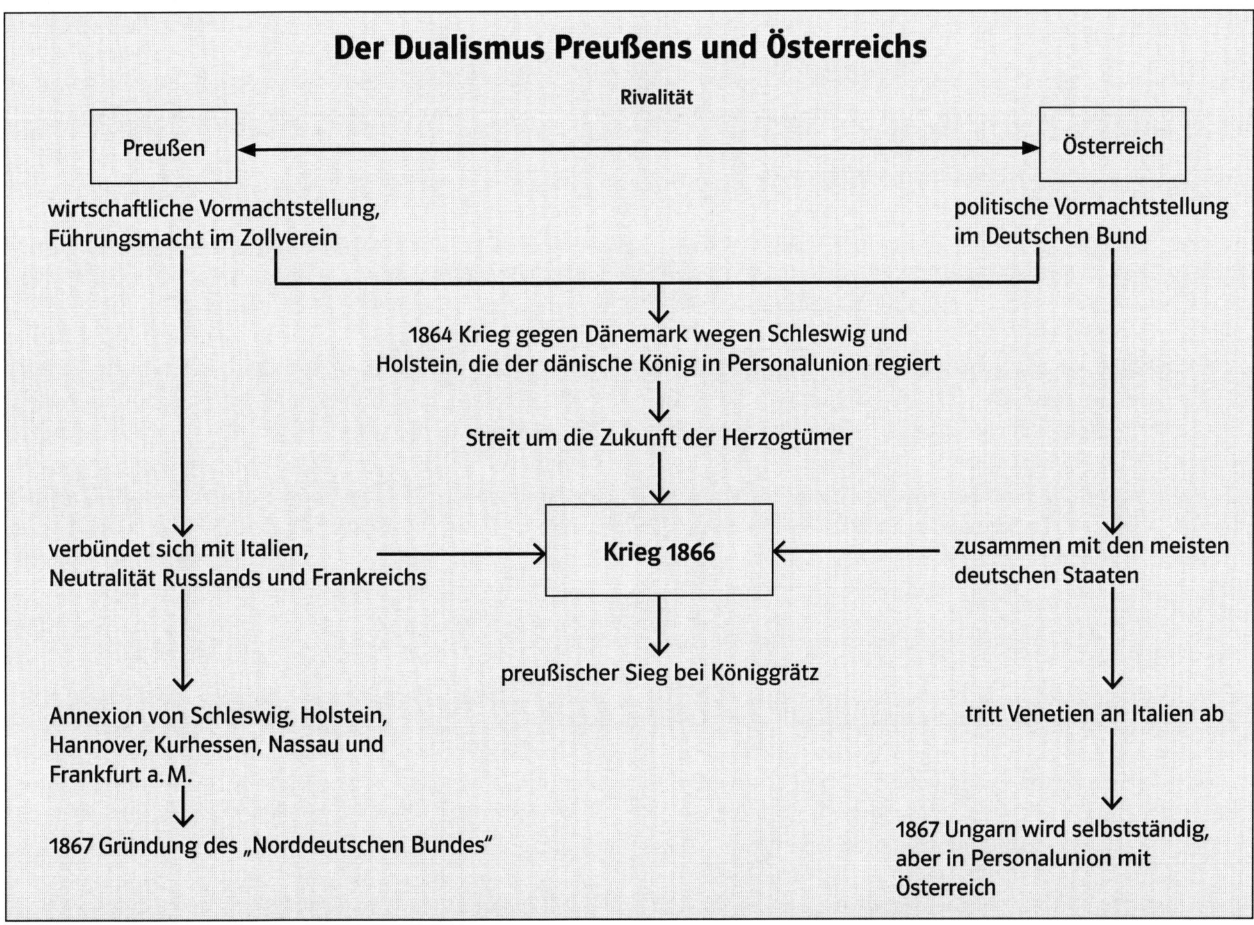

169–171

Das Deutsche Kaiserreich wird gegründet

Stundenvorschlag xi74td

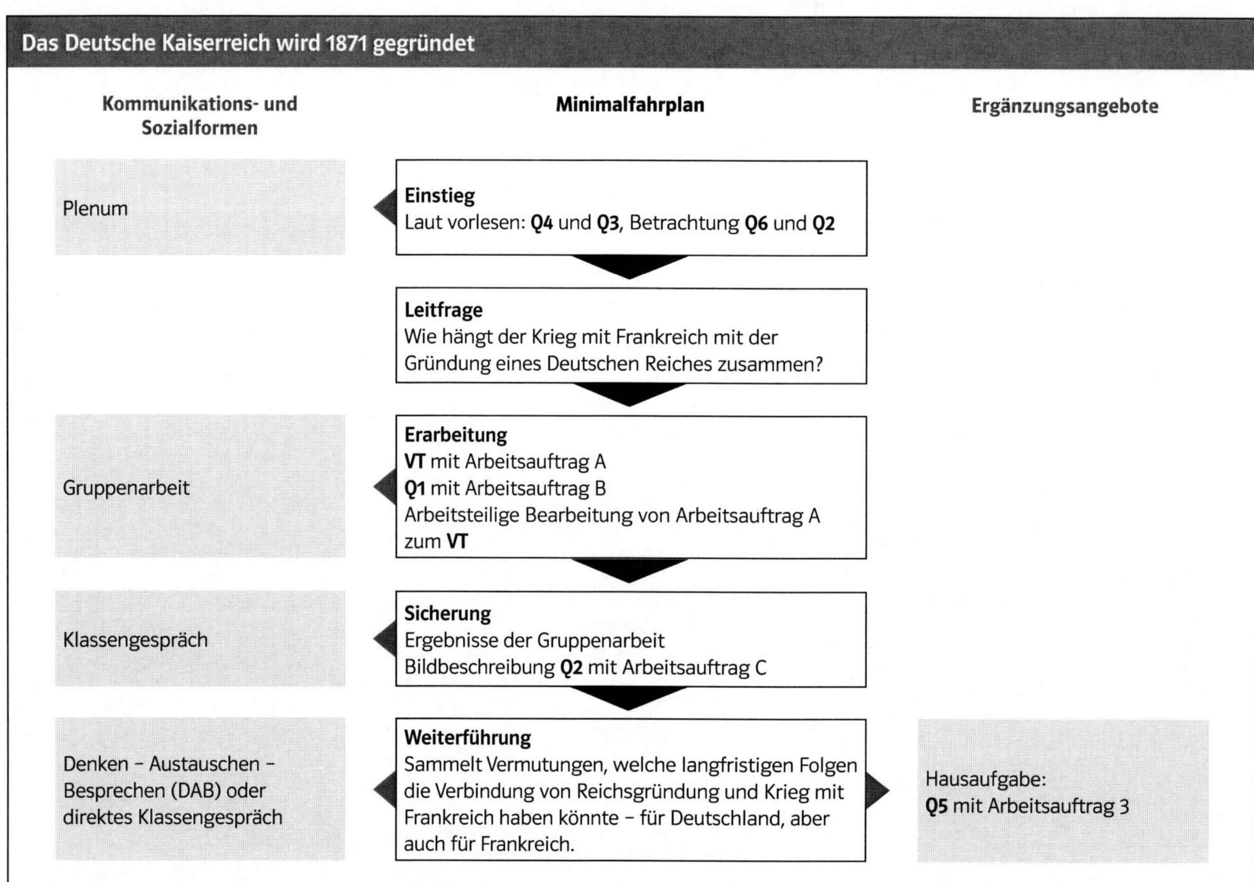

Das Deutsche Kaiserreich wird 1871 gegründet
Kommunikations- und Sozialformen
Minimalfahrplan
Ergänzungsangebote
Plenum
Einstieg
Laut vorlesen: Q4 und Q3, Betrachtung Q6 und Q2
Leitfrage
Wie hängt der Krieg mit Frankreich mit der Gründung eines Deutschen Reiches zusammen?
Gruppenarbeit
Erarbeitung
VT mit Arbeitsauftrag A
Q1 mit Arbeitsauftrag B
Arbeitsteilige Bearbeitung von Arbeitsauftrag A zum VT
Klassengespräch
Sicherung
Ergebnisse der Gruppenarbeit
Bildbeschreibung Q2 mit Arbeitsauftrag C
Denken – Austauschen – Besprechen (DAB) oder direktes Klassengespräch
Weiterführung
Sammelt Vermutungen, welche langfristigen Folgen die Verbindung von Reichsgründung und Krieg mit Frankreich haben könnte – für Deutschland, aber auch für Frankreich.
Hausaufgabe:
Q5 mit Arbeitsauftrag 3

169–171

Zum Verfassertext und zu den Materialien

VT 1867 wurden mit der Gründung des Norddeutschen Bundes die Weichen in Richtung der späteren kleindeutschen Lösung gestellt: Sicher war die weitere Entwicklung jedoch noch nicht. In den süddeutschen Staaten gab es eine starke Opposition gegenüber der neuen preußischen Hegemonie, und Frankreich betrieb eine offen antipreußische Politik, die sich gleichsam zu einem „kalten Krieg" entwickelte. Das überaus geschickte Agieren Bismarcks in der Frage der spanischen Kandidatur ist rückblickend ein diplomatisches Meisterstück – hätte aber bei einem rechtzeitigen Einhalten der französischen Regierung (also keine weitere Steigerung ihrer Forderungen) wahrscheinlich mit einer Zurechtweisung Preußens und damit als diplomatisches Fiasko geendet.
Für die politische Öffentlichkeit Europas war der Kriegsverlauf von 1870/71 überraschend: Erwartet wurde ein Sieg der traditionellen Großmacht Frankreich. Die nationale Begeisterung in Deutschland ermöglichte die Gründung des Deutschen Reiches. Diese erfolgte parallel zur letzten Phase der Kriegsführung und daher unter militärischen Vorzeichen. Die Bedeutung der Annexion von Elsass-Lothringen für die weitere Geschichte der deutsch-französischen Beziehungen ist in der historischen Forschung umstritten, festzuhalten bleibt, dass die militärische Niederlage von 1870/71 und die harten Friedensbedingungen von 1871 eine Normalisierung des deutsch-französischen Verhältnisses auf Jahrzehnte unmöglich machten.

Q3 Der Ausschnitt aus der berühmten Rede Disraelis über die „German Revolution" soll den Blick auf die Veränderung des europäischen Staatensystems durch die Art und Weise (Diplomatie, Stimmungen, Kriege) und die tatsächlichen Folgen der Reichsgründung richten: Die Quelle ermöglicht damit eine doppelte Perspektive. Einerseits kann die Entwicklung der deutschen Frage seit 1815 noch einmal in gesamteuropäischer Perspektive zusammengefasst und bewertet werden (einschließlich der Rolle des Deutschen Bundes, vgl. Q3, S. 142). Andererseits wird der Blick in die Zukunft gerichtet und damit fallen gleichsam erste Lichtstrahlen in das Dunkel der weiteren europäischen Geschichte Deutschlands. Die Prophetie der Quelle sollte jedoch nicht übermäßig strapaziert werden: Zum Zeitpunkt der Rede war Benjamin Disraeli konservativer Oppositionsführer im britischen Unterhaus. Entsprechend gehörte es zu seinem Handwerk, seinem politischen Gegner Gladstone Inkompetenz in der Außenpolitik vorzuwerfen. Unter dieser Perspektive darf Disraelis vielzitierte Anklage – trotz ihrer vermeintlich prophetischen Aussage – nicht zu schwer gewichtet werden. Hervorzuheben ist die (zeitgenössische) Warnung, die Disraeli ausspricht: Die Folgen der Reichsgründung für das europäische Mächtekonzert müssten begrenzt und durch die neue Macht in der Mitte Europas dauerhafte Stabilität hergestellt werden.

Q4 Hildegard Freifrau Hugo von Spitzemberg wurde am 20. Januar 1843 in Württemberg als Tochter des Rittergutsbesitzers Freiherr Varnbüler von und zu Hemmingen geboren, der von 1864 bis 1870 württembergischer Außenminister war. 1864 heiratete sie den Freiherrn Carl von Spitzemberg, der 1866 württembergischer Gesandter in Berlin wurde. Die Baronin hatte in Berlin, auch nach dem Tod ihres Mannes 1880, eine erstaunliche gesellschaftliche Stellung. So stattete Kaiser Wilhelm I. ihr jährlich einen Besuch ab; Kanzler, Minister, hohe Beamte, Offiziere und Reichstagsabgeordnete waren bei ihr zu Gast. Zu Bismarck und dessen Familie unterhielt sie freundschaftliche Beziehungen. Baronin Spitzembergs Tagebuch ist eine historische Quelle, die eine Innenansicht einer führenden Gesellschaftsgruppe ermöglicht. Sie starb am 30. Januar 1914.

Q5 Die Frage nach der Motivation Bismarcks für die Annexion Elsass-Lothringens wird bis heute in der Forschung intensiv diskutiert (siehe dazu z. B. die Untersuchungen von Frank Kolb). Festzuhalten bleibt, dass Bismarck die Risiken der Annexion für das zukünftige deutsch-französische Verhältnis klar gesehen hat, sich aber der nationalen Begeisterung anschloss (anschließen musste?) und lediglich mahnend darauf hinwies, dass die „Neudeutschen" sehr vorsichtig zu behandeln seien; insbesondere seien ihnen umfassende Freiheiten zu geben. Genau dieses gelang nicht: Elsass-Lothringen blieb als Reichsland bis kurz vor dem Ausbruch des Ersten Weltkrieges unter direkter Militärverwaltung.

Q6 Die Siegessäule wurde am dritten Jahrestag der Schlacht von Sedan als Nationaldenkmal der Einigungskriege eingeweiht. Sie erinnert an die drei siegreichen Einigungskriege. Sie besteht aus einem Sockel mit poliertem roten Granit und vier (vor 1938 nur drei) Säulentrommeln. 1938/39 wurde die Siegessäule vom Platz der Republik auf ihren heutigen Standort verschoben. Nach dem Zweiten Weltkrieg plädierte die französische Armee für eine Sprengung des Denkmals, konnte sich gegenüber den anderen Alliierten jedoch nicht durchsetzen.

Erläuterungen zu den Arbeitsaufträgen

169–171

A: Gestaltet Schlagzeilen für Zeitungen, die die Ereignisse vom Sommer 1870 bis zum Januar 1871 auf den Punkt bringen. Geht dabei arbeitsteilig vor: Eine Gruppe vertritt die deutsche, eine andere die französische Presse. [II]
Hier sind viele unterschiedliche Schlagzeilen denkbar, solange die Standortgebundenheit gewahrt bleibt. Die Schülerinnen und Schüler sollten gebeten werden, nicht nur plakative Schlagzeilen im Stil einer Boulevardzeitung, sondern auch komplexere und differenzierte Schlagzeilen zu entwickeln.
Mögliche Beispiele:
- Ein preußischer Prinz auf dem spanischen Thron! Wie kann Frankreich reagieren? (französische Presse gemäßigt)
- Ein Preuße besetzt den Thron in Spanien. Was tut unsere Regierung? (französische Presse radikal)
- Kaiserkrönung im Kriegsquartier. Welche Zukunft hat das neue Deutsche Reich? (deutsche Presse kritisch)
- Was für eine Geburt: eine Kaiserkrönung im Kanonendonner. (deutsche Presse begeistert)

(Korrekt wäre Kaiserausrufung, für die Schlagzeilen klingt Krönung aber besser und bringt es eher auf den Punkt.)

B: Beschreibe die Stimmung in Frankreich, die mit der Karikatur ausgedrückt wird. [II]
Die französische Stimmung ist düster: Viele Tote liegen auf dem Feld und der Sensenmann, der viele Seelen einsammeln konnte, grinst triumphierend den schlafenden Bismarck als Urheber des Totenfeldes an. Bismarck wird für den Krieg und dessen Tote verantwortlich gemacht – eine Selbstkritik des eigenen Verhaltens und der eigenen Verantwortung findet sich in der Karikatur nicht.

C: Beschreibe die dargestellte Szene. [II]
Ein junger preußischer Ulan zeigt den um einen Tisch in einer ländlichen Wohnstube versammelten alten und jungen Menschen ein Bildnis Kaiser Wilhelms I. Offensichtlich ist der Ulan gerade aus dem Frankreichfeldzug zurückgekehrt und seine Familie (?) hat sich versammelt, um diese Rückkehr zu feiern (festliche Kleidung der Menschen, Weinflaschen). Ein Mädchen bereitet sich darauf vor, das Bild des Kaisers mit einer Girlande zu schmücken. Zwei Jungen rollen, nicht beachtet von allen anderen, das Bild Napoleons III. von Frankreich zusammen. Ein weiterer Junge schlägt einen Nagel in die Wand: Der Kaiser soll neben dem Bild des Feldmarschalls von Blücher, Held der Befreiungskriege gegen Frankreich, hängen. Außerdem sind Bilder Friedrichs (des Großen) und Luthers zu erkennen.

D: Erläutere, welche Haltung zur Reichseinigung den Menschen anzumerken ist und mit welchen Mitteln der Künstler das ausgedrückt hat. [II]
Das Bild zeigt eine tiefempfundene, ernste Begeisterung und Freude der Menschen. Der Maler verdeutlicht, dass es (gerade?) die einfacheren Volksschichten sind, welche die nationale Begeisterung tragen. Die vielen Kinder in allen Altersstufen unterstreichen Zukunftshoffnungen.

E: Informiert euch mithilfe einer Internet- oder Buchrecherche über die wechselhafte Geschichte der Siegessäule. Schreibt diese in Form einer „Icherzählung". [III]
Mögliche „Etappen" der Icherzählung wären:
- Die Errichtung der Siegessäule nach dem Sieg über Frankreich unter Verwendung von erbeuteten französischen Kanonen. Aufstellung der Siegessäule vor dem neugebauten Reichstag als Parlament des Deutschen Reiches.

- Umsetzen der Siegessäule durch die Nationalsozialisten in den Tiergarten und Erhöhung zum Aussichtsturm.
- Versuch der französischen Besatzungsmacht nach 1945, die Siegessäule zu sprengen – aber Scheitern des Versuches an den anderen Alliierten (insbesondere Briten, Amerikaner), die keine zusätzlichen Spannungen erzeugen wollen.
- Neue Funktion der Siegessäule nach 1945: Nun ist es eine Berliner Landmarke, von der aus Touristen einen Blick über den Tiergarten und Berlin-Mitte gewinnen können – der Sieg über Frankreich wird kaum noch wahrgenommen.

1. Fasse den Aufbau der europäischen Staatenwelt auf dem Wiener Kongress zusammen (Karte S. 137). [I]
Zentrale Aspekte von Schülerlösungen:
- Gleichgewicht zwischen den Großmächten, um Vorherrschaft einzelner Staaten und Kriege zu vermeiden.
- Weitgehende Neutralisierung der Mitte Europas: Hier entsteht der Deutsche Bund, der verteidigungsstark ist (zwei Großmächte!), aber nicht angriffsfähig ist.
- Russland und England garantieren als Flügelmächte die Stabilität der Friedensordnung, Kriege werden möglichst vermieden, wenn es zu Machtverschiebungen kommt, dann wird der Machtgewinn einzelner Staaten durch Kompensationen für die anderen ausgeglichen
- Frankreich ist besiegt worden, wird aber als gleichberechtigtes Mitglied der europäischen Staatenordnung wieder akzeptiert und auch nicht erniedrigt.

2. Erläutere, wovor Disraeli warnt (Q3). [II]
Disraeli warnt vor den Folgen der Zerstörung des Gleichgewichtes in Europa. Damit bezieht er sich auf die Gründung des Deutschen Reiches. Die Mitte Europas ist nunmehr kein lockerer Staatenbund mehr, sondern wird durch einen machtvollen Nationalstaat besetzt. Damit beginnt für Disraeli ein neuer Abschnitt der europäischen Gleichgewichtspolitik, mit neuen Herausforderungen für die englische Politik, die immer das Ziel eines Gleichgewichts der Mächte hatte, um die britische Handlungsfreiheit zu erhalten.

3. Nenne die Gründe, die Bismarck für die Annexion angibt und antworte ihm aus französischer Sicht (Q5). [II]
Bismarck begründet die Notwendigkeit der Annexion aus den zurückliegenden und wiederholten Angriffen Frankreichs auf Deutschland. Nur durch die Inbesitznahme der Grenzländer mit ihren starken Festungen sei eine zukünftige Sicherheit vor einer französischen Aggression zu gewinnen. Aus französischer Sicht ist diese Argumentation sehr negativ: Wie kann denn das Verhältnis zukünftig besser werden, wenn nun Frankreich eigenes Staatsgebiet an Deutschland verliert und natürlich das Ziel haben muss, dieses Gebiet zukünftig wiederzugewinnen. Damit wird gerade nicht die Sicherheit erzeugt, die Bismarck ja gewinnen wollte.
Damit könnte eine Antwort aus französischer Sicht darauf abzielen, dass Bismarck von der Vergangenheit auf die Zukunft schließe und dadurch eine Wiederholung der Vergangenheit geradezu provoziere. Eine erneute Auseinandersetzung zwischen Deutschland und Frankreich werde so zwangsläufig – bei einem Verzicht auf die Annexion wäre dagegen vielleicht eine friedliche Zukunft möglich gewesen.

4. Erkläre, warum die Baronin – trotz der Begeisterung über die Reichsgründung – auch Befürchtungen für die Zukunft Deutschlands hat (Q4). [II]
Die Baronin betont die geistige Führungsrolle Deutschlands und die Verantwortung für eine friedliche und zivilisatorische Zukunft Europas: Der Baronin ist offensichtlich die kriegerische Reichsgründung nicht ganz geheuer. Hinzu kommt, dass ihr als guter Christin (vgl. Z. 19-20) Demut vor dem Auf und Ab des Lebens geläufig ist und Hochmut vor dem Fall kommt. Für Deutschland kann es auch wieder sehr viel schlechter kommen.

❺ Sollte man Straßen, die nach Schlachten des Deutsch-Französischen Krieges benannt sind, heute umbenennen? Nimm Stellung zu der Frage. [III]
Zentrale Argumente für eine Umbenennung:
- Wir sehen den Sieg von 1871 heute viel kritischer und stehen nicht mehr hinter den Benennungen.
- Die französisch-deutsche Freundschaft wird durch die alten Bezeichnungen belastet.
- Nach Schlachten sollten heute keine Straßen mehr benannt werden.

Zentrale Argumente gegen eine Umbenennung:
- Die Benennungen stehen für ein Geschichtsbild der Vergangenheit. Über dieses soll diskutiert und nachgedacht werden – es soll nicht ausgetilgt werden.
- Wir können uns heute nicht anmaßen, alles nach unseren heutigen Vorstellungen zu verändern, und sollten auch Respekt vor den Entscheidungen unserer Vorfahren haben.
- Gerade die Benennung nach den Schlachten zeigt, wie wichtig die heutige Freundschaft zu Frankreich ist und stärkt diese daher dauerhaft!

Tafelbild 1 58jx5a

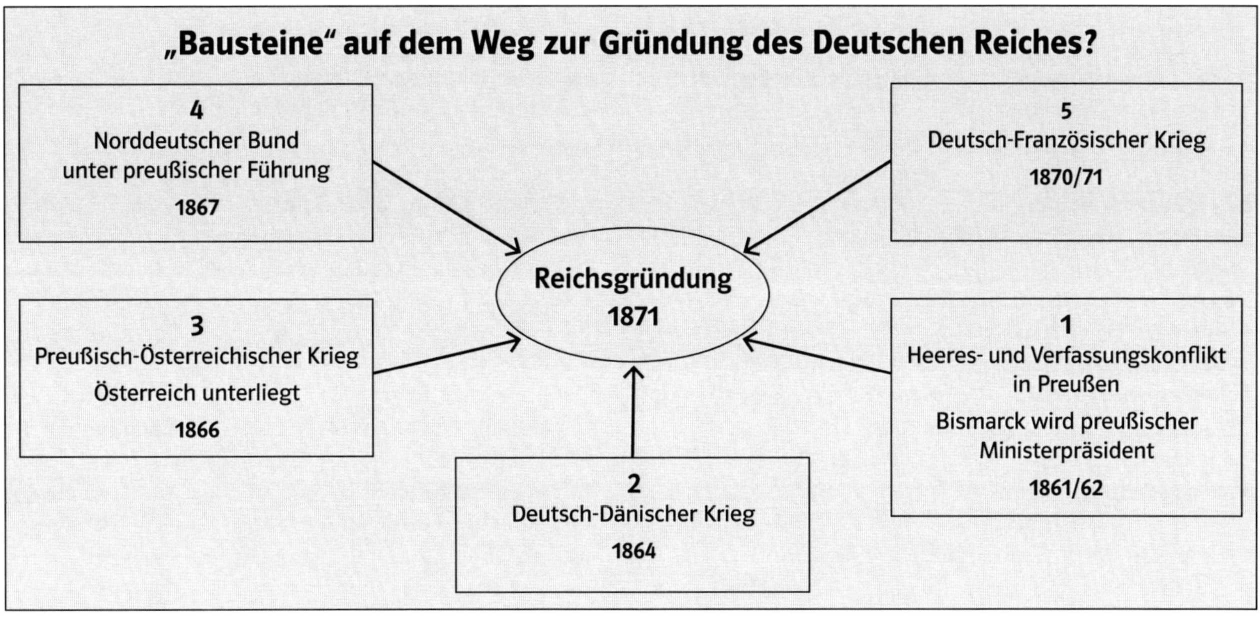
„Bausteine" auf dem Weg zur Gründung des Deutschen Reiches?
4
Norddeutscher Bund
unter preußischer Führung
1867
5
Deutsch-Französischer Krieg
1870/71
Reichsgründung
1871
3
Preußisch-Österreichischer Krieg
Österreich unterliegt
1866
1
Heeres- und Verfassungskonflikt
in Preußen
Bismarck wird preußischer
Ministerpräsident
1861/62
2
Deutsch-Dänischer Krieg
1864

Wiederholen und Anwenden

1. Zusammenhänge herstellen: Begriffe und Namen zuordnen (Sachkompetenz)
Überlege, welche zwei Begriffe oder Namen jeweils inhaltlich zusammengehören. Begründe in wenigen Sätzen ihren Zusammenhang. [II]
Wiener Kongress – Neuordnung Europas;
Frankfurt – Deutscher Bund;
Wartburgfest – Burschenschaften;
Hambacher Fest – Schwarz-Rot-Gold;
Hoffmann von Fallersleben – Nationalhymne;
Unterdrückung/Zensur – Karlsbader Beschlüsse;
Paulskirche – Nationalversammlung;
Deutsche Kaiserkrone – Friedrich Wilhelm IV.;
Reichsgründung – Bismarck.

Wiener Kongress – Neuordnung Europas;
Auf dem Wiener Kongress wurde Europa neu geordnet.
Frankfurt – Deutscher Bund;
Frankfurt war Versammlungsort des Bundestages.
Wartburgfest – Burschenschaften;
Auf dem Wartburgfest versammelten sich die Burschenschaften.
Hambacher Fest – Schwarz-Rot-Gold;
Auf dem Hambacher Fest wurde die schwarz-rot-goldene Fahne mitgeführt.
Hoffmann von Fallersleben – Nationalhymne;
Er komponierte die heutige Nationalhymne.
Unterdrückung/Zensur – Karlsbader Beschlüsse;
Die Karlsbader Beschlüsse führten eine Zensur und Unterdrückungsmaßnahmen (gegen die Studentenbewegung) ein.
Paulskirche – Nationalversammlung;
In der Paulskirche tagte die Nationalversammlung.
Deutsche Kaiserkrone – Friedrich Wilhelm IV.;
Friedrich Wilhelm IV. lehnte die ihm angebotene Kaiserkrone 1849 ab.
Reichsgründung – Bismarck.
Bismarck gelang 1871 die Reichsgründung.

2. Lücken füllen: wichtige Ereignisse zeitlich einordnen (Sachkompetenz)
Wähle zu jedem Satz das richtige Datum aus und schreibe den Buchstaben, der in Klammern steht, in dein Heft. Wenn du alles richtig hast, ergeben die Buchstaben in der Reihenfolge ein dir bekanntes Wort. [I]
Das Lösungswort lautet (die Buchstaben in der Reihenfolge der Aufgabenteile 1 bis 9): PARLAMENT.

3. Eine Karikatur untersuchen: Die Haltung des preußischen Königs in der Revolution 1848/49 (Sachkompetenz, Methodenkompetenz, Urteilskompetenz)
Beschreibe die Karikatur Q1, deute ihren Inhalt und ordne ihre Aussage in den geschichtlichen Zusammenhang dieses Kapitels ein. [III]
Unter der Überschrift „Andere Zeiten – andere Sitten" wird der preußische König zweimal dargestellt: Auf dem ersten Bild verneigt er sich, auf einem Balkon stehend, vor den versammelten Bürgern. Dazu nimmt er sogar seine Pickelhaube ab. Auf dem zweiten Bild dagegen steht er selbstbewusst vor den Bürgern, die sich nunmehr verneigen müssen. Er steht auch nicht mehr auf einem Balkon, sondern auf auf einem Thron. Die Karikatur zeigt die Veränderung im Verhalten des preußischen Königs während der Revolution von 1848/49: Als die Revolutionäre stark waren, gab der König nach und unterwarf sich deren Forderungen, sobald aber die konservativen Kräfte wieder erstarkt waren, nahm er wieder seine alte Haltung ein und beendete sein – so muss man es wohl nennen – Täuschungsmanöver.

4. Ein Lied als historische Quelle nutzen: „Das Badische Wiegenlied" (Sachkompetenz, Methodenkompetenz, Urteilskompetenz)
Untersuche den Liedtext Q3 auf seine politischen Botschaften und Forderungen. Ordne das Lied in den geschichtlichen Zusammenhang ein. [II]
Der Text des Liedes bezieht sich auf die gewaltsame Unterdrückung des badischen Aufstandes durch preußische Truppen (im Auftrag des wiederhergestellten Deutschen Bundes). Die Revolutionäre in Baden standen in Verbindung mit den radikalen Kräften in der Frankfurter Nationalversammlung, die eine tief greifende Revolution in Deutschland nach dem französischen Vorbild von 1789 anstrebten. Das Lied entstand als Folge des brutalen Vorgehens der preußischen Armee in Baden. Durch seine harmlose Melodie (Schlaflied!) konnte es gesummt werden, ohne dass die Obrigkeit es verbieten konnte.

5. Eine Diskussion gestalten: Die Gründung des deutschen Nationalstaates (Sachkompetenz, Urteilskompetenz, Kommunikationskompetenz)
Fünf Damen und Herren kommen kurz nach der Reichsgründung im Januar 1871 in einem Berliner Kaffeehaus ins Gespräch. Sie diskutieren darüber, ob nun wirklich die jahrzehntealten Wünsche der Deutschen nach einem Nationalstaat in Erfüllung gegangen sind. Gestaltet die Diskussion nach. Benutzt dazu die Rollenkarten. [III]
Mögliche Rollenkarten:
- R1: Ein konservativer preußischer Offizier. Dieser trauert dem alten Preußen hinterher und findet das neue Reich viel zu modern und nationalistisch.
- R2: Ein machtvoller preußischer Beamter. Das neue Reich unter preußischer Führung ist genau das, was er sich wünscht. Nun kann Deutschland selbstbewusst in der Welt auftreten, als Nationalstaat wie Frankreich oder England.
- R3: Ein Liberaler. Das neue Reich ist als deutscher Nationalstaat positiv, muss aber nun im Inneren modernisiert werden. Dazu gehört auch eine Stärkung des Parlamentes, wie in Frankreich oder England.
- R4: Eine Frauenrechtlerin. Wann kommt denn nun endlich eine Gleichberechtigung der Frauen? Es kann doch nicht immer nur um die nationale Machtpolitik nach außen gehen. Für die Frauenrechte setzt sich niemand ein.
- R5: Eine Friedensaktivistin. Es muss endlich ein Ende mit den vielen Kriegen haben. Wir brauchen eine neue Friedensordnung und eine Aussöhnung mit Frankreich – auch wenn wir dafür unsere eroberten Gebiete wieder abgeben müssen.

6 Industrialisierung und soziale Frage

174–211

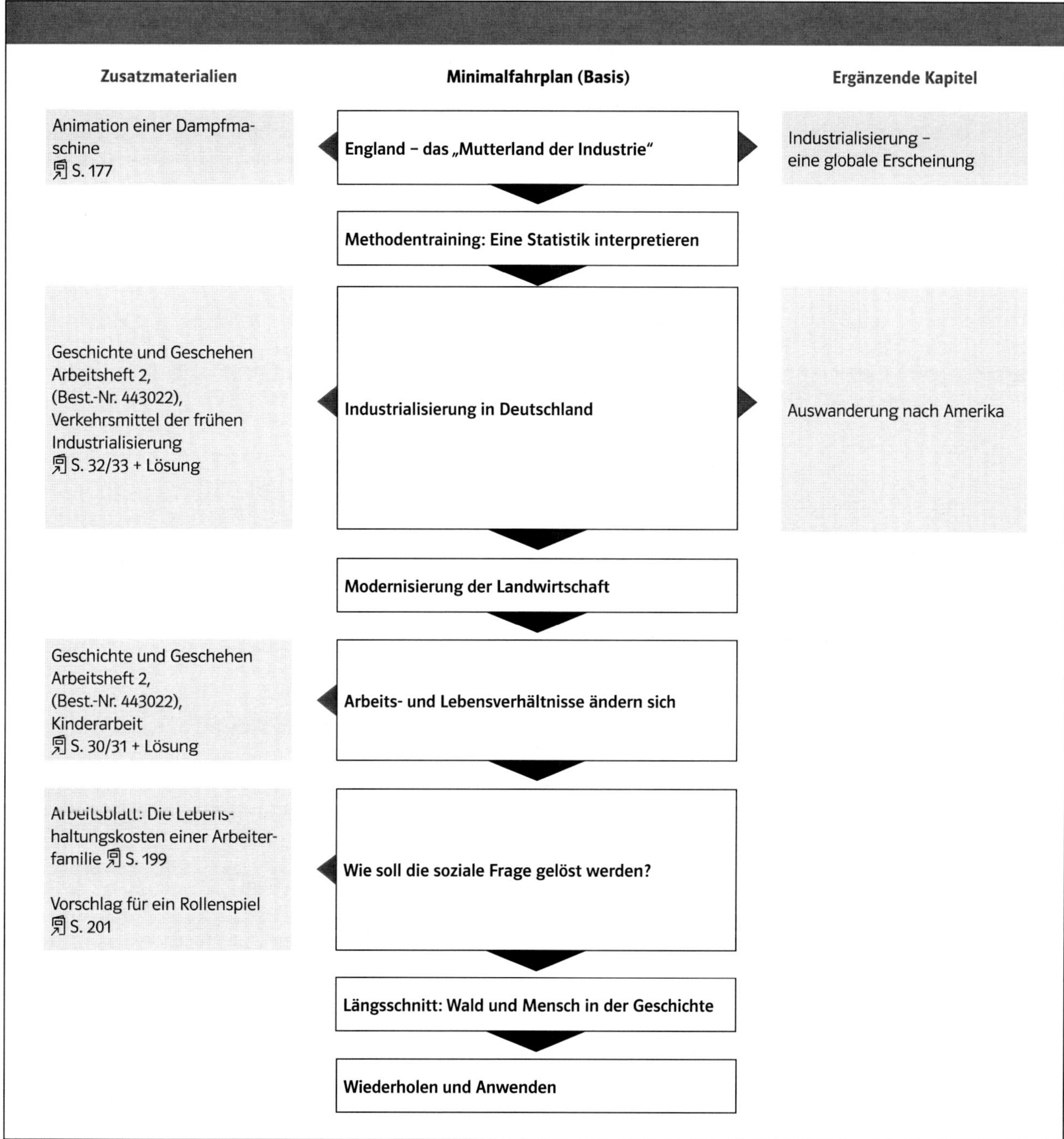

Zusatzmaterialien
Minimalfahrplan (Basis)
Ergänzende Kapitel
Animation einer Dampfmaschine S. 177
England – das „Mutterland der Industrie"
Industrialisierung – eine globale Erscheinung
Methodentraining: Eine Statistik interpretieren
Geschichte und Geschehen Arbeitsheft 2, (Best.-Nr. 443022), Verkehrsmittel der frühen Industrialisierung S. 32/33 + Lösung
Industrialisierung in Deutschland
Auswanderung nach Amerika
Modernisierung der Landwirtschaft
Geschichte und Geschehen Arbeitsheft 2, (Best.-Nr. 443022), Kinderarbeit S. 30/31 + Lösung
Arbeits- und Lebensverhältnisse ändern sich
Arbeitsblatt: Die Lebenshaltungskosten einer Arbeiterfamilie S. 199
Vorschlag für ein Rollenspiel S. 201
Wie soll die soziale Frage gelöst werden?
Längsschnitt: Wald und Mensch in der Geschichte
Wiederholen und Anwenden

Kompetenzziele

Fachkompetenz

Die Schülerinnen und Schüler
- wissen, dass sich die Industrialisierung von England aus über Europa und die USA bis nach Japan ausgebreitet hat;
- wissen, dass sich in Deutschland im letzten Drittel des 19. Jahrhunderts industriell und großstädtisch geprägte Regionen herausgebildet haben;
- wissen, dass die Industrialisierung gewohnte Lebenswelten grundlegend veränderte;
- können in einem Längsschnitt durch verschiedene Epochen die Veränderungen im Verhältnis zwischen Mensch und Natur erläutern;
- kennen wichtige Ereignisse, Personen und Erfindungen der Industrialisierung;
- können Entstehung und Wandel neuer und alter gesellschaftlicher Gruppierungen im 19. Jahrhundert analysieren;
- können das gegenseitige Abhängigkeitsverhältnis von wirtschaftlicher und gesellschaftlicher Entwicklung untersuchen;
- verstehen ausgewählte Denkrichtungen in Grundzügen und geben diese angemessen wieder.

Methodenkompetenz

Die Schülerinnen und Schüler
- können die gesellschaftlichen Entwicklungen anhand von Statistiken und Grafiken deuten;
- vertiefen ihre Analysefähigkeit an Text- und Bildquellen im Hinblick auf Wirkung und Folgen der Industrialisierung;
- vergleichen Erfindungen hinsichtlich ihrer Bedeutung für den technischen Fortschritt;
- können die Menschen- und Gesellschaftsbilder moderner Ideologien charakterisieren und vergleichen.

Kommunikationskompetenz

Die Schülerinnen und Schüler
- kennen und verwenden folgende Begriffe korrekt: Manufaktur, Fabrik, Mechanisierung, Arbeitsteilung, Industrialisierung, Arbeiterbewegung, Bourgeoisie, Deutscher Zollverein, Dividende, freie Marktwirtschaft, Marxismus, Gewerkschaften, Ideologie, Industrialisierung, Kapitalist, Proletariat, Urbanisierung;
- übernehmen aus den Materialien verschiedene Perspektiven zur Industrialisierung;
- präsentieren die gesellschaftlichen Entwicklungen anhand von Statistiken und Grafiken;
- recherchieren im Internet die Geschichte regionaler Firmen zur Zeit der Industrialisierung.

Urteilskompetenz

Die Schülerinnen und Schüler
- können den Begriff „soziale Frage“ und die mit ihm verbundenen Lösungsansätze erläutern und bewerten;
- demonstrieren die Subjektivität von Wahrnehmungen in standortgebundenen Äußerungen zur sozialen Frage;
- können die Folgen wirtschaftlicher Entwicklungen für das menschliche Zusammenleben beurteilen;
- können die Industrialisierung in ihrer Bedeutung für die Gegenwart einschätzen;
- können auf der Basis beispielhafter schriftlicher Quellen unterschiedliche ideologische Positionen zuordnen;
- entwickeln Verständnis für den epochenabhängigen Umgang des Menschen mit der Natur.

Zur Orientierungsseite

Den Elementen dieser Doppelseite können die Schülerinnen und Schüler folgende wichtige Informationen entnehmen, die Fragen provozieren können:
- Die Karte zeigt die Industrialisierungsgebiete Europas um die Mitte des 19. Jahrhunderts. Dabei beschränkt sie sich auf die ersten beiden Sektoren der Industrialisierung, die Textilwirtschaft sowie die Eisen- und Stahlwirtschaft. Zu unterscheiden sind Regionen der Textilindustrie und der Eisen- und Stahlproduktion, während weite Teile Europas noch agrarisch und handwerklich geprägt sind. Industrialisierung konzentriert sich vor allem in Großbritannien und in Mitteleuropa (Eisenindustrie vorrangig in Nordfrankreich, Belgien und dem westlichen sowie dem sächsischen und schlesischen Teil des Deutschen Bundes).
- Die Zeitleiste erweitert die Informationen der Karte durch Nennung politischer Ereignisse sowie durch Daten aus der zweiten Hälfte des 19. Jahrhunderts.
- Die Bildleiste erzeugt am Beispiel Berlins eine kognitive Spannung: einerseits die Modernisierung des Alltagslebens und andererseits das Wohnungselend der unteren Bevölkerungsschichten. Die Stadtansicht von Mainz bietet die Möglichkeit, die Diskrepanz zwischen Tradition und Moderne, aber auch zwischen Chancen und Problemen der Industrialisierung zu thematisieren.

England – das „Mutterland der Industrie“

176–179

Stundenvorschlag 6zk53s

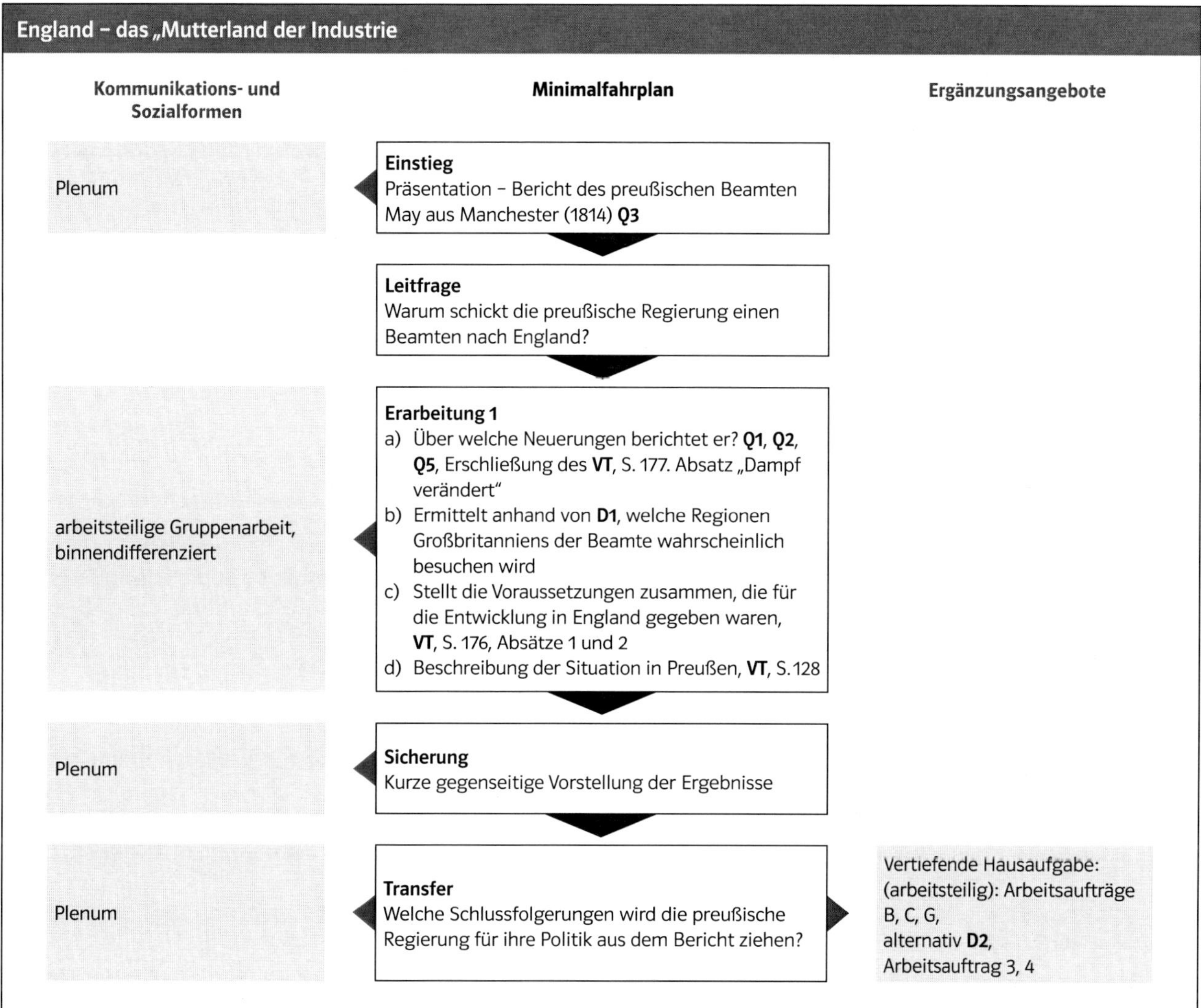

England – das „Mutterland der Industrie“
Kommunikations- und Sozialformen
Minimalfahrplan
Ergänzungsangebote
Plenum
Einstieg
Präsentation – Bericht des preußischen Beamten May aus Manchester (1814) **Q3**
Leitfrage
Warum schickt die preußische Regierung einen Beamten nach England?
arbeitsteilige Gruppenarbeit, binnendifferenziert
Erarbeitung 1
a) Über welche Neuerungen berichtet er? **Q1**, **Q2**, **Q5**, Erschließung des **VT**, S. 177. Absatz „Dampf verändert“
b) Ermittelt anhand von **D1**, welche Regionen Großbritanniens der Beamte wahrscheinlich besuchen wird
c) Stellt die Voraussetzungen zusammen, die für die Entwicklung in England gegeben waren, **VT**, S. 176, Absätze 1 und 2
d) Beschreibung der Situation in Preußen, **VT**, S. 128
Plenum
Sicherung
Kurze gegenseitige Vorstellung der Ergebnisse
Plenum
Transfer
Welche Schlussfolgerungen wird die preußische Regierung für ihre Politik aus dem Bericht ziehen?
Vertiefende Hausaufgabe: (arbeitsteilig): Arbeitsaufträge B, C, G, alternativ **D2**, Arbeitsauftrag 3, 4

Erläuterungen zu den Arbeitsaufträgen

176–179

A: Schreibe in eine Tabelle, welche Ursachen zum wirtschaftlichen Erfolg Großbritanniens beitrugen. [I]

Neuerungen	**Auswirkungen**
Landwirtschaft: Zusammenlegung von Ackerflächen, Fruchtwechsel, Düngung, moderne Geräte	Ertragssteigerung, Sicherung der Ernährungsgrundlage für wachsende Bevölkerung; Überschüsse werden auch in anderen Wirtschaftsbereichen reinvestiert.
Auflösung der mittelalterlichen Ständegesellschaft	Öffnung der Wirtschaft als Betätigungsfeld für alle (Adel und Bürgertum)
Der Staat sorgt nur noch für die Rahmenbedingungen des Wirtschaftens und baut Hemmnisse ab. (A. Smith)	volkswirtschaftliche Gewinnsteigerung, Hebung des Wohlstandes
neue Maschinen: Dampfmaschine, Spinnmaschine und mechanischer Webstuhl	Produktivitätssteigerung, Exportüberschuss

B: Du bist Hersteller der abgebildeten Spinnmaschine und möchtest diese an Garnproduzenten verkaufen. Schreibe einen Werbetext. [II]
Der Stahlstich entstand 72 Jahre nach Erfindung der ersten Spinning Jenny. Das gezeigte Modell verfügt über eine große Anzahl von Spindeln, ohne dass eine Zählung die Anzahl unzweifelhaft festlegen kann. Um unnötige Diskussionen zu vermeiden, sollte eine bestimmte Anzahl von Argumenten für die Aufgabenlösung festgelegt werden. Denkbar ist es, dass folgende Vorteile genannt werden müssen: Eine Arbeiterin kann ebenso viel spinnen wie acht Spinnerinnen in Handarbeit; das gesponnene Garn ist gleichmäßig und von gleichbleibender Qualität; es handelt sich um eine einmalige Anschaffung; die Maschine ist zuverlässiger als der Mensch.

C: Ein Textilfabrikant ist in deine Weberei gekommen. Du zeigst ihm deine Fabrikanlage und willst ihn davon überzeugen, dass du genau der Richtige bist, der ihm den zur Kleiderherstellung benötigten Stoff liefern kann. Schreibe auf, was du ihm sagen würdest. [II]
Folgende Argumente sind anzuführen: keine Wege mehr zu den Heimarbeitern; Maschinen produzieren in gleichbleibender Qualität, viele Maschinen können auf engem Raum untergebracht werden; der Antrieb des Webstuhls über Dampfmaschine und Transmissionsriemen ist zuverlässig und ermüdet nicht; Produktivitätssteigerung, weil die Maschine schneller webt als ein Weber; keine Auseinandersetzungen mit Webern über Entlohnung und Qualitätsstandards.

D: Vergleiche die freie Marktwirtschaft mit den Wirtschaftsbedingungen im Mittelalter. [III]
Hier ist ein Rückgriff auf den Themenkreis Wirtschaft im Mittelalter vorgesehen. Anders als im Mittelalter gibt es in der freien Marktwirtschaft keine Zunftbeschränkungen. Der freie Warenverkehr ist ebenso gegeben wie der Rückzug des Staates aus der Wirtschaft. Der Staat stellt nur noch die Rahmenbedingungen wie Rechtsnormen, Infrastruktur und Sicherheit her.

E: Nenne mithilfe der Karte die wichtigsten Industriegebiete. [I]
Zentren für Textilwirtschaft: Liverpool mit seinem wichtigen Hafen für Baumwollimporte, die Region bis Leeds, die Region um Manchester.
Zentren für Metallindustrie: Schottland mit den beiden Städten Glasgow und Edinburgh; die Midlands mit Newcastle, Sheffield, Nottingham und Birmingham sowie südlicher die Gegend um Cardiff.
Es ist herauszustellen, dass nicht ganz England von der Industrialisierung erfasst ist, sondern dass sich die Industrialisierung auf einzelne Regionen konzentriert.

F: Stelle fest, welche Bedingungen zu ihrer Entwicklung beigetragen haben. [II]
Die Industrialisierung entsteht in Regionen mit Kohlevorkommen und hoher Bevölkerungsdichte oder in der Umgebung größerer Städte. Vor allem in den Midlands kommen noch Eisenerzvorkommen hinzu.

G: Stell dir vor, du bist Ingenieur in einem Bergwerksbetrieb und möchtest eine dieser neuen Dampfmaschinen anschaffen, um die Entwässerungspumpen anzutreiben, die bisher von der Wasserkraft eines nahen Baches angetrieben wurden. Erstelle eine Tabelle, in der du links auflistest, was für die Anschaffung spricht, und rechts, was dagegen spricht. [II]
(S. Tabelle unten.)

1. Arbeite aus dem Bericht des preußischen Beamten, der England besucht, heraus, ob er ein Bewunderer oder ein Kritiker der neuen Entwicklung ist, die er dort sieht (Q3). [I]
Zwar sieht der Beamte die Belastungen der Umwelt durch die Dampfmaschinen und die Abwässer der Textilfärbereien und benennt sie auch. Dies scheint aber nicht so gravierend, angesichts der gut genährten, fröhlichen und geschäftigen Menschen. Offensichtlich anders als er dies aus seiner Heimat kennt, denn sonst würde er dies nicht extra erwähnen. Auch beeindrucken ihn die Produktionsstätten. Es gelang, die Arbeitskosten durch den Einsatz von Maschinen zu senken (nur ein Erwachsener und 2 Kinder für 600 Spindeln). Alles in allem ist er ein Bewunderer der neuen Entwicklungen, der zwar die Nachteile sieht, sie aber angesichts der Vorteile eines gestiegenen Lebensstandards und der Einsparung bei den Produktions- und Arbeitskosten für vertretbar hält.

2. Stelle die Hoffnungen dar, die der britische Arzt Ure mit dem Fabrikwesen verbindet (Q4). [III]
Das Fabriksystem mit den Dampfmaschinen bedeutet einen Zivilisationsfortschritt, denn die Bestrebung ist, den Menschen von stupider, geistloser Arbeit und von gesundheitsschädlicher Anstrengung zu befreien. Die Arbeitswelt verlangt den aufmerksamen und gewandten, nicht mehr den kräftigen und geistig trägen Arbeiter.

Argumente für die Anschaffung	Argumente gegen die Anschaffung
- konstante Energiezufuhr, die nicht mehr vom Wasserstand des Baches abhängig ist; - die Maschine kann neben der Pumpe aufgestellt werden und es müssen keine langen Wege überwunden werden; - Kohle als Energielieferant ist vorhanden; - mögliche Mehrfachnutzung (Heben von Kohle) ist möglich; - günstiger als Einsatz von Pferden zur Entwässerung.	- hohe Anschaffungskosten; - Einstellung von neuem (Fach-)Personal (Mechaniker); - neue Technik ist noch nicht ausgereift und reparaturanfällig; - Wasser ist unbegrenzter und billiger Energielieferant.

Importe		Exporte	
1750	**1900**	**1750**	**1900**
Kolonialwaren: Tee, Tabak, Kaffee, Gewürze, Zucker	Kolonialwaren	Re-Export von Tee, Tabak, Kaffee, Gewürzen, Zucker	
			nicht materielle Handelsgüter: Kredite, Versicherungen, Geldanlagen
Leinen, Seide, Wolle	textile Rohstoffe, auch langfaserige Baumwolle	Wollwaren und andere Textilien	Woll- und Baumwolltextilien
Holz			
Pelze			
Wein, Branntwein	Nahrungsmittel: Weizen, Fleisch, Wein	Getreide	
	Rohstoffe	Eisen	Eisen, Stahl, Maschinen, Kohle

3. Schildere, wie sich die Art der Importe und Exporte zwischen 1750 und 1900 veränderte. Erkläre, welche Ursachen es dafür gibt. (D2, VT). [II]
Wegen der Komplexität stellt D2 eine sehr hohe Anforderung an die Schülerinnen und Schüler dar. Eine Arbeitshilfe ist das Anlegen einer Tabelle, die Im- und Exporte gegenüberstellt: (S. Tabelle oben.)
Sicher werden um 1900 die gleichen Güter eingeführt wie 150 Jahre zuvor, aber die Relationen ändern sich. Das Augenmerk bei der Deutung von D2 richtet sich auf die Veränderungen: Großbritannien wird von einem Export- zu einen Importland bei Getreide; auch die langfaserige Baumwolle, die die Spinnmaschinen benötigen, kommt hinzu und führt zu einer neuen Exportwarengruppe: der Baumwolltextilien. Bei den Exporten fällt darüber hinaus der Anteil der nicht materiellen Handelsgüter auf, die über 50 % des Exports ausmachen und auf eine reiche Volkswirtschaft hinweisen. Die beiden Leitsektoren der Baumwoll- und Stahlindustrie spiegeln sich in der Tabelle wider.

❹ Errechne, um wie viel Prozent Export und Import in den in D2 angegebenen Zeiträumen gesteigert wurden. [I]
Der Wert des Exports steigt um 6207 %, der Wert des Imports steigt um 5180 %.

Tafelbild 1 9j2xw8

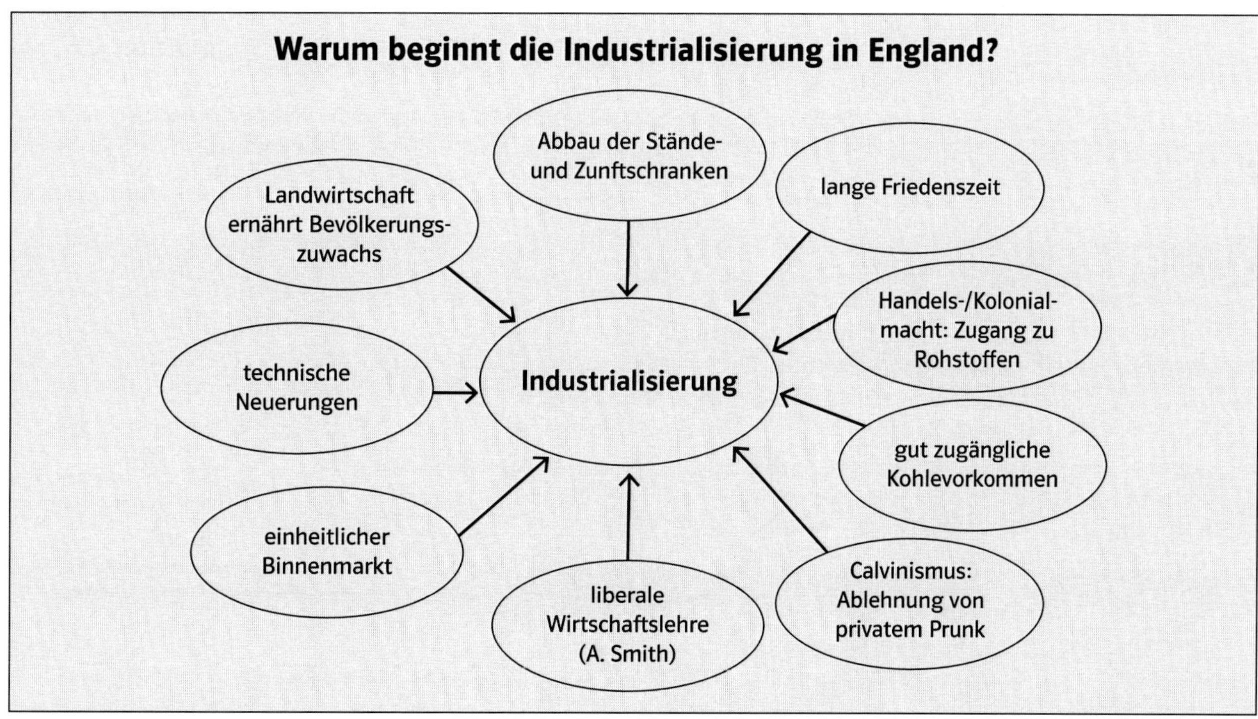

180–181 Industrialisierung – eine globale Erscheinung

Stundenvorschlag u7c8aa

Industrialisierung – eine globale Erscheinung

Kommunikations- und Sozialformen	Minimalfahrplan	Ergänzungsangebote
Plenum	**Einstieg** Präsentation der Bilder **Q1** und **Q2**, eine Beschränkung auf die industrielle Entwicklung in den USA ist möglich; die Erarbeitung der japanischen Entwicklung erfolgt dann ggf. in der Hausaufgabe.	
	Leitfrage Wie verläuft die Industrialisierung zu Beginn des 20. Jahrhunderts in den USA? (Arbeitsauftrag A, Aspekt: USA)	
Einzelarbeit	**Erarbeitung 1** Erschließung des **VT** „Der Aufstieg der USA …“, S. 180	
Plenum	**Sicherung** Unterrichtsgespräch über die Besonderheiten; Beginn der Erstellung eines Tafelbildes (Tafelbild 1)	
Einzelarbeit	**Erarbeitung 2** Erschließung **Q3** „Fließbandarbeit“, Bearbeitung von Arbeitsauftrag 1	
Plenum	**Problematisierung** Arbeitsauftrag 2	Hausaufgabe: **VT**, S. 180, Absatz „Der Staat als Motor“, Arbeitsauftrag 3 Fächerübergriff mit Erdkunde: Arbeitsauftrag 4

180–181 Erläuterungen zu den Arbeitsaufträgen

A: Fasse das jeweils Typische des Industrialisierungsprozesses in den USA und in Japan zusammen. [I]

USA	Japan
Entstehung eines riesigen Binnenmarktes durch: - Erschließung des Landes nach Westen - Eisenbahnbau - massenhafte Einwanderung - Geburtenüberschuss - Rationalisierung der Produktion: Fließbänder - Zusammenschluss kleinerer Einzelunternehmen zu Trusts - starke Stellung der Unternehmen (Kartelle, Monopole) gegenüber dem Staat	Staat fördert Wirtschaft: - Exportorientierung - Rückgriff auf industrielle Vorformen - globaler Wissenserwerb - Staatsbetriebe, die z. T. an staatstreue Familien abgegeben werden

B: Beschreibe das Bild. Welche Merkmale der industriellen Produktion kannst du erkennen? [I]
Vorbemerkung: Japan ist das einzige nicht westliche Land, dessen industrielle Entwicklung sich im 19. Jahrhundert vollzog. Voraussetzung dafür war die gewaltsame Öffnung des Landes nach 1853 und die damit verbundenen tief greifenden gesellschaftlichen, wirtschaftlichen und politischen Veränderungen (Meiji-Restauration 1868). Die wirtschaftliche Entwicklung erfolgte wesentlich durch Technologietransfer aus dem Ausland, wobei es entscheidend war, dass die japanische Regierung früh erkannte, dass ein reiner Wissenstransfer nicht ausreicht, sondern die Erkenntnisse den japanischen Verhältnissen angepasst werden müssen. Die Regierung gab das Motto aus: „westliches Wissen – japanische Seele". Die Modellfabrik in Tomioka (etwa 130 km nördlich von Yokohama) wurde unter Beratung des französischen Ingenieurs Paul Brunat (1840–1908) errichtet und gehört heute zum nationalen historischen Erbe Japans.
Vom Schüler zu erkennende Merkmale, die in die Beschreibung Eingang zu finden haben: große, saubere, geordnete Halle mit Backsteinwänden und Fenstern nach europäischem Vorbild; Trennung von häuslichem Lebensbereich und Arbeitsstätte; Mechanisierung der Arbeit, einheitliche Arbeitsprozesse: Viele Arbeiterinnen sitzen geordnet an einheitlichen Arbeitsplätzen; Hierarchisierung der Arbeitsprozesse: Aufsichten, Kunden im Mittelgang. Viele japanisch, aber auch einige westlich gekleidete Personen erkennbar.

C: Stell dir vor, das Bild wird in einer Arbeiterzeitung abgedruckt. Schreibe dazu einen Kommentar. Gehe besonders darauf ein, was es bedeutet, stundenlang am Fließband zu arbeiten. [II]
Folgende Kriterien sind für die Aufgabenlösung anzulegen:
Stilistisch:
- Beibehaltung der subjektiven Sichtweise einer Arbeiterzeitung.

Inhaltlich:
- Unterordnung des Menschen unter das Fließband von Unternehmern als Fortschritt verkauft;
- das Fließband verlangt ein immer höheres Arbeitstempo des Menschen – Akkord;
- Monotonie der Arbeitsabläufe und Handgriffe;
- Austauschbarkeit der einzelnen Arbeiter;
- stundenlanges Stehen auf einem Fleck;
- Pausen nicht mehr individuell regulierbar.

1. Erkläre das grundsätzlich Neue an der Fließbandarbeit bei Ford (Q2, Q3). [II]
Die Aufgabe soll die Perspektive des Unternehmers deutlich werden lassen. Henry Ford beginnt mit einem Rückblick auf die alten Produktionsmethoden, die der gestiegenen Nachfrage nach Automobilen nicht mehr genügten. Das grundsätzlich Neue der Fließbandproduktion besteht darin, dass der Arbeiter sich die Teile nicht mehr selbst holen muss, sondern dass „die Arbeit zu den Arbeitern" gebracht wird. Kein Arbeiter muss Wege gehen und kein Arbeiter muss sich bücken. Dies spart Zeit und Kraft und erhöht so die Produktivität des einzelnen Arbeiters.

2. Stelle die Fließbandarbeit bei Ford (Q2, Q3) den Vorzügen des Fabrikwesens gegenüber, wie Ure sie sieht (s. S. 178, Q4). [II]
Der Gegensatz ist offensichtlich. Andrew Ure bemerkt 1835, also ca. 80 Jahre vor der Einführung des Fließbandes, durch die Befreiung von stupider, geistloser Arbeit einen Zivilisationsfortschritt und beschreibt einen geistig gewandten Arbeiter. Die Einführung des Fließbandes bei Ford 1913 widerlegt diese Prognose.

3. Untersuche, worin der Völkerkundler Andree die Ursachen für die rasche industrielle Entwicklung Japans sieht (Q4). [II]
- Grundsätzliches Interesse der Jugend an westlicher Bildung in den Bereichen: Maschinenbau, Medizin, Nautik;
- Anstrengungsbereitschaft, um im eigenen Land oder im Ausland westliche Bildung zu erwerben;
- nach Ausbildung im Ausland Rückkehr nach Japan, um Gelerntes auf die japanischen Bedürfnisse und Bedingungen zu übertragen;
- intelligentes, unternehmendes und vor allem in der Nautik begabtes Volk.

❹ Um den wirtschaftlichen Entwicklungsstand eines Landes zu umschreiben, werden häufig die Begriffe „Tigerstaat" bzw. „Schwellenland" verwendet. Informiere dich im Internet über deren Bedeutung und halte einen Kurzvortrag. [II]
Das Bild eines kraftvoll zum Sprung ansetzenden Tigers wurde in den 1980er-Jahren auf die wirtschaftliche schnelle Entwicklung eines Landes übertragen, das mit hohem Wirtschaftswachstum sich von einem Entwicklungsland zu einem Industriestaat entwickelte. Als Tigerstaaten werden bezeichnet: Südkorea, Taiwan und Singapur sowie die chinesische Sonderverwaltungszone Hongkong.
Staaten, die noch zu den Entwicklungsländern gezählt werden, aber nicht mehr deren typische Merkmale aufweisen, werden als Schwellenländer bezeichnet. In einem Schwellenland findet ein weitreichender Umbau von der Agrarwirtschaft zur Industrialisierung statt. Das starke Wohlstandsgefälle führt zu sozialen Spannungen zwischen den wenigen Reichen und der konservativ orientierten, teilweise fundamentalistisch denkenden Masse der Bevölkerung, die in Armut lebt. Es gibt keine abgeschlossene Liste der Schwellenländer. Häufig werden als Schwellenländer bezeichnet: Südafrika, Mexiko, Brasilien, Pakistan, die Volksrepublik China, Indien, die Philippinen, Thailand, Malaysia, Äthiopien, Ungarn, Polen, Litauen, Ukraine, Russland und die Türkei.

Tafelbild 1 y89f74

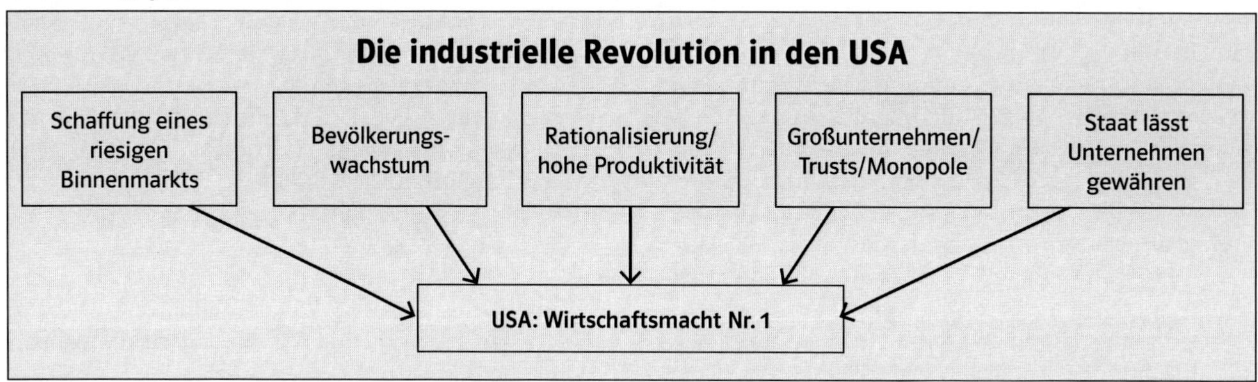

Methodentraining: Eine Statistik interpretieren

182–183

Zum Verfassertext und zu den Materialien

Obwohl Statistiken den Schülerinnen und Schülern in den Medien nahezu täglich in irgendeiner Form begegnen, fällt es ihnen schwer, auf der Grundlage einer Statistik zu tragfähigen und zielführenden Aussagen zu kommen. Dies liegt daran, dass Statistiken eine Vielzahl von Informationen bündeln und übersichtlich zusammenfassen, systematisieren und vereinfachen. Die Kompetenz, eine Statistik interpretieren und adäquat umsetzen zu können, verlangt, dass Schülerinnen und Schüler die in der Statistik abgebildete und reduzierte Wirklichkeit mit ihrem Wissen über weitere Bezugsgrößen und historische Sachverhalte abgleichen und einordnen sollen, ohne sich in Detailbetrachtungen zu verlieren.

Die auf dieser Methodenseite vorliegenden Statistiken über die Roheisenproduktion (D1) und die industrielle Produktion (D2) eignen sich, weil sie, auch in arbeitsteiliger Gruppenarbeit bearbeitet, entweder zeilen- oder spaltenweise zu interpretieren sind. Dieses Vorgehen eignet sich, weil dann die in den Fokus zu nehmenden Daten übersichtlich bleiben und übersichtliche Ergebnisse erzielt werden, die dann im Plenum zu einem Gesamtbild zusammengetragen werden.
Damit das statistische Material auf den ersten Blick aussagekräftig wird, ist es sinnvoll dieses in einer differenzierenden Zusatzaufgabe in ein Balken- oder Kurvendiagramm umzuwandeln. Diese Aufgabe kann sowohl händisch als auch mit einem Tabellenkalkulationsprogramm gelöst werden.

Erläuterungen zu den Arbeitsaufträgen

182–183

A: Informiere dich mithilfe eines Lexikons oder des Internets über die Möglichkeiten der Weiterverarbeitung von Roheisen. [II]
Eine fächerübergreifende Zusammenarbeit mit Chemie bietet sich an, denn gegen Ende der 8. Klasse werden im Unterricht chemische Reaktionen behandelt. Darüber hinaus sollen die Schülerinnen und Schüler Einblicke in die technische Bedeutung von Redoxreaktionen erhalten.
Roheisen fließt mit 1300° bis 1500° C aus dem Hochofen. Wegen der vielen in ihm enthaltenen Verunreinigungen (Kohlenstoffgehalt von 4–5%, Silicon, Mangan, Schwefel und Phosphor) ist es in erkaltetem Zustand brüchig und weder schmiede-, walz- noch schweißbar. Daher schließt sich ein weiterer Produktionsschritt an. Das flüssige Roheisen kommt in einen Konverter, in dem unter Zugabe von Sauerstoff das Roheisen in Stahl umgewandelt wird. Der Kohlenstoffgehalt darf nur noch höchstens 2,06% betragen. Durch Anreicherung mit anderen Elementen entstehen verschiedene Stahlsorten, die sich durch Härtegrad, Verformbarkeit und Rostbeständigkeit unterscheiden. 2013 zählte das europäische Register über 2500 Stahlsorten. Eine Suchmaschine nennt einem viele Internetadressen, die verständlich über den Weg vom Roheisen zum Stahl informieren.

1. Der Anstieg der Roheisenproduktion ist in der Tabelle (D1) in absoluten Zahlen angegeben. Errechne daraus die prozentuale Steigerung zwischen zwei Intervallen und fertige eine neue Tabelle an. (Beispiel: Zwischen 1800 und 1820 nimmt die Roheisenproduktion in Großbritannien um etwa 26% zu. Rechenweg: 230 = 100%, 290 = 126,09%.) Erkläre die jeweiligen Vorteile der Darstellung in absoluten Zahlen und in Prozentangaben. [II]
(S. Tabelle S. 164.)
Eine Darstellung in absoluten Zahlen zeigt, um welche Mengen es sich handelt, während die Darstellung in relativen Zahlen Auskunft über die Leistung der Volkswirtschaft in diesem Bereich gibt. Am Beispiel Japans um 1900 wird das deutlich: Eine Steigerung um 250% zwischen 1880 und 1900 klingt viel, an den absoluten Zahlen wird aber deutlich, dass Japan nur 0,24% der Roheisenmenge Großbritanniens im Zeitraum 1900-1904 produziert.

2. Interpretiere die Statistik zur industriellen Produktion (D2) und wende die methodischen Arbeitsschritte an. [III]
1 Beschreiben
Die Daten sind einem Band aus dem Jahre 1978 entnommen. Die „industrielle Produktion" beschreibt die Leistung des produzierenden Gewerbes und bezieht sich auf die gesamte Industrie inklusive Bergbau, verarbeitendem Gewerbe und Energie- und Wasserversorgung. Untersucht werden die fünf Staaten Großbritannien, Frankreich, Deutschland, Russland, USA. Als Vergleichsgröße wird die Gesamtproduktion der Welt dargeboten. Als Einheit wird das britische £ genommen. Es werden Intervalle von 20 Jahren angegeben, wobei die beiden letzten Intervalle einmal 28 Jahre und dann 8 Jahre betragen. Es zeigt sich, dass während des Untersuchungszeitraums von 1800 bis 1896 die Produktion überall ansteigt. Es ist darauf zu achten, welche Intervalle genau untersucht werden.

2 Untersuchen
Zu entnehmen sind der Tabelle Aussagen zu verschiedenen Aspekten wie Beginn der Industrialisierung, Verlauf in den einzelnen Staaten, die Leistungsfähigkeit der Volkswirtschaft und der Anteil an der Weltproduktion. Erkennbar ist auch, in welcher Phase die Industrialisierung in den einzelnen Staaten am deutlichsten stieg.

3 Deuten
Die grobe Entwicklung aus D1 bestätigt sich. Jedoch fallen bei der Einzelbetrachtung Unterschiede auf. Wenn auch der Zeitraum nicht ganz übereinstimmt, so fällt auf, dass bei der Roheisenproduktion zwischen 1900 und 1904 Frankreich und Russland fast gleichauf liegen, aber beim Wert der Industrieproduktion Frankreich über 200 Mio. £ vor Russland liegt. Es müssen demnach andere Industriegüter oder eine andere Qualität der gleichen Industriegüter eine Rolle spielen. Ähnliches ist beim Vergleich Deutschland – Großbritannien abzulesen.

Steigerung der Roheisenproduktion zwischen 1800 und 1913 (ausgewählte Jahresdurchschnitte in %)

	Großbritannien		**Frankreich**		**Deutschland**		**Russland**		**Japan**	
Jahr	in 1000 t	Steigerung in %	in 1000 t	Steigerung in %	in 1000 t	Steigerung in %	in 1000 t	Steigerung in %	in 1000 t	Steigerung in %
1800–1814	248		200							
1820–1824	418	68,5	150	-25,0	75					
1840–1844	1465	250,5	395	163,3	160	113,3	184			
1860–1864	4219	188,0	1065	169,6	613	283,1	297	61,4		
1880–1884	8295	96,6	1918	80,1	2893	371,9	477	60,6	6	
1900–1904	8778	5,8	2665	38,9	7925	173,9	2773	481,3	21	250,0
1910–1913	9792	11,6	4664	75,0	14836	87,2	3870	39,6	188	795,2

Industrialisierung in Deutschland

184–189

Stundenvorschlag qu7ep9

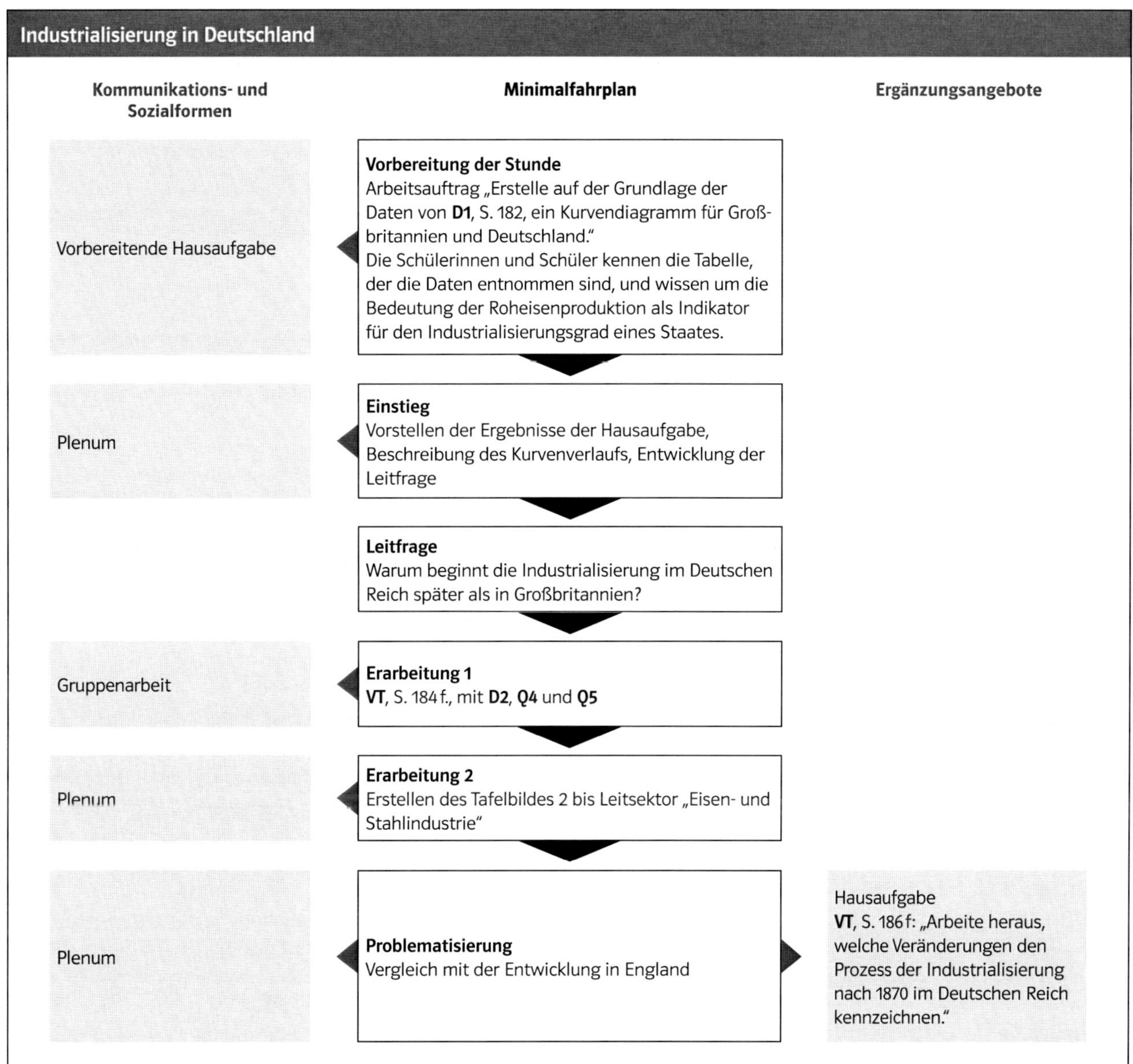

Industrialisierung in Deutschland
Kommunikations- und Sozialformen
Minimalfahrplan
Ergänzungsangebote
Vorbereitende Hausaufgabe
Vorbereitung der Stunde
Arbeitsauftrag „Erstelle auf der Grundlage der Daten von D1, S. 182, ein Kurvendiagramm für Großbritannien und Deutschland."
Die Schülerinnen und Schüler kennen die Tabelle, der die Daten entnommen sind, und wissen um die Bedeutung der Roheisenproduktion als Indikator für den Industrialisierungsgrad eines Staates.
Plenum
Einstieg
Vorstellen der Ergebnisse der Hausaufgabe, Beschreibung des Kurvenverlaufs, Entwicklung der Leitfrage
Leitfrage
Warum beginnt die Industrialisierung im Deutschen Reich später als in Großbritannien?
Gruppenarbeit
Erarbeitung 1
VT, S. 184 f., mit D2, Q4 und Q5
Plenum
Erarbeitung 2
Erstellen des Tafelbildes 2 bis Leitsektor „Eisen- und Stahlindustrie"
Plenum
Problematisierung
Vergleich mit der Entwicklung in England
Hausaufgabe
VT, S. 186 f: „Arbeite heraus, welche Veränderungen den Prozess der Industrialisierung nach 1870 im Deutschen Reich kennzeichnen."

Zum Verfassertext und zu den Materialien

184–189

Q6 Emil Moritz Rathenau (geb. 11. Dezember 1838 in Berlin; gest. 20. Juni 1915 ebenda) war ein deutsch-jüdischer Maschinenbauingenieur und Unternehmer. Er gilt als Gründer der AEG. Seit 1912 zog sich Emil Rathenau aus gesundheitlichen Gründen mehr und mehr aus dem aktiven Geschäft zurück und überließ seinem Sohn Walther, der 1903 in das AEG-Direktorium eingetreten war, die Leitung. Nach dem Tod Rathenaus 1915 übernahm sein Sohn Walther das Präsidium der AEG.

Q7 Walther Rathenau (geb. 29. September 1867 in Berlin; gest. 24. Juni 1922 in Berlin-Grunewald), Sohn von Emil Rathenau (Q6). Er war ein deutscher Industrieller, Schriftsteller und liberaler Politiker (DDP). Am 31. Januar 1922 wurde er Reichsaußenminister. Er wurde am 24. Juni 1922 Opfer eines politisch motivierten Attentats rechtsradikaler Kräfte.

Q8 Prometheus (griechische Mythologie) gehört dem ältesten Göttergeschlecht der Titanen an, die von den Olympiern entmachtet wurden. Er gilt als Schöpfer der Menschen und Tiere und als Freund und Kulturbringer der Menschheit. Da Zeus den Menschen das Feuer vorenthält, stiehlt es Prometheus vom Sonnenwagen des Helios und bringt die Feuerfackel zu den Menschen.

184–189

Erläuterungen zu den Arbeitsaufträgen

A: Fasse stichwortartig zusammen, welche Voraussetzungen für eine Industrialisierung in Deutschland gegeben waren. [I]
- Um 1800 regionale Gewerbezentren vorhanden (Textilmanufakturen, Eisen- und Stahlunternehmen);
- 1807 Aufhebung der Leibeigenschaft;
- 1810 Abschaffung der mittelalterlichen Zunftgesetze;
- 1834 Gründung des Deutschen Zollvereins.

B: Nenne und charakterisiere mithilfe der Karte die wichtigsten Industriegebiete Deutschlands um 1850. [II]
Die folgenden Industriegebiete lassen sich ausmachen:
- Ruhrgebiet: Kohle und Eisen;
- Rheinland: Textil und Maschinenbau;
- Thüringen: Textil;
- Kg. Sachsen: Textil;
- Oberschlesien: Kohle und Eisen.

Die übrigen Standorte liegen vereinzelt, sodass nicht von „Gebiet" gesprochen werden kann.

C: Stell dir vor, du bist bei Borsigs eingeladen und stehst vor diesem Gemälde. Schildere deine Eindrücke. [II]
Bei den Schülerarbeiten sollte trotz individueller Bearbeitung folgendes deutlich werden:
- ein stark idealisiertes Gemälde, das die Wirklichkeit nicht zeigt;
- Modernität: technische Leistung der Endmontage einer Lokomotive und durch die helle und aufwendige Hallenkonstruktion der Borsigwerke im Hintergrund zu erkennen;
- Zukunftsgewissheit: Segnungen der Industrialisierung werden dargestellt;
- konstruktive Kraft der unternehmerischen Tätigkeit steht im Zentrum;
- Fortschritt und Wohlstand durch den Einzelunternehmer ermöglicht;
- Belastungen der Arbeiter werden ausgeblendet.

D: Stelle die Auswirkungen des Eisenbahnbaus in Deutschland in einem Lernplakat dar. [III]
Ein Lernplakat dient dazu, sich den erarbeiteten Lernstoff besser einzuprägen und ihn abrufbar zu halten. Das Lernplakat kann in Einzel-, Partner- oder Gruppenarbeit erstellt werden. Folgende Themenpunkte, die inhaltlich differenziert werden müssen, sollten enthalten sein: Siehe Tafelbild 1 auf S. 168.

E: Stelle die Voraussetzungen für die Industrialisierung im Ruhrgebiet und im Gebiet des heutigen Rheinland-Pfalz in einer Tabelle gegenüber. [I]

Voraussetzungen für die Industrialisierung im ...	
Ruhrgebiet	**Im Gebiet des heutigen Rheinland-Pfalz**
- Tradition der Eisenverhüttung, - Steinkohlevorkommen, - Arbeitskräfte vorhanden.	- zersplittert durch Zollgrenzen, - von Kleinhandwerk, Land- und Forstwirtschaft geprägt, - kaum nennenswerte Steinkohlevorkommen, - Nähe Frankreichs als Entwicklungshindernis. Fazit: keine günstigen Bedingungen für einen frühen Beginn der Industrialisierung

F: Vergleiche die Bilder Q2 und Q3. Nenne Gründe für den Aufstieg des Unternehmens BASF. Mehr Informationen über die Firmengeschichte bekommst du auf der Internetseite der Firma BASF. [III]
- Zusammenarbeit von Wissenschaft, betrieblicher Forschung und betriebswirtschaftlichem Wissen;
- riesiger Bedarf an günstigen Färbemitteln der Textilindustrie;
- neue technische Verfahren zur Herstellung synthetischer Farbstoffe;
- Ausgangsmaterial liegt in Mengen bereit, Nutzung eines bisherigen Abfallprodukts.

G: Erkläre mithilfe der Karte (D2) die Entwicklung des Deutschen Zollvereins und des Eisenbahnnetzes. [II]
Es sollten folgende drei Etappen benannt werden:
1834: Gründung des Zollvereins;
1835: erste Eisenbahn in Deutschland;
bis 1850: Hauptlinien angelegt, aber streckenweise noch größere Lücken: z.B. Hannover–Kassel, Rheinland-Pfalz noch nicht erschlossen, München ist Endpunkt;
bis 1866: werden die Lücken weitestgehend geschlossen und die Eisenbahnlinien greifen über das Gebiet des Deutschen Bundes hinaus. Die Nord-Süd-Verbindung ist in Mitteldeutschland immer noch umständlich und läuft über Berlin.

H: Erkläre mithilfe des Plakats, welche Bedeutung dem Licht und damit der Elektrizität im 19. Jahrhundert zugeschrieben wurde. Berücksichtige auch Q7. [II]
So wie Prometheus den Menschen durch das Feuer den Kulturfortschritt gebracht hat, so bringt der „moderne Prometheus", der Elektroingenieur (Q7), den Menschen mittels der Glühbirne Licht in die sie umgebende Dunkelheit. Eine Gleichstellung der Elektroingenieure mit dem Göttergeschlecht der Titanen ist nahegelegt und unterstreicht das Selbstverständnis der Ingenieure.

1. Erkläre die einzelnen Phasen der Industrialisierung in Deutschland und charakterisiere sie. [II]

Zeitraum	Charakterisierung
1840er- bis 1870er-Jahre	Eisen- und Stahlindustrie; gefördert durch den Eisenbahnbau; Ruhrgebiet entwickelt sich zum industriellen Zentrum.
ab 1880er-Jahre	Elektro-, Chemie- und optische Industrie; Zusammenwirken von Unternehmertum, Wissenschaft und betrieblicher Forschung; Elektromotoren ersetzen die Dampfmaschinen (Q6); Chemie: zunächst Farben- und Bleichstoffe für Textilindustrie, dann Erweiterung der Produktpalette: Kunstdünger, Arzneimittel; Herausbildung neuer Industriezentren.

2. Vergleiche den Prozess der Industrialisierung in Deutschland und in England (VT, D1). [III]

England	Deutschland
Beginn um 1750	Beginn um 1840
Bevölkerungswachstum; keine Zunft- und Standesschranken; liberale Wirtschaftslehre; lange Friedenszeit	nach 1807 – Abbau der Standes- und Zunftschranken
einheitlicher Binnenmarkt	1834: Deutscher Zollverein
leichter Zugang zu Rohstoffen und Kapital	Kohlevorkommen im Ruhrgebiet und Oberschlesien
Erfindungen im Textilbereich, Dampfmaschine	Erfindungen im Bereich Chemie und Optik
Leitsektor: Baumwollindustrie	Leitsektor: Eisen- und Stahlindustrie

3. Beurteile die Erwartungen, die List an die Eisenbahn knüpfte (Q4, Q5). [III]

Friedrich Lists Erwartungen an die Segnungen der Eisenbahn sind sehr euphorisch und idealistisch. Auffallend ist, wie stark er das nationale Argument in den Vordergrund stellt, um eine technische Neuerung zu begründen.
Dass Zollverein und Eisenbahn „siamesische Zwillinge“ sein sollen, ist zwar ein eingängiges Bild, für dessen Angemessenheit es auch einige Gründe gibt, aber man muss kein Prophet sein, um zu erkennen, dass sich die Eisenbahn auch ohne den Zollverein durchgesetzt hätte, vielleicht etwas weniger schnell. Aufgrund der zeitlichen Parallelität zwischen Eisenbahn und Zollverein kann aber schon von einer engen Verbindung gesprochen werden.

4. Fasse die Vorteile der Elektrizität zusammen, die Rathenau sieht (Q6). [I]

- Elektromotoren sind eine kostengünstige Alternative zur Dampfmaschine für kleine Handwerksbetriebe und Haushalte;
- Krafterzeugung für Elektromotoren ist an beliebiger Stelle möglich, Transport der Kraft (Elektrizität) kann über große Strecken erfolgen;
- geringer Platzbedarf der Elektromotoren;
- große Sicherheit der Motoren;
- ökonomischer Einsatz, nur nach Bedarf;
- darüber hinaus: allgemeine Verfügbarkeit der Beleuchtung.

❺ Erläutere, welchen Anteil an der Industrialisierung wissenschaftlich ausgebildete Ingenieure hatten (Q7). [II]

Es geht um eine grundsätzliche Veränderung der Ausbildung und der Tätigkeiten im Bereich der Produktion. An die Stelle der individuellen Erfahrung und des Ausprobierens tritt die systematische, vereinheitlichte und wissenschaftliche Ausbildung. Es entsteht eine neue Berufselite, die sich von den Arbeitern in der Produktion und den etablierten Handwerkern absetzt. Den wissenschaftlich ausgebildeten Ingenieuren weist Rathenau den entscheidenden Anteil an den Fortschritten im Industrialisierungsprozess zu.

Tafelbild 1 ww8da8

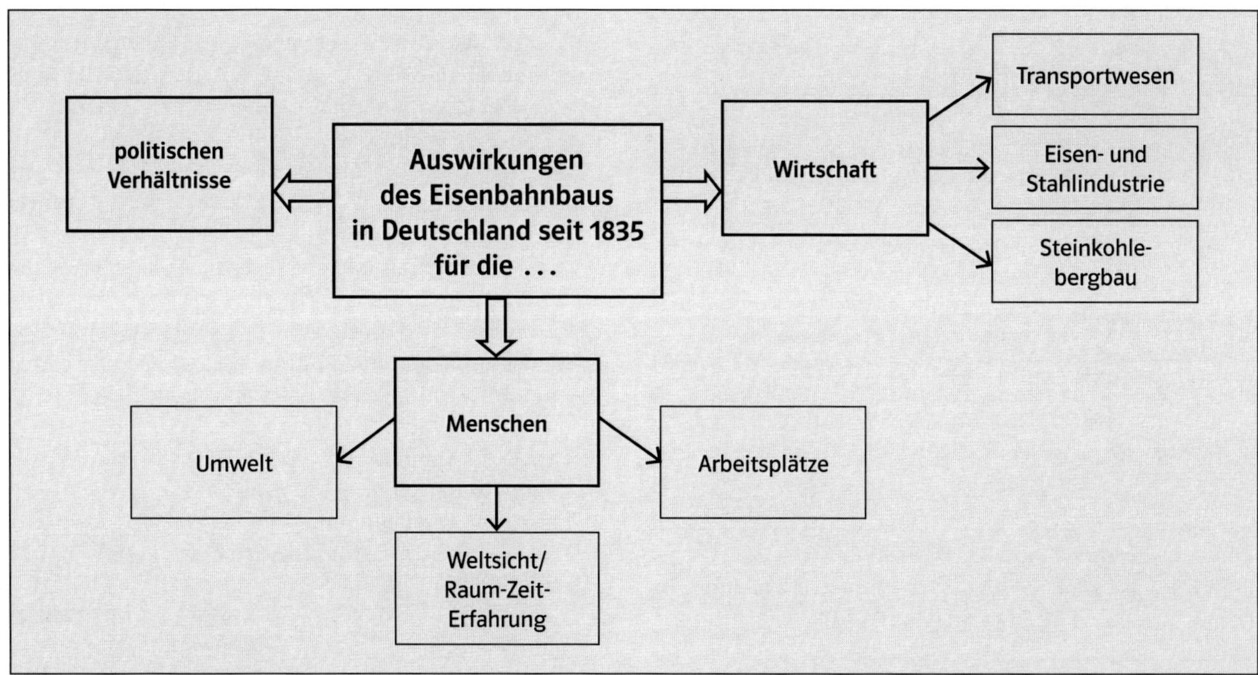

Tafelbild 2 w5p7bi

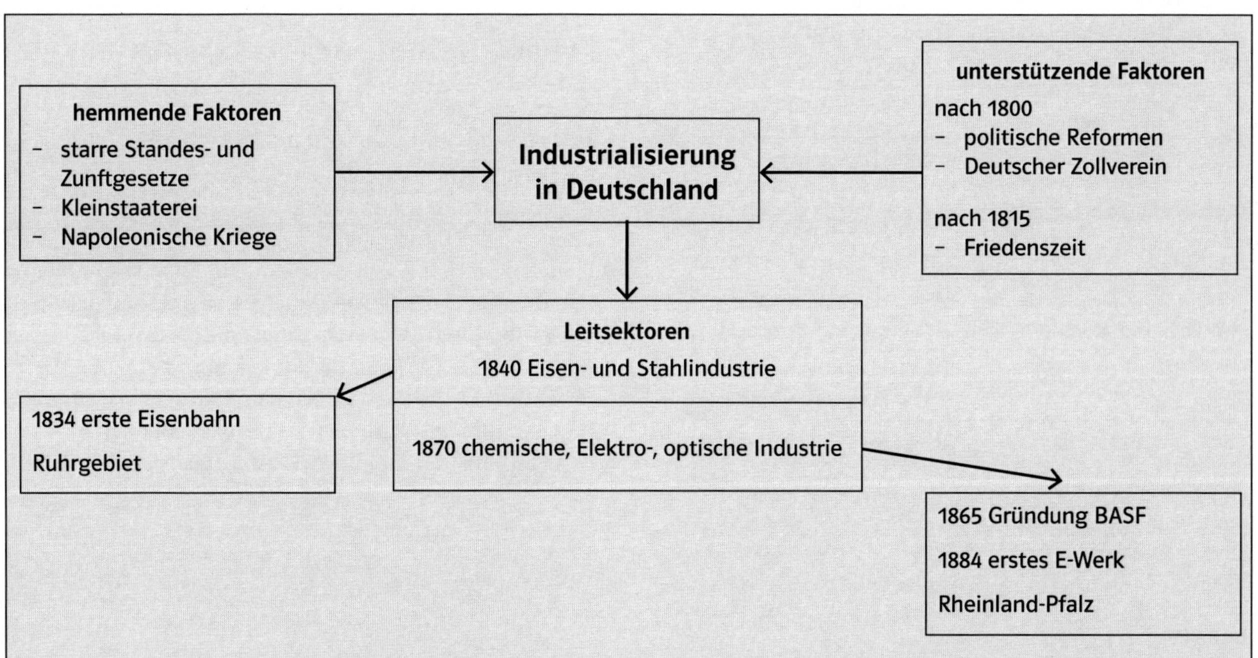

Auswanderung nach Amerika

190–191

Stundenvorschlag tb37un

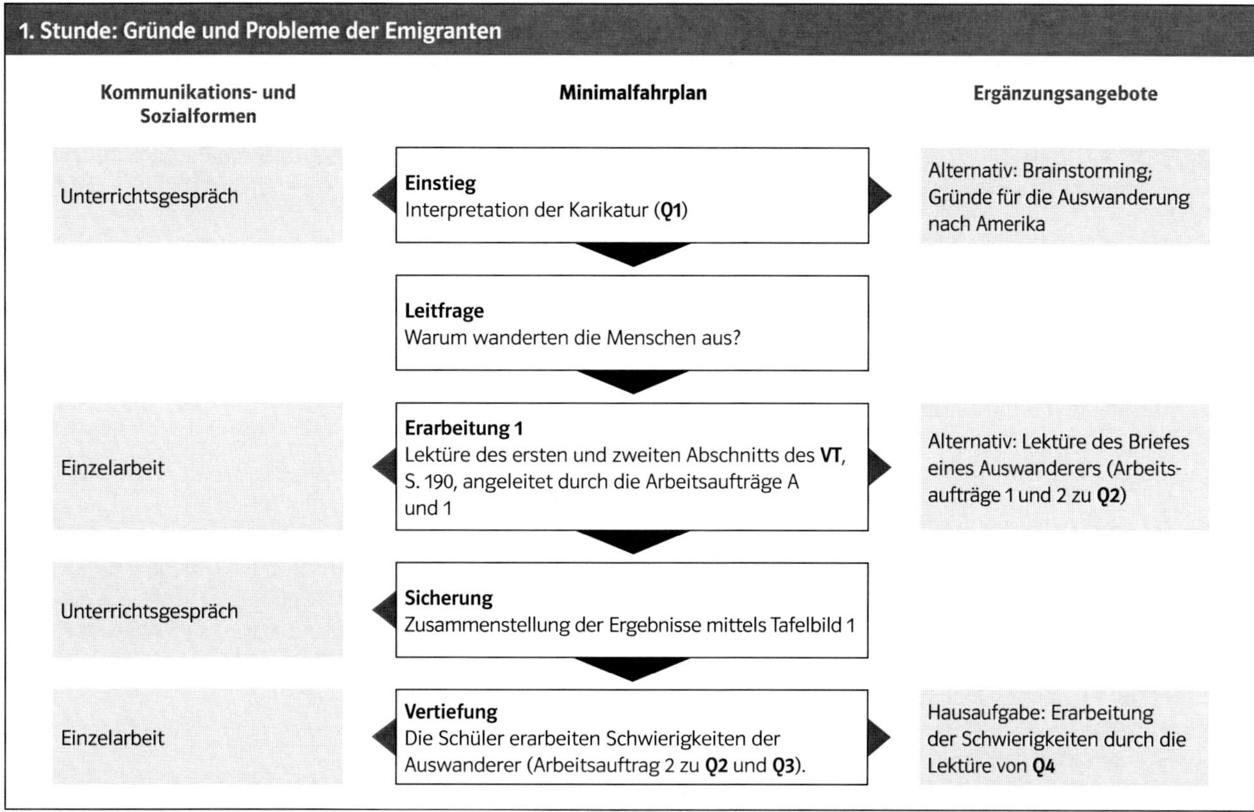

1. Stunde: Gründe und Probleme der Emigranten

Kommunikations- und Sozialformen	Minimalfahrplan	Ergänzungsangebote
Unterrichtsgespräch	**Einstieg** Interpretation der Karikatur (**Q1**)	Alternativ: Brainstorming; Gründe für die Auswanderung nach Amerika
	Leitfrage Warum wanderten die Menschen aus?	
Einzelarbeit	**Erarbeitung 1** Lektüre des ersten und zweiten Abschnitts des **VT**, S. 190, angeleitet durch die Arbeitsaufträge A und 1	Alternativ: Lektüre des Briefes eines Auswanderers (Arbeitsaufträge 1 und 2 zu **Q2**)
Unterrichtsgespräch	**Sicherung** Zusammenstellung der Ergebnisse mittels Tafelbild 1	
Einzelarbeit	**Vertiefung** Die Schüler erarbeiten Schwierigkeiten der Auswanderer (Arbeitsauftrag 2 zu **Q2** und **Q3**).	Hausaufgabe: Erarbeitung der Schwierigkeiten durch die Lektüre von **Q4**

2. Stunde: In Gottes eigenem Land? Lebensumstände der Immigranten

Kommunikations- und Sozialformen	Minimalfahrplan	Ergänzungsangebote
Unterrichtsgespräch	**Einstieg** Besprechung der Hausaufgabe	Alternativ: (vertiefende) Analyse von **Q1** mit der Arbeitsauftrag B
	Leitfrage Erlebten die Immigranten nur Erfolgsgeschichten?	
Einzelarbeit/Unterrichtsgespräch	**Erarbeitung 1** Lektüre oder Interpretation der noch nicht erschlossenen Quellen, vor allem Arbeitsauftrag 1 zu **Q2**	
Gruppenarbeit	**Erarbeitung 2** Die Schüler schreiben die fiktive exemplarische Lebensgeschichte eines Auswanderers	
Unterrichtsgespräch	**Sicherung** Vortrag der Schülerergebnisse	
Einzelarbeit	**Vertiefung** Die Schüler erörtern die Vor- und Nachteile der Auswanderung	

190–191 Zum Verfassertext und zu den Materialien

Q2 Das sehr häufig publizierte, aber „idealisierte" Bild des Aufenthaltsraums der „Samuel Hop" macht die widrigen Bedingungen an Bord eines Auswandererschiffs deutlich. Um 1830 dauerte die Überfahrt etwa 45 Tage. Um die Mitte des 19. Jahrhunderts benötigten Dampfschiffe nur noch ungefähr einen Monat, um von Hamburg oder Bremerhaven die Ostküste der USA zu erreichen.

Q3 Der Autor des Briefs, der „Chemiker" Adam Koeppel, brach am 2. April 1847 morgens um 6 Uhr nach Texas auf. In Amerika angekommen teilte er seiner Familie den Austritt aus der Darmstädter Auswanderergesellschaft mit, die wortbrüchig geworden sei. Das in Aussicht gestellte Land habe er nicht erhalten (siehe Q4). Im Februar 1849 schrieb er dann den letzten dokumentierten Brief. Daraufhin verliert sich seine Spur.

Q4 Das anonyme Flugblatt, welches um 1900 vor Auswanderervereinen und anderen zwielichtigen Vermittlern warnte, weist auf eine schon in der ersten Jahrhunderthälfte latente Gefährdung der potenziellen Emigranten hin. Ähnlich wie Adam Koeppel (siehe Q2) traten zahlreiche enttäuschte Mitglieder aus diesen Gesellschaften aus. Im günstigen Fall erlebten sie nur einen finanziellen Verlust, unter schlechten Umständen mussten sich die Auswanderer mittellos als Vertragsknechte in den USA verdingen.

190–13 Erläuterungen zu den Arbeitsaufträgen

A: Zähle die einzelnen Schritte der Auswanderung auf. [I]
Einholen der staatlichen Auswanderungserlaubnis, Reisebuchung, Treffen an Sammelpunkten, Fluss- oder Landpassage in die Hafenstädte, Überfahrt, Kontrolle durch die Einwanderungsbehörden, Aufenthalt in den Ankunftsstädten, unter Umständen Weiterreise in das Landesinnere.

B: Erläutere die Aussageabsichten des Zeichners. [II]
Der liberale Karikaturist weist auf die politischen Gründe der Auswanderer hin. Die Unzufriedenheit mit den restaurativen Gesetzen und Behörden motivierte die „Untertanen", ihre Freiheit im Ausland zu suchen.

1. Fasse die Gründe für die Auswanderung zusammen (VT, Q3). [I]
Wirtschaftliche Gründe waren hohe Getreide- und Grundstückspreise, Missernten, Hungersnöte, zusammenfassend können die Lernenden auf das Phänomen „Pauperismus" hingewiesen werden. Religiöse Unterdrückung oder politische Unruhen stellten einen weiteren Motivkomplex dar, der oft mit persönlichen Gründen, nicht zuletzt mit Abenteuerlust einherging, siehe Tafelbild.

2. Untersuche, auf welche Schwierigkeiten Auswanderungswillige stießen (VT, Q2–Q4). [II]
Schon im Heimatland stießen die Auswanderungswilligen auf Schwierigkeiten, wurden sie doch um ihr Kapital betrogen, bereiteten ihnen die bürokratischen Hürden vor der Emigration Mühe. Die Reise selbst erwies sich als widrig hinsichtlich der hygienischen, sozialen und meteorologischen Bedingungen. Im Auswanderungsland hatten die Einwanderer soziale, kulturelle, klimatische und ökonomische (Anpassungs-)Probleme.

3. Schreibe die Lebensgeschichte eines Auswanderers, bei der du die Bilder und Texte berücksichtigst und die Lücken dazwischen selbst füllst (Q1–Q4). [III]
Q1 bis Q3 stehen in einem dichten chronologischen Zusammenhang, der die Jahrhundertmitte in den Blickpunkt rückt. Zwischen den Auswanderungsgründen und der Überfahrt müssen die Lernenden berücksichtigen, unter welchen Bedingungen die Emigranten ihre Reise organisierten (vgl. auch Q4). Die in Q3 fassbare Überfahrt sowie die anschließende Etablierung im Einwanderungsland können mit Verweisen auf Q2 dargestellt werden. Mehrere Optionen haben die Schüler, um ihre Geschichten zu beenden, sei es, dass Auswanderer erfolgreich Fuß fassten, schnell starben, als Lohnknechte in Armut gerieten oder nach Deutschland zurückkehrten.

4. Untersuche die Umstände, unter welchen die Siedler in den USA lebten (Q3). [II]
Auswanderer müssen flexibel sein. Sind sie bereit, „Entbehrungen" und „Ungemächlichkeiten" auf sich zu nehmen, so können sie sich an das Leben in den Vereinigten Staaten gewöhnen und auf die Hilfe der Einwanderungsgesellschaften verzichten. Jedoch stiegen in den 1850er-Jahren die Kosten dafür, eine Landwirtschaft aufzubauen. Umgekehrt blieb das Land zu dieser Zeit weitgehend von politischen Unruhen verschont.

5 Erörtere die Vor- und Nachteile der Auswanderung nach Amerika (VT, Q1, Q3, Q4). [III]
Positiv lässt sich vor allem der Neuanfang bewerten. Die Verfügbarkeit von Grund und Boden stellte sich für alle Einwanderer als günstig dar, die nicht zögerten, sich im Landesinneren eine Existenz aufzubauen. Als Negativum muss vor allem die Identitätskrise genannt werden, in die alle Auswanderer gerieten, die sich nach der widrigen Überfahrt mit einer völlig neuen Lebenslage konfrontiert sahen. Es liegt nahe, die offene Diskussion der Vor- und Nachteile durch Gegenwartsbezüge für die Lernenden zu veranschaulichen. Immerhin verließen etwa im Jahr 2013 knapp 800 000 Personen die Bundesrepublik. Sie begaben sich bevorzugt nach Polen (16,1 Prozent der Auswanderer) und Rumänien, aber auch nach Bulgarien, Russland und in die USA (4,1 Prozent der Auswanderer).

Modernisierung der Landwirtschaft

192–193

Stundenvorschlag c283ma

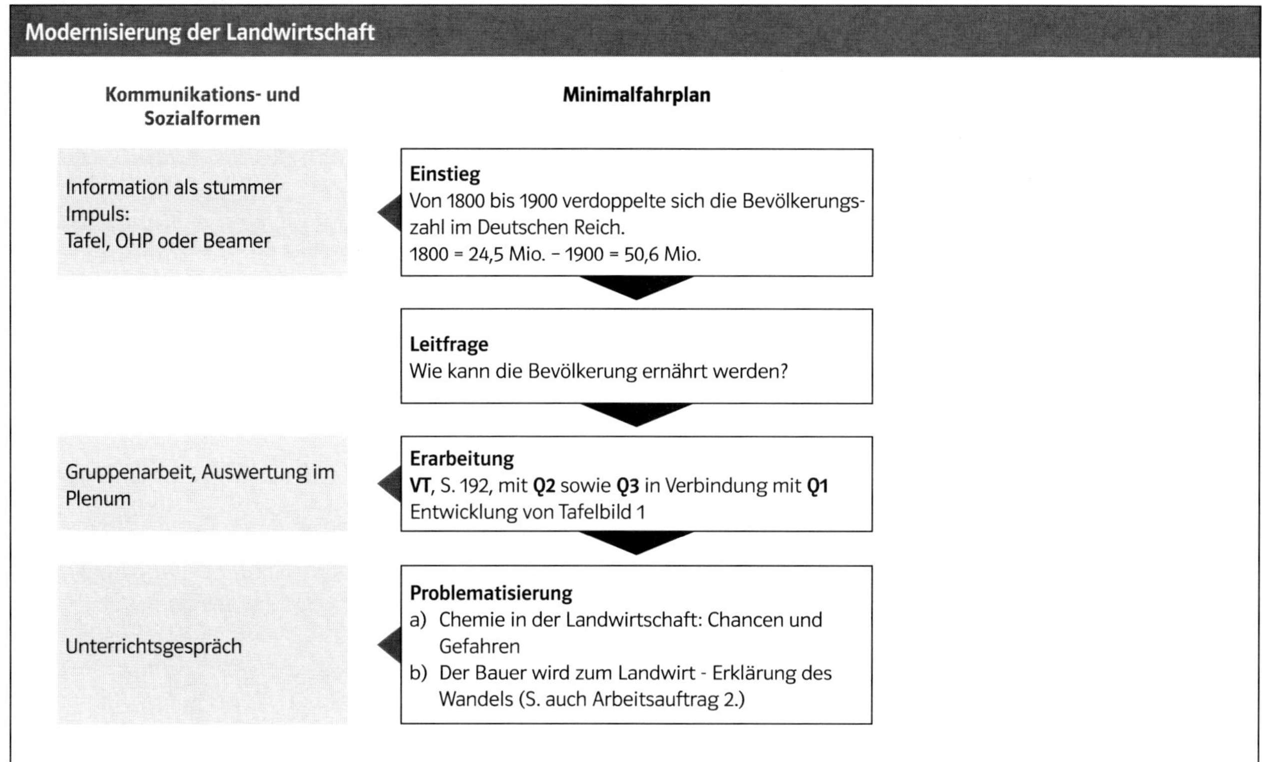

Modernisierung der Landwirtschaft
Kommunikations- und Sozialformen
Minimalfahrplan
Information als stummer Impuls: Tafel, OHP oder Beamer
Einstieg
Von 1800 bis 1900 verdoppelte sich die Bevölkerungszahl im Deutschen Reich.
1800 = 24,5 Mio. - 1900 = 50,6 Mio.
Leitfrage
Wie kann die Bevölkerung ernährt werden?
Gruppenarbeit, Auswertung im Plenum
Erarbeitung
VT, S. 192, mit Q2 sowie Q3 in Verbindung mit Q1
Entwicklung von Tafelbild 1
Unterrichtsgespräch
Problematisierung
a) Chemie in der Landwirtschaft: Chancen und Gefahren
b) Der Bauer wird zum Landwirt - Erklärung des Wandels (S. auch Arbeitsauftrag 2.)

Erläuterungen zu den Arbeitsaufträgen

192–193

A: Stelle die Vorteile und Nachteile des Einsatzes von Mineraldünger (Kunstdünger) für die Menschen um 1910 zusammen. [II]
Die Begriffe: Mineraldünger, Kunstdünger, chemische Dünger sind als Synonyme zu verstehen. Vorteile: Ertragssteigerung, auch minderwertige Böden können rentabel bestellt werden, Mineraldünger kann relativ leicht in den Boden eingebracht werden. Nachteile: zusätzliche Kosten; zu der wahrscheinlich von Schülern genannten Umweltbelastung ist anzumerken, dass diese für die Zeitgenossen noch kein Problem darstellte.

B: Stelle den Zusammenhang von Industrialisierung und Landwirtschaft dar. [III]
Siehe Tafelbild 1 auf S. 172.

C: Manche Gymnasien tragen den Namen des deutschen Chemikers Justus Liebig. Informiert euch in einem Lexikon über ihn und gestaltet ein Wandplakat. [II]
Im Internet gibt es zahlreiche Beschreibungen des Lebens von Justus Liebig. Hier einige Eckpunkte auf der Basis des Internetauftritts des Liebig-Museums in Gießen:
Justus Liebig wurde im Jahre 1803 in Darmstadt als Sohn eines Materialienhändlers (Drogist) geboren, der Farben und Firnisse z. T. selbst herstellte. Mit 18 musste er das Gymnasium verlassen und ergriff eine Apothekerlehre, die er aber bereits nach 10 Monaten abbrach. Ende 1820 begann er mit dem Studium der Chemie, 1822 promoviert er. Ein Stipendium seines Landesherrn ermöglichte ihm die Fortsetzung des Chemiestudiums in Paris bei Gay-Lussac, dem bedeutendsten Chemiker der Pariser Schule. Alexander von Humboldt empfiehlt ihn dem Großherzog von Hessen so nachdrücklich, dass Liebig 1824 zum Professor an der Universität Gießen berufen wurde. Einige Schwerpunkte seiner Tätigkeit waren:

- der experimentelle Unterricht: Für den deutschen Sprachraum hat Liebig die Chemie aus dem Zustand des „irgendwie Ausprobierens“ in den Rang einer exakten Naturwissenschaft erhoben.
- die Verbesserung der Elementaranalyse: Nun konnte man organische Stoffe und ihre Umwandlungsprodukte in großer Zahl analysieren und so immer tieferen Einblick in das chemische Geschehen gewinnen.

Liebigs Ruf als hervorragendster Chemiker seiner Zeit festigte sich. Er veröffentlichte seine Erkenntnisse über den Chemismus der pflanzlichen und der tierischen Ernährung sowie den Kreislauf der Stoffe in der Natur, die in krassem Widerspruch zur herrschenden Lehrmeinung standen. 1840 erschien sein Buch „Agrikulturchemie“. Das Werk wurde zunächst sehr positiv aufgenommen (6 Auflagen in 6 Jahren). Als sich jedoch die an die neue Lehre geknüpften Erwartungen in der Praxis nicht erfüllen ließen, schlug die Stimmung um. Erst nachdem Liebig seine Lehre in mancher Hinsicht ausgebaut und modifiziert hatte, setzte sie sich durch und Liebig wurde zum Reformator des Feldbaues. Die praktische Anwendung seiner Lehre führte zur Verviel-

fachung der Ernteerträge und machte die bis dahin bestehenden Ernährungsprobleme der Welt lösbar.
Im Jahre 1852 wechselte Liebig nach München, wo ihm ein hochmodernes Institut mit großzügigen Lebens- und Arbeitsbedingungen zur Verfügung gestellt wurde. Liebigs chemische Briefe, die zunächst als Wissenschaftskolumne in der Tageszeitung „Augsburger Allgemeine Zeitung" erschienen, begründeten die fundierte populärwissenschaftliche Literatur. Weitere Erfindungen mit oftmals weitreichenden Konsequenzen folgten:

1. Der Silberspiegel ersetzte den bis dahin gebräuchlichen Quecksilberspiegel, dessen Herstellung zum Siechtum und qualvollen Tod der Arbeiter führte.
2. Mit dem Fleischextrakt gelang es, die bei der Häutegewinnung anfallenden riesigen Rindfleischmengen in Südamerika sinnvoll zu verwerten. Dies ist Liebigs bekannteste Erfindung und zudem die einzige, die ihm wirtschaftlichen Nutzen brachte.
3. Die Säuglingsnahrung bewährte sich als Ersatz der Muttermilch.
4. Das Backpulver, zum Zwecke rationeller Brotherstellung entwickelt z.B. für die Truppenverpflegung, machte seinen Schüler Horsford in den USA zum Millionär. Liebig selbst erhielt ca. 300 Mark Lizenzgebühren.
5. Die Korrosionsbeständigkeit der Eisen-Nickel-Legierungen (Vorläufer unserer Edelstähle) wurde ebenfalls von Liebig entdeckt.
6. Das Superphosphat ist noch heute unser wichtigster Phosphorsäuredünger.

Justus von Liebig starb im April 1873 in München als hochangesehener Mann an einer Lungenentzündung.

D: Du bist Hersteller der neuen Motor-Dreschmaschine und willst sie an einen Kunden verkaufen. Erkläre ihm die Vorteile gegenüber der herkömmlichen Art des Dreschens mit dem Dreschflegel.
Das neue Gerät wird mit einem Elektromotor angetrieben und ist daher beweglich und kann überall eingesetzt werden. (Die Schüler können auf S. 189, Aufgabe 4, zurückgreifen und weitere Vorteile eines Elektromotors nennen.) Darüber hinaus ist die Ersparnis von Zeit und menschlicher Arbeitskraft zu erwähnen. Arbeitskräfte werden nur noch zur Bedienung der Maschine, zur Zufuhr des zu dreschenden Getreides und zum Abtransport des Korns und des Strohs gebraucht.
Im Zusammenhang mit der Finanzierung der neuen Maschine kann auf die Möglichkeit aufmerksam gemacht werden, sich mit anderen Bauern zu einer Dreschgenossenschaft zusammenzuschließen (was auch tatsächlich häufig passierte).

1. Stelle alle Veränderungen zusammen, die im 19. Jahrhundert direkt oder indirekt zur Ertragssteigerung führten (VT, Q1 – Q3). [I]
Direkt zur Ertragssteigerung tragen neben der besseren Ausbildung und Schulung der Landwirte die wissenschaftlich-technischen Neuerungen bei: neue Landmaschinen, Einsatz moderner Antriebsmethoden (Dampfmaschine, Elektromotor, Benzinmotor), neue Züchtungen bei Pflanzen und Tieren, neue Pflanzen (Kartoffel und Zuckerrübe), neue Düngemethoden (Kunstdünger), neue Anbaumethoden (Fruchtwechsel).
Aber auch die indirekten Faktoren spielen eine wichtige Rolle: Die Aufhebung der Leibeigenschaft führte dazu, dass die Bauern auf eigene Rechnung produzieren. Die neuen Transportmöglichkeiten (Eisenbahn, Dampfschiffe) erschließen den Bauern weiter entfernt liegende Märkte. Beseitigung der Zollschranken. Viele kleine unrentable Bauernstellen werden aufgegeben, weil die Menschen in den Fabriken Arbeit finden. Es bilden sich größere Bauernstellen.

2. Aus dem Bauern wird ein Landwirt – erläutere diese Aussage (VT, Q1 – Q4). [II]
a) Der Landwirt hat eine Ausbildung im landwirtschaftlichen Bereich.
b) Dies ist wegen der vielfältigen Kenntnisse und Fertigkeiten, die zur Führung eines wirtschaftlich arbeitenden Hofes beherrscht werden müssen, notwendig geworden.
c) Historisch hängt dies mit der zunehmenden Technisierung der Landwirtschaftsmaschinen zusammen, mit dem Einsatz von Dünger und Pestiziden und mit der Ökonomisierung, um am Markt zu bestehen.
d) Ein Landwirt betreibt keine Subsistenzwirtschaft (auch Bedarfswirtschaft) mehr, die primär auf Selbstversorgung ohne Überschussproduktion ausgerichtet ist, sondern produziert für den Markt.

Tafelbild 1 h42uy5

Arbeits- und Lebensverhältnisse ändern sich

194–197

Stundenvorschlag g69sh2

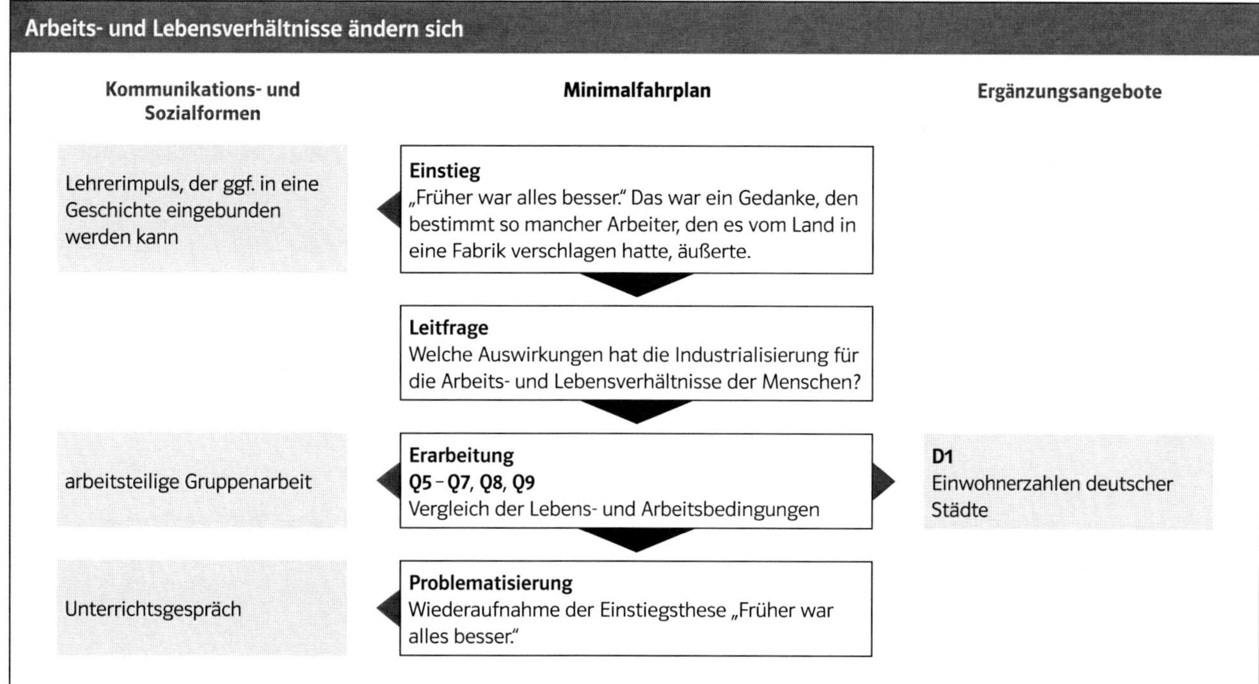

Erläuterungen zu den Arbeitsaufträgen

194–197

A: Stelle in einer Skizze dar, wie sich die fortschreitende Industrialisierung auf das Leben und die Arbeit der Menschen auswirkte. [III]

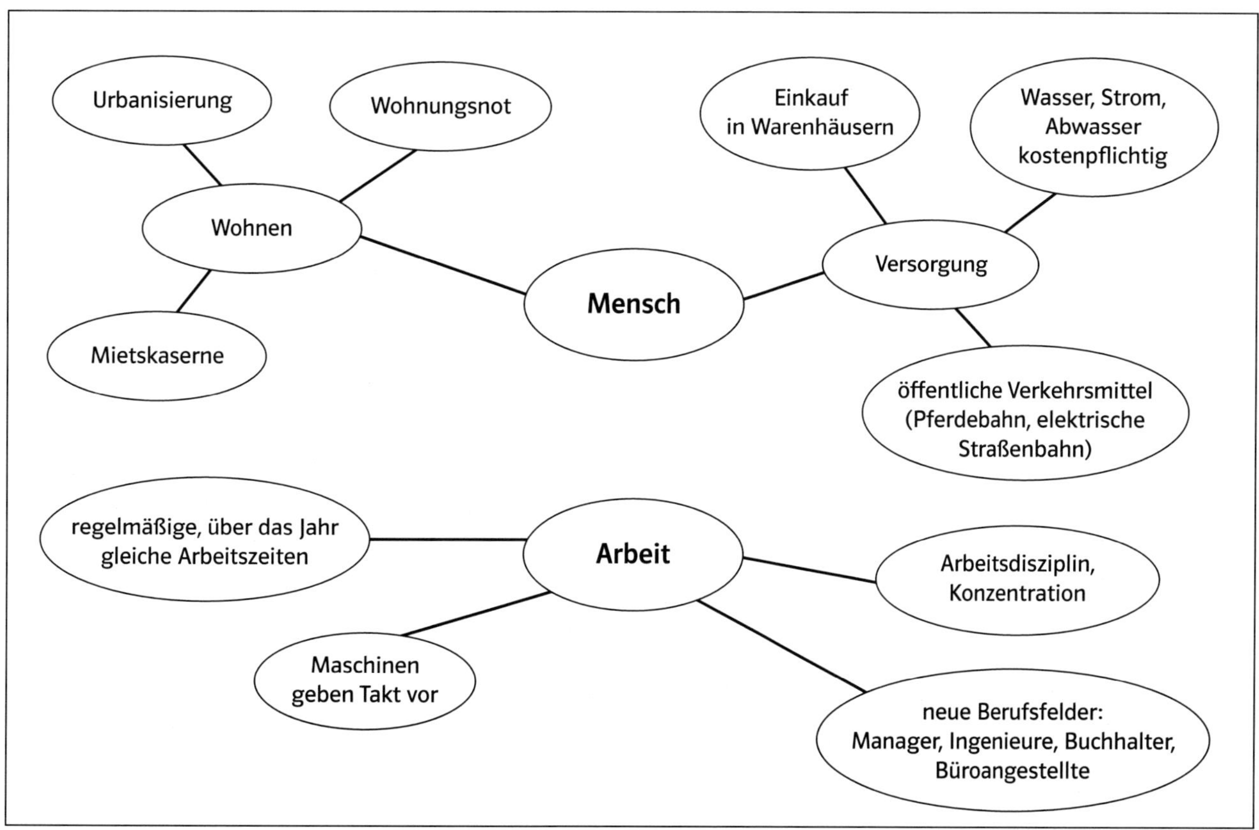

B: Beschreibe die Fotos in allen Einzelheiten. Beachte dabei die Ausmaße des Raumes. [I]
Q1 zeigt eine enge Gasse in einem Arbeiterquartier. Es ist ein Sonnentag, aber dennoch dringt kaum Sonne in diese Gasse. Die Sonne scheint nur kurze Zeit in die Gasse. Einige Fenster stehen offen, um die Räume zu lüften. Die schmucklosen, mehrstöckigen Häuser stehen dicht. Die Gasse ist so eng, dass gerade ein Fuhrwerk passieren kann. Es ist zu vermuten, dass die Wohnungen sehr klein sind und für viele Menschen ausreichen müssen.
Bei Q2 handelt sich um ein Foto einer Wohnung in einer „Mietskaserne". Der Raum ist langgestreckt und eng mit einem hohen Fenster an der Schmalseite. Eine kleine Gardine schafft etwas Privatheit. Der schwarze Strich, der sich von oben rechts bis in die Bildmitte zieht, ist eine gespannte Wäscheleine, auf der am Fenster auch noch ein Kleidungsstück zu erkennen ist. In dem Raum halten sich drei Personen (Eltern und Kind) auf. Der Raum ist karg möbliert, im Vordergrund rechts ist ein Kachelofen zu erkennen. In dem Raum wird gekocht, gegessen, gewohnt und die Pritsche an der rechten Wandseite deutet auch darauf hin, dass der Raum auch als Schlafraum genutzt wird.

C: Finde heraus, wo die Menschen vor der Industrialisierung die Waren für ihren täglichen Bedarf kauften, bevor Läden und Warenhäuser öffneten. [II]
Die Aufgabe verlangt Aktivierung vorhandenen Wissens aus der Zeit der Vorindustrialisierung, aber auch Transfer der Information über Neuerungen aus diesem Kapitel in die vorangehende Zeit.
Vor der Industrialisierung überwog im ländlichen und landstädtischen Raum die Selbstversorgung. Es gab Märkte und Hausierer, die Waren anboten. Die Eigenproduktion orientierte sich am langen Rhythmus des Jahres, erst im Zuge der Industrialisierung stellt sie sich auf eine eher wöchentliche Versorgung um. Die Produkte des Umlandes und der Saison waren entscheidend. Die Produkte wurden in Handarbeit angefertigt. Mit der Industrialisierung wächst der Einzelhandel, die Eigenproduktion geht zurück und der Konsum erfolgt über den Handel mittels Kauf und Geld.

D: Liste auf, welche neuen Berufe durch die Veränderungen im Handel entstanden. [I]
Zunächst ist ausgehend von Q3 an die entstehenden Warenhäuser (neben Tietz 1879/1882/1888, Karstadt 1881, Wertheim 1894) zu denken. Dort vor allem entstehen neue Berufsfelder: Verkäufer, Einkäufer, Kassierer, Abteilungsleiter, Buchhalter, Haustechniker, Schreibkräfte, zunehmend auch Werbefachleute und Dekorateure für Schaufenster, u. a. m. Daneben entstehen „Spezialgeschäfte", die eine gewisse Fachkenntnis erfordern, wie die Drogerie, sodann gibt es die kleineren Ladengeschäfte, „Gemischtwarenläden", die den täglichen Bedarf abdecken, dazu Gemüse- und Tabakläden, deren Inhaber ohne spezielle Kenntnisse eine fast schon proletarische Existenzweise leben.

E: Als einer der Direktoren möchtest du die Zeiterfassung mit der Stechuhr einführen. Stelle auf einer Sitzung den anderen Direktoren die Vorteile dar, die du siehst.
Die Schüler sollen die Perspektive des Arbeitgebers einnehmen, der generell skeptisch gegenüber den von ihm bezahlten Arbeitern ist. Die Einführung der Stechuhr zwingt die Arbeiter zur Pünktlichkeit und Einhaltung der vereinbarten Arbeitszeit. So wird eine höhere Arbeitsdisziplin erreicht. Personenaufwendige Einlasskontrollen am Fabriktor entfallen, die Stechuhr ist objektiv, es gibt keine Schikanen durch Vorgesetzte in Bezug auf die Dauer der Arbeitszeit. Die Entgeltabrechnung wird vereinfacht.

F: Vergleiche die Wohnverhältnisse in Q8 und Q9. [II]
Der Vergleich soll die großen Unterschiede im Arbeitermilieu zeigen. Auf der einen Seite diejenigen, die noch nicht einmal ein eigenes Bett besitzen, auf der anderen Seite die „Arbeiteraristokratie", die in firmeneigenen Häusern wohnen konnte.

1. Erstelle einen tabellarischen Tagesablauf von William Dieterle (Q5). [I]

Tageszeit	Aufgaben
vor der Schule	Versorgung der Kleintiere: Hühner, Tauben, Gänse, Hasen
8:00 – 11:00 Uhr	Schule
mittags	dem Vater Essen in die Fabrik bringen
14:00 – 16:00 Uhr	Schule
anschließend	Hausarbeit, Futterschneiden für Kleintiere, im Herbst Früchte sammeln etc., anschließend Hausaufgaben (nicht in Q5 abgedruckt, aber im Original)

2. Vergleiche die Kindheit von William Dieterle mit der Lage anderer Arbeiterkinder im Industriezeitalter (VT, Q7,). [III]
Der Vergleich soll die großen Unterschiede in der Kindheit innerhalb der Arbeiterschicht zeigen. Während W. Dieterle zwar viele Aufgaben hatte, ging es ihm aber wesentlich besser als A. Popp, die nach drei Jahren Schule und dem frühen Tod des Vaters mit ihrer Mutter in einer kleinen Kammer lebt und schläft und als zehnjähriges Mädchen zwölf Stunden in der Fabrik arbeiten muss und die permanent übermüdet ist.

3. Informiere dich mithilfe des Internets über Kinderarbeit heute. [I]
Neben dem Kinderhilfswerk UNICEF (www.unicef.de) sind es auch die Internetseiten von z.B. Misereor, terre des hommes oder der Welthungerhilfe, die eine Fülle von Informationen zum Thema anbieten.

4. Finde im VT Hinweise, dass die Industrialisierung auch Vorteile gebracht hatte. [I]
Der Text (z.B. Q5 und Q8, aber auch das nachfolgende Kapitel zur sozialen Frage) liefert bei allen negativen Fakten auch Hinweise auf Verbesserungen nach der Mitte des 19. Jahrhunderts gegenüber der vorindustriellen Zeit: feste Unterkünfte/Wohnungen, die eine Verbesserung gegenüber den Hütten der Bauern bedeuteten; es gab – sofern man in Arbeit war – ein regelmäßiges Einkommen; die Arbeitszeit war zwar hoch, aber begrenzt; die Städte entwickelten eine Infrastruktur, die den Bauerndörfern und Bauernstellen

überlegen war; es gab Aufstiegschancen, die die vorindustrielle Ständegesellschaft nicht eröffnete.

„Bei aller noch so gerechtfertigten Kritik an den trostlosen Lebens- und Arbeitsbedingungen dieser ersten Generation von Fabrikproletarieren wird man im Auge behalten müssen, dass im Vergleich zum vorindustriellen Massenelend der durchschnittliche Arbeiter jetzt besser dran war." (Hagen Schulze: Kleine Deutsche Geschichte, München 1996, S. 112) „In Deutschland gab es keine Hungerrevolten mehr." (Vgl. ebd.) „Insgesamt verbesserte sich das Leben der arbeitenden Bevölkerung in England zwischen 1780 und 1850 nicht. Danach zogen die Löhne deutlich an den Preisen vorbei, und die Lebenserwartung begann allmählich zu steigen." (Jürgen Osterhammel: Die Verwandlung der Welt: Eine Geschichte des 19. Jahrhunderts, München, 2009, S. 259)

5. Rechne aus, welche Städte am schnellsten und am langsamsten wuchsen. Suche nach möglichen Gründen (D1). [II]

Die Aufgabenlösung kann für Schüler sehr zeitaufwendig sein. Daher bietet es sich an, die Berechnung für die einzelnen Städte in der Lerngruppe aufzuteilen. Damit alle Schüler dieselbe Berechnungsformel anwenden, ist eine Formel vorzugeben. Wenig Sinn macht es, die absoluten Zahlen zu vergleichen, sodass auf die relativen Zahlen zurückzugreifen ist. Zwar kann der %-Wert zugrunde gelegt werden, aber es ist wahrscheinlich unkomplizierter, die Wachstumsrate zu untersuchen.

Entwicklung der Städte (Wachstumsrate)
Hilfe:
Formel:

Wachstumsrate im Zeitraum von n Jahren = $\frac{\text{Zelle x+1}}{\text{Zelle x}}$

Beispiel:
Wachstumsrate Berlins von 1852 bis 1871 (ca. 20 Jahre):

$\frac{472\,000}{419\,000}$ = ca. 1,13

Die Wachstumsraten sind durchgängig erheblich, auffällig sind aber die Städte Dortmund, Essen, Ludwigshafen, wobei die Wachstumsraten in Essen und Ludwigshafen unzweifelhaft durch die Firmen Krupp bzw. BASF zu erklären sind. Im Einzelnen sind die Wachstumsraten durch die örtliche Geschichte zu erklären. Es ist darauf hinzuweisen, dass die Verdopplung einer Millionenstadt wie Berlin zwischen 1890 und 1910 sicher andere und tief greifende Herausforderungen bedeutet als bei kleineren Städten.
(S. Tabelle unten.)

❻ Finde heraus, was die Firma BASF mit der Gründung der Arbeiterkolonie bezweckte. [I]

Die qualifizierten Arbeiter sollten an das Unternehmen gebunden werden und ein sozialer Frieden innerhalb der Belegschaft sollte die Neigung zu Streiks verhindern.

	von 1819 bis um 1852	von 1852 bis 1871	von 1871 bis 1890	von 1890 bis 1910	insgesamt von 1819–1910
Berlin	k. A.	1,13	2,40	2,04	5,52
Dortmund	3,04	3,28	2,02	2,39	48,11
Dresden	k. A.	1,82	1,56	1,98	5,52
Düsseldorf	1,07	2,44	2,09	1,79	9,71
Essen	2,22	4,88	1,53	3,74	62,04
Frankfurt a. M.	1,62	1,35	1,98	2,30	10,00
Hamburg	1,40	1,33	1,35	2,87	7,27
Hannover	1,27	2,75	1,87	1,85	12,03
Köln	1,79	1,28	2,19	1,83	9,16
Leipzig	k. A.	1,68	2,78	2,00	9,36
Ludwigshafen	k. A.	3,43	3,65	2,90	36,28
Mainz	1,45	1,45	1,34	1,55	4,36
München	1,99	1,59	2,06	1,71	11,11

Tafelbild 1 z443yf

Die Facetten der Industrialisierung

Arbeiterschaft			
	- hölzerne Baracken in Vorstädten	- steinerne Mietskasernen mit Etagen-WC	- Werkswohnungen, -siedlungen
	- Arbeitslosigkeit	- unsichere Arbeitsverhältnisse/Tagelohn	- regelmäßiger, ausreichender Lohn - neue Berufe: Aufstiegschancen
	- Armut	- niedriger, unregelmäßiger Lohn	- staatliche und betriebliche Fürsorge
	- Hunger	- Ausbleiben von Hungerkatastrophen	- größere Abwechslung bei der Ernährung, verbessertes Angebot
	- Krankheit	- verbesserte Hygienebedingungen	- medizinische Fortschritte
	- Almosen		

Wie soll die soziale Frage gelöst werden?

198 – 203

Stundenvorschlag zq7i58

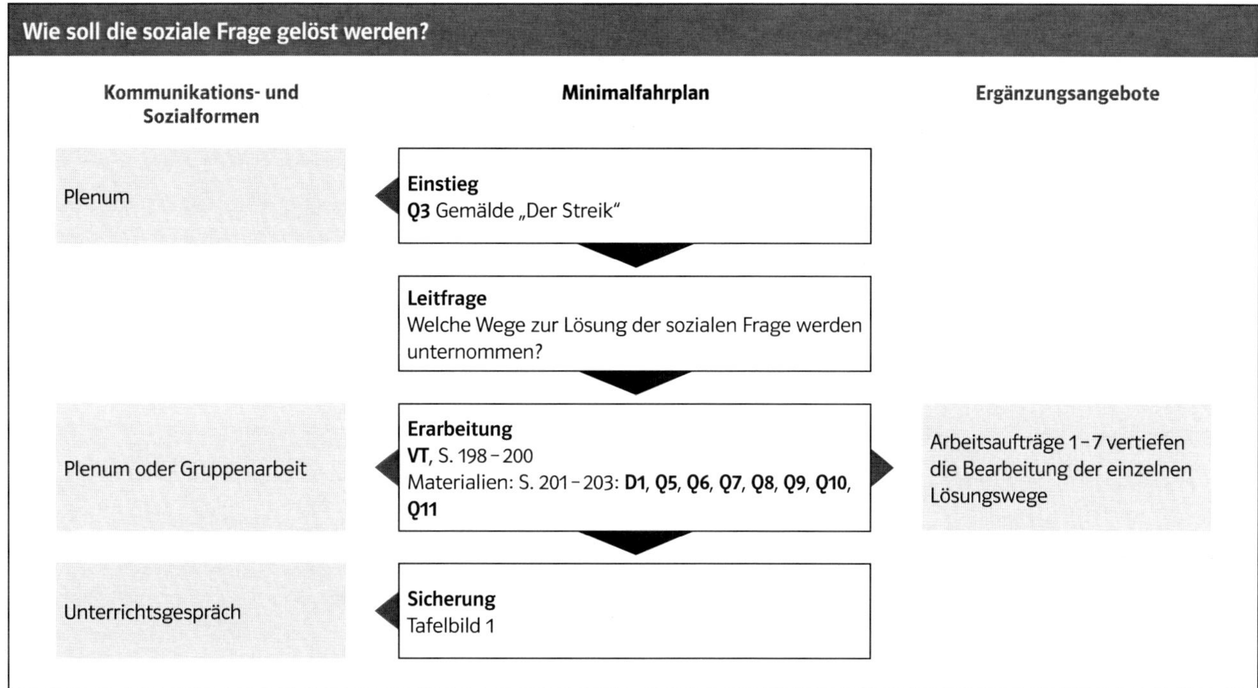

Zum Verfassertext und zu den Materialien

198 – 203

Q1 Im Jahr 1891 wurde das Arbeiterschutzgesetz erlassen. Dadurch wurde die staatliche Gewerbeaufsicht ins Leben gerufen. Hierdurch wurden nicht nur Fabrikbetriebe, sondern auch das Gewerbe überwacht. Dadurch entstand das duale Arbeitsschutzsystem aus staatlicher Gewerbeaufsicht und Berufsgenossenschaften. Aufgrund dieser Einrichtungen konnten zwischen 1886 und 1913 die Arbeitsunfälle halbiert werden. Während das bisherige Arbeitsschutzgesetz vor allem sozial geprägt war, verdeutlicht sich nun eine duale Form des Arbeitsschutzes. Das bedeutet, dass die Berufsgenossenschaften insbesondere auf die technischen Facetten des Arbeitsschutzes achten, während sich die 1891 ins Leben gerufene Gewerbeaufsicht auf die Bestimmungen zur Beschäftigung von Frauen, Kindern und Jugendlichen fokussiert.

Erläuterungen zu den Arbeitsaufträgen

198 – 203

A: Trage in eine Tabelle ein, wer versuchte, die soziale Frage zu lösen und welche Maßnahmen jeweils vorgenommen wurden. [I]

Gruppe	Maßnahmen
Kommunisten: Marx/Engels	gewaltsamer Umsturz der herrschenden Verhältnisse, ohne die Mehrheit in demokratischen Wahlen zu erringen (Revolution)
Sozialdemokraten	Erringung der politischen Macht über demokratische Wahlen, um die herrschenden Verhältnisse zu ändern
Gewerkschaften	Gründung von Genossenschaften und Selbsthilfevereinen: Verbesserung der wirtschaftlichen Lage der Arbeitnehmer im bestehenden System, ohne allgemeine politische Macht erringen zu wollen
Kirchen	Glaube an die Macht der Nächstenliebe, um durch Hilfseinrichtungen die in Not geratenen Menschen zu unterstützen
Unternehmer	Einrichtung von Pensionskassen, Bau von Siedlungen, Bau öffentlicher Einrichtungen wie Krankenhäuser, Schulen für ihre Belegschaft; Begrenzung der Arbeitszeit
Staat	Arbeitsschutzvorschriften, Verbot der Kinderarbeit, Mutterschutz, Sozialversicherungssystem (Unfallkasse, Altersrente, Arbeitslosengeld)

B: Beurteile diese Lösungsversuche. [III]
Bei der Beurteilung sollten folgende Aspekte im Blickfeld bleiben:

Gruppe	Beurteilung
Kommunisten: Marx/Engels	Eine radikale, gewaltbereite Minderheit unterdrückt den demokratischen Mehrheitswillen. Keine Kontrolle durch die Mehrheit möglich.
Sozialdemokraten	Es wird schwierig sein, die politische Mehrheit zu erringen, weil die Interessen auch innerhalb der Arbeiterschaft sehr unterschiedlich sind (vgl. auch die Ergebnisse des vorangegangenen Kapitels „Arbeits- und Lebensverhältnisse ändern sich").
Gewerkschaften	Die Politik muss Gewerkschaftsrechte garantieren.
Kirchen	Es bleibt bei Appellen, kein Rechtsanspruch, der eingefordert werden kann.
Unternehmer	Alles ist von dem Willen und der Bereitschaft des Einzelnen abhängig. Für Arbeiter besteht kein Rechtanspruch, der eingeklagt werden kann.
Staat	Er ist immer auf Interessenausgleich angewiesen und auf die Mehrheit, die die Regierung trägt. Machthaber geben immer nur das preis, was unbedingt sein muss.

C: Schreibe einen Zeitungsbericht zu dem Unfall und formuliere darin Empfehlungen, wie sich solche Unfälle vermeiden lassen. [I]
In dem Artikel sollte zunächst die abgebildete Szene beschrieben werden. Im Zentrum des Bildes halbrechts wird ein am Boden liegender Arbeiter von Kollegen und einem Arzt (?) versorgt; er hat sich an einer Maschine verletzt. Im Hintergrund nähert sich die Frau des Verletzten mit einem Kind an der Hand; sie ist offenbar von einem Kollegen herbeigerufen worden. Im Vordergrund links stehen zwei Arbeiter an einer Maschine, die sich wohl über die Gefahren ihrer Arbeit austauschen.
Mögliche Empfehlungen, die Schülerinnen und Schüler nennen können: Die offenen Antriebsriemen und -räder waren eine Hauptunfallquelle in den engen Fabrikhallen: verbesserter Arbeitsschutz, mehr Erholungspausen, Umrüstung auf andere Antriebsart der Maschinen (Elektromotoren) und Schutzvorrichtungen an den Maschinen, Einrichtung von Gewerbeaufsichtsämtern und Berufsgenossenschaften.

D: Stell dir vor, der Erwachsene im Vordergrund macht eine Führung durch das Rauhe Haus. Schreibe den erklärenden Text. [II]
Folgende Punkte sind in dem Text zu erwähnen:
Wann: Um 1850
Wo: Knabensaal des „Rauhen Hauses"
Was (wird unterrichtet): Ausbildung in verschiedenen Berufen. Im Vordergrund rechts sind Spinnräder zu erkennen, links ist eine Schneiderei, im Mittelgrund ist die Abteilung der Schreiner/Tischler, der Hintergrund bleibt ungenau, vielleicht der Umgang mit Dreschflegeln
Wer: an dem Wohl der Knaben interessierte, christliche Ausbilder (Brüder)
Wie: freundliche Unterweisung in einem hellen, freundlichen Saal
Warum: Die Knaben haben niemanden, der sich um sie kümmert, und es besteht die Gefahr, dass sie „auf die schiefe Bahn" kommen.
Wozu: Waisen soll eine Chance gegeben werden, durch das Erlernen eines Handwerks einen Weg aus der Armut zu finden und ein „anständiges" Leben zu führen

E: Schildere die Situation auf dem Bild. Untersuche, wie die Arbeiter und der Unternehmer dargestellt werden. Schreibe auf, was einzelne Personen auf dem Bild gerade sagen oder denken könnten. [II]
Beschrieben wird ein spontaner, nicht von einer Gewerkschaft organisierter Streik.
Der Unternehmer steht in Anzug und Zylinder vor seiner Villa, die offensichtlich noch auf dem Werksgelände, zumindest in Sichtweite des Werkes, liegt. Während die Arbeiter in Bewegung dargestellt sind, steht der Unternehmer steif den Arbeitern gegenüber.
Die Auswahl der einzelnen Personen und die Vermutungen darüber, was diese sagen oder denken, obliegt den Schülerinnen und Schülern. Bei einigen Personen ist durchaus eine gewisse Spannbreite der Interpretation möglich. Hier eine Auswahl der Personen, die zur Aufgabenlösung herangezogen werden können:
Der Fabrikant: Sowohl strikte Ablehnung als auch Einsicht für das Anliegen der Arbeiter sind möglich.
Der Rädelsführer an der Treppe: Er prangert die geringe Lohnhöhe oder die Arbeitsbedingungen an.
Die im Vordergrund mit dem Arbeiter sprechende Frau kann sowohl beschwichtigen, ihn ermuntern oder ihn vom Streik abbringen wollen.
Der Arbeiter, der im Vordergrund den Stein aufhebt, kann gewaltbereit sein, ob er den Stein wirklich wirft, ist nicht sicher.
Die Mutter mit den beiden Kindern am linken Bildrand kann ihren Mann unter den Streikenden suchen, es kann sich aber auch um eine junge Witwe handeln, die ihren Mann bei einem Betriebsunfall verloren hat.

F: Erkundige dich, welche Leistungen heute bei Krankheit, Arbeitsunfällen und im Alter erbracht werden und wer die Beiträge aufbringt. [I]
Das heutige System der sozialen Sicherheit ist weiterentwickelt worden. Zunächst gehören dazu die staatlichen Maßnahmen zum Schutz gegen die Standardrisiken Krankheit, Unfall, Alter, Tod des Ernährers und Arbeitslosigkeit. Neben den gesetzlichen Versorgungen fallen auch die Beamtenversorgung sowie berufsständische Versorgungswerke darunter. Ergänzt wird dieses System durch soziale Transferleistungen wie z. B. Sozialhilfe.

Das soziale Sicherungssystem der Bundesrepublik (Stichtag: 1. Januar 2015)		
	Arbeitnehmeranteil	**Beitragssatz in % des Bruttoverdienstes**
Rentenversicherung	50 %	18,7 %
Krankenversicherung	50 %	14,6 %
(Arbeits-) Unfallversicherung	0 % (100 % Arbeitgeber)	
Arbeitslosenversicherung	50 %	3,0 %
Pflegeversicherung	50 % (mit Ausnahmen)	2,35 %

Die Beitragssätze werden in regelmäßigen Abständen angepasst, deswegen sind die Zahlen der Beitragssätze zu prüfen.

G: Beschreibe die Zeichnung. Überlege, welche Haltung der Zeichner zur Sozialgesetzgebung einnimmt. [I]
Altersarmut ist das Thema der Karikatur. Die Bildaussage steht im Gegensatz zum Titel. Gezeigt wird eine ärmlich eingerichtete Stube, ein alter, hagerer, alleinstehender Mann, der an einem Holztisch sitzt und sein Mittagessen einnimmt. Vor ihm steht eine Schüssel mit dampfenden Kartoffeln, auf seinem Teller liegen zwei Kartoffeln, neben ihm steht ein Glas mit Wasser. Ein halber Laib Brot sowie ein Gefäß mit Salz und Pfeffer stehen auf dem Tisch. Was auf dem kleinen Teller an der Tischkante liegt, ist nicht zu identifizieren. Auffallend ist der an einer Schnur von der Decke hängende Hering, an dem der alte Mann nur leckt. So deutet der Zeichner an, dass die Höhe der beschlossenen Altersrente nicht ausreicht. Die Rentner verhungern zwar nicht, aber sie kommen nur gerade so über die Runden.

H: Beschreibe, wie das Bild die Siedlung darstellt. [I]
Das Bild zeigt im linken Teil eine lang gezogene Straße mit dreieinhalbgeschossigen, gemauerten Wohnhäusern; um die Häuser herum gibt es Gemeinschaftsgärten. Vor den Wohnhäusern ist eine breite Straße mit spielenden Kindern und flanierenden Erwachsenen und Straßenbäumen zu sehen. Auf der rechten unteren Seite der Postkarte ist ein Spielplatz zu erkennen, dahinter ist ein rund eingefasstes Bild einer weiteren Straße zu erkennen, die auf eine Kirche zuläuft.
Das Bild vermittelt den Eindruck einer gepflegten, geordneten, hellen Siedlung für die Krupp-Arbeiter.

I: Vermute, was mit der Darstellung bezweckt wird. [I]
Das Bild pflegt das Ansehen des Firmenbesitzers Alfred Krupp als eines Unternehmers, der für seine Arbeiter einen Beitrag zur Lösung der sozialen Frage leistet. Darüber hinaus soll das Bild auch Arbeiter anwerben, in die Firma Krupp einzutreten, damit sie auch an den firmeneigenen Sozialleistungen teilhaben können.

1. Arbeite heraus, mit welchen Argumenten ein Fabrikbesitzer überzeugt werden kann, den Sozialgesetzen zuzustimmen (D1, Q1). [II]
Folgende Aspekte werden angeführt:
- Vermeidung von sozialen Unruhen und Streiks, Zurückdrängen des Einflusses der Gewerkschaften;
- Fernhalten der Arbeiter von politischen Parteien, v. a. von den Kommunisten und der Sozialdemokratie;
- der Staat übernimmt die sozialen Aufgaben und entlastet die Unternehmer;
- Aufteilung der Beitragskosten zwischen Arbeitgebern und -nehmern ist ein fairer Kompromiss.

2. Prüfe die Ratschläge, die Alfred Krupp seinen Arbeitern für ihre Lebensweise gibt (Q7). [I]
Deutlich wird bei diesen Ratschlägen das paternalistische Rollenverständnis, das der Unternehmer gegenüber seinen Angestellten und Arbeitern hat. Der etwa 65-jährige Unternehmer erwähnt sein soziales Engagement, für das er sich verschuldet hat und für das er nun die Gegenleistung seiner Arbeiter einfordert. Es folgen väterliche Ratschläge für ein nach seiner Auffassung harmonisches und erfülltes Leben, das sich auf Haushalt, Familie und Erziehung der Kinder konzentriert. Es ist allerdings auch nicht von der Hand zu weisen, dass Krupp so auch versucht, seine Arbeiter von politischem und gewerkschaftlichem Engagement fernzuhalten. Er begründet dies mit der Zeit und dem notwendigen Einblick in Zusammenhänge, die der einzelne Arbeiter nicht haben kann. Selbst wenn akzeptiert wird, dass an den Ratschlägen etwas Wahres dran sein könnte, so wirken die Ratschläge auf uns heute befremdlich, ja einseitig. Kein Unternehmer würde sich heute mit solchen Ratschlägen an seine Belegschaft wenden.

3. Erkläre, worin Marx und Engels die Ursache der sozialen Frage sehen und welche Schlussfolgerungen sie ziehen (VT, Q8). [II]
Die Menschen teilen sich in zwei sich feindlich gegenüberstehende Klassen: Die Proletarier und die Bourgeoisie (Synonym für Kapitalisten, Ausbeuter).
Die materiellen Güter sind ungleich verteilt, sodass es einen scharfen Gegensatz zwischen Arm und Reich gibt.
Auf dem demokratischen Weg über Wahlen hat das Proletariat keine Chance, an dieser Verteilung der Produktionsverhältnisse etwas zu ändern. Marx und Engels sehen in dem gewaltsamen Umsturz der bestehenden Gesellschaftsordnung (Revolution) die Lösung.

4. Analysiere die Motivation, aus der heraus Raiffeisen die Darlehnskassen ins Leben rief (Q11). [II]
Der im Christentum verankerte Raiffeisen gesteht zu, dass die Industrialisierung Erfolge vorzuweisen hat, aber er benennt auch den Preis, den die Menschen dafür zahlen. Der (ökonomische) Überlebenskampf wird heftig und rastlos geführt und die Produktion lässt keine Zeit zum Verschnaufen. Er sieht bei den Menschen ein ungesundes Streben nach immer mehr Besitz und Reichtum. Die Reichen haben einen Hang zu Verschwendung und Luxus. Raiffeisen setzt sein Ideal eines am Christentum orientierten Wirtschaftens dagegen und er hofft, dass das christliche Beispiel alle anderen zur Nachahmung auffordert.

5. Stelle zusammen, wie Arbeiter und Landwirte selbst versuchen, ihre Lage zu verbessern (VT, Q3, Q9, Q11). [I]

Arbeiter	Landwirte
Streik	Genossenschaftswesen (Waren-, Dienstleistungs- und Absatzgenossenschaften, Maschinenringe, Darlehnskassen)
Gewerkschaften	
Arbeitervereine: Bildung	
Selbsthilfevereine: Krankenkassen, Lebensmittelläden (Konsumgenossenschaften), Genossenschaftsbanken	
Arbeiterpartei: ADAV - SAP → SPD	

6. Führt ein Streitgespräch zwischen einem Vertreter der Kirche, Marx, Krupp und Raiffeisen, in dem jeder seine Lösung für die soziale Frage verteidigt (Q5, Q7, Q8, Q11). [II]
Die Schülerinnen und Schüler sollten in dem Streitgespräch folgende Positionen beziehen:
Kirchenvertreter: Appell an die christliche Nächstenliebe und Barmherzigkeit, innerhalb der bestehenden Gesellschaftsordnung;
Krupp: väterlicher Appell an sparsame Lebensführung. Innerhalb der bestehenden Gesellschaftsordnung übernimmt Krupp freiwillig die Fürsorge für seine Arbeiter durch Wohlfahrtseinrichtungen wie Werkswohnungen, Krankenhäuser, Kindergärten u.Ä.;
Marx: radikale Lösung; durch gewaltsamen Umsturz (Revolution) soll eine neue Gesellschaftsordnung entstehen, eine neue politische Staatsform, Enteignung der Unternehmer;
Raiffeisen: Orientiert am Christentum, lehnt Raiffeisen ein ausschließliches Streben nach immer mehr Besitz und Reichtum ab. Selbsthilfeorganisationen der Arbeiter und Landwirte zur Verbesserung ihrer Lage innerhalb der bestehenden Gesellschaftsordnung.

7. Vergleiche Q9 und Q10 miteinander. Worin stimmen die Ziele überein, wo siehst du Unterschiede? Überlege, worin die Unterschiede begründet sein können. [II]
Es geht um die Gemeinsamkeiten zwischen Gewerkschaften und Sozialdemokratie.
Q9: Die Gewerkschaften wollen die Arbeiter vereinen, um gegenüber den Unternehmern eine Machtposition zu haben. Ihre Forderungen beziehen sich auf eine Verbesserung ihrer materiellen Lage und der Situation am Arbeitsplatz. Dies wollen sie innerhalb des bestehenden politischen Systems erreichen.
Q10: Auch die Sozialdemokratie will eine Verbesserung der materiellen Lage der Arbeiterschaft, aber sie will dies durch eine politische Veränderung der gesellschaftlichen Rahmenbedingungen erreichen. Sie tritt für eine Umwandlung des kapitalistischen Privateigentums (des Eigentums an Produktionsmitteln) in gesellschaftliches Eigentum ein, dazu will sie die politische Macht erringen.

❽ Formuliere einen Dialog zwischen Raiffeisen und dem sitzenden Landwirt, in dem beide eine Lösung für die Notlage besprechen (Q11, Q12). [II]
Der sitzende Landwirt wird unverschuldet in eine materielle Notlage gekommen sein. Dafür kann es vielfältige Gründe geben wie Missernte, Überschuldung, persönliches Unglück, sodass er von den Banken keinen Kredit mehr bekommt. Hier zeigt ihm Raiffeisen den Weg über seine Darlehnskasse auf, die ihm den notwendigen Kredit zu einem günstigen Zinssatz und mit langer Laufzeit gibt.

Tafelbild 1 9nz9ty

Die soziale Frage – Lösungsmöglichkeiten

christliche Kirchen	betriebliche Fürsorge	staatliche Sozialpolitik	Selbsthilfe der Arbeiter und Bauern	Gewerkschaften	Sozialdemokratie	Kommunisten
Nächstenliebe	Bindung der Arbeiter an das Unternehmen	Bindung an den Staat	Gemeinschaftsdenken	Verbesserung der Arbeitsbedingungen	wirtschaftliche und politische Reformen vom Staat	neue Gesellschaftsordnung, neue Staatsform, Revolution

Lösung der sozialen Frage

Längsschnitt: Wald und Mensch in der Geschichte

204–209

Stundenvorschlag g65dt3

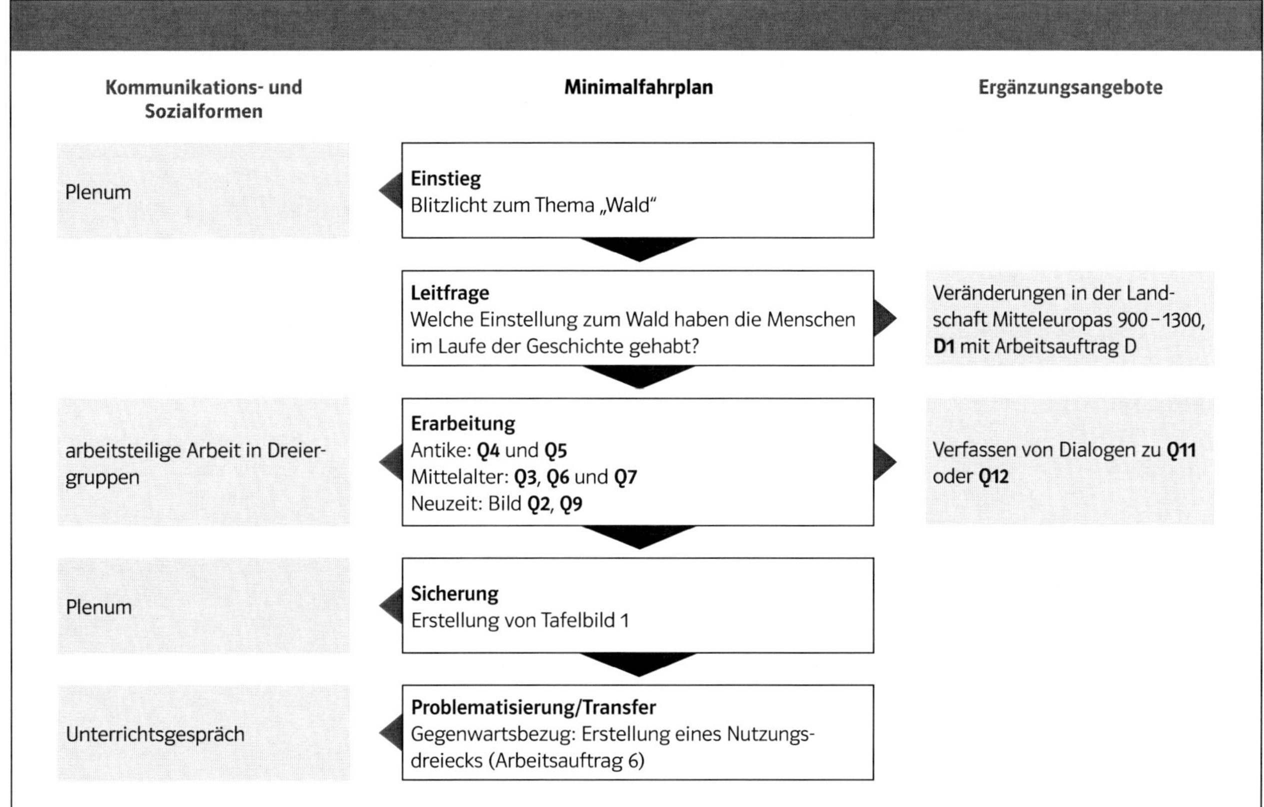

Kommunikations- und Sozialformen
Minimalfahrplan
Ergänzungsangebote
Plenum
Einstieg
Blitzlicht zum Thema „Wald“
Leitfrage
Welche Einstellung zum Wald haben die Menschen im Laufe der Geschichte gehabt?
Veränderungen in der Landschaft Mitteleuropas 900–1300, D1 mit Arbeitsauftrag D
arbeitsteilige Arbeit in Dreiergruppen
Erarbeitung
Antike: Q4 und Q5
Mittelalter: Q3, Q6 und Q7
Neuzeit: Bild Q2, Q9
Verfassen von Dialogen zu Q11 oder Q12
Plenum
Sicherung
Erstellung von Tafelbild 1
Unterrichtsgespräch
Problematisierung/Transfer
Gegenwartsbezug: Erstellung eines Nutzungsdreiecks (Arbeitsauftrag 6)

Zum Verfassertext und zu den Materialien

204–209

VT Der heutige Wald erzählt weniger von der wilden Natur – was er zu erzählen hat, ist vielmehr eine Kulturgeschichte: die Geschichte der Besiedlung des Landes. Er erzählt, dass Holz lebensnotwendig war zum Kochen, Heizen und Bauen. Dass bereits im späten Mittelalter viele Wälder abgeholzt waren. Der Wald der Gegenwart erzählt davon, dass die Waldböden verarmten, weil Bauern die Viehställe im 18. Jahrhundert mit Laub- und Nadelstreu auslegten. Dass die abgeholzten Flächen Wind und Wetter ausgesetzt waren, erodierten und die verbliebenen Bäume eingingen. Und er erzählt auch davon, dass im 19. Jahrhundert mit Fichten und Kiefern aufgeforstet wurde, mit Bäumen, die schnell wuchsen und Holz lieferten. In den 1980er-Jahren rüttelten Meldungen über das Waldsterben viele Menschen wach, ein Umdenken setzte ein. Der Wald gilt nicht länger nur als Rohstofflieferant.

Erläuterungen zu den Arbeitsaufträgen

204–209

A: Beschreibe, wie die Menschen in der Jungsteinzeit mit dem Wald umgegangen sind. [I]
Dem Verfassertext ist die Information zu entnehmen, dass der Wald im Neolithikum als Nahrungsergänzungsquelle genutzt wurde. Bei einer Recherche im Internet findet man unter folgender Adresse die Rekonstruktion einer jungsteinzeitlichen Siedlung:
http://www.federseemuseum.de/das-federseemuseum/unesco-weltkulturerbe-am-federsee/alleshausen-grundwiesen/
Aus der Abbildung lassen sich weitere Arten der Verwendung von Holz entnehmen:
- wichtiges Grundmaterial für den Hausbau,
- zur Umzäunung der Siedlung und Einzäunung des Viehs,
- zur Herstellung von Booten,
- zur Herstellung von Karren,
- Stiele für Werkzeuge,
- als Brennmaterial.

B: Beschreibe, wie die Eichelmast ablief. [I]
Mastzeit: September bis November
Waldstück: Sofern es einen Landesherrn gab, musste die Erlaubnis eingeholt werden, natürlich gegen Gebühren oder Abgaben. Schweinemast in einem Wald war sogar manchmal ertragreicher als der Verkauf von Holz. Die Eichenmast gab es in ganz Europa.
Vorgehensweise: Schweine reagieren auf akustische Signale, sodass die Herden von einem oder zwei Hirten behütet werden konnten. Der Hirte trieb die Herde zu dem

Baum, dort schlug er mit einem Stock die reifen, aber noch nicht heruntergefallenen Eicheln herunter. Die Schweine durchwühlten auf der Suche nach Futter völlig den Boden. Nachdem der Platz leer gefressen war, zog der Hirte mit seiner Herde weiter. Neben der Eichelmast gab es auch die Mast mit Bucheckern.
Bewertung: Heute gilt die Waldmast für die industrielle Fleischerzeugung als überholte und ineffektive Mastform. Dennoch wird heute die Waldmast wieder vereinzelt betrieben, denn das Fleisch ist hochwertig und von besonders guter Qualität, die Preise für derartiges Fleisch betragen ein Vielfaches der Supermarktangebote.

C: Nenne Nutzungen des Waldes, die du auf dem Bild erkennen kannst. [I]
Hintergrund links: Jagd; Hintergrund rechts: Waldweide; Vordergrund rechts: Holzeinschlag; im Vordergrund ein Forstbediensteter.

D: Beschreibe die Veränderungen der Waldfläche in Europa zwischen 900 und 1300. [I]
Für nachvollziehbare Aussagen ist zunächst eine Bestandsaufnahme um 900 vorzunehmen. Der Norden Deutschlands ist durch Sumpf, Heide und Moorflächen gekennzeichnet. Es gibt nur kleinere Waldflächen. Mittel- und Süddeutschland sowie die Gebiete östlich der Elbe sind durch große und dichte Bewaldung charakterisiert. Bis 1300 werden in die Waldgebiete dieser Regionen größere Schneisen und Freiflächen geschlagen. In der Summe bleiben allerdings immer noch große zusammenhängende Waldflächen zwischen den Siedlungsinseln erhalten.

E: Beschreibe die dargestellten Nutzungen des Waldes. [I]
Im Gegensatz zu Q2 zeigt diese Abbildung vom Ende des 19. Jahrhunderts doch nur die Holzwirtschaft als Nutzung des Waldes: das Fällen der Bäume, den Transport zum Sägewerk und die Produktion von Holzkohle in einem Kohlenmeiler. Die weiteren Nutzungen werden auf dieser Unterrichtstafel nicht mehr erwähnt.

F: Verfasse ein Streitgespräch zwischen dem Förster und der Mutter. [II]
Ein Konflikt zwischen dem Förster, der hier die Eigentumsrechte des Besitzers (Staat oder Privatmann) vertreten muss, und der Mutter, die den Wald zur Nahrungsergänzung (Korb des Knaben und ggf. Schürzeninhalt) und zum Brennholzsammeln (Äste zwischen den Beinen des Försters) aus materieller Not benötigt.

G: Erkläre einem Besucher aus der Stadt, warum der Kalkofen im Wald angelegt wurde und welche Folgen das für den Wald bisher hatte. [III]
Es ist davon auszugehen, dass den Schülerinnen und Schülern nicht bekannt ist, was in einem Kalkofen gebrannt wird, daher wird es sinnvoll sein, dies als Informationsblock einzubringen. In einem Kalkofen wird Kalkstein auf über 1000° C erhitzt. So entsteht in einer chemischen Reaktion Branntkalk, der mit Wasser versetzt zu Löschkalk wird. Dieser ist ein wichtiger Baustoff, dem auf der Baustelle Sand und Wasser zugesetzt wird. Dieser Kalkmörtel trocknet („er bindet ab") und wird zu einem festen Baustoff. Man benötigt Kalkmörtel für jedes Steinhaus. In einer Zeit des enormen Städtewachstums werden natürlich größte Mengen dieses Baustoffs benötigt.
Bevor es Koks gab, benutzte man zur Erzeugung hoher Temperaturen Holzkohle. Wegen der kurzen Wege errichtete man den Kalkofen im Wald, der nach und nach abgeholzt wurde. Eine Wiederaufforstung fand nicht statt und selbst wenn es sie gegeben hätte, wäre die Wachstumsperiode viel zu lang gewesen, um diesen Kahlschlag aufzuforsten.

1. Arbeite heraus, wie die Zurückdrängung des Waldes von den Menschen der Antike und des Mittelalters eingeschätzt wird (VT, Q1, Q3–Q7). [II]
Antike: Der Grieche Platon (Q4) beschreibt im vierten vorchristlichen Jahrhundert den Umgang der Menschen mit dem Wald kritisch. Er vergleicht seine Gegenwart mit einem idealistischen Bild von vor 9000 Jahren. Die Berge und Ebenen in der Umgebung Athens seien bewaldet und fruchtbar gewesen. Durch ungezügelte Abholzung und Kultivierung von Flächen seien die fruchtbaren Böden weggeschwemmt worden. Der Mensch habe dem gesunden Leib der Natur großen Schaden zugefügt. Zur Verdeutlichung benutzt er drastische Vergleiche: „Knochengerüst eines Leibes", „mageres Gerippe".
Der Römer Lukrez (Q5) dagegen begrüßt die Abholzung von Wäldern als Kulturleistung des Menschen. Dem Wald („Waldung") stellt er den zivilisatorisch höher stehenden „Fruchtbau" gegenüber.
Mittelalter: Eine durchaus abwägende Position nimmt Karl d. Gr. (Q6) ein, indem er unterscheidet zwischen zur Rodung geeigneten und notwendigen Wäldern. Wenn einmal gerodet ist, dann soll das kultivierte Land auch gegen den Wald verteidigt werden. Andererseits erkennt er, dass der Wald auch Lebensraum für Wildtiere und zur Schweinemast sowie eine Einnahmequelle für eine finanzielle Abgabe ist. Illustrierend dazu Q1.
Knapp 500 Jahre später nimmt Ritter Gerbord (Q7) eine einseitige Position ein. Er lockt für die Abholzung eines Waldes Siedler ins Land und verspricht ihnen zehn Jahre Land, Freiheit von Abgaben, Diensten und Zinszahlungen, wenn sie den Wald abholzen und Siedlungsland daraus machen. Illustrierend dazu Q3.

2. Stelle die verschiedenen Formen der Waldnutzung zusammen (Q2, VT) und bewerte ihre Auswirkungen auf den Wald. [II]
Holzeinschlag: Wenn es zu keiner Wiederaufforstung kommt, stirbt der Wald.
Jagd: Konkurrierende Interessen liegen vor, denn die Jäger (meist die adligen Waldbesitzer) möchten einen möglichst hohen Wildbesatz. Da das Wild aber Sprösslinge, junge Triebe, Baumrinde etc. frisst (Verbiss), schädigt ein zu hoher Wildbesatz den Wald nachhaltig.
Waldweide: Laubstreu (das Sammeln von Laub für die Stallhaltung) entzieht dem Boden wichtige Nährstoffe, Eichel- und Bucheckernmast sowie Waldweide verhindern das Nachwachsen neuer Bäume.
Nahrungsergänzung: Da die Bevölkerungszahl, die den Wald in diesem Sinne nutzt, gering war, ist keine nachhaltige Schädigung zu verzeichnen.

3. Das von Hans von Carlowitz entworfene Prinzip der Nachhaltigkeit hat sich erst allmählich durchgesetzt. Versetze dich in die Rolle eines Waldbesitzers und verfasse Redebeiträge für und gegen die Anwendung dieses Prinzips (Q8 – Q10). [II]
Pro-Argumente:
- Viele Wälder sind abgeholzt und können sich nicht mehr selbst erneuern.
- Ohne Wald kann der Wohlstand nicht gehalten werden, denn Holz ist die Voraussetzung für die wichtigsten Wirtschaftsbereiche. Der Wald hat Einfluss auf das Klima.
- Waldbau erfordert ein Denken in großen Zeiträumen, den Nutzen haben erst die Enkel oder Urenkel. Waldbau ist eine Fürsorge für die nachfolgenden Generationen.

Gegenargumente:
- Es gibt immer noch genug Wald.
- Die Investitionen in die Waldaufforstung bringen für denjenigen, der die Aufforstung durchführt, keinen Gewinn.

4. Stelle die Faktoren zusammen, die seit dem 19. Jahrhundert die Belastungen für den Wald verringert haben. [I]
- Neuer Blick auf den Wald, die Lehre von der Aufforstung, der Wald wird bewirtschaftet wie eine Ackerfläche in der Landwirtschaft;
- Steinkohlenkoks ersetzt die Holzkohle;
- Eisen und Stahl ersetzen das Holz als Bau- und Konstruktionsmaterial;
- Mineraldünger ermöglichen den günstigen Anbau von Futterpflanzen und die Anlage von Koppelweiden, sodass Waldmast und Waldweide nicht mehr nötig sind.

5. Stelle die unterschiedlichen Interessen der Forstbesitzer und der armen Bevölkerung einander gegenüber (Q11). [II]
Die arme Bevölkerung benötigt den Wald als Nahrungsergänzungsquelle und als Ort für das Sammeln von Brennmaterial. Die Forstbesitzer wollen den Wald wirtschaftlich allein nutzen und alle Erträge selbst verkaufen.

❻ Heute spricht man von einem Nutzungsdreieck aus Wirtschaftlichkeit, Umweltschutz, Erholungswert. Zeichne dieses Dreieck. Bestimme und begründe innerhalb dieses Dreiecks den deiner Meinung nach richtigen Punkt des Waldes. [II]

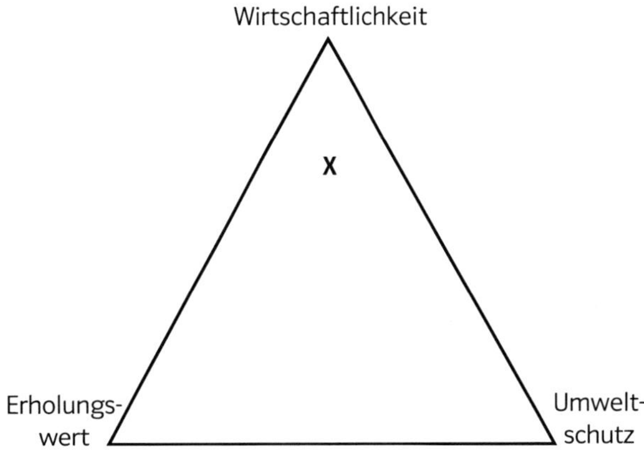

Je nach Argumentation kann der Punkt innerhalb des Dreiecks verschieden gesetzt werden.
Der Wald wird vorwiegend unter wirtschaftlichen Gesichtspunkten zu sehen sein, wenn auch die anderen Aspekte heutzutage mitzudenken sind, da die beiden anderen Eckpunkte des Dreiecks ebenfalls finanziert werden müssen.

Tafelbild 1 🌐 9x47as

Waldnutzung	Entlastungen
- Baumaterial - Konstruktionsmaterial - Grundstoff für Papierherstellung - Brennmaterial - Siedlungsreserve - Nahrungsquelle - Erholungsort - Klimaretter	- Waldbewirtschaftung seit etwa 300 Jahren - neue Materialien: Stein, Beton, Eisen - Energieträger: Kohle, Gas, Erdöl - Ertragssteigerung der Landwirtschaft - regenerative Energien - strenge Bebauungsvorschriften - Umweltschutz

210–211

Wiederholen und Anwenden

1. Ein Kreuzworträtsel lösen: Wichtige Namen und Begriffe kennen (Sachkompetenz)

1: Manchester
2: AG
3: Eisenbahn
4: Krupp
5: BASF
6: Produktion
7: Zollverein
8: Ingenieur
9: Thaer
10: Watt
11: Straßenbahn
12: Liebig
13: Marx
14: Raiffeisen
15: Ketteler
16: Ludwigshafen
17: Steinkohlenteer
18: Rhein
19: Warenhaus
20: Jungsteinzeit

2. Einen Lückentext füllen: Grundzüge der Industrialisierung in Deutschland beschreiben (Sachkompetenz)

Ausgangspunkt der Industrialisierung war **England/Großbritannien**, das „Mutterland der Industrie". In Deutschland waren die Voraussetzungen für die Industrialisierung deutlich **schlechter** als in England. 1834 schlossen sich 18 deutsche Kleinstaaten zum Deutschen **Zollverein** zusammen und bildeten so einen einheitlichen zollfreien Binnenmarkt. Motor der verzögerten Industrialisierung Deutschlands war vor allem der Eisenbahnbau, weshalb er auch als **Leitsektor** bezeichnet wird. Mit dem Wachstum der Eisen- und Stahlindustrie entstand im **Ruhrgebiet** ein Zentrum der Schwerindustrie. Nachdem die Eisen- und Stahlindustrie an Schwungkraft verloren hatte, übernahmen die **Elektro- und Chemieindustrie** die Führungsrolle. Die Industrialisierung brachte eine Menge Probleme mit sich, die man unter dem Stichwort **soziale Frage** zusammenfasst. Eine Antwort auf die Probleme gab der Staat, indem er in den 1880er-Jahren eine Reihe von **Reformen** beschloss, um die Lage der **Arbeiter** zu verbessern.

3. Eine Statistik auswerten: Entwicklungen im letzten Drittel des 19. Jahrhunderts kennen (Methodenkompetenz, Urteilskompetenz)
Werte die Statistik mithilfe der methodischen Arbeitsschritte auf Seite 183 aus. Beschreibe die Auswirkungen für die Stadt Ludwigshafen (siehe auch D1 auf Seite 197).

Beschreibung des kontinuierlichen Anstiegs mit einer kurzen Zeit der Stagnation 1882–1886, die Entwicklung der Beschäftigtenzahlen spiegelt sich in der Stadtentwicklung Ludwigshafens (S. 197) wider. Die Entwicklung ist typisch für die Entwicklung eines Großunternehmens und den Prozess der Urbanisierung im Zuge der Industrialisierung.

4. Eine Postkarte schreiben: Lebens- und Arbeitsbedingungen in der Industrialisierung um 1900 darstellen (Sachkompetenz, Urteilskompetenz, Kommunikationskompetenz)
Es ist das Jahr 1900. Du lebst in Ludwigshafen und schickst dieses Postkartenmotiv an deine Familie im heimatlichen Dorf im Hunsrück. Vor sechs Monaten hast du deine Lehre bei der BASF begonnen und nun berichtest du von dem Stadtleben, den Bauten und Verkehrsmitteln.

Die Texte der Schülerinnen und Schüler werden unterschiedlich ausfallen; folgende Aspekte können angesprochen werden:

- Urbanisierung (mit reger Bautätigkeit: Fabrikanlagen, öffentliche Gebäude, Mietskasernen);
- beengte Wohnverhältnisse vor allem für ungelernte Arbeiter;
- neue innerstädtische Verkehrsmittel (z.B. elektrische Straßenbahn);
- neue Straßen, Eisenbahn, Regulierung von Flüssen;
- Arbeitsbedingungen bei BASF: eine sehr gute, regelmäßige Bezahlung, andererseits strenge Kontrollen, lange Arbeitszeiten, teilweise gefährliche Arbeit.

5. Ein Lernplakat gestalten: Die Industrialisierung (Sachkompetenz, Methodenkompetenz, Urteilskompetenz). Erstellt in der Klasse ein Lernplakat nach dem vorgegebenen Muster.

Ein einfaches Lernplakat könnte folgendermaßen gestaltet werden:

Die Industrialisierung	
Sachinformationen: - Beginn der Industrialisierung in Großbritannien um 1750, in Deutschland um 1830/40 - Beginn einer zweiten Phase der Industrialisierung in Deutschland um 1880	
Positive Auswirkungen: - Arbeitsplätze für gestiegene Bevölkerungszahl, - regelmäßiges Arbeitseinkommen, - Chance zum sozialen Aufstieg, - allmähliche Steigerung des Lebensstandards, - Maschinen erledigen z.T. schwere körperliche Arbeit.	**Negative Auswirkungen:** - „soziale Frage" (Kinderarbeit, überlange Arbeitszeiten, schlechte Wohnungsverhältnisse, Altersarmut, Verwahrlosung junger Menschen), - Umweltbelastungen, - Entfremdung des Menschen von der Arbeit.

Vertiefen und Vernetzen: Neue Nationen – neue Gesellschaftsstrukturen?

212–213

Zum Verfassertext und zu den Materialien

VT Der Adel, obgleich weiterhin die einflussreichste Gesellschaftsschicht, ist hier beiseitegelassen. Es geht hier um die Bevölkerungsgruppen, die in der damaligen Zeit die meiste Dynamik entfalten.

Erläuterungen zu den Arbeitsaufträgen

212–213

1. Fasse zusammen, wie Riehl das Bürgertum darstellt (Q2). Unterscheide dabei positive und ansatzweise kritische Aussagen. [I]
Riehl stellt das Bürgertum insbesondere im Gegensatz zu den Bauern als dynamische und produktive Schicht dar. Die Ausrichtung an der Idee ständiger Verbesserung ist die Basis für materiellen Erfolg. Damit prägt das Bürgertum die Gegenwart. Kritik klingt darin an, dass das Bürgertum auch als unstet und zerstörerisch gesehen wird.

2. Stelle diese Einschätzung des Bürgertums dem heutigen Verständnis von „bürgerlich" gegenüber. [II]
Das heutige Verständnis ist dem geradezu entgegengesetzt: „Bürgerlich" bedeutet konventionell, gesetzt, Neues eher ablehnend.

3. Diskutiert anhand des VT auf der linken Seite: Leben wir noch heute in einem „bürgerlichen Zeitalter"? [III]
Die bürgerlichen Werte und Normen sind in vielen Bereichen noch erkennbar (etwa Arbeitsdisziplin), haben sich aber vielfach auch erheblich gewandelt oder sind ersetzt worden (z. B. Erziehung, Familienbild, Sexualität).

4. Ergänze die Erinnerungen von Ottilie Baader (Q3) um einen Absatz, indem du aufschreibst, wie die geschilderte Erfahrung ihre weitere politische Entwicklung beeinflusst hat. [II]
Musterlösung:
„So habe ich gelernt, dass man mit Widerstandswillen und Solidarität die eigenen Interessen als Arbeiter(in) erfolgreich vertreten kann. Gerade bei uns Frauen hatte der Chef nicht damit gerechnet. So kam ich auf die Idee, mich grundsätzlich für die Entwicklung der Frauenrechte einzusetzen."

5. Charakterisiere die Begründung von Louise Otto-Peters im Zusammenhang ihrer Zeit (Q4). [II]
Otto-Peters argumentiert mit dem Bezug auf die Bibel; sie will damit das – ebenfalls auf die Bibel gestützte – Argument widerlegen, die Frau sei nur als Gefährtin des Mannes (aus einer Rippe Adams) geschaffen worden und deshalb gegenüber dem Mann minderwertig. Sie übernimmt also den Argumentationsrahmen der gegnerischen Seite.

❻ Formuliere als Frau eine kritische Erwiderung auf die Bemerkung des Mannes (Q1). [III]
Musterlösung:
„Was hat das eine mit dem anderen zu tun? Man kann hübsch sein und zugleich Bildung wichtig finden und sich für ein Studium eignen."

214-215 Vertiefen und Vernetzen: Müssen Revolutionen sein?

Zum Verfassertext und zu den Materialien

VT Der Verfassertext bietet hier eine kurze Definition des Begriffs „Revolution" und einen knappen Überblick über die bürgerlichen Revolutionen. Das Thema eignet sich besonders für einen kategorialen Vergleich, der hier nur angerissen werden kann.

214-215 Erläuterungen zu den Arbeitsaufträgen

1. Beurteile die Einschätzung Campes vor dem Hintergrund des weiteren Verlaufs der Revolution (Q1). Ziehe dazu den VT von Seite 118f. heran. [III]
Campe äußert sich geradezu schwärmerisch über die Anfänge der Revolution und die Eigenschaften der beteiligten Personen. Der weitere Verlauf der Revolution mit der Hinrichtung des Königs und der Schreckensherrschaft widerlegt das idyllische Bild, das sich Campe macht.

2. Verfasse eine Erwiderung auf Schlözer aus der Perspektive eines deutschen Revolutionärs von 1848 (Q3). [II]
Musterlösung:
„Unsere Hoffnungen auf Reformen in Deutschland sind seit 1815 immer wieder bitter enttäuscht worden. Die Herrschenden waren eben nicht aufgeklärt und verständig genug, um auf unsere Forderungen nach Bürgerrechten und politischer Teilhabe einzugehen, sondern haben diese hart unterdrückt. Was wir erreichen wollen, können wir nicht erreichen ohne revolutionäre Maßnahmen. Aber es muss ja nicht jede Revolution so blutig werden wie die französische."

3. Begründe, warum die DDR eine Briefmarke zum Revolutionsjubiläum herausgebracht hat (Q2). Ziehe dazu auch den VT heran. [II]
Die Französische Revolution mit ihrem Symbol der Bastille bildete den historischen Bezugspunkt für alle späteren Revolutionen. Mit der Briefmarke stellt sich die DDR in die Tradition der bürgerlichen Revolutionen, die sie weiterzuführen und deren Ziele sie zu verwirklichen vorgibt.

4. Analysiere, welche politischen Zielsetzungen den Ausführungen Stahls zugrunde liegen (Q4). [II]
Stahl argumentiert damit, dass die Einrichtung einer Verfassung und eines Parlaments nicht automatisch die Aufgabe des monarchischen Prinzips und die Übernahme des parlamentarischen Prinzips bedeutet. Vielmehr könne auch dann die Stellung der Fürsten als Souveräne erhalten bleiben. Er plädiert also dafür, auf die politischen Strömungen der Zeit taktisch einzugehen, aber gleichzeitig die „fürstliche Gewalt" (Z. 8) unangetastet zu lassen bzw. sogar auf diesem Wege zu sichern.

Vertiefen und Vernetzen: Bringen Erfindungen Fortschritt?

216–217

Zum Verfassertext und zu den Materialien

D2 Bei dieser Grafik ist zu beachten, dass die Messzeitpunkte nicht genau übereinstimmen. Es liegen, wie so oft bei internationalen Vergleichen, keine exakt aufeinander beziehbaren Daten vor. Einen ungefähren Vergleich erlauben die präsentierten Zahlen aber dennoch.

Erläuterungen zu den Arbeitsaufträgen

216–217

1. Vergleiche die Entwicklung in den vier Ländern (D1). Setze dafür die absoluten Zahlen für das Jahr 1870 mit 100 Prozent gleich und berechne dann im Dreisatz die Prozentwerte für die beiden anderen Jahre. Du kannst dabei auch auf das Methodentraining auf Seite 183 zurückgreifen. [III]

Dieses Verfahren bezeichnet man als Indexierung. Die so errechneten Werte lauten:

	1870	1890	1910
Großbritannien	100	152	223
Frankreich	100	147	238
Deutschland	100	179	390
USA	100	206	403

2. Beschreibe die Veränderungen in den vier Ländern im Vergleich (D2). [I]

In allen Ländern nimmt die Zahl der in der Landwirtschaft Beschäftigten ab, England erreicht beim zweiten Zeitpunkt den niedrigsten, Frankreich behält den höchsten Wert. Die Zahl der in der Industrie Beschäftigten nimmt zu, hier erreicht England den höchsten, Frankreich den niedrigsten Wert. Auch die Zahl der im Dienstleistungsbereich Beschäftigten nimmt in allen Ländern zu mit dem höchsten Wert in England und dem niedrigsten in Deutschland.

3. Charakterisiere die industrielle Entwicklung in den vier Ländern (D1, D2). Ziehe dazu auch die beiden Tabellen auf Seite 182 heran (D2). [I]

Der Export aller vier Staaten wächst von 1870 bis 1910 massiv an. England bleibt die Exportnation Nummer 1, Deutschland und die USA verzeichnen von einem vergleichsweise niedrigen Ausgangsstand aus einen starken Zugewinn, Frankreich erlebt die geringste Entwicklung. Dem entspricht die Entwicklung bei den Beschäftigten: England ist am stärksten industriell (und auch schon durch Dienstleistungen), Frankreich am stärksten landwirtschaftlich geprägt. Deutschlands Profil nach 1900 tendiert in Richtung England, das amerikanische gleicht eher dem französischen. Bei den Tabellen auf Seite 182 ist vor allem die Entwicklung der gesamten industriellen Produktion (D2) interessant. Sie ist in den USA zum Ende des 19. Jahrhunderts mit Abstand am höchsten. Bei einem geringeren Exportanteil weist das auf die Bedeutung des riesigen USA-Binnenmarktes hin.

4. Erörtere, welcher Staat zu welchem Zeitpunkt als Industrieland bezeichnet werden könnte. [III]

Nimmt man die Beschäftigtenzahl als Maßstab, ist England schon 1851 Industriestaat (mit den meisten Beschäftigten in diesem Wirtschaftsbereich), Deutschland ist es vermutlich kurz nach der Jahrhundertwende, Frankreich und die USA sind es noch nicht. Allerdings müsste man als weitere Faktoren eigentlich noch die Wertschöpfung (Wert der in einem Bereich erzeugten Waren oder Dienstleistungen) und die Investitionen heranziehen.

5. Erläutere die auf Q1 dargestellte Produktionsweise im Vergleich mit der auf S. 181 (D2) gezeigten. [II]

Die in Q1 gezeigte Produktion geschieht zwar schon arbeitsteilig, ist aber noch eher handwerklich geprägt. Das Bild auf Seite 181 zeigt dagegen den viel kleinteiligeren Produktionsprozess am Fließband, der in der deutschen Automobilindustrie erst in den Zwanzigerjahren Anwendung fand.

6 Die „Nervosität" wurde am Ende des 19. Jahrhunderts zu einer typischen Zeitkrankheit. Begründe dies mithilfe des VT auf der linken Seite. [II]

Die „Nervosität" wurde vor allem auf die überall zunehmende Geschwindigkeit und Reizdichte zurückgeführt. Man bewegte sich schneller, nahm zwangsläufig viel mehr und viel Bewegteres wahr. Zunehmende Schnelligkeit gab es aber nicht nur in den technischen, sondern auch in den gesellschaftlichen Veränderungen.

218 – 219

Vertiefen und Vernetzen: Heraus aus der Unmündigkeit – aber wohin?

Zum Verfassertext und zu den Materialien

VT Säkularisierung und Popularisierung der Wissenschaft sind langfristige Prozesse, die bis weit ins 20. Jahrhundert hineinreichen. Hier können nur die Anfänge nachgezeichnet werden.

218 – 219

Erläuterungen zu den Arbeitsaufträgen

1. Fasse zusammen, was die Schülerinnen und Schüler in den beiden Büchern jeweils lernen sollen (Q1, Q2). [II]
Aus beiden Büchern sollen die Schülerinnen und Schüler etwas über alltägliche Wetterphänomene lernen. Es geht um deren Erscheinungsweise und mögliche Erklärungen für ihr Entstehen, in Q2 auch noch um praktische Verhaltensweisen.

2. Charakterisiere das Weltbild, das jeweils hinter den beiden Darstellungen steht. [II]
Hinter Q1 steht ein religiöses Weltbild. Abergläubische Deutungen der beschriebenen Alltagsphänomene werden als „sündhaft" (Z. 15) abgelehnt. Zugleich wird hervorgehoben, dass die geschilderten Phänomene durchaus auch religiös gedeutet werden können. Es wird also gewissermaßen der richtige, bibelbelegte gegen einen falschen Glauben ins Feld geführt. In Q2 geht es um ein naturwissenschaftliches Weltbild. Der Blitz wird mithilfe physikalischer Gesetzmäßigkeiten erklärt, ziemlich unvermittelt wird aber auch noch auf Vorsichtsmaßnahmen hingewiesen.

3. Beschreibe die einzelnen Elemente des Bildes (Q3). Nimm dabei S. 109 zu Hilfe. [I]
Im Vordergrund des Bildes steht ein Arbeiter. Er trägt eine Fahne mit den Losungsworten der Französischen Revolution: Freiheit, Gleichheit, Brüderlichkeit. In der Hand hält er Ketten, die er offenbar mithilfe des auf dem Boden liegenden Hammers von seinen Armen gelöst hat. Er blickt empor zu einer allegorischen Frauenfigur, die für die Revolution oder die Freiheit steht. Sie trägt eine phrygische Mütze, eines der Symbole der französischen Revolution. Auf der Steintafel in ihren Händen sind die Worte „Allgemeines, gleiches und freies Wahlrecht – 8 Stundentag" eingraviert. Im Hintergrund stehen weitere Arbeiterinnen und Arbeiter mit zwei Fahnen.

4. Interpretiere die Aussage des Bildes (Q3). Ziehe dazu auch den VT auf der linken Seite heran. [III]
Das Bild zeigt eine Vermischung revolutionärer und reformerischer Elemente. Mit der Fahne wird Bezug auf die revolutionäre Tradition genommen, die gesprengte Kette steht für eine gewaltsame Befreiung von kapitalistischer Ausbeutung. Die Forderungen nach freien Wahlen (im Deutschen Reich für Männer sogar schon umgesetzt) und Achtstundentag sind als Ziele dagegen vergleichsweise bescheiden, sie bedeuten keine grundlegende Veränderung der politischen Verhältnisse und der Produktionsverhältnisse. Die revolutionäre Geste mündet also in ein Reformbegehren.

10-Stunden-Test
Thema: Der Absolutismus in Europa

Name:	Punkte:	Note:

1. Bearbeite die Aufgabe, indem du
a) die folgenden sechs Aussagen als richtig oder falsch erkennst und durch Ankreuzen entsprechend kennzeichnest;
b) deine Auffassung begründest bzw. erläuterst.
Falls erkennbar Fachbegriffe falsch benutzt wurden oder fehlen, dann baue die richtigen Begriffe in deinen Text ein.

1 Das Verhältnis Ludwigs XIV. zu den Adligen gestaltete sich schwierig, da er diesen nicht vertraute.
○ richtig ○ falsch
Begründung:

___

___

2 Noch mehr misstraute er allerdings Männern des 3. Standes, denen er deshalb nie wichtige Aufgaben übertrug.
○ richtig ○ falsch
Begründung:

___

___

3 In religiösen Fragen besaßen die Franzosen unter König Ludwig völlige Wahlfreiheit: „Jeder soll nach seiner Façon selig werden."
○ richtig ○ falsch
Begründung:

___

___

4 Seine Herrschaft führte König Ludwig auf einen göttlichen Auftrag zurück.
○ richtig ○ falsch
Begründung:

___

___

5 Colbert versuchte Frankreichs Einnahmen zu verbessern. Deshalb zog sich die Regierung komplett aus allen wirtschaftlichen Zusammenhängen zurück. Man nennt das die Politik des „schau'n mer mal".
○ richtig ○ falsch
Begründung:

___

___

Autor: Georg Langen
Programmbereich Gesellschaftswissenschaften

6 Friedrich II. von Preußen wollte – anders als Ludwig – der „erste Diener“ seines Staates sein.
○ richtig ○ falsch
Begründung:

____

____

2. Vervollständige die Sätze.

Im 17. und 18. Jahrhundert breitete sich unter den ______________ eine Strömung aus, die alles infrage stellte: die ______________. Ihr Denken richtete sich gerade auch gegen das vorherrschende politische System des ______________. Als dessen herausragender Vertreter gilt der König von ______________ mit Namen ______________. Dieser wollte alle ______________ in seinen Händen halten.

Um dies zu erreichen, entmachtete er die Angehörigen der beiden oberen Stände weitgehend, nämlich die ______________, die den 2. Stand bildeten, und den ______________ aus dem 1. Stand. Ihre herausragenden Vertreter beschäftigte er im neu erbauten Schloss ______________ vor allem mit ______________.

3. Verfasse einen Brief.
Du erfährst, dass ein Verwandter mit dem politischen System in der Bundesrepublik unzufrieden ist. Er behauptet, man müsste den Absolutismus Ludwig XIV. wieder einführen, denn dann würde alles besser. Schreibe ihm einen Brief, in dem du an mindestens fünf Sachverhalten aufzeigst, dass das keine besonders gute Idee ist.

Autor: Georg Langen
Programmbereich Gesellschaftswissenschaften

10-Stunden-Test
Thema: Die Französische Revolution – Aufbruch in die moderne Gesellschaft

Name:	Punkte:	Note:

1. Wichtige Begriffe: Jeweils eine der vier Lösungen ist falsch. Kreuze sie an.

Dritter Stand:
- ○ dazu gehörten z. B. Bauern und Bürger;
- ○ Bezeichnung für alle, die nicht adlig und keine Geistlichen waren;
- ○ Bezeichnung für Bedienstete des Königs;
- ○ dazu gehörten die meisten Franzosen.

Bastille;
- ○ ein Gefängnis aus der Zeit des Absolutismus;
- ○ ein bewachter Wohnsitz des Königs;
- ○ mit ihrer Erstürmung begann die Revolution;
- ○ an ihre Erstürmung erinnert der französische Nationalfeiertag.

Sansculotten:
- ○ waren eher die ärmeren Einwohner von Paris;
- ○ hießen so wegen ihrer Bekleidung;
- ○ waren oft begeisterte Revolutionäre;
- ○ waren Soldaten des Königs.

Jakobiner:
- ○ waren Mitglieder eines revolutionären Klubs;
- ○ waren Anhänger eines Politikers namens Jakob;
- ○ hießen so, weil sie sich in einem ehemaligen Kloster trafen;
- ○ errichteten zeitweilig eine diktatorische Herrschaft.

Code Napoléon:
- ○ war eine Bekleidungsvorschrift für Napoleons Soldaten;
- ○ wurde auch Code Civil genannt;
- ○ wurde von vielen Ländern übernommen;
- ○ war ein fortschrittliches Gesetzbuch.

Preußische Reformen:
- ○ zu ihnen gehört die „Bauernbefreiung";
- ○ zu ihnen gehört die „Gleichstellung von Männern und Frauen";
- ○ zu ihnen gehört die rechtliche Gleichstellung der Juden;
- ○ zu ihnen gehört das Verbot der Prügelstrafe in der Armee.

2. Freiheit, Gleichheit, Brüderlichkeit – Vervollständige folgenden Lückentext:

„Freiheit, Gleichheit, Brüderlichkeit" war die bekannteste Parole der F____________________

R________________________. In ihrem Namen wurden die P______________________ des Klerus und des

A______________ abgeschafft. Noch 1789 beschloss die Nationalversammlung die Erklärung der

M________________________. Zwei Jahre später erhielt Frankreich eine neue V____________________ und wurde

eine konstitutionelle M____________________. Ein weiteres Jahr darauf wurde der K________________

abgesetzt, und Frankreich war nun eine R____________________. Zum Symbol der Freiheit wurde eine

Kopfbedeckung, die sogenannte Phr________________ M____________.

Autoren: Dr. Ursula Fries/Dr. Heinz Niggemann
Programmbereich Gesellschaftswissenschaften

3. Napoleons Kriege: Finde heraus, gegen welche Länder Napoleon Kriege führte und wie diese Kriege ausgingen. Achtung: Je ein Land und eine Lösung sind falsch.

Länder: Preußen – Österreich – USA – Großbritannien – Spanien – Russland
Ergebnisse: wird von Napoleon besiegt – wird besiegt und besetzt – kein eindeutiger Sieg über die Guerilla-Kämpfer – Kontinentalsperre – verheerende Niederlage Napoleons – wird von Frankreich annektiert

Land	Ergebnis

4. Beurteilungen Robespierres und seiner Schreckensherrschaft vergleichen. Beurteile und begründe, welcher Historiker dich am ehesten überzeugt.

Name des Historikers	Urteil über Robespierre
Pierre Gaxotte	Seine Schreckensherrschaft war unwürdig, dumm und gemein.
Albert Soboul	Robespierres Schreckensherrschaft ermöglichte den Sieg der Franzosen im Krieg gegen ausländische Monarchien.
Friedrich Sieburg	Robespierres Herrschaft war unsittlich und inhuman.
Albert Mathiez	Robespierre wollte alle soziale Ungerechtigkeit beseitigen, und deshalb sollte man ihn lieben.

Autoren: Dr. Ursula Fries/Dr. Heinz Niggemann
Programmbereich Gesellschaftswissenschaften

5. Aus der „Erklärung der Rechte der Frau und Bürgerin" von Olympe de Gouges von 1791.

Art. 1 Die Frau ist frei geboren und bleibt dem Manne gegenüber gleichberechtigt. Die sozialen Unterschiede können nur auf dem allgemeinen Nutzen gegründet sein.

Art. 2 Der Zweck jeder politischen Verbindung ist die Bewahrung der natürlichen und unverjährbaren Rechte der Frau und des Mannes; diese Rechte sind Freiheit, Eigentum, Sicherheit und vor allem das Recht auf Widerstand gegen Unterdrückung.

Art. 3 Der Ursprung aller Souveränität liegt letztlich in der Nation, die nichts ist als die Wiedervereinigung von Frau und Mann (...).

Art. 6 Das Gesetz soll Ausdruck des Willens aller sein; alle Bürgerinnen und Bürger sollen persönlich oder über Vertreter zu seiner Entstehung beitragen, für alle sollen die gleichen Bedingungen gelten.

Art. 10 Niemand darf wegen seiner Meinung, selbst in Fragen grundsätzlicher Natur, Nachteile erleiden. Die Frau hat das Recht, das Schafott zu besteigen, gleichermaßen muss ihr auch das Recht zugestanden werden, eine Rednertribüne zu besteigen, sofern sie nicht in Wort und Tat die vom Gesetz garantierte öffentliche Ordnung stört.

Nachwort: Frau erwache! Die Stimme der Vernunft erschallt über unsern Erdball; erkenne deine Rechte! Das gewaltige Reich der Natur ist nicht mehr umlagert von Vorurteilen, Fanatismus, Irrglauben und Lüge.

Olympe de Gouges: Schriften, hrsg. von Monika Dillier, übers. von Vera Mostowlansky, Basel/Frankfurt a. M. 1980, S. 41.

a) Erläutere, welche Ziele Olympe de Gouges verfolgte.

____

____

____

____

b) Vergleiche die Forderungen Olympe de Gouges' mit der Erklärung der Menschen- und Bürgerrechte und mit der Verfassung von 1791.

____

____

____

____

c) Beurteile, ob Olympe de Gouges ihre Forderungen aus der Erklärung der Menschen- und Bürgerrechte oder der Verfassung von 1791 ableiten konnte.

____

____

____

____

Autoren: Dr. Ursula Fries/Dr. Heinz Niggemann
Programmbereich Gesellschaftswissenschaften

10-Stunden-Test
Thema: Industrialisierung und soziale Frage

Name:	Punkte:	Note:

1. Bilde 10 Wortpaare, indem du je einem Wort aus Topf 1 ein inhaltlich zugehöriges Wort aus Topf 2 zuordnest.

Autor: Martin Thunich
Programmbereich Gesellschaftswissenschaften

2. Im 19. Jahrhundert begann im Ruhrgebiet der Siegeszug der Kohle. Kreuze die zutreffenden Begründungen an:

○ Die Holzvorräte in der Nähe der Produktionsstätten waren restlos aufgebraucht waren.
○ Zur Verhüttung von Eisen in Hochöfen benötigt man Kohle.
○ Kohle war leichter zugänglich als Holz.
○ Im Ruhrgebiet gab es ergiebige Steinkohlelagerstätten.
○ Mit Kohle beheizte Hochöfen erzielten eine bessere Eisenqualität.
○ Im Ruhrgebiet gab es ausschließlich Arbeitsplätze im Bergbau.

3. Die Lage der Arbeiter um 1850 hatte verschiedene Ursachen. Kreuze die beiden zutreffenden Aussagen an:

○ Im 19. Jahrhundert ging es allen Menschen wirtschaftlich ziemlich schlecht.
○ Die Arbeiter waren an ihrer Lage selbst schuld, denn statt einer guten Schulbildung wollten sie schnell Geld verdienen.
○ Es gab ein Überangebot an Arbeitskräften, daher konnten die Fabrikbesitzer den Arbeitern niedrige Löhne zahlen.
○ Fabrikbesitzer sind von Natur aus habgierig und beuten die Arbeiter aus.
○ Durch die Notlage auf dem Lande verließen viele Menschen ihre Dörfer und suchten in den Städten ihr Glück.
○ Der Staat setzte einen Mindestlohn fest, der unter dem Existenzminimum lag.

4. Im 19. Jahrhundert schlossen sich die Arbeiter zu Gewerkschaften zusammen. Kreuze die zutreffenden Aussagen über die Mittel und Ziele der Gewerkschaften an:

○ Ein wichtiges Mittel, die Forderungen der Gewerkschaften durchzusetzen, war der Streik.
○ Die Gewerkschaften forderten von Anfang an die grundsätzliche Veränderung der Produktionsverhältnisse.
○ Die Gewerkschaften forderten die Zerstörung der neuen Maschinen, damit die Arbeitsplätze erhalten blieben.
○ Die Gewerkschaften forderten bessere Arbeits- und Lebensbedingungen der Arbeiter.
○ Die Gewerkschaften forderten auch die politische Herrschaft der Arbeiterklasse.
○ Gewerkschaften organisierten sich nach Berufsgruppen.
○ Die Gewerkschaften konnten bei den Wahlen zum Reichstag zwischen 1871 und 1912 immer mehr Mandate erringen.

5. Erkläre den Begriff „soziale Frage“

____
____
____
____
____
____
____
____
____
____
____
____

Autor: Martin Thunich
Programmbereich Gesellschaftswissenschaften

6. Deine Klasse plant eine kleine Ausstellung über die Industrialisierung, die im Forum eurer Schule gezeigt werden soll. Ihr wollt einen Werbeflyer erstellen. Aus einer Vielzahl von Bildern sind für den Werbeflyer zwei Bilder als Titelfoto zur Auswahl übrig geblieben, aber nur eines kann gezeigt werden. Begründe deine Entscheidung, welches du für den Flyer auswählst.

© Ullstein Bild GmbH, Berlin

© Historisches Archiv Krupp, Essen

Autor: Martin Thunich
Programmbereich Gesellschaftswissenschaften

7. Die Lage der Arbeiterfrauen

Körperlich schwere Arbeit war für Arbeiterfrauen in England (aber auch in Deutschland) auch vor der Industrialisierung nicht ungewöhnlich.

Auf die Frage, warum Frauen als [Kohlen-]Schlepper bevorzugt werden, gab der Grubenarbeiter Peter Gaskell folgende Antwort: „Ja, sie sind fügsamer und halten besser die Arbeitszeiten ein. Oft schreien sie und kämpfen sie, aber sie lassen sich beim Schleppen der Kohlen von niemandem überholen!"

Mr. Miller, ein Unternehmer, antwortete: „Ein Grund, weshalb Frauen als Schlepper in den Kohlenbergwerken so oft eingestellt werden, ist, dass ein Mädchen von zwanzig Jahren für zwei Schilling am Tag oder weniger arbeitet, während ein Mann im gleichen Alter 3 Schilling 6 Pence verlangt!"

Human Documents of the Industrial Revolution in Britain, hrsg. v. E. Royston Pike, London [6]1978, S. 259, übers. von Martin Thunich.

Über die Folgen der Frauenarbeit schrieb der Deutsche Friedrich Engels, nachdem er in England die sozialen Verhältnisse der Arbeiter kennengelernt hatte:

Die Arbeit der Weiber löst vor allen Dingen die Familie gänzlich auf, denn wenn die Frau den Tag über 12-13 Stunden in der Fabrik zubringt und der Mann ebendaselbst oder an einem anderen Orte arbeitet, was soll da aus den Kindern werden? Sie wachsen wild auf wie Unkraut ...

F. Engels, Die Lage der arbeitenden Klassen in England, 1845, in: Marx, K. und Engels, F., Werke (MEM, hrsg. v. Institut für Marxismus-Leninismus, Berlin, 1962–1971ff., Bd. 2, S. 253 ff.)

a) Arbeite die Gründe heraus, aus denen Frauen eingestellt werden.

b) Erkläre, warum die Frauen zur Zeit der Industrialisierung arbeiten gehen.

c) Welche Folgen hat nach Friedrich Engels die Frauenarbeit für die Familie?

d) Vergleiche die Motivation der Frauen arbeiten zu gehen zwischen dem 18. Jahrhundert und heute.

10-Stunden-Test (Lösungen)
Thema: Der Absolutismus in Europa

Name:	Punkte:	Note:

1. Bearbeite die Aufgabe, indem du
a) die folgenden sechs Aussagen als richtig oder falsch erkennst und durch Ankreuzen entsprechend kennzeichnest;
b) deine Auffassung begründest bzw. erläuterst.
Falls erkennbar Fachbegriffe falsch benutzt wurden oder fehlen, dann baue die richtigen Begriffe in deinen Text ein.

1 Das Verhältnis Ludwig XIV. zu den Adligen gestaltete sich schwierig, da er diesen nicht vertraute.
× richtig
○ falsch
Begründung: Erfahrung aus Fronde-Aufstand

2 Noch mehr misstraute er allerdings Männern des 3. Standes, denen er deshalb nie wichtige Aufgaben übertrug.
○ richtig
× falsch
Begründung: Angehörige des 3. Standes in stärkerer Abhängigkeit vom König, König benannte Intendanten aus diesem Kreis

3 In religiösen Fragen besaßen die Franzosen unter König Ludwig völlige Wahlfreiheit: „Jeder soll nach seiner Façon selig werden."
○ richtig
× falsch
Begründung: ein Glaube – ein Gesetz – ein König, Hugenottenverfolgung

4 Seine Herrschaft führte König Ludwig auf einen göttlichen Auftrag zurück.
× richtig
○ falsch
Begründung: Gottesgnadentum

5 Colbert versuchte Frankreichs Einnahmen zu verbessern. Deshalb zog sich die Regierung komplett aus allen wirtschaftlichen Zusammenhängen zurück. Man nennt das die Politik des „schau'n mer mal"
○ richtig
× falsch
Begründung: Eingriffe und Lenkungsmaßnahmen durch Colbert. Richtiger Fachbegriff: Merkantilismus

6 Friedrich II. von Preußen wollte – anders als Ludwig – der „erste Diener" seines Staates sein
× richtig
○ falsch
Begründung: „Aufgeklärter Absolutismus"

(Je 1 Punkt für eine richtige Antwort, 2 Punkte für eine richtige Begründung, weitere 2 Punkte für den richtigen Fachbegriff bei Teilaufgabe 5)

2. Vervollständige die Sätze.
Im 17. und 18. Jahrhundert breitete sich unter den **Gebildeten** eine Strömung aus, die alles infrage stellte: die **Aufklärung**. Ihr Denken richtete sich gerade auch gegen das vorherrschende politische System des **Absolutismus**. Als dessen herausragender Vertreter gilt der König von **Frankreich** mit Namen **Ludwig XIV**. Dieser wollte alle **Gewalten bzw. Macht** in seinen Händen halten. Um dies zu erreichen, entmachtete er die Angehörigen der beiden oberen Stände weitgehend, nämlich die **Adligen**, die den 2. Stand bildeten, und den **Klerus** aus dem 1. Stand. Ihre herausragenden Vertreter beschäftigte er im neu erbauten Schloss **Versailles** vor allem mit **Feiern**.

(Je 1 Punkt für jeden korrekt ergänzten Begriff.)

3. Verfasse einen Brief.
Du erfährst, dass ein Verwandter mit dem politischen System in der Bundesrepublik unzufrieden ist. Er behauptet, man müsste den Absolutismus Ludwig XIV. wieder einführen, denn dann würde alles besser. Schreibe ihm einen Brief, in dem du an mindestens fünf Sachverhalten aufzeigst, dass das keine besonders gute Idee ist.

Argumente in dem Brief könnten z. B. sein:
- selbstherrlicher Regierungsstil fast ohne jede Kontrolle
- verschwenderische Ausgabenpolitik, z. B. für Repräsentationsbauten und Militär
- religiös begründeter Herrschaftsanspruch statt Volkssouveränität
- Eroberungspolitik
- sehr ungleiche Verteilung von Rechten und Pflichten in der Bevölkerung
- fehlende Freiheiten, z. B. Glaubensfreiheit
- niedriger Lebensstandard für weite Teile der Bevölkerung.

(Je Argument 2 Punkte/5 Argumente sind gefordert.)

Autor: Georg Langen
Programmbereich Gesellschaftswissenschaften

10-Stunden-Test (Lösungen)
Thema: Die Französische Revolution – Aufbruch in die moderne Gesellschaft

Name:	Punkte:	Note:

1. Wichtige Begriffe: Jeweils eine der vier Lösungen ist falsch. Kreuze sie an.

Dritter Stand:
- ○ dazu gehörten z. B. Bauern und Bürger;
- ○ Bezeichnung für alle, die nicht adlig und keine Geistlichen waren;
- × Bezeichnung für Bedienstete des Königs;
- ○ dazu gehörten die meisten Franzosen.

Bastille:
- ○ ein Gefängnis aus der Zeit des Absolutismus;
- × ein bewachter Wohnsitz des Königs;
- ○ mit ihrer Erstürmung begann die Revolution;
- ○ an ihre Erstürmung erinnert der französische Nationalfeiertag.

Sansculotten:
- ○ waren eher die ärmeren Einwohner von Paris;
- ○ hießen so wegen ihrer Bekleidung;
- ○ waren oft begeisterte Revolutionäre;
- × waren Soldaten des Königs.

Jakobiner:
- ○ waren Mitglieder eines revolutionären Klubs;
- × waren Anhänger eines Politikers namens Jakob;
- ○ hießen so, weil sie sich in einem ehemaligen Kloster trafen;
- ○ errichteten zeitweilig eine diktatorische Herrschaft.

Code Napoléon:
- × war eine Bekleidungsvorschrift für Napoleons Soldaten;
- ○ wurde auch Code Civil genannt;
- ○ wurde von vielen Ländern übernommen;
- ○ war ein fortschrittliches Gesetzbuch.

Preußische Reformen:
- ○ zu ihnen gehört die „Bauernbefreiung“;
- × zu ihnen gehört die „Gleichstellung von Männern und Frauen“;
- ○ zu ihnen gehört die rechtliche Gleichstellung der Juden;
- ○ zu ihnen gehört das Verbot der Prügelstrafe in der Armee.

(Je 1 Punkt für jede gefundene Falschaussage.)

2. Freiheit, Gleichheit, Brüderlichkeit – Vervollständige folgenden Lückentext:

„Freiheit, Gleichheit, Brüderlichkeit“ war die bekannteste Parole der **Französischen Revolution**. In ihrem Namen wurden die **Privilegien** des Klerus und des **Adels** abgeschafft. Noch 1789 beschloss die Nationalversammlung die Erklärung der **Menschenrechte**. Zwei Jahre später erhielt Frankreich eine neue **Verfassung** und wurde eine konstitutionelle **Monarchie**. Ein weiteres Jahr darauf wurde der **König** abgesetzt, und Frankreich war nun eine **Republik**. Zum Symbol der Freiheit wurde eine Kopfbedeckung, **die Phrygische Mütze**.

(Je 1 Punkt für jeden korrekt ergänzten Begriff.)

3. Napoleons Kriege: Finde heraus, gegen welche Länder Napoleon Kriege führte und wie diese Kriege ausgingen. Achtung: Je ein Land und eine Lösung sind falsch.

Länder: Preußen – Österreich – USA – Großbritannien – Spanien – Russland

Ergebnisse: wird von Napoleon besiegt – wird besiegt und besetzt – kein eindeutiger Sieg über die Guerilla-Kämpfer – Kontinentalsperre – verheerende Niederlage Napoleons – wird von Frankreich annektiert

Land	Ergebnis
Preußen …	wird von Napoleon besiegt und von Franzosen besetzt.
Österreich …	wird von Napoleon besiegt.
Großbritannien …	siegt in Seeschlacht; Napoleon kann Großbritannien nicht angreifen, aber er verhängt die Kontinentalsperre.
Spanien …	die Armee wird von Napoleon besiegt; aber es gelingt ihm kein eindeutiger Sieg gegen Guerilla-Kämpfer
Russland …	bereitet Napoleon eine verheerende Niederlage.

(Je richtige Kombination 2 Punkte.)

Autoren: Dr. Ursula Fries/Dr. Heinz Niggemann
Programmbereich Gesellschaftswissenschaften

4. Beurteilungen Robespierres und seiner Schreckensherrschaft vergleichen. Beurteile und begründe, welcher Historiker dich am ehesten überzeugt.

Name des Historikers	Urteil über Robespierre
Pierre Gaxotte	Seine Schreckensherrschaft war unwürdig, dumm und gemein.
Albert Soboul	Robespierres Schreckensherrschaft ermöglichte den Sieg der Franzosen im Krieg gegen ausländische Monarchien.
Friedrich Sieburg	Robespierres Herrschaft war unsittlich und inhuman.
Albert Mathiez	Robespierre wollte alle soziale Ungerechtigkeit beseitigen, und deshalb sollte man ihn lieben.

Gaxotte fällt ein sehr negatives, eher moralisches Urteil. Er schreibt Robespierre und seinen Anhängern schlechte Charaktereigenschaften zu. Das ist nicht sehr überzeugend. Mathiez dagegen lobt Robespierre aufgrund seiner Absichten und Ziele, sagt aber nichts über seine Methoden. Er ist also sehr einseitig.
Soboul beurteilt eher den Erfolg von Robespierres Herrschaft, fällt aber kein Werturteil im Sinne von gut und böse. Sieburg urteilt grundsätzlich moralisch negativ über Robespierre, ohne Rücksicht auf seine Ziele oder seine Erfolge. Mir scheint folgende Auffassung am ehesten überzeugend: ...

(5 Punkte für eine stimmige Begründung.)

5. Aus der „Erklärung der Rechte der Frau und Bürgerin" von Olympe de Gouges von 1791.

Art. 1 Die Frau ist frei geboren und bleibt dem Manne gegenüber gleichberechtigt. Die sozialen Unterschiede können nur auf dem allgemeinen Nutzen gegründet sein.
Art. 2 Der Zweck jeder politischen Verbindung ist die Bewahrung der natürlichen und unverjährbaren Rechte der Frau und des Mannes; diese Rechte sind Freiheit, Eigentum, Sicherheit und vor allem das Recht auf Widerstand gegen Unterdrückung.
Art. 3 Der Ursprung aller Souveränität liegt letztlich in der Nation, die nichts ist als die Wiedervereinigung von Frau und Mann (...).
Art. 6 Das Gesetz soll Ausdruck des Willens aller sein; alle Bürgerinnen und Bürger sollen persönlich oder über Vertreter zu seiner Entstehung beitragen, für alle sollen die gleichen Bedingungen gelten.
Art. 10 Niemand darf wegen seiner Meinung, selbst in Fragen grundsätzlicher Natur, Nachteile erleiden. Die Frau hat das Recht, das Schafott zu besteigen, gleichermaßen muss ihr auch das Recht zugestanden werden, eine Rednertribüne zu besteigen, sofern sie nicht in Wort und Tat die vom Gesetz garantierte öffentliche Ordnung stört.
Nachwort: Frau erwache! Die Stimme der Vernunft erschallt über unsern Erdball; erkenne deine Rechte! Das gewaltige Reich der Natur ist nicht mehr umlagert von Vorurteilen, Fanatismus, Irrglauben und Lüge.

Olympe de Gouges: Schriften, hrsg. von Monika Dillier, übers. von Vera Mostowlansky, Basel/Frankfurt a. M. 1980, S. 41.

a) Erläutere, welche Ziele Olympe de Gouges verfolgte.
Olympe de Gouges setzt sich für die Gleichberechtigung der Frauen ein. Sie möchte, dass die Menschenrechte nicht nur für die Männer gelten.

b) Vergleiche die Forderungen Olympe de Gouges' mit der Erklärung der Menschen- und Bürgerrechte und mit der Verfassung von 1791.
Die Erklärung der Rechte der Frau und Bürgerin ist in Struktur und Sprache der Erklärung der Menschen- und Bürgerrechte weitgehend parallel konstruiert. Das zeigt die Absicht der Verfasserin, sich auf die Menschenrechte zu berufen. Für sie ist es falsch und widersprüchlich, dass Menschenrechte nur als Männerrechte verstanden wurden. In der Verfassung von 1791 wurden den Frauen keinerlei Rechte zugestanden.

c) Beurteile, ob Olympe de Gouges ihre Forderungen aus der Erklärung der Menschen- und Bürgerrechte oder der Verfassung von 1791 ableiten konnte.
In der Erklärung der Menschenrechte heißt es, dass die Menschen frei und gleich an Rechten geboren werden. Olympe de Gouges versteht unter „Menschen" Männer und Frauen. Das ist heute auch selbstverständlich, wurde aber damals noch nicht von allen so gesehen. Im Französischen ist das Wort für Mensch ja auch das Wort für Mann. Es ist also nicht klar, ob die Verfasser der Menschen- und Bürgerrechte auch an Frauen gedacht haben, aber es ist sehr fortschrittlich, dass Olympe de Gouges die Rechte auch für Frauen fordert.

(Je 2 Punkte für die richtige Bearbeitung von a) und b); 4 Punkte für die angemessene Beurteilung von c).)

Autoren: Dr. Ursula Fries/Dr. Heinz Niggemann
Programmbereich Gesellschaftswissenschaften

10-Stunden-Test (Lösungen)
Thema: Industrialisierung und soziale Frage

Name:	Punkte:	Note:

1. Bilde 10 Wortpaare, indem du je einem Wort aus Topf 1 ein inhaltlich zugehöriges Wort aus Topf 2 zuordnest.

„Mutterland" der Industrialisierung	England
Dampfmaschine	James Watt
Spinning Jenny	Spinnmaschine
Eisenbahn	Leitsektor
Steinkohlenteer	BASF
Justus Liebig	Kunstdünger
Arbeiter	Soziale Frage
Erfurt	Sozialdemokratische Partei
Staat	Sozialversicherung
Urbanisierung	Warenhäuser

(Je richtiger Kombination 1 Punkt.)

2. Im 19. Jahrhundert begann im Ruhrgebiet der Siegeszug der Kohle. Kreuze die zutreffenden Begründungen an:

× Die Holzvorräte in der Nähe der Produktionsstätten waren restlos aufgebraucht waren.
○ Zur Verhüttung von Eisen in Hochöfen benötigt man Kohle.
○ Kohle war leichter zugänglich als Holz.
× Im Ruhrgebiet gab es ergiebige Steinkohlelagerstätten.
× Mit Kohle beheizte Hochöfen erzielten eine bessere Eisenqualität.
○ Im Ruhrgebiet gab es ausschließlich Arbeitsplätze im Bergbau.

(Je 1 Punkt für jede gefundene richtige Aussage.)

3. Die Lage der Arbeiter um 1850 hatte verschiedene Ursachen. Kreuze die beiden zutreffenden Aussagen an:

○ Im 19. Jahrhundert ging es allen Menschen wirtschaftlich ziemlich schlecht.
○ Die Arbeiter waren an ihrer Lage selbst schuld, denn statt einer guten Schulbildung wollten sie schnell Geld verdienen.
× Es gab ein Überangebot an Arbeitskräften, daher konnten die Fabrikbesitzer den Arbeitern niedrige Löhne zahlen.
○ Fabrikbesitzer sind von Natur aus habgierig und beuten die Arbeiter aus.
× Durch die Notlage auf dem Lande verließen viele Menschen ihre Dörfer und suchten in den Städten ihr Glück.
○ Der Staat setzte einen Mindestlohn fest, der unter dem Existenzminimum lag.

(Je 1 Punkt für jede gefundene richtige Aussage.)

4. Im 19. Jahrhundert schlossen sich die Arbeiter zu Gewerkschaften zusammen. Kreuze die zutreffenden Aussagen über die Mittel und Ziele der Gewerkschaften an:

× Ein wichtiges Mittel, die Forderungen der Gewerkschaften durchzusetzen, war der Streik.
○ Die Gewerkschaften forderten von Anfang an die grundsätzliche Veränderung der Produktionsverhältnisse.
○ Die Gewerkschaften forderten die Zerstörung der neuen Maschinen, damit die Arbeitsplätze erhalten blieben.
× Die Gewerkschaften forderten bessere Arbeits- und Lebensbedingungen der Arbeiter.
○ Die Gewerkschaften forderten auch die politische Herrschaft der Arbeiterklasse.
× Gewerkschaften organisierten sich nach Berufsgruppen.
○ Die Gewerkschaften konnten bei den Wahlen zum Reichstag zwischen 1871 und 1912 immer mehr Mandate erringen.

(Je 1 Punkt für jede gefundene richtige Aussage.)

Autor: Martin Thunich
Programmbereich Gesellschaftswissenschaften

5. Erkläre den Begriff „soziale Frage"
Musterlösung:
Gemeint sind damit die katastrophalen Arbeits- und Lebensbedingungen der Industriearbeiter, die Mitte des 19. Jahrhunderts als Folge der Industrialisierung auftraten. Es ist eine Sammelbezeichnung für soziale Probleme: Kinderarbeit, überlange Arbeitszeiten, schlechte und unhygienische Wohnungsverhältnisse, Altersarmut, Verwahrlosung junger Menschen.

(5 Punkte für eine stimmige Definition.)

6. Deine Klasse plant eine kleine Ausstellung über die Industrialisierung, die im Forum eurer Schule gezeigt werden soll. Ihr wollt einen Werbeflyer erstellen. Aus einer Vielzahl von Bildern sind für den Werbeflyer zwei Bilder als Titelfoto zur Auswahl übrig geblieben, aber nur eines kann gezeigt werden. Begründe deine Entscheidung, welches du für den Flyer auswählst.

Man kann sich sowohl für das linke wie auch für das rechte Foto entscheiden. Ausschlaggebend ist die Begründung. Es sollte herausgearbeitet werden, dass beim linken Bild der Fokus auf der sozialen Frage liegt, beim rechten Bild auf dem Prozess der Fertigung in der Eisenindustrie (hier nahtloser Radreifen für eine Lokomotive). Beide Fotos sind gestellt, aber das zweite Foto ist stärker auf ästhetische Wirkung angelegt. Es zeichnet von der Arbeitswelt bei Krupp ein Idealbild, das den Arbeiter in den Mittelpunkt stellt.

(5 Punkte für eine überzeugende Begründung.)

7. Die Lage der Arbeiterfrauen
Körperlich schwere Arbeit war für Arbeiterfrauen in England (aber auch in Deutschland) auch vor der Industrialisierung nicht ungewöhnlich.
Auf die Frage, warum Frauen als [Kohlen-]Schlepper bevorzugt werden, gab der Grubenarbeiter Peter Gaskell folgende Antwort: „Ja, sie sind fügsamer und halten besser die Arbeitszeiten ein. Oft schreien sie und kämpfen sie, aber sie lassen sich beim Schleppen der Kohlen von niemandem überholen!"
Mr. Miller, ein Unternehmer, antwortete: „Ein Grund, weshalb Frauen als Schlepper in den Kohlenbergwerken so oft eingestellt werden, ist, dass ein Mädchen von zwanzig Jahren für zwei Schilling am Tag oder weniger arbeitet, während ein Mann im gleichen Alter 3 Schilling 6 Pence verlangt!"

Human Documents of the Industrial Revolution in Britain, hrsg. v. E. Royston Pike, London [6]1978, S. 259, übers. von Martin Thunich.

Über die Folgen der Frauenarbeit schrieb der Deutsche Friedrich Engels, nachdem er in England die sozialen Verhältnisse der Arbeiter kennengelernt hatte:
Die Arbeit der Weiber löst vor allen Dingen die Familie gänzlich auf, denn wenn die Frau den Tag über 12–13 Stunden in der Fabrik zubringt und der Mann ebendaselbst oder an einem anderen Orte arbeitet, was soll da aus den Kindern werden? Sie wachsen wild auf wie Unkraut ...

F. Engels, Die Lage der arbeitenden Klassen in England, 1845, in: Marx, K. und Engels, F., Werke (MEM, hrsg. v. Institut für Marxismus-Leninismus, Berlin, 1962–1971 ff., Bd. 2, S. 253 ff.)

a) Arbeite die Gründe heraus, aus denen Frauen eingestellt werden.
Weibliche Arbeitskräfte sind gehorsam, nicht frech oder aufsässig. Sie sind ehrgeizig, strengen sich an. Weibliche Arbeitskräfte erhalten für dieselbe Arbeit weniger Lohn als ein Mann.

b) Erkläre, warum die Frauen zur Zeit der Industrialisierung arbeiten gehen.
Die Löhne zur Zeit der Industrialisierung sind so niedrig, dass ein Alleinverdiener nicht ausreicht, um eine Familie zu ernähren. Frauen müssen arbeiten gehen, um gemeinsam mit dem Lohn des Mannes ein Familieneinkommen zu generieren, mit dem die Grundbedürfnisse (Wohnung, Nahrung, Kleidung) befriedigt werden können.

c) Welche Folgen hat nach Friedrich Engels die Frauenarbeit für die Familie?
Friedrich Engels kritisiert, dass die Familienstrukturen zerstört werden und die Kinder nicht mehr beaufsichtigt und erzogen werden.

d) Vergleiche die Motivation der Frauen arbeiten zu gehen zwischen dem 18. Jahrhundert und heute.
Heute erlernen und ergreifen Frauen einen Beruf, um unabhängig zu sein und sich selbst zu verwirklichen. Auch heute ist für viele Frauen eine wichtige Motivation für ihre Berufstätigkeit, ihren Anteil zum Familieneinkommen beizusteuern. Im Unterschied zu früher gibt es heute Familien, in denen die Frau in einer Familie der Haupt- oder Alleinverdiener ist.

(Je 2 Punkte für die korrekte Beantwortung von a) bis d).)

Anhang

Inhalt des Online-Bereichs

4 Die Französische Revolution – Aufbruch in die moderne Gesellschaft

84/85	Frankreich in der Krise	Stundenvorschlag	3ht94j
88	Die Ursachen und Auswirkungen der Krise	Tafelbild	uh4wc6
88	Forderungen der französischen Bürger in den „Beschwerdeheften"	Tafelbild	33d2dg
89/90	„Freiheit, Gleichheit, Brüderlichkeit!" - Das alte Regime wird gestürzt	Stundenvorschlag	p35xu2
92	Frankreich 1789 - das alte Regime wird gestürzt	Tafelbild	4fi9si
92	Frankreich 1791 - 1793: Eine neue Verfassung und das Ende der Monarchie	Tafelbild	cb6h4r
93	Methodentraining: Ein Verfassungsschaubild auswerten	Stundenvorschlag	yu8rq5
94	Revolution im Alltag: Etwas Neues schaffen	Stundenvorschlag	3ye4qh
96/97	Die Mainzer Republik - die erste deutsche Demokratie	Stundenvorschlag	i66uq9
101	Die Mainzer Republik	Tafelbild	r3pw3t
102/103	Die Schreckensherrschaft	Stundenvorschlag	pm8mh3
106	Frankreich 1793 - 1794: Die Schreckensherrschaft	Tafelbild	6b7e3z
107	Geschichte erinnert und gedeutet: Robespierre und die Jakobinerherrschaft	Stundenvorschlag	9pp7va
109/110	Napoleon beendet die Revolution	Stundenvorschlag	3cg5ik
112	Napoleons Aufstieg	Tafelbild	b4mw5t
112	Napoleons innenpolitische Erfolge	Tafelbild	k8bh4n
113	Deutschland unter Napoleon - Besatzung oder Befreiung?	Stundenvorschlag	2f5n3w
115	Elemente der ...	Tafelbild	4vx95n
116	Wird Europa französisch?	Stundenvorschlag	xn563n
118	Wie verliefen die Kriege Napoleons? Wird Europa französisch?	Tafelbild	m6b34u

5 Deutsche streben nach Einheit und Freiheit

123	Der Wiener Kongress - eine stabile Neuordnung Europas?	Stundenvorschlag	34ir53
125	Der Deutsche Bund - ein Staat für alle Deutschen?	Tafelbild	355qs8
126	Der Liberalismus - eine neue Denkrichtung breitet sich aus	Stundenvorschlag	37f6mf
127	Der Liberalismus im Vergleich mit anderen Ideen vom Staat	Tafelbild	552cz8
128	Bürger fordern Freiheit und Einheit	Stundenvorschlag	gf72xa
132	Bürger fordern Freiheit und Einheit: Deutschland nach 1815	Tafelbild	nu5n6s
132	Vor der Explosion? Deutschland zwischen 1830 und 1848	Tafelbild	f966ap
134	Revolution in Deutschland!	Stundenvorschlag	f6bs4g
136	Die deutsche Märzrevolution 1848	Tafelbild	4b2du9
138	Das erste deutsche Parlament	Stundenvorschlag	96i8hd
140	Die Nationalversammlung in Frankfurt 1848/49 („Paulskirchenparlament")	Tafelbild	g9ap34
141	Das Ende der Revolution	Stundenvorschlag	v38yr7
144	Das Ende der Revolution von 1848/49	Tafelbild	d6p7pm
145	Geschichte erinnert und gedeutet: Das Hambacher Fest	Stundenvorschlag	mg56pw
146	Das Hambacher Fest in der Erinnerung	Tafelbild	3g7y5c
147	Österreich oder Preußen - wer bestimmt über Deutschland?	Stundenvorschlag	88b3cz
149	Preußischer Verfassungskonflikt (1861 - 1866)	Tafelbild	f783xt
149	Der Dualismus Preußens und Österreichs	Tafelbild	2ay5wu
150	Das Deutsche Kaiserreich wird gegründet	Stundenvorschlag	xi74td
153	„Bausteine" auf dem Weg zur Gründung des Deutschen Reiches?	Tafelbild	58jx5a

6 Industrialisierung und soziale Frage

157	England - das „Mutterland der Industrie"	Stundenvorschlag	6zk53s
159	Warum beginnt die Industrialisierung in England?	Tafelbild	9j2xw8
160	Industrialisierung - eine globale Erscheinung	Stundenvorschlag	u7c8aa
162	Die industrielle Revolution in den USA	Tafelbild	y89f74
165	Industrialisierung in Deutschland	Stundenvorschlag	qu7ep9
168	Auswirkungen des Eisenbahnbaus in Deutschland seit 1835 für die ...	Tafelbild	ww8da8
168	Industrialisierung in Deutschland	Tafelbild	w5p7bi
169	Auswanderung nach Amerika	Stundenvorschlag	tb37un
171	Modernisierung der Landwirtschaft	Stundenvorschlag	c283ma
172	Modernisierung der Landwirtschaft im 19. Jahrhundert	Tafelbild	h42uy5
173	Arbeits- und Lebensverhältnisse ändern sich	Stundenvorschlag	g69sh2
176	Die Facetten der Industrialisierung	Tafelbild	z443yf
177	Wie soll die soziale Frage gelöst werden?	Stundenvorschlag	zq7i58
180	Die soziale Frage - Lösungsmöglichkeiten	Tafelbild	9nz9ty
181	Längsschnitt: Wald und Mensch in der Geschichte	Stundenvorschlag	g65dt3
183	Waldnutzung	Tafelbild	9x47as